"十二五"职业教育国家规划教材
经全国职业教育教材审定委员会审定

Gonglu Gongcheng

公 路 工 程

（第三版）

金仲秋　**主编**
方贤平［浙江省交通规划设计研究院］　**主审**

人民交通出版社股份有限公司
China Communications Press Co.,Ltd.

内 容 提 要

本书为"十二五"职业教育国家规划教材。内容分为三篇,第一篇公路勘测设计,包括绪论、平面设计、纵断面设计、横断面设计、公路选线、公路定线、公路交叉设计;第二篇路基工程,包括路基设计和路基施工两个分篇,内容涵盖绪论、一般路基设计、路基路面排水、路基稳定性验算、路基防护与加固、挡土墙设计、土质路基施工、石质路基施工;第三篇路面工程,包括路面设计和路面施工两个分篇,内容涵盖绪论、路面设计有关资料和参数的确定、路面基(底基)层和垫层、沥青路面设计、水泥混凝土路面设计、路面施工准备、路面基层(底基层)施工、沥青路面施工、水泥混凝土路面施工。

本书是高职高专院校道路桥梁工程技术专业教学用书,也可供相关专业教学使用,或作为有关专业继续教育及职业培训教材。

图书在版编目(CIP)数据

公路工程/金仲秋主编. —3版. —北京:人民交通出版社股份有限公司,2015.8
"十二五"职业教育国家规划教材
ISBN 978-7-114-12322-1

I.①公… II.①金… III.①道路工程—高等职业教育—教材 IV.①U41

中国版本图书馆 CIP 数据核字(2015)第 132564 号

"十二五"职业教育国家规划教材

书　　名:	公路工程(第三版)
著 作 者:	金仲秋
责任编辑:	刘 倩　李学会
出版发行:	人民交通出版社股份有限公司
地　　址:	(100011)北京市朝阳区安定门外馆斜街3号
网　　址:	http://www.ccpress.com.cn
销售电话:	(010) 59757973
总 经 销:	人民交通出版社股份有限公司发行部
经　　销:	各地新华书店
印　　刷:	北京鑫正大印刷有限公司
开　　本:	787×1092　1/16
印　　张:	27
字　　数:	640千
版　　次:	2005年8月　第1版 2010年4月　第2版 2015年8月　第3版
印　　次:	2021年12月　第3版　第9次印刷　总第21次印刷
书　　号:	ISBN 978-7-114-12322-1
定　　价:	68.00元

(有印刷、装订质量问题的图书由本公司负责调换)

第三版前言

根据2013年8月教育部《关于"十二五"职业教育国家规划教材选题立项的函》[教职成司函[2013]184号],本教材获得"十二五"职业教育国家规划教材选题立项。

本教材编写人员在认真学习领会《教育部关于"十二五"职业教育教材建设的若干意见》(教职成[2012]9号)、《高等职业学校专业教学标准(试行)》、《关于开展"十二五"职业教育国家规划教材选题立项工作的通知》(教职成司函[2012]237号)等有关文件的基础上,结合当前高等职业教育发展和公路行业发展的实际情况,对第二版做了全面修订,形成了本教材第三版。

《公路工程》(第一版)于2005年10月由人民交通出版社出版发行。2008年1月本教材入选"普通高等教育'十一五'国家级规划教材"。修订后的《公路工程》(第二版)于2010年4月由人民交通出版社出版发行,2012年4月被交通职业教育教学指导委员会评选为全国交通职业教育"十一五"优秀教材一等奖,2013年8月入选教育部"十二五"职业教育国家规划教材选题立项。2014年获批为教育部"十二五"职业教育国家规划教材。

本教材是在《公路工程》(第二版)的基础上,根据教育部关于"十二五"职业教育国家规划教材编写的有关指导思想和有关原则,结合职业技术教育特点,围绕着交通高职的发展趋势和培养目标进行了第三次修改。

本次《公路工程》(第三版)的修订,基本保持第二版教材的整体框架不变,但考虑到高职的培养目标和当前工程实际,对部分内容进行了适当增减,减少了有关设计理论部分的纯叙述性内容;增加了路基施工、路面基层施工、路面施工以及与工程施工有关的环境保护、安全与文明施工等实用性的内容,突出介绍其在公路工程现场施工中的应用;根据国家、交通运输部颁布的《普通混凝土配合比设计规程》(JGJ 55—2011)、《公路工程沥青及沥青混合料试验规程》(JTG E20—2011)、《公路排水设计规范》(JTG/T D33—2012)、《公路工程无机结合料稳定材料试验规程》(JTG E51—2009)、《公路水泥混凝土路面设计规范》(JTG D40—2011)、《多年冻土地区公路设计与施工技术细则》(JTG/T D31-04—2012)等最新标准、规范与规程更新了教材的相关内容,适当加大了实践教学的比例,使修订教材更符合高职的教学要求。

本教材由浙江交通职业技术学院金仲秋主编,浙江省交通规划设计研究院方贤平教授级高工担任主审。参加本书修订编写人员如下:第一篇第一、三、五、六章,第二篇第一分篇第一、二、三、四章,第二分篇第二章,第三篇第一分篇第三章,第二分篇第二、三章由浙江交通职业技术学院金仲秋编写;第一篇第二、七章由浙江交通职业技术学院王建林编写;第一篇第四章,第二篇第二分篇第一章,第三篇第二分篇第一章由陕西交通职业技术学院赵学民编写;第二篇第一分篇第五、六章,第三篇第一分篇第四章由南京交通职业技术学院罗云军编写;第二篇第二分篇第三章由北京交通管理干部学院尤晓昕编写;第三篇第一分篇第五章由河南交通职业技术学院王玮编写;第三篇第一分篇第一、二章,第二分篇第四章由河南省中原公路工程监理公司曹汴军编写。

本教材在编写过程中,得到了人民交通出版社任雪莲编辑及附于本书之后参考书目作者的大力支持和帮助,在此一并致以诚挚谢意。

由于编者水平有限,加之时间仓促,书中难免存在不妥之处,恳请广大读者提出宝贵建议,以便进一步修改和完善。

编　者

2015 年 4 月

目　　录

第一篇　公路勘测设计

第一章　绪论 ... 3
　第一节　公路的特点及其主要组成部分 ... 3
　第二节　公路发展概况 ... 5
　第三节　公路分级与技术标准 ... 7
　第四节　公路勘测设计的依据、程序和内容 ... 10
　本章小结 ... 15
　思考题与习题 ... 15

第二章　平面设计 ... 16
　第一节　概述 ... 16
　第二节　平面圆曲线半径、全超高、全加宽 ... 17
　第三节　缓和段 ... 25
　第四节　行车视距 ... 41
　第五节　平面线形的设计与调整 ... 47
　第六节　平面设计成果 ... 53
　本章小结 ... 56
　思考题与习题 ... 56

第三章　纵断面设计 ... 58
　第一节　纵断面线形组成分析 ... 58
　第二节　竖曲线设计与计算 ... 65
　第三节　平面和纵面线形组合设计 ... 70
　第四节　纵断面设计方法与步骤 ... 72
　第五节　纵断面设计成果 ... 75
　本章小结 ... 78
　思考题与习题 ... 79

第四章　横断面设计 ... 80
　第一节　公路横断面的组成 ... 80
　第二节　路基横断面设计 ... 86
　第三节　路基土石方计算与调配 ... 88

第四节　横断面设计成果 ……………………………………………………… 93
　　本章小结 ……………………………………………………………………………… 98
　　思考题与习题 ……………………………………………………………………… 99

第五章　公路选线 ………………………………………………………………… 100
　　第一节　选线的原则、方法与步骤 ……………………………………………… 100
　　第二节　平原区选线 ……………………………………………………………… 102
　　第三节　山岭区选线 ……………………………………………………………… 105
　　第四节　丘陵区选线 ……………………………………………………………… 114
　　本章小结 …………………………………………………………………………… 117
　　思考题与习题 ……………………………………………………………………… 118

第六章　公路定线 ………………………………………………………………… 119
　　第一节　纸上定线 ………………………………………………………………… 119
　　第二节　实地定线 ………………………………………………………………… 121
　　第三节　纸上移线 ………………………………………………………………… 123
　　第四节　平曲线半径及长度的选定 ……………………………………………… 125
　　本章小结 …………………………………………………………………………… 128
　　思考题与习题 ……………………………………………………………………… 129

第七章　公路交叉设计 …………………………………………………………… 130
　　第一节　公路平面交叉 …………………………………………………………… 130
　　第二节　公路立体交叉 …………………………………………………………… 139
　　第三节　公路与其他线路交叉 …………………………………………………… 148
　　本章小结 …………………………………………………………………………… 150
　　思考题与习题 ……………………………………………………………………… 150

第二篇　路基工程

第一分篇　路基设计

第一章　绪论 ……………………………………………………………………… 155
　　第一节　概述 ……………………………………………………………………… 155
　　第二节　公路自然区划与路基干湿类型 ………………………………………… 158
　　第三节　路基土的工程性质 ……………………………………………………… 164
　　本章小结 …………………………………………………………………………… 165
　　思考题与习题 ……………………………………………………………………… 165

第二章　一般路基设计 …………………………………………………………… 166
　　第一节　路基典型横断面形式及其特点 ………………………………………… 166

  第二节 路基附属设施及功能 …………………………………………… 169
  第三节 一般路基几何尺寸设计 …………………………………………… 171
  本章小结 ……………………………………………………………………… 175
  思考题与习题 ………………………………………………………………… 176
 第三章 路基路面排水 …………………………………………………………… 177
  第一节 排水设计的目的、要求与原则 ………………………………… 177
  第二节 路基常用的地面排水设施 ……………………………………… 178
  第三节 路基常用的地下排水设施 ……………………………………… 182
  第四节 路面排水设施 ……………………………………………………… 186
  本章小结 ……………………………………………………………………… 189
  思考题与习题 ………………………………………………………………… 189
 第四章 路基稳定性验算 ………………………………………………………… 190
  第一节 概述 ………………………………………………………………… 190
  第二节 高路堤和深路堑的边坡稳定性验算 …………………………… 193
  第三节 陡坡路堤的稳定性验算 ………………………………………… 198
  本章小结 ……………………………………………………………………… 201
  思考题与习题 ………………………………………………………………… 201
 第五章 路基防护与加固 ………………………………………………………… 203
  第一节 防护与加固的基本知识 ………………………………………… 203
  第二节 坡面防护 …………………………………………………………… 204
  第三节 冲刷防护 …………………………………………………………… 212
  第四节 湿软地基加固 ……………………………………………………… 215
  本章小结 ……………………………………………………………………… 218
  思考题与习题 ………………………………………………………………… 218
 第六章 挡土墙设计 ……………………………………………………………… 219
  第一节 挡土墙的基本认知 ……………………………………………… 219
  第二节 挡土墙设计的依据 ……………………………………………… 222
  第三节 重力式挡土墙的设计 …………………………………………… 225
  第四节 常用的其他形式挡土墙的构造特点 ………………………… 236
  本章小结 ……………………………………………………………………… 242
  思考题与习题 ………………………………………………………………… 243

第二分篇 路基施工

 第一章 绪论 ……………………………………………………………………… 247
  第一节 路基施工的特点与基本方法 ……………………………………… 247
  第二节 施工准备工作 ……………………………………………………… 248
  第三节 施工放样 …………………………………………………………… 252

| 本章小结 | 255 |
| 思考题与习题 | 255 |

第二章　土质路基施工　256
第一节　路基填筑　256
第二节　路堑开挖　260
第三节　路基压实　262
本章小结　267
思考题与习题　268

第三章　石质路基施工　269
第一节　爆破作用原理及爆破器材与方法　269
第二节　工程中各种爆破的应用　273
第三节　爆破施工中应注意的问题及爆炸药品处置　278
本章小结　279
思考题与习题　280

第三篇　路面工程

第一分篇　路面设计

第一章　绪论　283
第一节　路面工程特点及等级分类　283
第二节　路面结构分层及功能　285
本章小结　287
思考题与习题　288

第二章　路面设计有关资料和参数的确定　289
第一节　行车荷载　289
第二节　路面设计参数的确定　292
本章小结　297
思考题与习题　297

第三章　路面基（底基）层和垫层　298
第一节　碎石、砾石类结构层　298
第二节　无机结合料稳定类结构层　300
本章小结　305
思考题与习题　305

第四章　沥青路面设计　306
第一节　沥青路面基本认知　306

第二节　沥青路面结构设计 ……………………………………………………… 311
　　第三节　新建沥青路面结构层厚度计算 ………………………………………… 316
　　第四节　新建沥青路面结构设计案例 …………………………………………… 321
　　本章小结 ………………………………………………………………………… 325
　　思考题与习题 …………………………………………………………………… 326
第五章　水泥混凝土路面设计 …………………………………………………………… 328
　　第一节　水泥混凝土路面设计综述 ……………………………………………… 328
　　第二节　水泥混凝土路面结构组合设计 ………………………………………… 331
　　第三节　水泥混凝土路面接缝设计 ……………………………………………… 334
　　第四节　普通水泥混凝土路面板厚设计 ………………………………………… 341
　　第五节　其他类型的水泥混凝土路面简介 ……………………………………… 343
　　本章小结 ………………………………………………………………………… 345
　　思考题与习题 …………………………………………………………………… 346

第二分篇　路　面　施　工

第一章　路面施工准备工作 ……………………………………………………………… 349
　　第一节　路面施工特点与要求 …………………………………………………… 349
　　第二节　路面施工的前期准备工作 ……………………………………………… 351
　　本章小结 ………………………………………………………………………… 353
　　思考题与习题 …………………………………………………………………… 353
第二章　路面基层（底基层）施工 ……………………………………………………… 354
　　第一节　路面基层和垫层常用材料的要求 ……………………………………… 354
　　第二节　半刚性基层施工 ………………………………………………………… 360
　　第三节　粒料类基层施工 ………………………………………………………… 366
　　第四节　路面基层、底基层施工的质量控制及检查验收 ……………………… 369
　　本章小结 ………………………………………………………………………… 373
　　思考题与习题 …………………………………………………………………… 374
第三章　沥青路面施工 …………………………………………………………………… 375
　　第一节　沥青类路面对常用材料的要求 ………………………………………… 375
　　第二节　沥青表面处治施工 ……………………………………………………… 378
　　第三节　沥青贯入式路面施工 …………………………………………………… 381
　　第四节　热拌沥青混合料路面施工 ……………………………………………… 384
　　第五节　沥青类路面施工质量控制及检查验收 ………………………………… 389
　　本章小结 ………………………………………………………………………… 392
　　思考题与习题 …………………………………………………………………… 392
第四章　水泥混凝土路面施工 …………………………………………………………… 394

第一节　水泥混凝土路面所用材料要求 …………………………………… 394
第二节　水泥混凝土拌和物的搅拌与运输 …………………………………… 398
第三节　水泥混凝土路面面层施工 …………………………………………… 402
第四节　水泥混凝土面层接缝、抗滑构造的施工 …………………………… 411
第五节　水泥混凝土面层施工质量检查与验收 ……………………………… 415
第六节　安全生产及施工环保 ………………………………………………… 418
本章小结 ………………………………………………………………………… 420
思考题与习题 …………………………………………………………………… 420

参考文献 ……………………………………………………………………… 422

第一篇 公路勘测设计

第一章 绪 论

> **教学要求**
>
> 1. 通过介绍公路工程的特点、发展概况及我国公路发展规划,描述公路分级、各级公路的技术指标以及公路的主要组成部分。
> 2. 描述公路等级选用的一般原则和方法。
> 3. 描述公路勘测设计的原则、依据和程序。

第一节 公路的特点及其主要组成部分

一 公路的特点

1. 公路运输的特点

交通运输是国民经济的动脉,是国家经济发展的基础产业之一,随着交通运输的发展和人民生活水平的提高,它在联系工业与农业、城市与乡村、生产与消费等各个领域起着十分重要的作用。

现代交通运输由铁路、公路、水运、航空及管道运输五种运输方式所组成。这些运输方式在技术经济上各有特点,它们根据运输的需要,合理分工、相互衔接、互为补充,形成完整的国家综合运输体系。铁路运输对于中、远程的大宗货物及客运运输具有运输量大、成本低的特点,但只能定点远行,且中转多,无法实现"门到门"的直达运输;水运在通航地区具有运量大、运价低廉的特点,但速度慢、中转多、不能直达;航空运输具有速达作用,但成本高,能耗大;管道运输则多用于运输液体和气态或散装物品。与其他运输方式相比,公路运输具有如下特点:

(1)机动灵活,适应性强。由于公路运输网一般要比铁路、水路网的密度大、分布面广,车辆可随时调度、装卸,各运输环节之间的衔接时间较短,既适应于小批量运输和大宗运输,又可以深入到城市居民住宅、乡村居民点及工矿企业,实现"门到门"的直达运输,机动灵活、适应性强,这是其他运输方式无法与公路运输比拟的特点之一。

(2)在中、短途运输中,运送速度较快。在中、短途运输中,由于公路运输能迅速集中和分散客、货运量,实现"门到门"的直达运输,中途不需中转就可以直接将客货运达目的地,客、货在途时间较短,运送速度较快,节约时间,减少货损,经济效益高。

(3)建设投资相对较省,且见效快。公路运输与铁路、水路、航空等运输方式相比,初期建设投资相对较省,所需固定设施相对简单,具有原始投资少,见效快,经济、社会效益显著的特点。

(4)运量较小,运输成本较高。由于公路运输所需服务人员多,单位运量小,消耗燃料较多,故汽车运输费用比铁路和水运高。但随着公路建设的技术手段日趋成熟,汽车制造业的不断发展与改进,以及大吨位汽车的投入使用,公路运输将越来越显示其优越性。

2. 公路工程的特点

公路是在天然地表面上按照线形设计要求开挖或堆填而成的工程结构物,其中路基和路面作为不可分割的整体,共同承受汽车荷载的重复作用和自然条件的长期影响。由于公路沿线地形起伏,地质、地貌、气象特征多变,再加上沿线城镇经济发达程度与交通繁忙程度不一,因此工程技术人员必须掌握广博的知识,善于处理各种变化的环境因素,从而设计出理想的线形和路基与路面工程。

公路是一种线形工程,其长度可从几公里延续数百公里甚至上千公里,因而工程数量十分可观。例如微丘区的三级公路,每公里土石方数量为 8000~16000 m^3,山岭、重丘区的三级公路每公里可达 20000~60000 m^3,对于高速公路,数量将更为可观。由于公路沿线地形起伏,地质、地貌、气象特征多变,再加上沿线城镇经济发达程度与交通繁忙程度不一,因此决定了路基和路面工程具有复杂多变的特点。路基与路面工程是公路工程的主要组成部分,工程数量巨大,投资费用可观,路基工程造价占公路工程总造价的 20%~50%,路面工程造价一般占总造价的 30% 以上。因此,精心设计,精心施工,使公路工程能长期具备良好的使用性能,这对于节约投资,提高运输效益,具有十分重要的意义。

现代化公路运输,不仅要求公路能全天候通行车辆,而且要求车辆能以一定的速度,安全、舒适而经济地在道路上行驶,这就要求公路应具有良好的使用性能,提供良好的行驶条件和服务水平。为了保证公路最大限度地满足车辆行驶的要求,提高车速、增强安全性和舒适性,降低运输成本和延长道路使用年限,要求公路具有平顺的线形,坚固的结构,平整坚实和少尘的路面。

二 公路主要组成部分

公路是一种铺筑在地面上主要供车辆行驶的线形带状结构物,它主要由路基、路面、桥涵、隧道、排水系统、防护工程和交通服务设施所组成。

1. 公路路基

公路路基是在天然地面上修筑成路堤(填方路段)、路堑(挖方路段)或半填半挖路基的带状结构物,主要承受路面传递的行车荷载,是支撑路面的基础。设计时必须保证路基变形小,具有足够的强度和稳定性,并防止水分及其他自然因素对路基本身的侵蚀和损害。

2. 公路路面

公路路面是用各种不同坚硬材料或混合料,分单层或多层铺筑在路基顶面供车辆行驶的层状结构物。设计时必须保证路面具有足够的强度、刚度、平整度和粗糙度,以满足车辆在其表面能安全、迅速、舒适地行驶。

3. 桥涵

桥梁是为公路跨越河流、山谷或人工建筑物而建造的构造物。涵洞是为了排泄地面水流或满足农田灌溉需要而设置的横穿路基的小型排水构造物。

4. 隧道

隧道是公路根据设计需要为穿越山岭、地下或水域而建造的构造物。

5. 公路排水系统

公路排水系统是为了排除地面水和地下水而设置的，是由各种拦截、汇集、输送及排放等排水设施所组成的构造物。除桥梁、涵洞外，排水系统主要有路基边沟、截水沟、排水沟、暗沟、渗沟、渗井、排水隔离层、暗管、跌水与急流槽、渡槽等路基排水构造物。

6. 防护工程

防护工程是为了加固路基边坡，确保路基稳定而修建的结构物。按其作用不同，可分为坡面防护、冲刷防护和支挡构造物三大类。路基边坡坡面防护一般有植物防护、坡面处治及护坡与护面墙等；冲刷防护除上述防护外，为调节水流流速及流向，防护路基免受水流冲刷，在沿河路基可设置顺坝、丁坝、格坝等导流结构物；支挡构造物一般是指填（砌）石边坡、挡土墙、护脚及护面墙等。

7. 交通服务设施

交通服务设施一般是指公路沿线设置的交通安全、养护管理、服务环境保护等设施，一般有交通标志、标线、护栏、护墙、护柱、中央分隔带、声屏障墙、隔离栅、照明设备、停车场、加油站、汽车修理站、养护管理房屋和绿化美化设施等。

第二节　公路发展概况

一　公路的发展

我国公路建设有着悠久的发展历史。早在公元 2000 年前，就有了可以行驶牛、马车的道路。到清代，全国已形成了层次分明、功能较完善的"官马大路"、"大路"、"小路"等道路系统，分别为京城到各省城、省城到重要城市及重要城市到一般市镇的三级道路，其中"官马大道"就达 4000 余里。但由于封建统治对生产力的束缚，使我国公路建设事业发展缓慢，交通运输工具也很少改进，长期停留在人力、兽力拉车的水平。直到 1949 年，全国才修建了 13 万 km 的公路，能勉强维持通车的公路仅有 8.1 万 km，而且标准低、质量差、分布也极不合理，大部分公路都集中在东部沿海地区，占全国土地面积三分之二的山区和边疆少数民族地区几乎没有公路。

中华人民共和国成立以后，为了恢复和发展国民经济、改善人民生活、巩固国防、促进民族团结，党和国家对公路建设做出了很大的努力，取得了显著成就。特别是改革开放以来，我国社会经济飞速发展，经济结构发生了很大变化，社会需求趋于个性化、多样化，对公路交通也提出了更高的要求。多品种、多用户、小批量产品的运输需求迅速增加，运输的方便性、及时性和可靠性要求增加，使适合公路运输的货运量迅速增长。加之人民生活水平的提高和生活节奏的加快,使以商业、探亲、旅游、购物等为目的的出行快速增长,进而使得公路建设高速发展。截至2012年年底,按通车公路里程统计,全国公路总里程达423.75万km,其中国道17.34万km,省道31.21万km,县道53.95万km,乡道107.67万km,专用公路7.37万km,村道206.22万km;按公路技术等级统计,全国等级公路里程360.96万km,其中高速公路9.62万km,一级公路7.43万km,二级公路33.15万km,三级公路40.19万km,四级公路270.98万km,等外公路62.79万km,居世界第4位,实现了县县通公路,99.97%的乡(镇)和99.55%以上的建制村通了汽车。

我国高速公路的建设最早开始于台湾。自台湾高雄起,经台南、台中、台北到基隆止,全长373.4km。该线1968年开始设计,1978年竣工,历时近10年。1983年12月沪嘉(上海至嘉定)高速公路开工建设,1988年10月建成通车,这条高速公路全长18.5km,为双向4车道,全路设计行车时速120km,全封闭,全立交,沿线建有大型互通式立交桥3座,设有完整的交通标志、标线和交通监控系统,中国大陆高速公路从此实现了零的突破。1990年8月,沈大(沈阳至大连)高速公路建成通车,沈大高速公路全长375km,双向4车道,全封闭,全立交,连接沈阳、辽阳、鞍山、营口、大连5个城市,是当时公路建设项目中由我国自行设计、自行施工,规模最大、标准最高的工程,开创了我国建设长距离高速公路的先河,被誉为"神州第一路"。至1988年年底,全国高速公路通车总里程达到6258km,跃居世界第八;至1999年年底,突破1万km,位居世界第四;至2000年年底,达到1.6万km,居世界第三;至2006年年底,已有30个省、市、自治区修建了高速公路,通车总里程已达4.53万km,居世界第二;截至2013年年底,全国高速公路通车总里程已达到10.44万km,居世界第二。在高速公路建设方面,我国用短短的20多年时间,完成了发达国家40年所走的历程,已跨入了世界先进行列。

我国公路建设虽然得到了快速发展,但仍不能完全适应国民经济发展对公路运输的要求,而且与世界上发达国家相比,仍存在着较大的差距。公路网标准低,基础设施薄弱,密度小,通行能力差,抗灾能力弱,服务水平不高和布局不尽合理仍是当前存在的突出问题,而且全国还有192个乡(镇)和33711个建制村没有通公路。从高速公路在各地区的分布情况看,国家虽然已加大了对西部地区的投资,但东、中、西各地区高速公路总量以及所占比重都存在较明显的差异,公路密度低、高等级公路总量不足,仍影响着西部地区经济发展水平的进一步提高。据2012年年底统计,在全国公路总里程423.75万km中,铺有沥青混凝土的有64.19万km、水泥混凝土的有165.32万km,只占全国公路总里程的54.16%;简易铺装路面50.35万km,占11.88%;未铺装路面143.89万km,占33.96%;达不到技术标准的等外公路62.79万km,占全国公路总里程的14.82%。因此,加快公路网新线建设,对原有公路进行技术改造,逐步提高技术标准和通行能力,仍然是我国公路建设当前的主要任务。

二 公路的发展规划

根据交通部❶规划,从"八五"开始,我国将用几个五年计划的时间,建设主要由高速公路组成的全国公路主骨架,这就是国道主干线系统。国道主干线系统将贯通首都和省会,连

---

❶ 2008年以后,交通部更名为交通运输部。

通所有100万人口以上的特大城市和50万人口以上的大城市,串联的城市超过200个,覆盖人口约6亿。由12条线路组成的"五纵七横"国道主干线全长3.5万km,其中2.2万km为高速公路。

根据经济社会发展的要求和交通加快发展的新形势,2005年交通部提出并经国务院审议通过了《国家高速公路网规划》。我国高速公路网规划采用放射线与纵横网格相结合的布局方案,形成由中心城市向外放射以及横连东西、纵贯南北的大通道,由7条首都放射线、9条南北纵向线和18条东西横向线组成,简称为"7918网",总规模约8.5万km,其中:主线6.8万km,地区环线、联络线等其他路线约1.7万km。具体如下:

首都放射线(7条):北京—上海、北京—台北、北京—港澳、北京—昆明、北京—拉萨、北京—乌鲁木齐、北京—哈尔滨。

南北纵向线(9条):鹤岗—大连、沈阳—海口、长春—深圳、济南—广州、大庆—广州、二连浩特—广州、包头—茂名、兰州—海口、重庆—昆明。

东西横向线(18条):绥芬河—满洲里、珲春—乌兰浩特、丹东—锡林浩特、荣成—乌海、青岛—银川、青岛—兰州、连云港—霍尔果斯、南京—洛阳、上海—西安、上海—成都、上海—重庆、杭州—瑞丽、上海—昆明、福州—银川、泉州—南宁、厦门—成都、汕头—昆明、广州—昆明。

根据交通运输部"十二五"发展规划,到"十二五"末,全国公路网规模将进一步扩大,技术质量明显提升,公路总里程达到450万km;高速公路总里程达到10.8万km,覆盖90%以上的20万以上城镇人口城市,基本建成国家高速公路网;二级及以上公路里程达到65万km,国省道总体技术状况达到良好等级水平;改善农村公路网络状况,提高农村公路的网络化水平和整体服务能力,使农村公路(含县道、乡道、村道)总里程达到390万km。我国高速公路网将连接所有人口在20万以上的319个城市,包括所有的省会城市以及港澳台。我国汽车的经济运距将大幅度提高,东部、中部和西部地区平均上高速的时间可分别缩短为半小时、1h和2h,大城市间、省际和经济区域间,逐步形成400~500km内当日往返、800~1000km内朝发夕至的现代高等级公路网。我国的公路交通必将出现一个崭新的局面。

第三节　公路分级与技术标准

一　道路的分类

道路是供行人和各种车辆等行驶用的构造物的统称。道路按其服务对象的不同可分为公路、城市道路、厂矿道路、林区道路及乡村道路等。但根据它们的服务功能、对象和特点,则可把道路分成公路与城市道路两大类。位于城市郊区及城市以外的道路称为公路,而位于城市范围内的道路称为城市道路。

公路是指连接城市、乡村和工矿基地等,主要供汽车行驶,具备一定技术标准和设施的道路。公路按其重要性、使用性质和行政等级又可划分为:国家干线公路(简称国道)、省干线公路(简称省道)、县公路(简称县道)、乡村道路(简称乡道)以及专用公路等。

国道是指在国家干线网中,具有全国性的政治、经济、国防意义的主要干线公路,包括重要的国际公路、国防公路，连接首都与各省、自治区、直辖市首府的公路，连接各大经济中心、港站枢纽、商品生产基地和战略要地的公路。

省道是指在省（自治区、直辖市）公路网中，具有全省性的政治、经济、国防意义，并由省级公路主管部门负责修建、养护和管理的省级公路干线。

县道是指具有全县政治、经济意义，连接县城和县内主要乡（镇）、主要商品生产和集散地的公路，以及不属于国道、省道的县际间公路。县道由县、市公路主管部门负责修建、养护和管理。

乡道是指直接或主要为乡村经济、文化、生产、生活服务以及乡村与外部联系的公路。乡道由县统一规划，由县、乡组织修建、养护和使用。由于乡村道路主要为农业生产服务，一般不列入国家公路等级标准。

专用公路是指专供或主要供厂矿、林区、农场、油田、旅游区、军事要地等与外部联系的公路。专用公路由专用单位负责修建、养护和管理，也可委托当地公路部门修建、养护和管理。专用公路的技术要求应按其专门制定的技术标准或参照《公路工程技术标准》（JTG B01—2014）执行。

在城市范围内，供车辆及行人通行的，具备一定技术条件和设施的道路叫城市道路。城市道路的功能除了把城市各部分联系起来为城市各种交通服务外，还起着形成城市结构布局的骨架，提供通风、采光，反映城市面貌和建筑风格，保持城市生活环境空间以及为防火、绿化提供场地的作用。

按照城市道路在城市道路网中的地位、交通功能以及对沿线建筑物的服务功能等，城市道路分为快速路、主干路、次干路、支路四类。

各类道路由于其位置、交通性质及服务功能均不相同，在设计时其依据、标准及具体要求也不相同，应特别注意。

二 公路分级与技术标准

公路是为汽车运输或其他交通服务的工程结构物。交通运输部2014年颁布的《公路工程技术标准》（JTG B01—2014），根据公路的使用任务、功能和适应的交通量分为五个等级：高速公路、一级公路、二级公路、三级公路和四级公路。

1. 高速公路

高速公路是指专供汽车分向、分车道行驶并全部控制出入的多车道公路。它具有4条或4条以上车道，设有中央分隔带，全部采用立体交叉，并具有完善的交通安全设施、管理设施和服务设施。高速公路的年平均日设计交通量宜在15000辆小客车以上。

2. 一级公路

一级公路是指供汽车分向、分车道行驶，并可根据需要控制出入的多车道公路。当作为集散公路时，其纵横向干扰较大，为保证供汽车分道、分向行驶，可设慢车道供非汽车交通行驶；当作为干线公路时，为保证运行速度、交通安全和服务水平，应根据需要采取控制出入措施。一级公路的年平均日设计交通量宜在15000辆小客车以上。

3. 二级公路

二级公路是指供汽车行驶的双车道公路。为保证汽车的行驶速度和交通安全，在混合交通量大的路段,可设置慢车道供非汽车交通行驶。二级公路的年平均日设计交通量宜为5000~15000辆小客车。

4. 三级公路

三级公路是指供汽车、非汽车交通混合行驶的双车道公路。三级公路的年平均日设计交通量宜为2000~6000辆小客车。

5. 四级公路

四级公路是指供汽车、非汽车交通混合行驶的双车道或单车道公路。双车道四级公路的年平均日设计交通量宜在2000辆小客车以下;单车道四级公路的年平均日设计交通量宜在400辆小客车以下。

以上5个等级的公路构成了我国的公路网。其中高速公路、一级公路为公路网骨干线,二、三级公路为公路网内基本线,四级公路为公路网内的支线。

《公路工程技术标准》(JTG B01—2014)是国家颁布的法定技术准则,它反映了我国公路建设的方针、政策和技术要求,是公路设计、修建和养护的依据。因此,在公路设计、施工和养护中,必须严格遵守。同时,在符合《公路工程技术标准》(JTG B01—2014)要求和不过分增加工程造价的前提下,应根据技术经济原则,尽可能采用较高的技术指标,以充分提高公路的使用质量和效益。

三 公路等级的选用

公路等级的选用,应根据公路的使用功能、公路网规划、交通量,从全局出发,并充分考虑项目所在地区的综合运输体系、远期发展等,经综合论证后确定。在确定公路等级时,应明确以下几个问题。

(1)确定一条公路的等级,应首先确定该公路的使用功能,是干线公路,还是集散公路,即属于直达还是连接,以及是否需要控制出入等。再根据预测交通量初拟公路等级,结合地形、交通组成等,确定设计速度、路基宽度。

(2)一条公路可根据设计交通量等情况分段采用不同的公路等级。高速公路和具有干线功能的一级公路的设计交通量应按20年预测;二级公路、三级公路的设计交通量应按15年预测;四级公路可根据实际情况确定。设计交通量预测的起算年应为该项目可行性研究报告中的计划通车年。设计交通量的预测应充分考虑走廊带范围内远期社会、经济的发展规划和综合运输体系的影响。

(3)同一条公路,除可分段选用不同的公路等级外,还可分段选用不同的设计速度和路基宽度,但不同公路等级、设计速度、路基宽度间的衔接应协调,要结合地形的变化设置过渡段,使主要技术指标随之逐渐过渡,避免出现突变。不同设计路段相互衔接的地点,应选择在驾驶员能够明显判断路况发生变化且需要改变行车速度的地点,如村镇、车站、交叉道口或地形明显变化等地点,并应设置相应的标志。

(4)主要干线公路应选用高速公路。

(5)次要干线公路应选用二级及二级以上公路。当次要干线公路采用一级公路时,为保证运行速度、交通安全和服务水平,应根据需要采取控制出入措施。当次要干线公路采用二级公路标准时,应采取增大平面交叉间距,采用主路优先交通管理方式,以及渠化平面交叉等措施以减小横向干扰,其平面交叉间距不应小于500m。

(6)主要集散公路宜选用一、二级公路。当主要集散公路采用一级公路时,其纵横向干扰较大,为保证供汽车分道、分向行驶,可设慢车道供非汽车交通行驶,并根据需要采取控制出入措施。当主要集散公路采用二级公路标准时,在非汽车交通量大的路段,可采取设置慢车道,采用主路优先或信号控制等交通管理方式,以及渠化平面交叉等措施,以减小纵横向交通干扰,其平面交叉间距不应小于300m。

(7)次要集散公路宜选用二、三级公路,支线公路或地方公路宜选用三级公路、四级公路,允许各种车辆在车道内混合行驶。

(8)设计路段的长度不宜过短,一般情况下,高速公路不宜小于15km,一级公路、二级公路不宜小于10km,三级、四级公路可根据实际情况适当缩短。

第四节 公路勘测设计的依据、程序和内容

一 设计依据

路线设计是按勘测设计程序、已批准的计划任务书和标准、规范等进行的。无论是新建公路或是改建公路,都应有充分的技术经济依据,其中最基本的设计依据是设计车辆、交通量和设计速度。

1. 设计车辆

行驶在公路上的车辆主要有机动车和非机动车两类,其中机动车包括摩托车、小汽车、公共汽车、载重汽车、拖拉机和大型集装箱车等,非机动车包括自行车、三轮车、板车和兽力车等。根据公路的使用任务和性质,高速公路、一级公路为机动车服务,二、三、四级公路为混合车型(含非机动车)服务。

车辆的外廓尺寸是公路几何设计的重要依据,如路幅组成、弯道加宽、纵坡、视距、交叉口设计等都与车辆的外廓尺寸密切相关。规范对各种车辆进行归类,将其尺寸标准化称为设计车辆。我国《公路工程技术标准》(JTG B01—2014)(以下简称《标准》)将设计车辆分为小客车、大型客车、铰接客车、载重汽车和铰接列车五类。各类设计车辆的基本尺寸见表1-0-1-1。

设计车辆外廓尺寸表 表1-0-1-1

车辆类型	总长(m)	总宽(m)	总高(m)	前悬(m)	轴距(m)	后悬(m)
小客车	6	1.8	2	0.8	3.8	1.4
大型客车	13.7	2.55	4	2.6	6.5+1.5	3.1
铰接客车	18	2.5	4	1.7	5.8+6.7	3.8
载重汽车	12	2.5	4	1.5	6.5	4
铰接列车	18.1	2.55	4	1.5	3.3+11	2.3

注:自行车的外廓尺寸采用宽0.75m,高2.00m。

2. 设计速度

设计速度是指在气候和交通量正常的情况下,汽车运行只受公路自身条件(几何要素、

路面、附属设施等)影响时,具有中等驾驶技术的人员能够安全、顺适驾驶车辆的速度。

设计速度是公路设计时确定几何线形的基本要素。曲线半径、超高、视距、合成坡度、路幅宽度和竖曲线设计等都直接或间接与计算行车速度有关,所以它是体现公路等级的一项重要指标。

设计速度与运行速度有密切的关系,但它们是不同的两个概念。运行速度是指汽车在公路上的实际行驶速度,它受气候、地形、交通密度以及公路本身条件的影响,同时与驾驶员的技术也有很大的关系。在设计速度低的路段上,当行车条件(交通密度、气候、地形等)比较好时,行车速度常接近或超过设计速度。设计速度越低,出现这种现象的概率越大。考虑到这一特点,同一等级的公路按不同的条件采用不同的设计速度是合适的。同时,超过设计速度的情况是危险的,所以在地形良好,线形顺适,视野开阔,容易产生超速行驶(超过设计速度)的路段,要特别注意曲线半径、超高、纵坡等方面的合理配置。

《标准》根据公路工程建设的难易程度、工程量大小及技术经济的合理性考虑,规定各级公路的设计速度,供设计时结合交通需求的变化,考虑技术经济的合理性,更好地与地形、景观相配合,做出合理的设计。

我国《标准》规定的各级公路速度见表1-0-1-2。

各级公路设计速度表 表1-0-1-2

公路等级	高速			一级			二级		三级		四级	
设计速度(km/h)	120	100	80	100	80	60	80	60	40	30	30	20

公路设计速度的选用应符合下列要求:

(1)各级公路设计速度应根据公路的功能、等级、交通量,并结合沿线地形、地质等状况,经论证确定。

(2)高速公路应根据交通量、地形等情况选用高的设计速度,一般不宜低于100km/h。受地形、地质等条件限制时,可采用80km/h。

(3)高速公路和作为干线的一级公路的特殊困难局部路段,且因新建工程可能诱发工程地质病害时,经论证,该局部路段的设计速度可采用60km/h,但长度不宜大于15km,或仅限于相邻两互通立体交叉之间的路段。

(4)一级公路作为干线公路,设计速度宜采用100km/h;受地形、地质等条件限制时,可采用80km/h。一级公路作为集散公路时,设计速度宜采用80km/h;受地形、地质等条件限制时,可采用60km/h 。

(5)二级公路作为干线公路时,设计速度宜采用80km/h;受地形、地质等条件限制时,可采用60km/h。二级公路作为集散公路时,设计速度宜采用60km/h;受地形、地质等条件限制时,可采用40km/h 。

(6)三级公路设计速度宜采用40km/h,受地形、地质等条件限制时,可采用30km/h。

(7)四级公路设计速度宜采用30km/h,受地形、地质等条件限制时,可采用20km/h。

3. 交通量

交通量是确定公路等级的主要依据。公路的交通量是指单位时间内(每小时或每昼夜)通过公路上某一横断面处的往返车辆总数。交通量与社会经济发展速度、气候、物产、文化生活水平等多方面因素有关,且随着时间、地点的不同而随机变化。其具体数值通过交通调查和交通预测确定。

1) 年平均日交通量

公路交通量的普遍计量单位是年平均日交通量(简称 AADT)，即一年 365d 交通量观测结果的平均值，其表达式为：

$$N = \frac{1}{365}\sum_{i=1}^{365} Q_i \tag{1-0-1-1}$$

式中：N——年平均日交通量，辆/日；

Q_i——一年内的日交通量，辆/日。

2) 设计交通量

设计交通量是指达到预测年限时的年平均日交通量，它是确定公路等级的主要依据。设计交通量根据公路使用的功能、任务和性质，目前一般按年平均增长率计算确定。

$$N_d = N_o(1-\gamma)^{t-1} \tag{1-0-1-2}$$

式中：N_d——达到预测年限时的年平均日交通量，辆/日；

N_o——起始年平均日交通量，辆/日；

γ——年平均增长率，%；

t——预测年限。

3) 设计小时交通量

设计小时交通量是以小时为时段的交通量(简称 DDHV)，是用于确定公路等级、车道数和车道宽度或评价公路运行状态和服务水平的重要参数。通常一年中的每月、每日、每小时交通量的变化是相当大的，如果用一年中最大的高峰小时交通量作为设计依据，必然造成浪费，但如果采用日平均小时交通量则不能满足实际需要，甚至造成交通阻塞。因此，必须选择适当的小时交通量作为设计小时交通量。研究认为，取一年中的排序第 30 位最大小时交通量为设计小时交通量最合适，即将一年中测得的 8760 个小时交通量按大小顺序排列，取序号为第 30 位的小时交通量作为设计小时交通量。如图 1-0-1-1 所示，在第 30 位小时交通量以上，曲线斜率急剧加大，第 30 位以下，曲线变化明显变缓，采用第 30 位小时交通量作为设计依据，每年只有 29 个小时的交通量超过设计小时交通量，保证率达 99.67%。目前许多国家包括我国均采用第 30 位小时交通量作为设计依据。

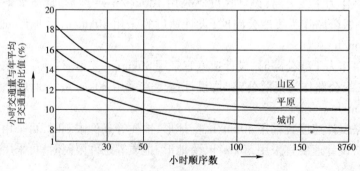

图 1-0-1-1　第 30 位最大小时交通量示意图

设计小时交通量按式(1-0-1-3)计算。

$$N_h = N_d \cdot K \cdot D \tag{1-0-1-3}$$

式中：N_h——设计小时交通量，辆/h；

　　　N_d——达到预测年限时的年平均日交通量，辆/日；

　　　K——设计小时交通量系数，即第 30 位小时交通量与年平均日交通量的比例，一般平原区 K 取 13%，山区 K 取 15%；

　　　D——方向不均匀系数，一般可取 $D = 0.5 \sim 0.6$。

4）交通量换算

在确定设计交通量时，应将在公路上行驶的各种车辆按规定折算为标准车型。我国在进行公路设计时是以小客车为标准车型。设计时应将公路上行驶的各种车辆（含非机动车辆）按规定折合成小客车的年平均日交通量。各种汽车的折算是为了比较交通量的大小时有统一尺度。确定公路等级的各汽车代表车型和车辆折算系数如表 1-0-1-3 所示。

各汽车代表车型与车辆折算系数　　　　表 1-0-1-3

汽车代表车型	车辆折算系数	说　　明
小客车	1.0	座位≤19 座的客车和载质量≤2t 的货车
中型车	1.5	座位>19 座的客车和 2t<载质量≤7t 的货车
大型车	2.5	7t<载质量≤20t 的货车
汽车列车	4.0	载质量>20t 的货车

注：1. 畜力车、人力车、自行车等非机动车，在设计交通量换算中按路侧干扰因素计。

　　2. 公路上行驶的拖拉机每辆折算为 4 辆小客车。

　　3. 公路通行能力分析所要求的车辆折算系数应针对路段、交叉口等形式，按不同的地形条件和交通需求，采用相应的折算系数。

二　设计程序和内容

1. 工程可行性研究

工程可行性研究是公路基本建设前期工作的一项重要内容，是建设项目决策和编制设计（计划）任务书的依据。工程可行性研究的目的是对建设项目的必要性、技术的可行性、经济的合理性、实施可能性以及宏观和微观经济效益，做出科学的评价和评估，并拟出多种比较方案，作为决策的依据。

公路工程可行性研究，一般应包括以下内容：

（1）概述：主要论述任务依据和历史背景、研究范围、研究的主要结论、主要存在的问题和建议。

（2）现有公路技术状况及问题：主要阐述现有公路技术现状和适应程度，拟建项目在交通网中的作用、存在的主要问题。

（3）运输量和交通量发展预测：主要阐述项目所在地的经济特性、经济增长与客货运输增长的关系，交通调查情况和交通量发展预测。

（4）公路建设规模及标准：主要论证公路等级和桥梁的结构规模、征地范围、技术标准等重要指标。

（5）建设条件与方案选择：主要阐述地理位置、自然条件对工程方案、施工条件和工程造价的影响；社会环境及地方经济对建设项目的影响；工程方案的比选与推荐意见。

（6）投资估算及资金筹措：根据主要工程数量、建设用地、拆迁数量作出投资估算，并说明资金来源和筹集办法。

（7）实施方案：提出设计和施工的安排、工期和投资安排、工程管理和技术管理等方面的意见。

（8）经济评价：主要是作出直接经济效益计算、经济投资费用计算、经济与社会效益分析等。

对上述内容进行研究后写出工程可行性研究报告，作为工程项目的决策依据。工程可行性研究报告批准后，一般不得随意修改和变更。

2. 设计任务书

公路勘测与设计工作是根据批准的设计任务书进行的，设计任务书由提出计划的主管部门下达或由下级单位编制后按规定上报审批。设计任务书包括以下基本内容：

（1）建设依据和意义。

（2）公路的建设规模和修建性质。

（3）路线基本走向和主要控制点。

（4）工程技术标准和主要技术指标。

（5）按几阶段设计，各阶段完成的时间。

（6）建设期限和投资估算，分期修建的应提出每期的建设规模和投资估算。

（7）施工力量的原则安排。

（8）路线示意图、工程数量、三材数量及投资估算表等。

设计任务书批准后，如对建设规模、工程技术标准、路线基本走向等主要内容有变更时，应经原批准机关同意。

3. 勘测设计阶段

公路工程基本建设项目的勘测设计阶段可分为"一阶段设计"、"两阶段设计"和"三阶段设计"三种。通常情况下，勘测设计采用两阶段设计，即初步设计和施工图设计。对技术简单、方案明确的小型建设项目，可采用一个阶段设计，即一阶段施工图设计。对技术复杂又缺乏经验的建设项目或建设项目中的个别路段、特殊大桥、互通式立体交叉、隧道等，必要时可采用三阶段设计，即初步设计、技术设计和施工图设计。

一阶段设计是根据批准的设计任务书（或测设合同）的要求，进行定线测量，编制施工图设计文件和施工预算，作为公路施工的依据。

两阶段设计应根据批准的设计任务书（或测设合同）的要求，经过初步测量，编制初步设计文件和设计概算，再根据批准的初步设计，进行定线测量，编制施工图设计文件和施工预算，作为施工的依据。

三阶段设计是在初步设计文件和设计概算批准后，通过补充测量，然后编制技术设计文件和修正概算，最后根据批准的技术设计文件经过定线测量（或补充定测），编制施工图设计文件和施工预算，作为公路施工的依据。

在采用一阶段设计、两阶段设计或三个阶段设计时，不论是新建公路还是改建公路，在公路勘测设计之前，均必须进行视察和工程可行性研究工作。视察和工程可行性研究虽不独立作为一个设计阶段，但它们是勘测设计工作之前必须进行的一个重要步骤。

本 章 小 结

(1) 公路勘测设计主要讲述公路平、纵、横三个基本几何组成部分的设计原理、原则、方法和步骤,分析选线、定线的一般原则、基本操作方法和内容,并以基本理论、基本知识和基本技能为主要内容。因此,本课程是道路桥梁工程技术专业综合性和实践性都很强的一门专业核心课程。在学习过程中应理论联系实际,认真完成课堂作业、课程设计,参加野外教学与生产实习,以加深对理论的理解,提高运用基本理论解决实际问题的能力。

(2) 公路等级根据公路的使用任务、功能和适应的交通量分为高速公路、一级公路、二级公路、三级公路和四级公路。其中高速公路、一级公路为公路网骨干线,二、三级公路为公路网内基本线,四级公路为公路网的支线,它们共同构成了我国的公路网。

《公路工程技术标准》(JTG B01—2014)是国家颁布的法定技术准则,是公路设计、修建和养护的依据。因此,在公路设计、施工和养护中,必须严格遵守。同时,要求在不过分增加工程造价的前提下,根据技术经济原则尽可能采用较高的技术指标,以充分提高公路的使用质量和效益。

公路等级的选用应根据公路的使用功能、公路网规划、交通量,从全局出发,并充分考虑项目所在地区的综合运输体系、远期发展等,经综合论证后确定。

(3) 不论是新建公路还是改建公路,都应有充分的技术经济依据,其中最基本的设计依据是设计车辆、交通量和设计速度。

设计车辆是公路几何设计(如路幅组成、弯道加宽、纵坡、视距、交叉口设计等)的重要依据;设计速度是决定公路几何线形(如曲线半径、超高、视距、合成坡度、路幅宽度和竖曲线设计等)、体现公路等级的一项重要指标;交通量是确定公路等级的主要依据。

(4) 工程可行性研究是公路基本建设前期工作的一项重要内容,是建设项目决策和编制设计(计划)任务书的依据,而公路勘测与设计工作是根据批准的设计任务书进行的。公路勘测设计一般按两阶段进行设计,即初步设计和施工图设计,对于技术上复杂而又缺乏设计经验的项目或建设项目中的个别路段、特殊构造物等,必要时进行三阶段设计,即初步设计、技术设计和施工图设计。

思考题与习题

1. 现代交通运输方式有哪些特点?与这些运输方式比较,公路运输有哪些特点?
2. 《标准》的主要技术指标有哪些?
3. 公路的主要组成部分有哪些?它们主要包括哪些内容?
4. 公路勘测设计的依据有哪些?
5. 何谓设计速度?
6. 公路勘测设计可分为哪几个阶段?简述各阶段的主要任务。

第二章 平面设计

教学要求

1. 叙述圆曲线最小半径理论公式的含义;会正确运用极限最小半径、一般最小半径和不设超高的最小半径。
2. 描述公路平面弯道的各种超高方式,会进行超高横坡度的取值,计算圆曲线上的全超高值。
3. 描述加宽的原则,会正确取用加宽值。
4. 描述设置缓和曲线的原因,说明缓和曲线、超高缓和段及加宽缓和段之间的区别与联系;会进行平曲线要素计算。
5. 会进行缓和段上超高值与加宽值的计算。
6. 描述行车视距的基本概念,知道平面视距保证的方法与计算步骤。
7. 说明平面线形设计的一般方法,会进行公路平面线形设计。

第一节 概　述

公路线形主要是指道路中心线的空间线形。为了研究方便和直观起见,对该空间线形进行三视图投影。路线在水平面上的投影称作路线的平面,沿中线竖直剖切并展开构成纵断面线形,中线上任一点的法向切面构成横断面。公路线形的设计实际上是确定平面、纵断面及横断面的尺寸和形状,也就是通常所指的平面设计、纵断面设计和横断面设计。三者之间既相互联系又相互制约,因此在进行路线设计时,必须综合考虑。

公路的平面线形,由于其位置受社会经济、自然地理和技术条件等因素的制约,公路从起点到终点在平面上不可能是一条直线,而是由许多直线段和曲线段(包括圆曲线和缓和曲线)组合而成,如图1-0-2-1所示。对平面线形而言,一般可分解为直线、圆曲线及缓和曲线,因此对线形的研究,实际上是对直线、圆曲线和缓和曲线三要素的研究,同时对此三要素进行恰当组合,切合实际地在实地上综合应用,以保证汽车在公路上能安全、顺适地运行。

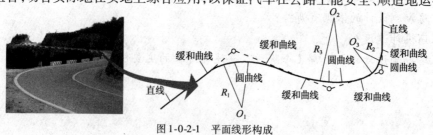

图1-0-2-1　平面线形构成

第二节　平面圆曲线半径、全超高、全加宽

各级公路不论转角大小均应设置圆曲线,而圆曲线是平面线形中的主要组成部分。平面线形中的单曲线、复曲线、虚交点曲线和回头曲线等,一般都包括圆曲线。圆曲线由于与地形适应性强、可循性好、线形美观和易于测设等优点,使用十分普遍。各级公路当圆曲线半径小于不设超高的最小半径时,应在曲线上设置由路面向内侧倾斜的单向坡(超高)。超高横坡度根据公路等级、设计速度、圆曲线半径、路面类型、自然条件和车辆组成等情况综合确定。圆曲线内当半径小于或等于 250m 时,应在圆曲线路面内侧进行全加宽。

一　圆曲线半径

1. 汽车在圆曲线上的受力特点

1) 汽车转弯行驶时的受力特点与力的平衡

汽车在公路曲线上行驶时,除受重力外,还会受到离心力的作用。由于汽车受横向离心力的影响,使汽车在平曲线上行驶时产生两种失稳倾向,即汽车向外滑移或倾覆。由图 1-0-2-2 可知,离心力的作用点位于汽车重心,方向水平,并与圆心方向相反。其计算公式为:

$$F = \frac{G}{g} \cdot \frac{v^2}{R} \quad (1\text{-}0\text{-}2\text{-}1)$$

式中:F——离心力,N;
　　　G——汽车重力,N;
　　　R——圆曲线半径,m;
　　　g——重力加速度,一般取 $g = 9.81\text{m/s}^2$;
　　　v——汽车的行驶速度,m/s。

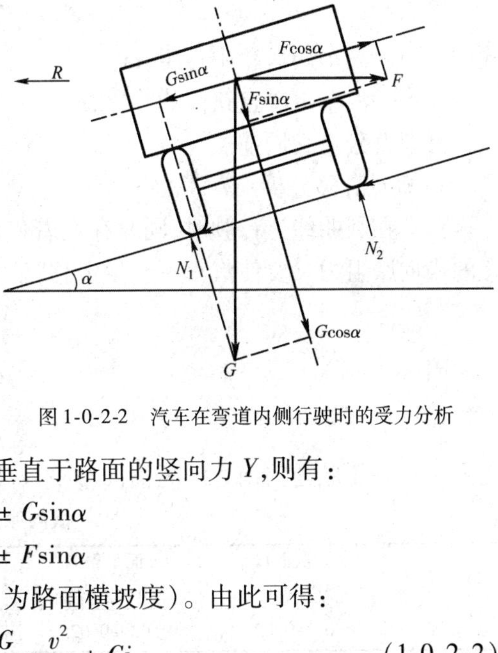

为便于研究,将作用在汽车上的离心力 F 和汽车重力 G 分解为平行于路面的横向力 X 和垂直于路面的竖向力 Y,则有:

图 1-0-2-2　汽车在弯道内侧行驶时的受力分析

$$X = F\cos\alpha \pm G\sin\alpha$$
$$Y = G\cos\alpha \pm F\sin\alpha$$

因为 α 很小,所以 $\cos\alpha \approx 1$,$\sin\alpha \approx \tan\alpha = i$($i$ 为路面横坡度)。由此可得:

$$X = F \pm Gi = \frac{G}{g} \cdot \frac{v^2}{R} \pm Gi \quad (1\text{-}0\text{-}2\text{-}2)$$

式中:"+"——汽车在圆曲线外侧车道上行驶;
　　　"-"——汽车在圆曲线内侧车道上行驶;
　　　其余符号意义同前。

横向力和竖向力是反映汽车行驶是否稳定的两个重要因素,其中横向力为不稳定因素,竖向力为稳定因素。但横向力与竖向力的大小均与重力的大小有关。为了准确衡量汽车在圆曲线上行驶是否稳定、安全与舒适,将横向力与竖向力的比值称为横向力系数,它近似地

可看作单位车重上所受到的横向力大小,以 μ 表示,即:

$$\mu = \frac{X}{Y} \approx \frac{X}{G} \qquad (1\text{-}0\text{-}2\text{-}3)$$

将式(1-0-2-2)代入式(1-0-2-3),则得:

$$\mu = \frac{v^2}{gR} \pm i \qquad (1\text{-}0\text{-}2\text{-}4)$$

式中:μ——横向力系数;

其余符号意义同前。

2)横向倾覆分析

汽车在具有横坡的圆曲线上行驶时,由于离心力的作用,当横向力增加很大时,就有可能使汽车绕外侧车轮边缘旋转而产生倾覆的危险。要使汽车不产生倾覆,就必须使横向力与汽车重心所产生的不稳定力矩 Xh 小于或等于竖向力对车轮外侧所产生的稳定力矩 $Yb/2$,即:

$$Xh \leq Y\frac{b}{2}$$

因

$$Y \approx G, X \approx \mu G$$

故

$$\mu \leq \frac{b}{2h} \qquad (1\text{-}0\text{-}2\text{-}5)$$

式中:b——汽车两后轮中心距,m;

　　　h——汽车重心至路面的高度,m;

其余符号意义同前。

3)横向滑移分析

汽车在圆曲线上行驶时,同时存在着使汽车向外侧滑移的横向力和阻止汽车向外侧滑移的横向摩阻力。要使汽车不产生滑移,就必须保证横向力小于或等于横向摩阻力,即:

$$X \leq Y\varphi \qquad (1\text{-}0\text{-}2\text{-}6)$$

因

$$\mu = \frac{Y}{X} \qquad (1\text{-}0\text{-}2\text{-}7)$$

故

$$\mu \leq f \qquad (1\text{-}0\text{-}2\text{-}8)$$

式中:φ——轮胎与路面之间的横向摩阻系数,一般 $\varphi = (0.6 \sim 0.7)\varphi_{纵}$,见表1-0-2-1。

横向摩阻系数 φ 值　　　　表1-0-2-1

路面类型	水泥及沥青混凝土路面	表面平整的黑色碎石路面	碎石路面	干燥平整的土路	潮湿不平整的土路
φ 值	0.01~0.02	0.02~0.025	0.03~0.05	0.04~0.05	0.07~0.15

2. 计算公式及其影响因素

由汽车行驶在圆曲线上的受力特点,根据汽车行驶在曲线上力的平衡方程(1-0-2-4)可知圆曲线半径计算公式为:

$$R = \frac{V^2}{127(\mu \pm i)} \qquad (1\text{-}0\text{-}2\text{-}9)$$

式中:V——各级公路的设计速度,km/h;

　　　μ——横向力系数;

i——路拱坡度或超高横坡度,%。

从式(1-0-2-9)可知,为保证汽车稳定,圆曲线半径的理论取值随横向力系数的减小而变大。所以,从汽车行驶的稳定性出发,圆曲线半径越大越好。但有时受地形、地质、地物等因素的限制,圆曲线半径不可能设置得很大,往往会采用小半径的圆曲线,这时如果半径选用得太小,又会使汽车行驶不安全,甚至翻车。所以必须综合考虑汽车的安全、迅速、舒适和经济因素,并兼顾美观因素,使确定的最小半径能满足某种程度的行车要求。这种最起码的半径取值,就是圆曲线的最小半径限制值。《标准》根据各级公路的不同要求,规定了圆曲线最小半径有三类:极限最小半径、一般最小半径和不设超高的最小半径。其中极限最小半径主要满足行车安全,适当考虑舒适性;一般最小半径已具有较好的安全性和舒适性;不设超高的最小半径是考虑即使圆曲线不设超高也能保证汽车在弯道外侧行驶的安全与舒适。

在一定的速度下,要满足三类最小半径不同的安全性和舒适性要求,关键在于横向力系数 μ 值的合理确定。

1)行车安全性分析

汽车在弯道上安全行驶的必要条件是轮胎不会在路面上产生滑移,即要求横向力系数 μ 要小于或等于轮胎与路面间的横向摩阻力系数 φ,即:

$$\mu \leq \varphi \qquad (1\text{-}0\text{-}2\text{-}10)$$

式中:φ——轮胎与路面之间的横向摩阻系数,取值见表1-0-2-1。

2)舒适性分析

由国内外大量资料分析,乘客随 μ 值的变化其心理反应如下:

当 $\mu < 0.1$ 时,不感到有曲线存在,很平稳,近似于在直线上行驶;

当 $\mu = 0.15$ 时,感到有曲线存在,但尚平稳;

当 $\mu = 0.2$ 时,感到有曲线存在,略感不平稳;

当 $\mu = 0.35$ 时,感到明显不平稳;

当 $\mu > 0.4$ 时,感到非常不平稳,有倾倒的危险感。

由此可知,从乘客的舒适性出发,μ 值以不超过 0.10 为宜,最大不超过 0.20。

3)经济性分析

在确定 μ 值时,还应考虑汽车运营的经济性。根据试验分析,汽车在弯道上行驶与在直线上行驶相比,存在着以下关系:

横向力系数 μ	燃料消耗(%)	轮胎磨损(%)
0	100	100
0.10	110	220
0.15	115	300
0.20	120	390

综上分析,μ 值的大小与行车安全、经济与舒适等密切相关。因此,μ 值的选用应根据行车速度、圆曲线半径及超高横坡度的大小,在合理的范围内选择。

3. 圆曲线最小半径的确定

1)极限最小半径

极限最小半径是路线设计中各级公路所能允许的极限值,其 μ 值的选用,主要满足安全要求,兼顾舒适性,因此《标准》规定,在公路线形设计时,应根据沿线地形情况,合理选用不小于"极限值"的圆曲线半径。在不得已情况下,方可采用极限最小半径。极限最小半径可按式(1-0-2-11)计算。

$$R_{\min} = \frac{V^2}{127(\mu_{\max} + i_{b\max})} \qquad (1-0-2-11)$$

式中:$R_{\min}$——极限最小半径,m;

V——设计速度,km/h;

$\mu_{\max}$——极限最小半径所对应的横向力系数,取值见表1-0-2-2;

$i_{b\max}$——最大超高横坡度,取值见表1-0-2-2。

极限最小半径、横向力系数及超高横坡度取用表　　　　　　表1-0-2-2

设计速度(km/h)	120	100	80	60	40	30	20
$\mu_{\max}$	0.10	0.12	0.13	0.15	0.15	0.16	0.17
$i_{b\max}$(%)	6	6	6	6	6	6	6
$i_{b\max}$(%)	8	8	8	8	8	8	8
$i_{b\max}$(%)	10	10	10	10	10	10	10

2)一般最小半径

为避免在路线设计时只考虑节约投资,不考虑线形的整体协调和将来提高公路等级而过多采用极限最小半径的片面倾向,同时考虑在地形比较复杂的情况下不会过多地增加工程量,并且具有充分的舒适感。为此,《公路路线设计规范》(JTG D20—2006)规定出了"一般最小半径"。一般最小半径可按式(1-0-2-12)计算:

$$R_{一般} = \frac{V^2}{127(\mu + i_b)} \qquad (1-0-2-12)$$

式中:$R_{一般}$——一般最小半径,m,取值见表1-0-2-3;

V——设计速度,km/h;

i_b——路拱超高横坡度,取值见表1-0-2-3;

μ——一般最小半径所对应的横向力系数,取值见表1-0-2-3。

一般最小圆曲线半径、横向力系数、超高横坡度取用表　　　　　　表1-0-2-3

设计速度(km/h)	120	100	80	60	40	30	20
μ	0.05	0.05	0.06	0.06	0.06	0.05	0.05
i_b(%)	6	6	7	8	7	6	6
$R_{一般}$(m)	1000	700	400	200	100	65	30

3)不设超高的最小半径

《标准》规定,当圆曲线半径的取值达到一定量时,其所对应的弯道可以不设超高,即路拱为双向横坡度,横坡度的大小与直线段相同。此时要求汽车在圆曲线外侧行驶时也能获得足够的安全性和很好的舒适性。不设超高的最小圆曲线半径可按式(1-0-2-13)计算:

$$R_{免} = \frac{V^2}{127(\mu - i_1)} \qquad (1-0-2-13)$$

式中:$R_{免}$——不设超高最小半径,m;

i_1——路拱横坡度,一般取$i_1 = 0.015\% \sim 0.035\%$;

μ——不设超高的横向力系数,一般取 $\mu=0.035\sim0.050$。当路拱横坡度 $i_1\leq2.0\%$ 时,取 $\mu=0.035\sim0.040$;当路拱横坡度 $i_1>2.0\%$ 时,取 $\mu=0.040\sim0.050$。

其中,"—"表示汽车在公路圆曲线外侧行驶。

根据公式计算并结合我国的具体情况,《标准》规定了各级公路的圆曲线最小半径,如表 1-0-2-4 所示。

各级公路的圆曲线最小半径 表 1-0-2-4

设计速度(km/h)		120	100	80	60	40	30	20
最大超高	10%	570	360	220	115	—	—	—
	8%	650	400	250	125	60	30	15
	6%	710	440	270	135	60	35	15
	4%	810	500	300	150	65	40	20
不设超高最小半径(m)	路拱≤2.0%	5500	4000	2500	1500	600	350	150
	路拱>2.0%	7500	5250	3350	1900	800	450	200

注:"—"为不考虑采用最大超高的情况。

《标准》及《公路路线设计规范》(JTG D20—2006)规定了各级公路的三种圆曲线最小半径。具体应用时,需考虑以下几方面要求:

(1)选用圆曲线半径时,应与设计速度相适应,并应尽可能选用较大的圆曲线半径。

(2)一般情况下尽量选用大于或等于一般最小半径,只有受地形限制及其他特殊困难的情况下,才可采用极限最小半径。

(3)桥位处两端设置圆曲线时,一般大于一般最小半径。

(4)隧道内必须设置圆曲线时,应大于不设超高的最小半径。

(5)长直线或陡坡尽头,不得采用小半径圆曲线。

(6)不论偏角大小,均应设置圆曲线。

(7)改建公路工程中利用现有公路路段,设计速度为 40km/h 的最小圆曲线半径可采用 50m,设计速度为 30km/h 的最小圆曲线半径可采用 25m。

(8)半径过大也无实际意义,故一般宜小于 10000m。

[**例1**]　某二级公路,设计速度 $V=80$km/h,试问该等级公路的极限最小半径为多少?

解　按表 1-0-2-2 可知,横向力系数 $\mu=0.13$,根据式(1-0-2-11)极限最小半径为:

(1)当取用最大超高值为 $i_{bmax}=10\%$ 时,

$$R=\frac{V^2}{127(\mu_{max}+i_{bmax})}=\frac{80^2}{127\times(0.13+0.10)}=219.10(m)$$

《标准》取整后规定为 220m(表 1-0-2-4)。

(2)当取用最大超高值为 $i_{bmax}=8\%$ 时,

$$R=\frac{V^2}{127(\mu_{max}+i_{bmax})}=\frac{80^2}{127\times(0.13+0.08)}=239.97(m)$$

《标准》取整后规定为 250m(表 1-0-2-4)。

(3)当取用最大超高值为 $i_{bmax}=6\%$ 时,

$$R=\frac{V^2}{127(\mu_{max}+i_{bmax})}=\frac{80^2}{127\times(0.13+0.06)}=265.23(m)$$

《标准》取整后规定为270m(表1-0-2-4)。

(4)当取用最大超高值为$i_{bmax}=4\%$时,

$$R = \frac{V^2}{127(\mu_{max}+i_{bmax})} = \frac{80^2}{127\times(0.13+0.04)} = 296.43(\text{m})$$

《标准》取整后规定为300m(表1-0-2-4)。

[例2] 某三级公路,其设计车速$V=30$km/h,试问该公路的一般最小半径为多少?

解 由表1-0-2-3可知,横向力系数$\mu=0.05$,$i_b=0.06$,根据公式(1-0-2-9),一般最小半径为:

$$R = \frac{V^2}{127(\mu+i_b)} = \frac{30^2}{127\times(0.05+0.06)} = 64.42(\text{m})$$

《公路路线设计规范》(JTG D20—2006)规定为65m(表1-0-2-3)。

[例3] 已知某高速公路,其设计速度$V=120$km/h,设该公路的路面横坡度采用$i_1=1.5\%$,试计算该等级公路不设超高的最小半径为多少?并与《标准》进行比较。

解 已知$i_1=0.015$,设$\mu=0.035$,根据式(1-0-2-13)不设超高的最小半径公式:

$$R = \frac{V^2}{127(\mu-i)} = \frac{120^2}{127\times(0.035-0.015)} = 5569.29(\text{m})$$

由表1-0-2-4可知,不设超高最小半径$R=5500$m,说明《标准》的规定符合理论的要求。

三 全超高

1. 超高及其作用

当汽车在弯道上行驶时,要受到离心力的作用,横向力是引起汽车不稳定行驶的主要因素。所以在平曲线设计时,常将弯道的路基外侧边缘抬高,构成与内侧车道同坡度的单向坡,这种设置称为平曲线超高。其作用是为了使汽车在圆曲线上行驶时能获得一个指向内侧的横向分力,以克服离心力,减少横向力,从而保证汽车行驶的稳定性及乘客的舒适性。该单向倾斜的断面即为超高。

2. 超高横坡度的确定

超高横坡度的大小与公路等级、圆曲线半径大小及公路所处的环境、自然条件、路面类型、车辆组成等因素有关。

超高横坡度可按式(1-0-2-14)计算,即式中横向力系数的取值,主要考虑设置超高后抵消离心力的剩余横向力系数,其值的大小在$0\sim\mu_{max}$之间,并与多种因素有关,如车速大小、考虑快慢车的不同要求,乘客的舒适与路容之间的矛盾等。因此,对应于确定的行车速度,最大超高值的确定主要取决于曲线半径、路面粗糙度以及当地气候条件。

$$i_b = \frac{V^2}{127R} - \mu \tag{1-0-2-14}$$

《标准》规定,当圆曲线半径小于不设超高的最小半径时,应设置圆曲线超高。各级公路圆曲线部分的最大超高值如表1-0-2-4所示,超高值的计算根据表1-0-2-5取用。

圆曲线半径 (m) 与超高值

表 1-0-2-5

设计速度 (km/h)	120			100			80			60				40				30				20			
最大超高 (%)	6	8	10	6	8	10	6	8	10	4	6	8	10	2	4	6	8	2	4	6	8	2	4	6	8
超高 (%) 2	<5500 (7550) ~2950	<5500 (7550) ~2860	<5500 (5250) ~2730	<4000 (5250) ~2180	<4000 (5250) ~2150	<4000 (5250) ~2000	<2500 (3350) ~1460	<2500 (3350) ~1410	<2500 (3350) ~1360	<1500 (1900) ~610	<1500 (1900) ~800	<1500 (1900) ~870	<1500 (1900) ~900	<600 (800) ~75	<600 (800) ~330	<600 (800) ~410	<600 (800) ~470	<350 (450) ~40	<350 (450) ~150	<350 (450) ~230	<350 (450) ~250	<150 (200) ~20	<150 (200) ~70	<150 (200) ~110	<150 (200) ~140
3	<2950 ~2080	<2860 ~1990	<2730 ~1840	<2180 ~1590	<2150 ~1520	<2000 ~1480	<1460 ~1020	<1410 ~960	<1360 ~890	<610 ~270	<800 ~500	<870 ~590	<900 ~620		<330 ~130	<410 ~310	<470 ~310		<150 ~60	<230 ~140	<250 ~170		<70 ~30	<110 ~70	<140 ~90
4	<2080 ~1590	<1990 ~1500	<1840 ~1340	<1590 ~1280	<1520 ~1160	<1480 ~1100	<1020 ~770	<960 ~710	<890 ~600	<270 ~150	<500 ~320	<590 ~430	<620 ~470			<310 ~220	<310 ~220		<60 ~35	<140 ~80	<170 ~120		<30 ~15	<70 ~40	<90 ~70
5	<1590 ~1280	<1500 ~1190	<1340 ~970	<1280 ~920	<1160 ~920	<1100 ~860	<770 ~610	<710 ~550	<600 ~400		<320 ~200	<430 ~320	<470 ~360				<220 ~160			<80 ~50	<120 ~90			<40 ~30	<70 ~50
6	<1280 ~1070	<1190 ~980	<970 ~710	<920 ~630	<920 ~690	<860 ~690	<610 ~500	<550 ~420	<400 ~270			<320 ~240	<360 ~290			<160 ~120	<160 ~120			<50 ~35	<90 ~60			<30 ~15	<50 ~40
7	<1070 ~910	<980 ~790	<710 ~640	<630 ~440	<690 ~530	<690 ~530	<500 ~410	<420 ~320				<240 ~170	<290 ~240			<120 ~80					<60 ~40				<40 ~30
8	<910 ~790	<790 ~650	<640 ~540		<530 ~400	<530 ~400	<420 ~320	<320 ~250				<170 ~125	<240 ~190			<80 ~55					<40 ~30				<30 ~15
9	<790 ~680	<790 ~650	<540 ~450					<320 ~250					<190 ~150												
10	<680 ~570	<680 ~570	<450 ~360										<150 ~115												

注：括号内为路拱大于 2% 时不设超高的最小半径。

3.设置超高的一般规定和要求

(1)各级公路当圆曲线半径小于表 1-0-2-4 所列不设超高的最小半径时,应在曲线上设置超高。一般地区的圆曲线最大超高值宜采用 8%。

(2)超高横坡度的大小按公路等级、圆曲线半径大小及公路所处的环境、自然条件、路面类型、车辆组成等因素合理确定。最大超高应符合以下规定:一般地区的圆曲线最大超高值应采用 8%;积雪冰冻地区的最大超高值不应大于 6%;以通行中、小型客车为主的高速公路和一级公路,最大超高值可采用 10%;城镇区域公路,考虑到非机动车等通行特点,最大超高值不宜大于 4%。

(3)各级公路圆曲线部分最小超高应与该公路直线部分的正常路拱横坡度一致。

(4)位于曲线上的行车道、硬路肩,均应根据设计圆曲线半径、自然条件等因素按表 1-0-2-5 所示的规定设置超高值。

(5)在有纵坡的弯道上设置超高时,应考虑合成纵坡:

$$i_k = \sqrt{i_纵^2 + i_b^2} \tag{1-0-2-15}$$

式中:i_k——合成纵坡,%;

$i_纵$——道路纵坡,%。

三 全加宽

1.加宽及其作用

从图 1-0-2-3 可知,汽车在曲线上行驶,4 个轮子轨迹半径不同,其中前轴外轮半径最大,后轴内轮的轨迹半径最小,因而需要比直线上更大的宽度。汽车在曲线上行驶时,其行驶轨迹并不完全与理论行驶轨迹相吻合,而是有一定的摆动偏移,故需要路面加宽来弥补,以策安全。这种在曲线上适当拓宽路面的形式称为平曲线加宽。

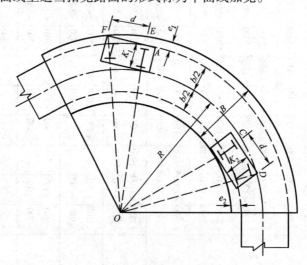

图 1-0-2-3 圆曲线上加宽值计算图式

$b/2$-一个车道宽;B-加宽后路面宽;K_1、K_2-车厢外廓宽度,取一个车道宽;d-汽车后轮轴至前缘保险杠间的距离;

e_1、e_2-分别为内、外车道的加宽值

2. 圆曲线全加宽值确定

我国《公路路线设计规范》(JTG D20—2006)规定,二级公路、三级公路、四级公路的圆曲线半径小于或等于250m时,应设置加宽。双车道公路路面加宽值规定如表1-0-2-6所示,单车道公路路面加宽值按表列数值折半。圆曲线的加宽应设置在圆曲线的内侧,而且各级公路的路面加宽后,路基也应相应加宽。

平曲线加宽值   表 1-0-2-6

加宽类别	加宽值(m) 汽车轴距加前悬(m)	圆曲线半径(m)	250~200	<200~150	<150~100	<100~70	<70~50	<50~30	<30~25	<25~20	20~15
1	5		0.4	0.6	0.8	1.0	1.2	1.4	1.8	2.2	2.5
2	8		0.6	0.7	0.9	1.2	1.5	2.0	—	—	—
3	5.2+8.8		0.8	1.0	1.5	2.0	2.5	—	—	—	—

注:单车道公路路面加宽值应为表列规定值的一半。

3. 加宽的有关规定与要求

(1)平曲线加宽类别应根据该公路的交通组成确定。二级公路以及设计速度为40km/h的三级公路有集装箱半挂车通行时,应采用第3类加宽值,不经常通行集装箱半挂车时,可采用第2类加宽值。

(2)四级公路和设计速度为30km/h的三级公路可采用第1类加宽值。

(3)平曲线上的路面加宽应设置在平曲线内侧。

(4)各级公路的路面加宽后,路基也应相应加宽。

(5)双车道公路当采取强制性措施实行分向行驶的路段,其平曲线半径较小时,内侧车道的加宽值应大于外侧车道的加宽值,设计时应通过计算确定其差值。

第三节 缓 和 段

一 缓和曲线

缓和曲线是设置在直线与圆曲线之间或大圆曲线与小圆曲线之间,由较大圆曲线向较小圆曲线过渡的线形,是公路平面线形要素之一。它的主要特征是曲率均匀变化。《标准》规定,除四级公路与小于不设超高最小半径的圆曲线相衔接处可不设置缓和曲线,用超高、加宽缓和段径向连接外,其他各级公路,当圆曲线半径小于不设超高的最小半径时,均应设缓和曲线。缓和段包括超高缓和段与加宽缓和段。本节主要讨论缓和曲线的作用、性质、参数、长度和设计方法,缓和段的设置及缓和段上超高值与加宽值计算。

1. 缓和曲线的作用

1)便于驾驶员操纵转向盘

汽车从直线进入圆曲线,或从大半径圆曲线驶入小半径圆曲线时,插入缓和曲线,可使汽车前轮转向角逐渐从0°转至α,从而有利于驾驶员操纵转向盘,保证车辆安全行驶。

2) 满足乘客乘车的舒适与稳定

离心力的大小与汽车行驶的曲率半径大小成反比。在直线段中,离心力为零;在圆曲线上,离心力最大。当插入缓和曲线时,因为缓和曲线的曲率是逐渐变化的,可以消除离心力的突变,从而保证乘客乘车的舒适与稳定。

3) 满足超高、加宽缓和段的过渡,利于平稳行车

当圆曲线上有超高与加宽时,由直线段上无超高及加宽过渡到主圆曲线的全超高及全加宽时,必须有一个缓和段,因而设置了缓和曲线,可以通过缓和曲线完成超高及加宽的逐渐过渡。

4) 与圆曲线配合得当,增加线形美观

圆曲线与直线径向连接,在连接处曲率突变,在视觉上有不平顺的感觉,如图 1-0-2-4 所示。设置缓和曲线后,使线形连续圆滑,增加了线形的美观,同时有良好的视觉效果和心理效果。

a) 未设缓和曲线的视觉效果　　　　b) 设置缓和曲线后的视觉效果

图 1-0-2-4　设置缓和曲线前后效果图

2. 缓和曲线的性质

当汽车逐渐由直线驶入圆曲线时,为简便可作两个假定:一是汽车作匀速行驶;二是驾驶员操纵转向盘做匀角速转动,即汽车的前轮转向角由直线上的 0°均匀地增加到圆曲线上 α 角值,如图 1-0-2-5 所示。

$$s = \frac{d}{k\omega} \cdot \frac{v}{\rho} = \frac{1}{\rho} \cdot \frac{d}{k\omega} v$$

式中:s——汽车从曲线起点行驶至所求点的距离,m;

k——系数,小于 1;

ω——方向盘转动的角速度,rad/s;

d——汽车前后轮距,m;

v——汽车匀速行驶速度,m/s;

ρ——曲线上所求点处的曲率半径,m。

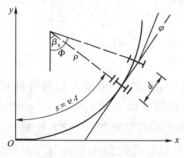

图 1-0-2-5　汽车行驶轨迹图

因 d、ω、k 均为常数,可令

$$\frac{d}{k\omega} v = A^2$$

则得

$$s = \frac{A^2}{\rho} \tag{1-0-2-16}$$

式中：s——汽车从曲线起点行驶至所求点的距离，m；

A——参数；

ρ——曲线上所求点处的曲率半径，m。

式(1-0-2-16)为汽车转弯时的理论轨迹方程，从中可以得出两个结论：一是该曲线上任一点的曲率半径与该点至曲线起点距离成反比，它符合于汽车在道路上的行驶轨迹；二是参数 A 对某一曲线来说，是一个常数，但对整个公路线形而言，其实质为一个放大倍数，它适应于不同的情况。因此，需建立一个数学模型作为缓和曲线。

3. 回旋线基本方程

从回旋线的数学定义可知，其曲率半径 ρ 与曲线上某一点至该曲线起点的距离成反比（即回旋线为曲率半径 ρ 随曲线长度增长而减小的曲线），见图1-0-2-6。即：

$$\rho = \frac{C}{s} \tag{1-0-2-17}$$

式中：C——曲率与曲线长度的比例常数；

其余符号意义同前。

因 C 为常数，可令

$$C = A^2$$

则

$$s = \frac{A^2}{\rho} \tag{1-0-2-18}$$

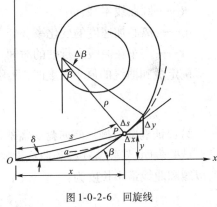

图1-0-2-6　回旋线

式中符号意义同前。

式(1-0-2-18)即为回旋线的基本方程，它与式(1-0-2-16)中汽车转弯时的理论行驶轨迹完全吻合，即用回旋线作为缓和曲线的数学模型有充分的理论依据。

令

$$s = l_h$$
$$\rho = R$$

则由式(1-0-2-18)得：

$$l_h = \frac{A^2}{R} \tag{1-0-2-19}$$

4. 缓和曲线最小长度

由于汽车要在缓和曲线上完成不同曲率的过渡行驶，所以要求有足够的缓和曲线长度，以保证驾驶员操纵转向盘所需的时间并满足设置超高与加宽过渡的要求。

1）控制离心加速度的变化率

为了保证乘客乘车的舒适性，就需要控制离心加速度的变化率。

在缓和曲线起点处：

$$\rho = \infty, a_1 = 0$$

在缓和曲线终点处：

$$\rho = R, a_2 = \frac{v_2^3}{\rho} = a_{\max}$$

如果汽车从缓和曲线起点行驶到终点的行程时间为 t，则

$$t = \frac{l_h}{v}$$

离心加速度平均增长率为：

$$a_s = \frac{\Delta a}{t} = \frac{a_2 - a_1}{t} = \frac{a_{\max}}{t} = \frac{v^3}{l_h R} = \frac{V^3}{47 l_h R}$$

则

$$l_h \geq \frac{V^3}{47 R a_s} \tag{1-0-2-20}$$

式中：v——设计速度，m/s；

V——设计速度，km/h；

R——圆曲线半径，m；

a_s——离心加速度的变化率，m/s³；

t——汽车在曲线上行驶的时间，s，一般取用 $t = 3$s。

确定缓和曲线的最小长度时，我国公路设计采用 $a_s \leq 0.6$，则

$$l_h \geq 0.035 \frac{V^3}{R} \tag{1-0-2-21}$$

2）保证驾驶员操纵转向盘所需的操作时间

试验表明，驾驶员在缓和曲线上操纵转向盘的最合适时间为 $t = 3 \sim 5$s，我国采用 $t = 3$s，所以缓和曲线最小长度为：

$$l_h = vt = \frac{V}{3.6}t = \frac{V}{1.2} \tag{1-0-2-22}$$

式中符号意义同前。

式(1-0-2-22)表明，缓和曲线最小长度与半径大小无关，即使平曲线半径较大，当汽车高速行驶时，也应有个转变过程，因而式(1-0-2-22)是高等级公路设置缓和曲线的校核式。

3）根据超高附加纵坡不宜过陡来确定缓和曲线最小长度

超高附加纵坡（即超高渐变率）是指缓和曲线上设置超高缓和段后，因路基外侧由双向横坡逐渐变成单向超高横坡后，所产生的附加纵坡。当附加纵坡过小时，不利于排水；当附加纵坡过大时，路容不美观。

为了保证适中的超高渐变率，就需确定合适的缓和曲线长度。由超高缓和段长度计算公式知：

$$L_c = \frac{h_c}{p}$$

即

$$l_h \geq \frac{h_c}{p} \tag{1-0-2-23}$$

式中：L_c——超高缓和段长度，m；

l_h——缓和曲线长度，m；

h_c——路基外侧全超高断面处的全超高值,m;

p——超高渐变率。

4)根据视觉的平顺感选择合适的缓和曲线最小长度

根据视觉要求,缓和曲线的起点和终点的切线角 β 最好在3°~29°之间,这样可获得良好的视觉效果。由图1-0-2-7及式(1-0-2-28)知:

$$\beta = \frac{l_h}{2R}$$

而

$$R = \frac{A^2}{l_h}$$

则

$$\beta = \frac{l_h^2}{2A^2} \tag{1-0-2-24}$$

将 $\beta_1 = 3°$ 及 $\beta_2 = 29°$ 代入式(1-0-2-24),得:

$$\frac{R}{3} \leq A \leq R \tag{1-0-2-25}$$

或

$$s_1 \leq l_h \leq s_2 \tag{1-0-2-26}$$

按上述4点要求,计算缓和曲线长度的公式与行车速度关系最大,与半径的关系则有差异,其中2)、3)两点与半径无关,1)、4)点则算得结果相反,这说明确定缓和曲线最小长度时,即使圆曲线半径很大,在高速行车时也应该有一个行驶的转变过程。为此,《标准》规定在直线与小于不设超高最小半径的圆曲线相衔接处,应设置缓和曲线。缓和曲线长度应根据线形设计以及对安全、视觉、景观等的要求,选用较大的数值。各级公路最短缓和曲线长度见表1-0-2-7。

各级公路缓和曲线最小长度　　　　　　　　表1-0-2-7

设计速度(km/h)	120	100	80	60	40	30	20
最小长度(m)	100	85	70	60	40	30	20

注:四级公路为超高加宽缓和段长度。

5.直角坐标及要素计算

1)缓和曲线切线角

(1)缓和曲线上任意点的切线角 β_x。缓和曲线的切线角是指缓和曲线上任一点的切线与该缓和曲线起点的切线所成的夹角。如图1-0-2-8所示,在缓和曲线上任意一点 P,取一微分弧段 ds,则

$$d\beta_x = \frac{ds}{\rho}$$

$$\beta_x = \int d\beta_x = \int \frac{ds}{\rho}$$

将 $\rho = \frac{A^2}{s}$ 代入并积分得:

$$\beta_x = \frac{s^2}{2Rl_h} \tag{1-0-2-27}$$

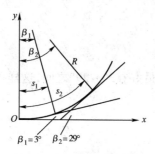

图1-0-2-7 满足视觉要求的缓和曲线长度范围

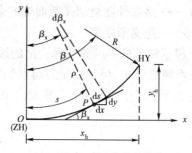

图1-0-2-8 缓和曲线的微分

(2)缓和曲线的总切线角β_h。在l_h终点处$s=l_h$,$\rho=R$,代入式(1-0-2-27),则得:

$$\beta_h = \frac{l_h}{2R} \cdot \frac{180}{\pi} \quad (1-0-2-28)$$

2)缓和曲线的直角坐标

在图1-0-2-9中,设缓和曲线所在直角坐标系为xOy,O为原点,任意一点P处取一微分弧段ds,其所对应的中心角为$d\beta_x$,则

$$\begin{cases} dx = ds \cdot \cos\beta_x \\ dy = ds \cdot \sin\beta_x \end{cases} \quad (1-0-2-29)$$

将$\sin\beta_x$及$\cos\beta_x$用函数幂级数展开并以积分处理得:

$$\begin{cases} x = s - \dfrac{s^5}{40R^2 l_h^2} \\ y = \dfrac{s^3}{6Rl_h} - \dfrac{s^7}{336R^3 l_h^3} \end{cases} \quad (1-0-2-30)$$

当$s = l_h$时,则缓和曲线终点的坐标为:

$$\begin{cases} x_h = l_h - \dfrac{l_h^3}{40R^2} \\ y_h = \dfrac{l_h^2}{6R} - \dfrac{l_h^4}{336R^3} \end{cases} \quad (1-0-2-31)$$

3)缓和曲线常数

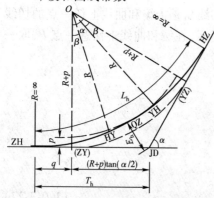

图1-0-2-9 圆心不动的平行移动方法

为了能在直线与圆曲线之间插入缓和曲线,必须将原有圆曲线向内移动一定的距离p。圆曲线向内移动有两种方法:一种是圆心不变,使圆曲线半径减小,从而使圆曲线向内移动;另一种是半径不变,而圆心沿分角线方向内移,使圆曲线向内移动。由于后者是不平行移动,圆曲线上的各点的内移值不相等,测设工作麻烦。因此采用第一种方法。

采用圆心不动的平行移动方法,可以假设平曲线在未设置缓和曲线时的圆曲线半径为$R+p$,而该平曲线要插入缓和曲线,就需向内移动距离p,圆曲线半径减小一个p值后,其值恰好为R(图1-0-2-9)。

(1)主曲线的内移值 p 及切线增长值 q。由图 1-0-2-9 可知：

$$p = x_h + R\cos\beta_h - R$$
$$= x_h - R(1 - \cos\beta_h)$$
$$q = x_h - R\sin\beta_h$$

将 $\sin\beta_x$ 及 $\cos\beta_x$ 用函数幂级数展开可得：

$$p = \frac{l_h^2}{24R} \tag{1-0-2-32}$$

$$q = \frac{l_h}{2} - \frac{l_h^3}{240R^2} \tag{1-0-2-33}$$

(2)缓和曲线起、终点的切线交点距该缓和曲线起、终点的距离 T_d 及 T_k。由图 1-0-2-10 可知：

$$T_d = x_h - y_h \cot\beta_h$$
$$T_k = y_h \csc\beta_h$$

将 $\cot\beta_x$ 及 $\csc\beta_x$ 用函数幂级数展开并简化得：

$$T_d = \frac{2}{3}l_h + \frac{11l_h^3}{360R^2}$$

$$T_k = \frac{1}{3}l_h + \frac{l_h^3}{126R^2} \tag{1-0-2-34}$$

(3)缓和曲线的总偏角及总弦长。如图 1-0-2-10 可知，缓和曲线的弦长为 C_h（又称动径）及该弦与横轴之夹角即总偏角 Δ_h。因为 Δ_h 很小，则 $\sin\Delta_h \approx \tan\Delta_h \approx \Delta_h$。

则 $\quad\quad \Delta_h \approx \tan\Delta_h = \frac{X_h}{Y_h} \approx \frac{Y_h}{l_h}$

因 $\quad\quad Y_h \approx \frac{l_h^2}{6R}$（取公式的前一项）

又 $\quad\quad \beta_h = \frac{l_h}{2R}$

则 $\quad\quad \Delta_h = \frac{l_h^2/6R}{l_h} = \frac{l_h}{6R} = \frac{\beta_h}{3} \tag{1-0-2-35}$

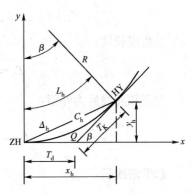

图 1-0-2-10 切线交点距起、终点的距离

同理，由图 1-0-2-10 知：

$$C_h = X_h \sec\Delta_h \tag{1-0-2-36}$$

将 $\sec\Delta_h$ 用级数展开，即：

$$\sec\Delta_h \approx 1 + \frac{\Delta_h^2}{2!}（取级数的前两项）$$

将上式代入(1-0-2-36)并简化得：

$$C_h = l_h - \frac{l_h^3}{90R^2} \qquad (1\text{-}0\text{-}2\text{-}37)$$

4)设缓和曲线时的平曲线要素计算

缓和曲线设置在直线与圆曲线间,起点处与直线相切,终点处与圆曲线相切。如前所述,为便于插入缓和曲线,必须使圆曲线向内移动一距离 p,如图 1-0-2-11 所示。

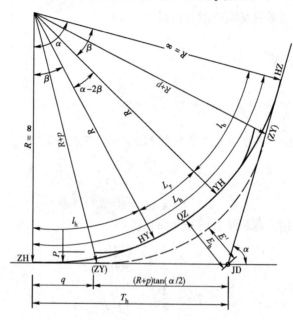

图 1-0-2-11 设置缓和曲线时的平曲线

总切线长度:

$$T_h = T + p = (R + p)\tan\frac{\alpha}{2} + q \qquad (1\text{-}0\text{-}2\text{-}38)$$

设缓和曲线后为外距:

$$E_h = E' + p = (R + p)\sec\frac{\alpha}{2} - R \qquad (1\text{-}0\text{-}2\text{-}39)$$

总平曲线长:

$$L_h = \frac{\pi}{180}R(\alpha - 2\beta) + 2l_h = \frac{\pi}{180}\alpha R + l_h \qquad (1\text{-}0\text{-}2\text{-}40)$$

主圆曲线长度:

$$L_y = L_h - 2l_h \qquad (1\text{-}0\text{-}2\text{-}41)$$

总外距:

$$D_h = 2T_h - L_h \qquad (1\text{-}0\text{-}2\text{-}42)$$

在平曲线中设置缓和曲线后,整个平曲线有 5 个基本桩,即:

ZH——第一段缓和曲线的起点(直缓点);

HY——第一段缓和曲线的终点(缓圆点);

QZ——平曲线的中点(曲中点);

YH——第二段缓和曲线的终点(圆缓点);

HZ——第二段缓和曲线的起点(缓直点)。

[**例1**] 某二级公路设计速度为80km/h,今有一弯道,其平曲线半径$R=260$m,交点JD桩号为K16+721.26,其交点偏角$\alpha=29°23'24''$,试计算该平曲线设置缓和曲线后的5个基本桩号。

解 (1)确定缓和曲线长度。由题意可知,因为设计速度$V=80$km/h,则

$$l_h \geq 0.035 \frac{V^3}{R} = 0.035 \times \frac{80^3}{260} = 68.92(\text{m})$$

$$l_h \geq \frac{V}{1.2} = \frac{80}{1.2} = 66.67(\text{m})$$

当设计速度$V=80$km/h时,查表1-0-2-7得最小缓和曲线长度为70m。取该缓和曲线长度$l_h=70$m。

(2)计算缓和曲线常数。

$$p = \frac{l_h^2}{24R} = \frac{70^2}{24 \times 260} = 0.78(\text{m})$$

$$\beta = \frac{l_h}{2R} \times \frac{180}{2\pi} = \frac{70 \times 180}{2 \times 260 \times \pi} = 7°42'46''$$

$$x_h = l_h - \frac{l_h^3}{40R^2} = 70 - \frac{70^3}{40 \times 260^2} = 69.87(\text{m})$$

$$y_h = \frac{l_h^2}{6R} - \frac{l_h^4}{336R^3} = \frac{70^2}{6 \times 260} - \frac{70^4}{336 \times 260^3} = 3.14(\text{m})$$

(3)判断能否设置缓和曲线($\alpha>2\beta$是否成立)。

$$2\beta = 2 \times 7°42'46'' = 15°25'32'' < \alpha = 29°23'24''(\text{符合要求})$$

(4)平曲线要素计算。

总切线长:

$$q = \frac{l_h}{2} - \frac{l_h^3}{240R^2} = \frac{35}{2} - \frac{70^3}{240 \times 260^2} = 34.98(\text{m})$$

$$T_h = (R+p)\tan\frac{\alpha}{2} + q = (260+0.78)\tan\frac{29°23'24''}{2} + 34.98 = 103.37(\text{m})$$

总曲线长度:

$$L_h = \alpha R \frac{\pi}{180} + l_h = 29°23'24'' \times 260 \times \frac{\pi}{180} + 70 = 203.36(\text{m})$$

外距:

$$E_h = (R+p)\sec\frac{\alpha}{2} - R = (260+0.78)\sec\frac{29°23'24''}{2} - 260 = 29.30(\text{m})$$

主圆曲线长度：
$$L_y = L_h - 2l_h = 203.36 - 140 = 63.36(\text{m})$$

曲切差：
$$D_h = 2T_h - L_h = 2 \times 103.37 - 203.36 = 3.38(\text{m})$$

(5)基本桩桩号计算。

JD	K16 + 721.26
− T_h	103.37
ZH	+ 617.89
+ l_h	70.00
HY	+ 687.89
+ L_y	63.36
YH	+ 751.25
+ l_h	70.00
HZ	+ 821.25
− $L_h/2$	101.68
QZ	+ 719.57
+ $D_h/2$	1.69
JD	K16 + 721.26（计算正确）

(6)实地敷设步骤。

①在 JD 处沿两切线方向分别量取 103.37m 得平曲线起点(ZH)和终点(HZ)的位置。

②在 JD 沿分角线方向量取 39.30m 得平曲线终点(QZ)的位置。

③分别以 HZ(或 ZH)为坐标原点，沿切线方向分别以 x_h 和 y_h 用切线支距法定出 YH(或 HY)的位置。

二 超高缓和段

1.超高缓和段的过渡形式

从直线上的路拱双向坡断面过渡到圆曲线上具有超高横坡度的单向坡断面，要有一个逐渐变化的区段，这一变化段称为超高缓和段。如图 1-0-2-12 所示，超高缓和段的形成过程，根据不同的旋转基线可有两种情况(无中间分隔带和有中间分隔带公路)共 6 种形式。

1)无中央分隔带公路

(1)绕路面未加宽时的内侧边缘旋转，简称内边轴旋转，如图 1-0-2-13a)所示。

(2)绕路面中心线旋转，简称中轴旋转，如图1-0-2-13b)所示。

(3)绕路面外侧边缘旋转，简称外边轴旋转，如图 1-0-2-13c)所示。

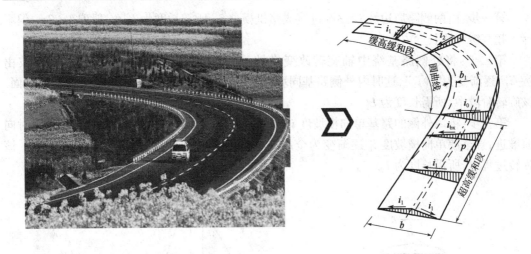

图 1-0-2-12 平曲线上的超高及超高缓和段

2)有中央分隔带的公路

(1)绕中央分隔带两侧边缘分别旋转,如图 1-0-2-13d)所示。

(2)绕中央分隔带中心旋转,如图 1-0-2-13e)所示。

(3)绕各自的行车道中心旋转,如图 1-0-2-13f)所示。

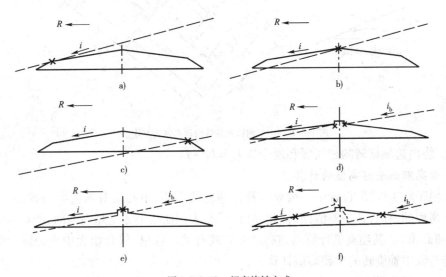

图 1-0-2-13 超高旋转方式

注:a)~c)为无中央分隔带时;d)~f)为有中央分隔带时。

2. 超高缓和段的构成

在超高缓和段中,由双向坡逐渐向超高横坡过渡时,其逐步变化的过渡方式不同,即超高缓和段的构成不同。现仅以无中央分隔带的公路为例,说明绕内边轴旋转时超高缓和段的构成。

绕内边轴旋转(图 1-0-2-14)是将路面未加宽时的内侧边缘线保留在原来位置不动。这种超高过渡方式分为三步。

第一步:由两侧路肩边坡 i_0 逐渐过渡成路拱横坡 i_1,所需长度为 L_0,一般取 1~2m,但不计入超高缓和段长度内。

第二步:将外侧路基绕中轴旋转改变横坡,同时向前推进,直至使外侧路基横坡由"$-i_1$"逐渐变为"$+i_1$",这时内外侧路基同坡,成为 i_1 的单向横坡度,称该断面为临界断面。该旋转阶段中,所需长度为 L_1。

第三步:将内外侧的路基单向横坡度 i_1 整体绕路面未加宽时的内侧边缘线旋转,同时向前推进,直至使单向横坡度 i_1 逐渐变为全超高横坡度 i_b 为止,称该断面为全超高断面。该旋转过程中,所需长度为 L_2。

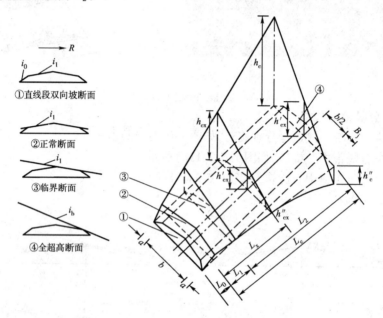

图 1-0-2-14 绕内边轴旋转的超高过渡方式

因此,绕内边轴旋转的超高缓和段全长 $L_c = L_1 + L_2$。

3. 全超高断面全超高值的计算

为了便于施工放样,设计中一般要计算出路基的左侧、中心及右侧实际高程,或实际高程与设计高程的差值,这一差值即为"超高值"。在主圆曲线上为全超高断面,所对应的超高值为"全超高值"。其超高值计算与超高过渡方式有关。这里,仅介绍无中央分隔带时绕内边轴旋转与绕中轴旋转的全超高值计算。

1)绕内边轴旋转

如图 1-0-2-15 所示,路基经超高后的左侧、路中心及右侧超高值 h_c、h'_c、h''_c 可按式(1-0-2-43)计算。

$$\begin{cases} h_c = ai_0 + (a+b)i_b \\ h'_c = ai_0 + \dfrac{b}{2}i_b \\ h''_c = ai_0 - (a+B_j)i_b \end{cases} \quad (1\text{-}0\text{-}2\text{-}43)$$

式中：a——土路肩宽度，m；

i_0——土路肩横坡度，%；

b——路面宽度，m；

i_b——路拱坡度，它与路面类型有关，参见横断面设计，%；

B_j——圆曲线部分的全加宽值，m，见表1-0-2-6。

2）绕中轴旋转

如图1-0-2-16所示，路基经超高后的左侧、中心及右侧超高值 h_c、h'_c、h''_c 可按式（1-0-2-44）计算：

$$\begin{cases} h_c = ai_0 + \dfrac{b}{2}i_1 + \left(a + \dfrac{b}{2}\right)i_b \\ h'_c = ai_0 + \dfrac{b}{2}i_1 \\ h''_c = ai_0 + \dfrac{b}{2}i_1 - \left(a + \dfrac{b}{2} + B_j\right)i_b \end{cases} \qquad (1\text{-}0\text{-}2\text{-}44)$$

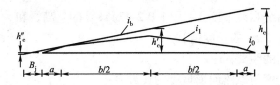
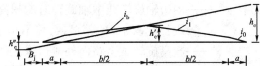

图1-0-2-15 绕内边轴旋转的全超高断面　　　　图1-0-2-16 绕中轴旋转的全超高断面

4. 超高缓和段长度

为了满足行车舒适、路容美观及排水的要求，超高缓和段必须有一定的长度。超高缓和段长度的确定一般以"超高渐变率"来控制。超高渐变率过大，会使行车不舒适，路容不美观；但过小，则易在路面内侧积水。超高渐变率的聚值见表1-0-2-8。

超高渐变率　　　　表1-0-2-8

设计速度(km/h)	超高旋转轴位置		设计速度(km/h)	超高旋转轴位置	
	中轴	边轴		中轴	边轴
120	1/250	1/200	40	1/150	1/100
100	1/225	1/175	30	1/125	1/75
80	1/200	1/150	20	1/100	1/50
60	1/175	1/125			

1）绕内边轴旋转的超高缓和段长度计算

由图1-0-2-15可知，路面外缘最大抬高值为：

$$h = bi_b$$

则
$$L_c = \frac{h}{p} = \frac{b}{p}i_b \qquad (1\text{-}0\text{-}2\text{-}45)$$

式中符号意义同前。

2）绕中轴旋转的超高缓和段长度计算

从图 1-0-2-16 可知，路面外缘最大抬高值为：

$$h = \frac{b}{2}i_1 + \frac{b}{2}i_b = \frac{b}{2}(i_1 + i_b)$$

则
$$L_c = \frac{h}{p} = \frac{b}{2} \times \frac{i_1 + i_b}{p} \qquad (1\text{-}0\text{-}2\text{-}46)$$

式中符号意义同前。

由式(1-0-2-45)及式(1-0-2-46)进行归纳得出一般式为：

$$L_c = \frac{b'}{p} \times \Delta i \qquad (1\text{-}0\text{-}2\text{-}47)$$

式中：L_c——内边轴旋转或中轴旋转时的超高缓和段长度，由式(1-0-2-47)计算的超高缓和段长度取 5m 的整倍数，并不小于 20m 的长度值；

b'——超高旋转轴至路面外侧边缘之间的距离，m；

Δi——超高旋转轴外侧的最大超高横坡度与原路面横坡度的代数差；

p——超高渐变率，见表 1-0-2-8。

[例 2] 某三级公路设计速度 $V = 30\text{km/h}$，有一半径 $R = 125\text{m}$ 的弯道，求超高方式为绕内边轴旋转的超高缓和段长度。

解 由 $V = 30\text{km/h}$，$b = 6\text{m}$，$R = 125\text{m}$，查表 1-0-2-5 可得 $i_b = 4\%$，查表 1-0-2-8 可得 $p = 1/75$，则

$$L_c = \frac{b}{p}i_b = \frac{6}{\frac{1}{75}} \times 3\% = 18(\text{m}) \approx 20(\text{m})$$

5. 超高缓和段上超高值的计算

通过对超高缓和段的构成分析及确定缓和段长度以后，即可计算超高缓和段上任意断面的超高值。此处仅介绍以无中间分隔带的内边轴旋转及中轴旋转超高的超高值计算。

1）绕内边轴旋转

(1)在临界断面之前：$0 \leq x \leq L_1$。

这里
$$L_1 = \frac{i_1}{i_b} \times L_c \qquad (1\text{-}0\text{-}2\text{-}48)$$

式中：i_1——路拱横坡度，%；

i_b——超高横坡度，%；

L_c——超高缓和段长度，m。

由图 1-0-2-17 并经整理得:

$$h_{cx} = a(i_0 - i_1) + [ai_1 + (a+b)i_b]\frac{x}{L_c} \approx \frac{x}{L_c} \times h_c \quad (1\text{-}0\text{-}2\text{-}49)$$

$$h'_{cx} = ai_0 + \frac{b}{2}i_1 \quad (1\text{-}0\text{-}2\text{-}50)$$

$$h''_{cx} = ai_0 - (a+b_{jx})i_1 \quad (1\text{-}0\text{-}2\text{-}51)$$

式中:b_{jx}——缓和段上加宽值,m,$b_{jx} = \frac{x}{L_c}B_j$;

B_j——平曲线上全加宽值,按《标准》取用,m;

x——缓和段上任一断面至该缓和段起点的距离,m;

其他符号意义同前。

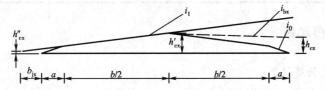

图 1-0-2-17　在临界断面之前的超高断面

(2)在临界断面之后:$L_1 \leq x \leq L_c$。由图 1-0-2-14 和图 1-0-2-18 并经整理得:

$$h_{cx} = a(i_0 - i_1) + [ai_1 + (a+b)i_b]\frac{x}{L_c} \approx \frac{x}{L_c} \times h_c \quad (1\text{-}0\text{-}2\text{-}52)$$

$$h'_{cx} = ai_0 + \frac{b}{2}i_{bx} \quad (1\text{-}0\text{-}2\text{-}53)$$

$$h''_{cx} = ai_0 - (a+b_{jx})i_{bx} \quad (1\text{-}0\text{-}2\text{-}54)$$

式中:i_{bx}——临界断面之后,在缓和段上任一断面的超高横坡度,可按 $i_{bx} = \frac{x}{L_c}i_b$ 计算;

其他符号意义同前。

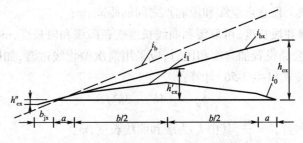

图 1-0-2-18　在临界断面之后的超高断面

2)绕中轴旋转

根据绕中轴旋转的过程,同理可以建立其相应的超高值计算公式,如表 1-0-2-9 所示。

绕中轴旋转的超高计算公式　　　　　　　　　　　　　　　表 1-0-2-9

超高值	计算公式		备 注
	$0 \leq x \leq L_1$	$L_1 \leq x \leq L_c$	
h_{cx}	$h_{cx} = a(i_0 - i_1) + \left(a + \dfrac{b}{2}\right)(i_1 + i_b)\dfrac{x}{L_c}$ 或 $h_{cx} = \dfrac{x}{L_c}h_c$		各超高值均为未加宽超高前路基边缘高程(设计高程)其中: $L_1 = \dfrac{2i_1}{i_1 + i_b}L_c$ $b_{jx} = \dfrac{x}{L_c}B_j$ $i_{bx} = \dfrac{x}{L_c}(i_1 + i_b) - i_1$
h'_{cx}	$h'_{cx} = ai_0 + \dfrac{b}{2}i_1$		
h''_{cx}	$h''_{cx} = ai_0 - (a + b_{jx})i_1$	$h''_{cx} = ai_0 + \dfrac{b}{2}i_1 - \left(a + \dfrac{b}{2} + b_{jx}\right)i_{bx}$	

三　加宽缓和段

1. 加宽缓和段长度计算

在平曲线上加宽时,应在圆曲线上全加宽,在主曲线的两端设置加宽缓和段,其长度一般与超高缓和段或缓和曲线长度相同。当圆曲线不设超高仅有加宽时,其长度不应小于 20m,但加宽缓和段长度和全加宽值的比例应按其加宽渐变率 1∶15 计算,且取 5m 的整数倍。

2. 加宽值的计算

(1) 对于二、三、四级公路设置加宽缓和段时,采用在加宽缓和段全长范围内按其长度成正比例增加的方法,即:

$$b_{jx} = \dfrac{x}{L_j}B_j \tag{1-0-2-55}$$

式中:b_{jx}——缓和段上加宽值,m;

　　　x——缓和段上任意点至缓和段起点之间的距离,m;

　　　L_j——加宽缓和段长度,可取缓和曲线长度或超高缓和段长度,m。

(2) 高速、一级公路设置加宽缓和段时,应采用高次抛物线过渡,如图 1-0-2-19a)所示。任一点的加宽值可按式(1-0-2-56)计算:

$$b_{jx} = (4k^3 - 3k^4)B_j \tag{1-0-2-56}$$

式中:k——加宽值参数,$k = \dfrac{x}{l_h}$,其中 l_h 为缓和曲线长度,m;

　　　其他符号意义同前。

(3) 在城郊路段、桥梁、高架桥、挡土墙、隧道等结构物及各种安全防护设施的地段,可插入缓和曲线过渡,如图 1-0-2-19b)所示。

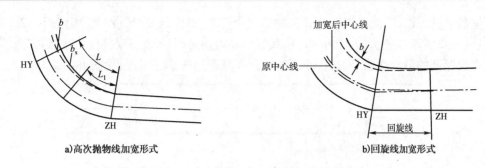

a) 高次抛物线加宽形式　　　　b) 回旋线加宽形式

图　1-0-2-19

第四节　行车视距

为保证行车安全,驾驶员应能看到前方一定距离内的公路路面,以便及时发现障碍物或对向来车,使汽车在一定的车速下及时制动或绕行,汽车在这段时间内沿路面所行驶的最短距离称为行车视距,如图 1-0-2-20 所示。行车视距会直接影响到汽车行驶的安全与行驶速度,是公路主要技术指标之一。因此,无论在公路的平面上或纵断面上,都应保证必要的行车视距。在平面设计中,行车视距包括停车视距、会车视距和识别视距。

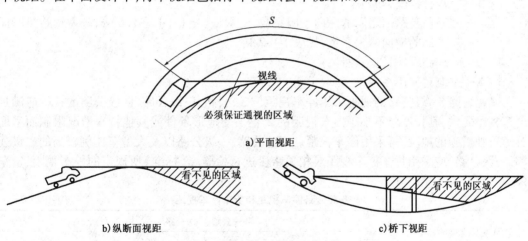

a) 平面视距

b) 纵断面视距　　　　c) 桥下视距

图 1-0-2-20　影响行车视距的地点

在双向混合行驶的公路上,两辆对向行驶的车辆有可能会相互碰撞,从双向采取措施进行制动至停止时两辆汽车同时所行驶的距离为会车视距。根据计算,会车视距约为 2 倍的停车视距。

在双向行驶的道路上,若公路上的车辆相对比较密集时,后车会超越前车,从开始驶离原车道至可见逆行车并能超车后安全驶回原车道所需的安全距离,即为超车视距。在本章中,主要讲述的是平面视距,对于纵面视距,将在纵断面设计中讲述。

一　停车视距

汽车在单车道或有分隔带的多车道公路上行驶时,遇到障碍物或路面破坏处,驾驶员只有采取制动的方法,才能使汽车在障碍物前完全停车,以保证安全。因此,离路面1.2m高的驾驶员(载重货车驾驶员为2.0m高)视线看到障碍物时,从开始采取制动措施到完全停车,这一必须保证的最短视距,称为停车视距。停车视距由3部分组成,见图1-0-2-21。

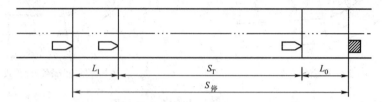

图1-0-2-21 停车视距

$$S_{停} = L_1 + S_T + L_0$$
$$= \frac{V}{3.6}t + \frac{KV^2}{254(\varphi_纵 + i)} + L_0 \qquad (1\text{-}0\text{-}2\text{-}57)$$

式中:$S_{停}$——汽车的停车视距,m;

L_1——汽车驾驶员的反应距离,m;

S_T——汽车的制动距离,m;

L_0——安全距离,m;

V——设计速度,km/h;

$\varphi_纵$——轮胎与路面之间的纵向摩阻系数,一般 $\varphi_纵 = (1.4 \sim 1.6)\varphi$;$\varphi$ 为轮胎与路面之间的横向摩阻系数,见表1-0-2-1;

i——公路纵坡,以小数计;

K——制动使用系数,一般取 $1.2 \sim 1.4$。

高速公路、一级公路的视距采用停车视距,二级公路、三级公路、四级公路的视距应满足会车视距要求,其长度应不小于停车视距的2倍。受地形条件或其他特殊情况限制而采取分道行驶措施的地段,可采用停车视距。高速公路、一级公路以及大型车比例较高的二级公路、三级公路,应采用货车停车视距对相关路段进行检验。《标准》所规定的停车视距、货车停车视距见表1-0-2-10。

各级公路停车视距和货车停车视距 表1-0-2-10

设计速度(km/h)	高速公路、一级公路			
	120	100	80	60
停车视距(m)	210	160	110	75
货车停车视距(m)	245	180	125	85
设计速度(km/h)	二级公路、三级公路、四级公路				
	80	60	40	30	20
停车视距(m)	110	75	40	30	20
货车停车视距(m)	125	85	50	35	20

注:积雪冰冻路段的停车视距宜适当增长。

二 超车视距

在对向混合行驶的双车道公路,各种车辆的行驶速度不同,快速行驶的车辆追上慢速行驶的车辆并超车,需占用对向一定长度的车道。为保证车辆行驶的安全,驾驶员必须看见前面足够长度的车流空隙,以便顺利完成超车,并在超车过程中不影响被超车的行驶状态及其他车流,如图1-0-2-22所示。

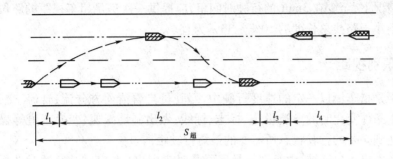

图1-0-2-22 超车视距

超车视距由4部分组成:

$$S_{超} = l_1 + l_2 + l_3 + l_4 \quad (1\text{-}0\text{-}2\text{-}58)$$

式中:l_1——加速行驶距离,m,可按 $l_1 = \dfrac{v_0}{3.6}t_1 + \dfrac{1}{2}at_1$ 计算;

v_0——被超汽车的速度,km/h;

t_1——加速时间,s;

a——平均加速度,m/s²;

l_2——超车汽车在对向车道行驶的距离,m,可按 $l_2 = \dfrac{V}{3.6}t_2$ 计算;

V——超车汽车的速度,km/h;

t_2——对向车道行驶时间,s;

l_3——超车完以后超车汽车与对向车之间的安全距离,一般取15~100m;

l_4——超车汽车从开始超车至超车完成后对向汽车的行驶距离,按式 $l_4 = \dfrac{V}{3.6}(t_1 + t_2)$ 计算。

当地形困难时,超车视距也可按式(1-0-2-59)计算:

$$S_{超} = \dfrac{2}{3}l_2 + l_3 + l_4 \quad (1\text{-}0\text{-}2\text{-}59)$$

式中符号意义同前。

《公路路线设计规范》(JTG D20—2006)所规定的超车视距见表1-0-2-11。

各级公路超车视距　　　　表1-0-2-11

设计速度(km/h)	80	60	40	30	20
一般值(m)	550	350	200	150	100
最小值(m)	350	250	150	100	70

注:"一般值"为正常情况下的采用值,"最小值"为条件受限制时可采用的值。

《公路路线设计规范》(JTG D20—2006)规定:双车道公路根据需要应结合地形,设置具有超车视距的路段;具备干线功能的二级公路交通量较大时,宜提供一定数量的满足超车视距的路段;位于中、小交通量的路段则可适当减少;位于地形比较复杂的山区,可设禁止超车标志。一般情况下,至少在3min的行驶时间里,应提供一次满足超车视距的路段,超车路段的总长度以不小于路线总长度的10%~30%为宜。

三 识别视距

识别视距是指车辆以一定的速度行驶中,驾驶员自看清前方分流、合流、交叉、渠化、交织等各种行车条件变化时的导流设施、标志、标线,做出制动减速、变换车道等操作,至变化点前使车辆达到必要的行驶状态所需要的最短行驶距离。

在公路各类出入口区域,由于驾驶员需要及时辨别出(入)口位置、适时选择转换车道、进行加(减)速驶入(驶出)等操作,存在交通流交织和冲突等现象。因此,在互通式立交、服务区、停车区、公共汽车停靠站等各类出入口应满足识别视距要求。《标准》规定的不同设计速度对应的识别视距见表1-0-2-12。

不同设计速度对应的识别视距   表1-0-2-12

设计速度(km/h)	120	100	80	60
识别视距(m)	350(460)	290(380)	230(300)	170(240)

注:括号中为行车环境复杂、路侧出入口提示信息较多时应采取的视距值。

四 平面视距保证

当汽车在弯道上行驶时,弯道内侧树木、路堑边坡及建筑物等可能会阻挡行车视线。因此,要保证汽车的平面视距,必须清除弯道内侧一定范围内的障碍物,如图1-0-2-23所示。

设汽车行驶轨迹线至驾驶员视线间的距离为h(即横净距),障碍物线至行车轨迹线之间的距离为h_0,S为平面视距长度,图中阻碍驾驶员视线的阴影部分为清除范围。

由图1-0-2-23可知:当$h<h_0$时,视距能保证;当$h>h_0$时,视距不能保证,应进行障碍物清除。

为满足汽车行驶的平面视距要求,需通过计算确定最大横净距值h,而h_0值则可在公路横断面图上量取,如图1-0-2-24所示。

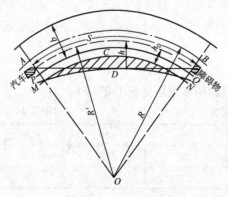

图1-0-2-23 平面视距

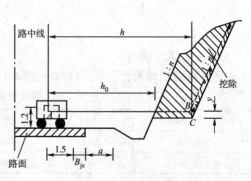

图1-0-2-24 视距台(尺寸单位:m)

最大横净距值的确定,可按有无缓和曲线以及视距与汽车行驶轨迹长度的关系分几个方面进行计算。

1. 无缓和曲线时的横净距计算

(1)当视距 S 小于曲线长度 L_S 时：

由图 1-0-2-25a)可知：

$$h = R_S - R_S\cos\frac{r}{2} = R_S\left(1 - \cos\frac{r}{2}\right)$$

则

$$h = \frac{S^2}{8R_S} \quad (1\text{-}0\text{-}2\text{-}60)$$

式中：h——最大横净距,m；

R_S——汽车行驶轨迹半径,为路面未加宽前内侧边缘加1.5倍的半径,m；

r——视距 S 所对应的圆心角,rad；

S——行车视距,m。

(2)当视距 S 大于曲线长度 L_S 时,如图 1-0-2-25b)所示：

$$h = h_1 + h_2$$
$$= R_S\left(1 - \cos\frac{\alpha}{2}\right) + \frac{S - L_S}{2}\sin\frac{\alpha}{2}$$

则

$$h = \frac{L}{8R_S}(2S - L) \quad (1\text{-}0\text{-}2\text{-}61)$$

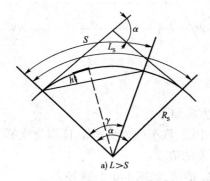 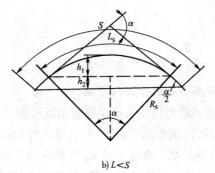

a) $L>S$ 　　　　　　　　　　b) $L<S$

图 1-0-2-25　无缓和曲线的最大横净距计算图

2. 有缓和曲线时横净距计算

(1)当视距长度 S 小于主圆曲线长度 L_S 时：

$$h = R_S\left(1 - \cos\frac{r}{2}\right) = \frac{S^2}{8R_S} \quad (1\text{-}0\text{-}2\text{-}62)$$

(2)当 $L_Y \leq S \leq L'_S$ 时,如图 1-0-2-26 所示：

$$h = h_1 + h_2 = R_S\left(1 - \cos\frac{\alpha - 2\beta}{2}\right) + (l_h - L_0)\sin\left(\frac{\alpha}{2} - \delta\right) \quad (1\text{-}0\text{-}2\text{-}63)$$

式中：δ——通过 M 点(或 N 点)并且与平曲线的切线相平行的直线与 M(或 N)的夹角,按下式计算：

$$\delta = \arctan\left\{\frac{1}{6}\frac{l_h}{R_s}\left[1 + \frac{L_0}{l_h} + \left(\frac{L_0}{l_h}\right)^2\right]\right\}$$

β——缓和曲线的切线角，rad；

l_h——缓和曲线长度，m；

L_0——汽车计算位置（M 或 N）到缓和曲线起点的距离，m，且 $L_0 = \frac{1}{2}(L'_S - S)$；

L'_S——汽车行驶轨迹上的平曲线总长，即转角为 α、半径为 R_S 时的平曲线长度，m。

（3）当 $S > L'_S$，如图 1-0-2-27 所示：

$$h = h_1 + h_2 + h_3$$

$$h = R_S\left(1 - \cos\frac{\alpha - 2\beta}{2}\right) + l_h\sin\left(\frac{\alpha}{2} - \delta\right) + \frac{S - L_S}{2}\sin\frac{\alpha}{2} \quad (1\text{-}0\text{-}2\text{-}64)$$

式中符号意义同前。

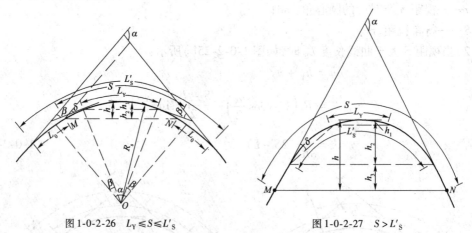

图 1-0-2-26　$L_Y \leq S \leq L'_S$　　　　图 1-0-2-27　$S > L'_S$

3. 视距保证的方法与步骤

绘制视距包络图及确定视距清除范围的具体方法如下：

（1）按比例绘制弯道平面图，其内容包括公路中线、汽车行驶轨迹线、障碍物线等。

（2）确定视距轨迹半径 R_S 并计算最大横净距 h 的值。

（3）量取行车轨迹线至障碍物线之间的距离 h_0 的值，如图 1-0-2-28 所示。

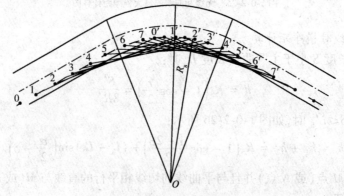

图 1-0-2-28　视距包络图

(4)判断是否能保证视距,若视距不能保证,则需进行下列工作:
①在平面图上距曲线起点(或终点)处分别向直线方向两端量取 S 长度得 0 点及 n 点。
②在 $0 \sim n$ 长度范围内进行平分若干等分,得 0、1、2、3、$4 \cdots n$ 各点。
③由 1 点开始,沿轨迹线方向每隔等距离量取 S 得 $1'$、$2'$、$3'$、$4' \cdots n'$ 各点,并连接 1-$1'$、2-$2'$、3-$3' \cdots$
④用曲线板绘制一光滑曲线,使这一光滑曲线外切各连线,则该光滑曲线即为视距包络线。
⑤图中的阴影部分即为视距切除范围。
⑥根据平面图与横断面图中相对应的桩号分别在平面图上量取 h_0,如图 1-0-2-24 所示阴影部分即为视距切除范围,计算路基土石方时应考虑其切除的面积。

第五节 平面线形的设计与调整

一 直线的运用

直线是两点间距离最短的线形,一般情况下,这种线形测设、施工简单,视线良好,运行距离短,可降低汽车的运营成本,因而在公路设计中被广泛运用。

然而,由于直线线形的灵活性差,受地形、环境等条件限制,并且直线线形很容易导致驾驶员的思想麻痹,经常性超车,从而易发生交通事故。所以,在设计中不能片面强调直线线形,直线的长度不宜过长。直线的理论长度(极限最大长度)一般很难从理论上进行论述,但在实际应用时根据地形、安全及景观,可从以下几个方面考虑。

1. 适宜采用直线的路段
(1)不受地形、地物限制的平坦地区和山间的开阔地段。
(2)城镇及其近郊或规划方正的农耕区等以直线条为主体的地区。
(3)长大桥梁、隧道等结构物地段。
(4)路线交叉点前后。
(5)双车道公路供超车的路段。

2. 采用长直线线形注意事项
当采用长直线线形时,应注意以下几点:
(1)纵坡不宜过大,一般应小于 3%。
(2)同大半径凹形竖曲线组合为宜。
(3)两侧地形过于空旷时,宜采取植不同树种或设置一定建筑物等措施。
(4)长直线或长下坡尽头的平曲线,除曲线半径、超高、视距等必须符合规定要求外,还必须采用设置标志、增加路面抗滑能力等安全措施。
(5)对较高车速的公路($V \geqslant 60 \text{km/h}$),其直线长度宜控制在 70s 左右时间的行程距离。

3. 最短直线长度的限制
直线长度不宜过长,但也不宜过短,特别是在同向的平曲线间不应设置短直线,以免产生视觉上的错觉而危及行车安全。当设计速度 $V \geq 60$ km/h 时,同向曲线间的直线长度(以 m 计)应以不小于该公路设计速度(以 km/h 计)的 6 倍为宜,反向曲线间的直线长度(以 m 计)应以不小于设计速度(以 km/h 计)的 2 倍为宜。当设计速度 $V \leq 40$ km/h 时,可参照上述规定执行。

二 圆曲线的运用

直线线形与圆曲线一样也是公路的基本线形,在路线设计中若能结合地形选用恰当的圆曲线半径,则能取得良好的线形效果。所以,在选用圆曲线半径时,应尽量选用较大半径,并应考虑以下几方面因素:

(1)设置圆曲线时应与地形相适应,以采用超高为 2%~4% 的圆曲线半径为宜。

(2)条件受限制时,可采用大于或接近于圆曲线最小半径的"一般值",地形条件特殊困难而不得已时,方可采用圆曲线最小半径的"极限值"。

(3)设置圆曲线时,应同相衔接路段的平、纵线形要素相协调,使之构成连续、均衡的曲线线形,并避免小半径圆曲线与陡坡相重合的线形。

(4)各级公路不论交叉点偏角 α 大小如何,均应设置平曲线。

(5)圆曲线半径过大也无实际意义,故一般不宜大于 10000m。

三 缓和曲线的运用

缓和曲线是平面线形中的一种主要线形。对缓和曲线的运用,具体有以下几方面要求:

(1)回旋线在线形设计中应作为主要线形要素加以运用。

(2)在确定缓和曲线参数时,应在下述范围内选定:

$$\frac{R}{3} \leq A \leq R \qquad (1\text{-}0\text{-}2\text{-}65)$$

式中:A——缓和曲线参数;

R——与缓和曲线相连接的平曲线半径,m。

(3)当 R 接近于 100m 时,取 A 等于 R;当 R 小于 100m 时,则取 A 等于或大于 R;当 R 较大或接近于 3000m 时,取 A 等于 $R/3$;当 R 大于 3000m 时,则取 A 小于 $R/3$。

平面线形包括直线、缓和曲线和圆曲线。

1. 基本形

按直线—回旋线—圆曲线—回旋线—直线的顺序组合起来的形式称基本形,如图 1-0-2-29 所示。基本型的两个回旋线参数应符合上述(1)、(2)条的规定。两个回旋线的参数可根据地形条件设计成对称的或非对称的曲线。

回旋线、圆曲线在长度组合时尽可能满足:回旋线:圆曲线:回旋线 =1:1:1。

2. S 形

两个反向圆曲线用回旋线连接组合的线形为 S 形,如图 1-0-2-30 所示。

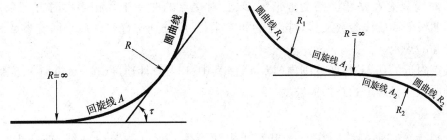

图 1-0-2-29 基本形　　　　　　　图 1-0-2-30 S形

S 形的两个相邻回旋线参数 A_1 与 A_2 宜相等。当采用不同参数时，A_1 与 A_2 之比应小于 2.0，有条件时以小于 1.5 为宜。当 $A_2 \leq 200$ 时，A_1 与 A_2 之比应小于 1.5。

S 形的两个反向回旋线以径向衔接为宜，当地形条件限制必须插入短直线或当两个圆曲线的回旋线相互重合时，短直线或重合段长度应符合下式规定：

$$l \leq \frac{A_1 + A_2}{40} \qquad (1\text{-}0\text{-}2\text{-}66)$$

式中：l——反向回旋线间或重合段长度，m；

A_1、A_2——回旋线参数。

两圆曲线半径之比不宜过大，以 $R_1/R_2 \leq 2$ 为宜（R_1 为大圆曲线半径，R_2 为小圆曲线半径）。

3. 卵形

用一个回旋线连接两个同向圆曲线的组合的平面线形称为卵形，如图 1-0-2-31 所示。

卵形回旋线的参数应符合式(1-0-2-67)规定的范围：

$$\frac{R_2}{2} \leq A \leq R_2 \qquad (1\text{-}0\text{-}2\text{-}67)$$

式中：A——回旋线参数；

R_2——小圆的圆曲线半径，m。

两个相邻圆曲线半径之比，以 $R_2/R_1 = 0.2 \sim 0.8$ 为宜。

两个圆曲线的间距，以 $D/R_2 = 0.003 \sim 0.03$ 为宜。D 为两圆曲线间的最小间距(m)。

4. 凸形

受地形条件限制时，可将两个同向回旋线在曲率相同处径向衔接而组合为凸形曲线，如图 1-0-2-32 所示。

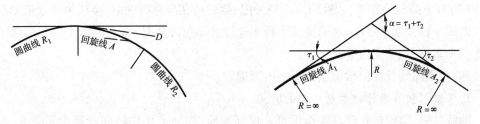

图 1-0-2-31 卵形　　　　　　　图 1-0-2-32 凸形

凸形曲线只有在路线严格受地形限制,且对接点的曲率半径相当大时方可采用。

凸形曲线的回旋线参数及其对接点的曲率半径,应分别符合容许最小回旋参数和圆曲线最小半径的规定。

对接点附近的 $0.3V$ 长度范围内(以 m 计;其中:V 为设计速度,按 km/h 计),应保持以对接点的曲率半径确定的路拱横坡度。

5. 复合曲线

两个以上同向回旋线间在曲率相等处相互连接的形式为复合曲线,如图 1-0-2-33 所示。

复合型的两个回旋线参数之比以小于 1:1.5 为宜。

复合曲线在受地形条件限制或互通式立体交叉的匝道设计中可采用。

6. C 形

同向曲线的两个回旋线在曲率为零处径向衔接(即连接处曲率为 0,$R = \infty$)的形式为 C 形,如图 1-0-2-34 所示。

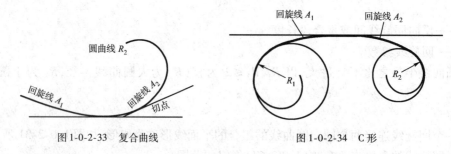

图 1-0-2-33　复合曲线　　　　　　图 1-0-2-34　C 形

C 形曲线仅限于在地形条件特殊困难、路线严格受限制时采用。

四 平曲线最小长度

平曲线包括圆曲线和缓和曲线。当平曲线不设缓和曲线时,则只有圆曲线,超高缓和段或加宽缓和段不计入平曲线内。公路平曲线长度的取值,应从以下几个方面考虑:

(1)从设置缓和曲线的角度考虑,平曲线至少要保证两条缓和曲线的插入,以满足公路线形的要求。

(2)从满足驾驶员操作转向盘的时间以及乘客的心理要求来看,平曲线长度不宜过短。

(3)对小偏角的弯道,从视角及心理考虑,驾驶员在高速行驶时,会认为该弯道的曲线长度及曲线半径比实际要小,从而降低了行车速度。不想降速时,将会因增大行车转弯半径而侵入其他车道,造成交通事故。

所以,平曲线长度的取值应由下列因素确定:

1. 保证驾驶员操作转向盘所需的时间

曲线过短,会造成驾驶员操作困难。根据经验,驾驶员操作转向盘至少需要 6s 的行驶时间。因此,最短平曲线最小长度可按下式计算:

$$L \geq tv \qquad (1\text{-}0\text{-}2\text{-}68)$$

即:
$$L \geq \frac{V}{3.6}t \qquad (1\text{-}0\text{-}2\text{-}69)$$

式中:L——平曲线最小长度,m;

v、V——设计速度,单位分别为 m/s 与 km/h;

t——适宜的操作时间,s,一般取用 6s。

《公路路线设计规范》(JTG D20—2006)规定的各级公路平曲线最小长度如表 1-0-2-13 所示。

各级公路平曲线最小长度　　　　表 1-0-2-13

设计速度(km/h)	120	100	80	60	40	30	20
一般值(m)	1000	850	700	500	350	250	200
最小值(m)	200	170	140	100	70	50	40

2. 小偏角平曲线最小长度的取值

当驾驶员在偏角很小的路线弯道行车,特别是在高速行车时,一般会把平曲线长度看得比实际的小,对公路产生急转弯的错觉,这种错觉在偏角越小时就越明显。所以,偏角越小则越应采用更大的平曲线半径,以便驾驶员正确识别出该弯道的实际半径。《公路路线设计规范》(JTG D20—2006)规定,当路线转角等于或小于 7°时,应设置较长的平曲线,其长度应大于表 1-0-2-14 中规定的"一般值"。但如受地形及其他特殊情况限制时,可减小至表中的"最小值"。

公路转角等于或小于 7°时的平曲线长度　　　　表 1-0-2-14

设计速度(km/h)	120	100	80	60	40	30	20
一般值(m)	1400/θ	1200/θ	1000/θ	700/θ	500/θ	350/θ	280/θ
最小值(m)	200	170	140	100	70	50	40

注:表中的 θ 角为路线转角值(°),当 θ<2°时,按 θ=2°计算。

[**例 1**] 求某二级公路的平曲线最小长度($V=80$km/h,$t=6$s)。

解 由式(1-0-2-69)得:

$$L = \frac{1}{3.6} \times 80 \times 6 = 133.3(\text{m})$$

取 5m 的整数倍,则 L 取 140m。

[**例 2**] 已知某三级公路弯道的偏角为 $\alpha = 2°30'$,求该弯道的最小平曲线半径($V=60$km/h)。

解 由表 1-0-2-14 可知,三级公路平原微丘区:

$$L \geq \frac{700}{\theta} = \frac{700}{2.5°} = 280(\text{m})$$

$$L = \alpha R \frac{\pi}{180°}$$

则
$$R = \frac{180°L}{\pi\alpha} = \frac{180° \times 280}{\pi \times 2.5°} = 6417(\text{m})$$

取 100m 的整数倍,则 $R = 6500$m,才能保证该平曲线的最小长度。

五 平面线形的组合与衔接

平面线形设计时,除保证直线、缓和曲线及圆曲线三要素的合理取用外,还应考虑三者之间的相互配合,即在进行直线的最大长度及曲线间直线的最短长度取用、直线与圆曲线间的缓和曲线的设置时,应综合考虑该设计公路等级的设计速度、地形、地物及地质等自然条件,还应考虑立体线形的视觉效果,保证公路线形的行车安全与舒适。设计时一般要考虑以下几个方面:

(1)两相邻的同向曲线间应设有足够长度的直线段,不得以短直线连接,否则应调整线形,使之成为单曲线或复曲线或运用回旋线组合成卵形、凸形、复合形等曲线形式,以免产生断背曲线。

(2)两反向曲线夹有直线段时,以设置不小于最小直线段长度的直线段为宜,否则应调整线形或组合成 S 形曲线,使其连续均匀。

(3)三、四级公路两相邻反向曲线无超高、加宽时可径相衔接;无超高有加宽时,中间应设有长度不小于 20m 的加宽缓和段。工程特殊的山岭区,三、四级公路设置超高时,中间直线长度不得小于 15m。

(4)应避免连续急弯的线形,可在曲线间插入足够长的直线或回旋线。

(5)线形设计的要求与内容应随公路等级和设计速度的不同而异。对于高速公路、一级公路以及设计速度大于等于 60km/h 的公路,应注重立体线形设计,尽量做到线形连续、指标均衡、视觉良好、景观协调、安全舒适。设计速度越高,线形设计所考虑的因素越应周全。设计速度小于等于 40km/h 的公路,首先应在保证行驶安全的前提下,正确地运用线形要素规定值(包括最大、最小值),在条件允许的情况下力求做到各种线形要素的合理组合,并尽量避免和减轻不利的组合,以期充分发挥投资效益。

(6)在路线交叉前后,应尽可能采用技术指标较高的线形,保证行驶安全,提高公路的通行能力。

(7)平面线形应在地形、地物、地质等各种具体条件的基础上,选用相应的技术指标进行组合设计,应合理运用直线和曲线(包括圆曲线、回旋线)线形要素,不得片面强调以直线或以曲线为主,或必须高于某一比例。

(8)应解决好线形与桥梁、隧道轴线之间的关系。原则上,对于大桥、特大桥或隧道以路线服从为主,并尽可能采用直线线形,但应视具体情况及其他条件选用适当的曲线线形,并满足对应公路等级的视距要求。

第六节　平面设计成果

公路平面设计完成后应提供各类相应的图纸和表格。其中主要的图纸有:路线平面设计图、路线总体布置图、路线交叉设计图、公路用地图、纸上移线图等。主要的表格有:直线、曲线及转角表,路线交点坐标表(或含在直线、曲线及转角表中),逐桩坐标表,路线固定表,总里程及断链表等。各种图纸和表格的样式可参照交通运输部所颁布的《设计文件图表示例》。这里仅就"直线、曲线及转角表"与"路线平面设计图"作一介绍。

一　直线、曲线及转角表

"直线、曲线及转角表"为平面设计的主要成果,它反映了路线的平面位置和路线平面线形的各项指标。路线平面设计只有根据这一成果才能进行后面的一系列设计,如路线平面设计图、逐桩坐标表。它同时为路线纵断面设计、横断面设计提供设计依据。本表的样式一般如表 1-0-2-15 所示。

直线、曲线及转角表　　　　　表 1-0-2-15

××公路××段

交点号	交点坐标		交点桩号	转角值	曲线要素值(m)						曲线主点桩号					直线长度及方向			备注
	N(x)	E(y)			半径	缓和曲线长度	缓和曲线参数	切线长度	曲线长度	外距	校正值	第一缓和曲线起点	第一缓和曲线终点或圆曲线起点	曲线中点	第二缓和曲线起点或圆曲线终点	第二缓和曲线终点	直线段长(m)	交点间距(m)	计算方位角	
1	2	3	4	5	6	7	8	9	10	11	12	13	14	15	16	17	18	19	20	21

二、路线平面设计图

路线平面设计图是公路设计文件的重要组成部分。通过路线平面设计图,可以反映出公路的平面位置和所经地区的地形、地物情况,还可以反映出路线所经地段的各种构造物如挡土墙、边坡、排水设施、桥涵等的具体位置以及各种结构和地形、地物之间的关系。它是设计人员对路线设计意图的总体体现。路线平面设计图对提供有关部门审批、专家评议、设计初审、设计会审、工程施工以及指导后续工作(如施工图设计、施工放样等)起着重要的作用。路线平面设计图的绘制步骤如下。

1. 比例尺及测图范围

路线平面设计图是指包括公路中线及其两侧一定范围的地物与地貌情况的带状地形图,其图纸比例应随不同阶段取用不同比例,当作为工程可行性或初步设计阶段的方案研究与比选时,可采用 1:5000 或 1:10000;但作为初步设计、施工图设计等设计文件组成部分时,则应采用更大的比例尺,一般采用 1:500～1:2000;在地形复杂地段或重要设计路段,如大型交叉、大中桥等,则应采用 1:500～1:1000 的地形图。

带状地形图的测图范围视具体情况确定,测设时常取路中心线两侧 100～200m。对于 1:5000 的地形图,其测图范围应适当放宽,一般不小于 250m。若为比较线,则须考虑比较线的测图范围。

2. 路线平面设计图的内容及测绘步骤

1)路线平面设计图的内容

(1)公路沿线的地形、地物情况。

(2)公路中心线交点和转点位置及里程桩标注、公路沿线的各类控制桩位置及有关数据。

(3)路线所经地段的地名,重要地理位置情况标注。

(4)各类结构物的设计成果标注。

(5)若图纸中包含弯道,应包括曲线要素表和导线、交点坐标表。

(6)图签和有关说明。

2)测绘步骤

(1)按要求选定比例尺。

(2)依直线、曲线及转角表和中线资料绘制公路中线图。

(3)在公路中线图上标出公路起终点里程桩、公里桩、百米桩、曲线要素桩、桥涵桩及位置。

(4)实地测绘沿线带状地形图并现场勾绘出等高线。

(5)根据设计情况在图纸上标出各类结构物的平面位置,并在图上列出直线、曲线及转角表等有关内容。

路线平面图示例如图 1-0-2-35 所示。

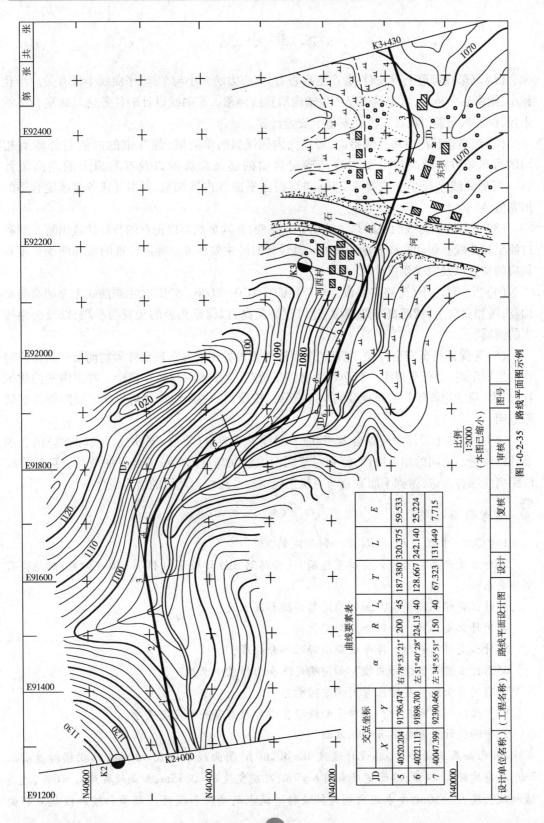

图1-0-2-35 路线平面图示例

本 章 小 结

(1)汽车在弯道上行驶时,会产生离心力,离心力的大小与车速、平曲线半径有关。半径越小,则离心力越大,汽车越容易产生横向滑移或倾覆。平曲线设计的任务就是确定合适的半径,保证汽车能以设计速度在弯道上安全行驶。

(2)超高就是把曲线外侧抬高,形成向内侧倾斜的单向坡,使弯道的内侧与外侧有相同的行车条件。超高的主要内容是确定合适的超高横坡度以及在弯道上的超高值计算。当平曲线半径小于或等于 250 m 时,需在平曲线内侧加宽,其主要任务是确定合适的加宽值。

(3)设置缓和曲线的目的是消除离心力突变,并满足汽车以正常的行驶轨迹由直线顺利过渡至圆曲线。缓和曲线采用回旋线。其设计时的主要任务是确定合理的缓和曲线长度和相应的常数以及曲线要素计算。

(4)当半径小于《公路路线设计规范》(JTG D20—2006)要求时,主圆曲线上全超高与全加宽,缓和曲线上(或超高与加宽缓和段)逐渐超高,以保证路容的美观与平顺,以及公路排水的畅通。

(5)为保证汽车安全行驶,应有一个保证驾驶员看到前方车辆或障碍物而及时制动或避让的最短距离,即行车视距。行车视距有停车视距、会车视距与超车视距。弯道内侧的建筑物、树木、路堑边坡等凡阻碍视线的均应清除。按绘制的视距包络线可以确定视距保证的清除范围。

(6)平面线形设计时应综合考虑,即平面线形三要素(直线、圆曲线、缓和曲线)的合理设计以及它们之间的相互协调,特别对于同向曲线间与反向曲线间经平曲线设置后的直线段距离应综合考虑,做到平面顺直与视线正确诱导及路线与环境的恰当配合。

思考题与习题

1.《标准》中 R_{min}、$R_{一般}$、$R_{免}$ 是如何确定的?

2.什么是超高?为什么要设置超高?《公路路线设计规范》(JTG D20—2006)对超高有哪些要求?

3.什么是超高缓和段?如何确定超高缓和段长度?

4.为什么要加宽?如何确定加宽值?

5.什么是停车视距?停车视距由哪几部分组成?

6.为什么要设置缓和曲线?如何确定缓和曲线最小长度?

7.确定平曲线长度时应考虑哪些因素?

8.平面线形有哪几种?各种平面线形在设计时有哪些规定与要求?

9.平面设计成果主要有哪几方面?

10.已知某三级公路,其设计速度 $V=40$ km/h,圆曲线半径 $R=300$ m,路拱横坡度 $i_1=3\%$,路肩坡度 $i_0=4\%$,路面宽度采用 $b=7$ m,路肩宽度 $a=0.75$ m,超高横坡度 $i_B=6\%$,坡高缓和段长度 $L_C=50$ m,要求用内侧边轴旋转。试求超高缓和段终点断面和缓和段起点断面及临界断面处的超高值。

11. 平曲线交点 JD 桩号里程为 K5+567.38，$\alpha = 31°10'$，$R = 300\text{m}$，$l_h = 70\text{m}$，试计算主点的里程桩号。

12. 已知某二级公路，设计速度 $V = 40\text{km/h}$，圆曲线半径 $R = 60\text{m}$，试按离心加速度增长率和行程时间分别计算缓和曲线最小长度（采用整 5m 的倍数）。

第三章　纵断面设计

教学要求

1. 描述汽车动力性能对纵坡设计的要求。
2. 解释纵坡设计的一般规定与要求,会进行最大纵坡、最小纵坡、最短坡长、缓和坡段、陡坡组合及合成纵坡的运用。
3. 合理布设竖曲线并计算竖曲线,进行平面和纵断面的线形组合设计。
4. 能根据公路等级和具体地形、地物、地貌等影响因素进行纵坡设计,提供纵断面设计成果。

第一节　纵断面线形组成分析

一　纵断面线形组成

通过公路中线的竖向剖面称为路线纵断面图。由于地形、地物、地质、水文等自然因素的影响以及经济性的要求,公路路线在纵断面上不可能从起点至终点是一条水平线,而是一条有起伏的空间线。纵断面设计的主要任务就是根据汽车的动力性能、公路等级和性质、当地的自然地理条件以及工程经济等,来研究这条空间线形的纵坡大小及其长度,它是公路设计的重要内容之一,而且会直接影响行车的安全和速度,以及工程造价、运营费用和乘客的舒适程度。

图 1-0-3-1 为公路路线纵断面示意图。在纵断面图上,通过路中线的原地面上各桩点的

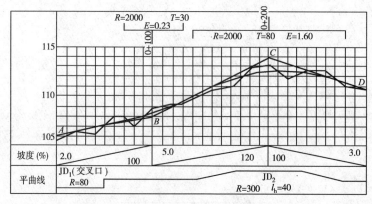

图 1-0-3-1　路线纵断面示意图

高程,称为地面高程,相邻地面高程的不规则折线的连线,称为地面线,它反映道路中线所经过的地面起伏情况。设计公路未设超高加宽前的路基边缘相邻高程的连线,称为设计线,它反映道路纵断面的起伏情况,设计线上表示路基边缘各点的高程,称为设计高程。在同一横断面上设计高程与地面高程之差,称为施工高度。当设计线在地面线以上时,路基构成填方路堤;当设计线在地面线以下时,路基构成挖方路堑。施工高度的大小直接反映了路堤的高度和路堑的深度。

公路纵断面设计线由直线(直坡段)和曲线(竖曲线)两种线形要素所组成。它是根据汽车的动力性能、地形条件、路基临界高度以及运输与工程经济等方面的要求,通过技术、经济以及视觉效果等诸多因素的比较后确定的,反映了公路路线的起伏变化情况。直线有上坡和下坡,是用高差、水平长度及纵坡度表示的。纵坡度 i 表征匀坡路段坡度的大小,用高差 h 与水平长度 l 之比量度,即 $i = h/l(\%)$。在直线的纵坡转折处为了平顺过渡,须设置一定长度的竖曲线来进行缓和,竖曲线分为凸形竖曲线和凹形竖曲线,其大小用竖曲线的半径和水平长度表示。

公路纵断面上的设计高程,即路基设计高程,其位置与新建公路、改建公路和是否设置中央分隔带等情况有关。对于新建公路的路基设计高程:高速公路和一级公路一般采用中央分隔带的外侧边缘高程;二、三、四级公路采用公路未设超高加宽前的路基边缘高程。对于改建公路的路基设计高程:一般与新建公路相同,也可视具体情况采用中央分隔带中心或公路行车道中线高程。

二 纵坡设计的一般要求

为使纵坡设计达到经济合理的目的,在设计之前必须全面掌握勘测资料,并结合选(定)线时的纵坡考虑意图,经综合分析、比较后定出设计纵坡。纵坡设计应满足以下几点要求。

(1)纵坡设计必须满足《标准》中的各项规定。

(2)为保证汽车能以一定的车速安全、舒顺地行驶,纵坡应具有一定的平顺性,起伏不宜过大及过于频繁。平原地形的纵坡应均匀、平缓;丘陵地形的纵坡应避免过分迁就地形而起伏过大;山区地形的纵坡应尽量避免采用极限纵坡值,缓和坡段应自然地配合地形设置,在连续采用极限长度的陡坡之间,不宜插入最短的缓和坡段,以争取较均匀的纵坡。连续上坡或下坡路段,应避免设置反坡。

(3)纵坡设计时,应对沿线的地形、地质、水文、气候等自然条件综合考虑,根据不同的具体情况妥善处理,以保证公路的畅通和稳定。

(4)地下水位较高的平原微丘区和潮湿地带的路段,应满足最小填土高度的要求,以保证路基稳定。

(5)纵坡设计在一般情况下应考虑填挖平衡,并尽量利用挖方运作就近路段填方,减少借方和废方,以降低工程造价。

(6)纵坡设计时,应照顾当地民间运输工具、农业机械、农田水利等方面的特殊要求。

三 纵坡设计的一般规定

1. 最大纵坡

最大纵坡是指各级公路容许采用的最大坡度值,它是公路纵断面设计的重要控制指标。

在山岭地区，纵坡的大小会直接影响路线的长度、使用质量、运输成本和工程造价。因此，纵坡大小的取值必须要通过全面分析，综合考虑后合理确定。

1) 确定最大纵坡应考虑的因素

(1) 汽车的动力特性。根据公路上主要行驶车辆的牵引性能，在一定的行驶速度条件下确定。

(2) 设计速度。设计速度越高，要求的行车速度越快，但从汽车的动力特性可知其爬坡能力越低，因此不同设计速度的公路有不同的最大纵坡值。

(3) 自然因素。公路所经地区的地形、气候、海拔高度等自然因素，对汽车的行驶条件和爬坡能力也有很大的影响。

2) 最大纵坡的确定

最大纵坡的确定主要取决于汽车的动力性能、设计速度和自然因素，但另一方面还必须保证行车安全。从实际调查中可知，汽车在陡坡路段下坡时，由于制动次数增多，易使制动器发热而失效，导致事故频发。如东风 EQ—140 载重汽车及解放 CA—140 载重汽车上坡时，均可用 Ⅱ 挡顺利地通过 12% 以上的纵坡，但在下坡时很不安全。因此，确定最大纵坡不能只考虑汽车的爬坡性能，还要从行驶的快速、安全及经济等方面综合分析，同时还要兼顾汽车拖挂车、民间运输工具的特殊要求等。实践证明，四级公路为了达到其相应的行车速度一般情况下最大纵坡不宜超过 8%，只有在工程特殊困难的山岭地区，经技术经济论证合理，其最大纵坡才可增加 1%，但四级公路位于海拔 2000m 以上或积雪冰冻地区的路段，为考虑安全，最大纵坡不应大于 8%。我国《标准》规定各级公路的最大纵坡规定如表 1-0-3-1 所示。

各级公路最大纵坡 表 1-0-3-1

设计速度(km/h)	120	100	80	60	40	30	20
最大纵坡(%)	3	4	5	6	7	8	9

设计速度为 120km/h、100km/h、80km/h 的高速公路受地形条件或其他特殊情况限制时，经技术经济论证合理，最大纵坡可增加 1%。公路改建中，设计速度为 40km/h、30km/h、20km/h 的利用原有公路的改建路段，经技术经济论证合理，最大纵坡可增加 1%。

位于市镇附近非汽车交通比例较大的路段，纵坡可根据具体情况适当放缓：平原、微丘区一般宜为 2%～3%；山岭、重丘区一般宜为 4%～5%。

小桥与涵洞处的纵坡应随路线纵坡设计。但大桥上的纵坡不宜大于 4%，桥头引道纵坡不大于 5%，引道紧接桥头部分的线形应与桥上线形相配合，其长度不宜小于 3s 的设计速度行程长度；位于市镇附近非汽车交通量较大的路段，桥上及桥头引道纵坡均不得大于 3%。

隧道内的纵坡不应大于 3%，并不小于 0.3%，但独立的明洞和长度小于 100m 的隧道其纵坡不受此限。高速公路、一级公路的中、短隧道，当条件受限制时，经技术经济论证后最大纵坡可适当加大，但不宜大于 4%。紧接隧道洞口的路线纵坡应与隧道内纵坡相同。

3) 最大纵坡技术指标的运用

(1) 设计速度为 120km/h、100km/h、80km/h 的高速公路受地形条件或其他特殊情况限制时，经技术经济论证合理，最大纵坡可增加 1%。公路改建中，设计速度为 40km/h、30km/h、20km/h 的利用原有公路的改建路段，经技术经济论证合理，最大纵坡可增加 1%。

(2)位于市镇附近非汽车交通比例较大的路段,纵坡可根据具体情况适当放缓:平原、微丘区一般宜不大于2%~3%;山岭、重丘区一般宜不大于4%~5%。

(3)小桥与涵洞处的纵坡应随路线纵坡设计。但大桥上的纵坡不宜大于4%,桥头引道纵坡不大于5%,引道紧接桥头部分的线形应与桥上线形相配合,其长度不宜小于3s的设计速度行程长度;位于市镇附近非汽车交通量较大的路段,桥上及桥头引道纵坡均不得大于3%。

(4)隧道内的纵坡不应大于3%,并不小于0.3%,但独立的明洞和长度小于100m的隧道其纵坡不受此限。高速公路、一级公路的中、短隧道,当条件受限制时,经技术经济论证后最大纵坡可适当加大,但不宜大于4%。紧接隧道洞口的路线纵坡应与隧道内纵坡相同。

(5)在海拔3000m以上的高原地区,因空气密度下降而使汽车发动机的功率和汽车的牵引力降低,导致汽车爬坡能力下降。此外,在高原地区,汽车水箱中的水容易开锅而破坏冷却系统。故《标准》规定设计速度$V \leqslant 80km/h$且位于海拔3000m以上高原地区的公路,各级公路的最大纵坡值应按表1-0-3-2的规定予以折减。最大纵坡折减后若小于4%,则仍采用4%。

高原纵坡折减值 表1-0-3-2

海拔高度(m)	3000~4000	4000~5000	5000以上
折减值(%)	1	2	3

2. 最小纵坡

一般来说,为使公路上汽车行驶快速和安全,纵坡设计的小一些总是有利的。但在挖方路段,设置边沟的低填路段和横向排水不畅路段,为保证排水的要求,防止积水渗入路基而影响其稳定性,一般在这些路段应避免采用水平纵坡,以免因为排水而将边沟挖的过深。故《公路路线设计规范》(JTG D20—2006)规定,在各级公路的长路堑路段,以及其他横向排水不畅的路段,采用平坡(0%)或小于0.3%的纵坡时,其边沟应作纵向排水设计。

干旱地区以及横向排水良好的路段,其最小纵坡可不受上述限制。

3. 坡长限制

坡长限制包括最小坡长和最大坡长两个方面的内容。

1)最小坡长限制

最小坡长的限制是从汽车行驶平顺性、乘客的舒适性、纵面视距和相邻两竖曲线的布置等方面考虑的。如果坡长过短,转坡过多,纵坡线形呈锯齿形状,路容也不美观。此外,当相邻坡段的纵坡相差较大,而坡长又较短时,汽车运行中换挡频繁也会增加驾驶员的操作劳动强度。因此,纵坡的坡长应有一定的最短长度。

我国综合考虑了设计速度和地形条件等情况,规定的最小坡长见表1-0-3-3。

最小坡长 表1-0-3-3

设计速度(km/h)	120	100	80	60	40	30	20
最小坡长(m)	300	250	200	150	120	100	60

2)最大坡长限制

根据汽车的动力性能可知,公路纵坡的大小及其坡长对汽车的行驶影响很大,特别是长距离的陡坡对汽车行驶非常不利。实际调查资料表明,当纵坡的坡段太长,汽车因克服行驶阻力而使行驶速度显著降低,在提高汽车功率时又易使水箱中的冷却水沸腾,导致汽车爬坡无力,甚至熄火;下坡时制动次数增加易使制动器发热而失效,造成车祸。我国《标准》规定的各级公路不同纵坡时的最大坡长见表 1-0-3-4。

不同纵坡的最大坡长(单位:m)　　　　　表 1-0-3-4

设计速度(km/h)		120	100	80	60	40	30	20
纵坡坡度(%)	3	900	1000	1100	1200	—	—	—
	4	700	800	900	1000	1100	1100	1200
	5	—	600	700	800	900	900	1000
	6	—	—	500	600	700	700	800
	7	—	—	—	—	500	500	600
	8	—	—	—	—	300	300	400
	9	—	—	—	—	—	200	300
	10	—	—	—	—	—	—	200

在实际纵坡设计中,当某一坡度的坡长还未达到其规定的限制坡长时,可变化坡度(应为连续上坡或连续下坡),但其长度应按坡长限制的规定进行折算。例如:某山岭区公路(设计速度 $V = 30 \text{km/h}$)的第一坡段纵坡为 8.0%,长度为 180m,即占坡长限制值的 3/5(180/300 = 3/5),若相邻坡段的纵坡为 7.0%,则其坡长不应超过 $500 \times 2/5 = 200 \text{m}$。也就是说 8.0% 的纵坡设计了长度为 180m 以后,还可接着设计坡度为 8.0% 的纵坡段长度为 200m,此时坡长限制值已用完。

4. 缓和坡段

缓和坡段的作用主要是为了改善汽车在连续陡坡上行驶的紧张状况,避免汽车长时间低速行驶或汽车下坡产生不安全因素。因此,当不同纵坡的最大坡长达到表 1-0-3-4 限制坡长时,应安排一段缓坡,用以恢复在陡坡上行驶所降低的速度。汽车在缓坡上行驶的长度,从理论上应满足汽车加速或减速行驶过程的需要。

因此,当公路连续上坡(或下坡)时,为了提高车速和行驶安全,应在不大于表 1-0-3-4 所规定的纵坡长度范围内设置缓和坡段。缓和坡段的纵坡应不大于 3%,其长度应符合表 1-0-3-3 最小纵坡长度的规定。

5. 平均纵坡

平均纵坡是指一定长度路段的高差与水平距离之比,以百分率(%)表示。它是衡量纵断面线形设计质量的一个重要限制性指标。

在山区越岭线纵坡设计中,有时虽然公路纵坡的设计完全符合最大纵坡、坡长限制和缓和坡段的规定,但也不一定能保证使用质量。当极限长度的陡纵坡与缓和坡段交替频繁使用时,同样会使汽车在这样的坡段上长时间的低速行驶,引起不良后果,甚至造成事故。这说明汽车短时间内在陡坡路段上坡或下坡,问题尚不严重,但如果长时间地连续在陡坡夹缓和坡段的路段上行驶,就相当危险。因此有必要从行车顺利和安全方面考虑来控制设计纵坡的平均值。

我国《标准》规定,为了合理运用最大纵坡、坡长和缓和坡段,以利汽车安全顺利行驶,二级公路、三级公路、四级公路越岭路线连续上坡(或下坡)的路段,相对高差为 200～500m 时平均纵坡不应大于 5.5%,相对高差大于 500m 时平均纵坡不应大于 5%,且任意连续 3km 路段的平均纵坡不应大于 5.5%。

6. 合成坡度

合成坡度是指在设有超高的平曲线上,路线纵坡与超高横坡或路面横坡组合而成的最大坡度。其方向为流水方向,又称流水线坡度。合成坡度的计算公式为:

$$i_{合} = \sqrt{i_{纵}^2 + i_{横}^2} \tag{1-0-3-1}$$

式中:$i_{合}$——合成坡度,%;

$i_{纵}$——路线纵坡度,%;

$i_{横}$——超高横坡度或路面横坡度,%。

汽车在有合成坡度的路段行驶时,如果合成坡度过大,由于离心力的作用,可能引起汽车向合成坡度方向的倾斜和侧向滑移,给汽车行驶带来危险。因此,应将合成坡度控制在一定的范围内。各级公路的最大容许合成坡度值如表 1-0-3-5 所示。

各级公路的最大合成坡度　　　　表 1-0-3-5

公路等级	高速			一级			二级		三级		四级
设计速度(km/h)	120	100	80	100	80	60	80	60	40	30	20
合成坡度(%)	10.0	10.0	10.5	10.0	10.5	10.5	9.0	9.5	10.0	10.0	10.0

当陡坡与小半径平曲线相重叠时,在条件许可的情况下,以采用较小的合成坡度为宜。特别是在下述情况下,其合成坡度必须小于 8%。

(1)冬季路面有积雪、结冰的地区。

(2)自然横坡较陡峻的傍山路段。

(3)非汽车交通比率高的路段。

在应用最大合成坡度时,用规定值如 10% 来控制合成坡度,并不意味着横坡为 10% 的弯道上就完全不允许有纵坡。无论是纵坡或横坡中任何一方采用最大值时,允许另一方采用缓一些的坡度,一般以不大于 2% 为宜。但是各级公路在超高过渡的变化处,合成坡度不应设计为 0。当合成坡度小于 0.5% 时,则应采取综合排水措施,以保证路面排水畅通。

合成坡度的临界线图如图 1-0-3-2 所示。

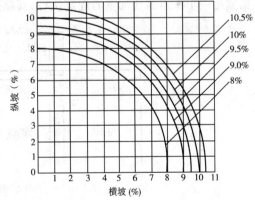

图 1-0-3-2　合成坡度临界线图

7. 爬坡车道

爬坡车道是指在陡坡路段正线行车道右侧设置的专供载重汽车行驶的专用车道。

在确定高速公路和一级公路的最大纵坡时,一般是以小客车行驶速度为标准的,当公路纵坡较大时载重汽车因爬坡时需克服较大的坡度阻力,只有降低车速才能通过。当载重汽车所占比例较大时,小客车的行驶速度会受到影响,使超车频率增加,导致爬坡路段的通行能力下降,甚至产生堵塞交通的现象。为了不使爬坡速度低的载重汽车影响爬坡速度高的小客车行驶,就需要在陡坡路段的上坡方向增设爬坡车道,把载重汽车从正线车流中分离出去,来保证道路的通行能力。

1)设置爬坡车道的条件

《公路路线设计规范》(JTG D20—2006)中规定,四车道高速公路、四车道一级公路以及二级公路连续上坡路段,符合下列情况之一者,宜在上坡方向行车道右侧设置爬坡车道,其宽度一般为3.5m。

(1)沿上坡方向载重汽车的行驶速度降低到表1-0-3-6的容许最低速度以下时,宜设置爬坡车道。

上坡方向容许最低车速　　　　　　　　　表1-0-3-6

设计速度(km/h)	120	100	80	60	40
容许最低速度(km/h)	60	55	50	40	25

(2)上坡路段的设计通行能力小于设计小时交通量时,宜设置爬坡车道。

(3)经设置爬坡车道与改善主线纵坡不设爬坡车道技术经济比较论证,设置爬坡车道的效益费用比、行车安全性较优时,宜设置爬坡车道。

纵坡设计中,对是否需要设置爬坡车道的路段,应与减小主线纵坡不设爬坡车道的方案进行比较,对工程建设目的、服务水平、工程投资规模综合分析后确定是否设置爬坡车道。

2)爬坡车道设计

(1)爬坡车道的长度、宽度及超高。爬坡车道的长度应与主线相应纵坡长度一致。当高速公路、一级公路爬坡车道长度大于500m时,应按规定在其右侧设置紧急停车带。爬坡车道的宽度包括左侧路缘带0.5m在内,如图1-0-3-3所示。由于爬坡车道上的车速要比主线上的车速低,故超高横坡度可相应减小,超高的旋转轴为爬坡车道内侧边缘,爬坡车道的曲线加宽按一个车道曲线加宽的规定执行,其超高横坡度如表1-0-3-7所示。

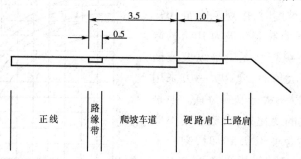

图1-0-3-3　爬坡车道的宽度(尺寸单位:m)

爬坡车道的超高横坡度　　　　　　　　　表1-0-3-7

行车道超高坡度(%)	10	9	8	7	6	5	4	3	2
爬坡车道的超高坡度(%)	5				4			3	2

(2)爬坡车道的起、始点与长度。爬坡车道的起、终点与长度按下述规定进行:爬坡车道的起点,应设于陡坡路段上载重汽车运行速度降低至表1-0-3-6中"容许最低速度"处;爬坡车道的终点,应设于载重汽车爬经陡坡路段后恢复至"容许最低速度"处,或陡坡路段后延伸的附加长度的端部;该陡坡路段后延伸的附加长度规定见表1-0-3-8。

陡坡路段后延伸的附加长度　　　　　　　　表1-0-3-8

附加路段的纵坡(%)	下坡	平坡	上坡			
			0.5	1.0	1.5	2.0
附加长度(m)	100	150	200	250	300	350

①爬坡车道的长度应与主线相应纵坡长度一致。

②爬坡车道起点、终点处应按规定设置分流、合流渐变段,其长度规定如表1-0-3-9所示。

渐变段长度　　　　　　　　表1-0-3-9

公路等级	分流渐变段长度(m)	汇流渐变段长度(m)
高速公路、一级公路	100	150~200
二级公路	50	90

③为使载重汽车车速恢复到容许最低速度,在爬坡车道终点处应设置表1-0-3-10规定的附加长度L_2,以便载重汽车加速后顺利驶入主线行车道。该附加长度包括终点渐变段长度60m在内,如图1-0-3-4所示。

爬坡车道终点附加长度　　　　　　　　表1-0-3-10

附加段的纵坡(%)	下坡	平坡	上坡			
			0.5	1.0	1.5	2.0
附加长度(m)	100	150	200	250	300	350

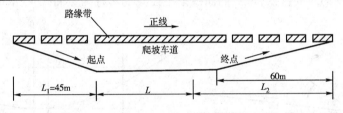

图1-0-3-4　爬坡车道的长度(尺寸单位:m)

④设计爬坡车道时,应综合考虑爬坡车道与主线线形设计的关系,其起、终点应设在通视良好、便于辨认和过渡顺适的地点。

⑤高速公路、一级公路爬坡车道长度大于500m时,应在其右侧按规定设置应急停车带。

第二节　竖曲线设计与计算

纵断面上相邻两条纵坡线相交的转折处,为了行车平顺用一段曲线来缓和,称为竖曲线。

竖曲线的形状,通常采用平曲线或二次抛物线两种,但在设计和计算上抛物线更为方便,故一般采用二次抛物线的形式。

在纵坡设计时,由于纵断面上只反映水平距离和竖直高度,因此竖曲线的切线长与弧长是其在水平面上的投影,切线支距是竖直的高程差,相邻两条纵坡线相交角用转坡角表示。当竖曲线转坡点在曲线上方时为凸形竖曲线,反之为凹形竖曲线,如图1-0-3-5所示。

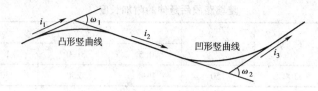

图 1-0-3-5　竖曲线

一　竖曲线要素计算公式

如图 1-0-3-6 所示,设转坡处相邻两纵坡度分别为 i_1 和 i_2,转坡角以 ω 表示,则转坡角 ω 为 i_1 与 i_2 的代数差,即 $\omega = i_1 - i_2$。

当 ω 为正值时,则为凸形竖曲线;当 ω 为负值时,则为凹形竖曲线。

1. 竖曲线基本方程式

二次抛物线作为竖曲线的基本线形是我国目前常用的一种形式。二次抛物线的基本方程为 $x^2 = 2Py$。由图 1-0-3-7 可知,若原点设在 O 点,则二次抛物线的参数(即原点的曲率半径)$P = R$,则

$$x^2 = 2Ry$$

即

$$y = \frac{x^2}{2R} \quad (1\text{-}0\text{-}3\text{-}2)$$

式中:R——二次抛物线的参数(原点的曲线率半径),通常称为竖曲线半径,m。

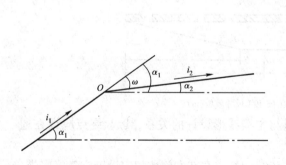

图 1-0-3-6　竖曲线要素计算

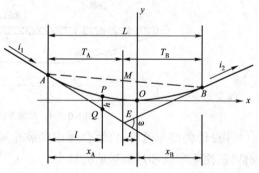

图 1-0-3-7　二次抛物线的基本形式

2. 竖曲线要素计算公式

曲线长 L:

$$L = R(i_2 - i_1) = R\omega \quad (1\text{-}0\text{-}3\text{-}3)$$

切线长 T:

$$T = T_B = T_A = \frac{L}{2} = \frac{1}{2}R \cdot \omega \quad (1\text{-}0\text{-}3\text{-}4)$$

外距 E:

$$E = \frac{T^2}{2R} \quad (1\text{-}0\text{-}3\text{-}5)$$

竖曲线上任意一点 P 至竖曲线上的竖向距离 h：

$$h = \frac{l^2}{2R} \qquad (1\text{-}0\text{-}3\text{-}6)$$

式中：h——切线上任意点至竖曲线上的竖向距离，m；

l——竖曲线上任意点 P 至切点 A 或 B 的水平距离，m。

二 竖曲线的最小长度和半径确定

1. 凸形竖曲线的最小长度和半径

凸形竖曲线的最小长度和半径是以满足汽车平顺地由直坡段过渡到竖曲线，不使驾驶员的视线受到影响，以及汽车在竖曲线上行程时间不宜过短来考虑的。因为汽车在凸形竖曲线上行驶时，如果竖曲线半径太小，会阻挡驾驶员视线而产生盲区（图1-0-3-8），为了行车安全，应以满足视距的要求来确定最小凸形竖曲线半径。此外，汽车从直坡段驶入竖曲线时，如果其竖曲线长度过短，汽车倏忽而过，冲击力大，乘客会感到不舒适，应限制汽车在竖曲线上的行程时间不宜过短，以此来控制竖曲线的最小长度和半径。另外，汽车在竖曲线上行驶时，会产生径向的离心力，如果这种离心力达到某种程度时，也会引起乘客不适，应对径向离心力加以控制。所以，凸形竖曲

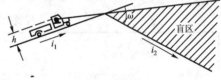

图1-0-3-8 盲区

线的最小长度与半径是按视距、行程时间和减小径向离心力的要求综合确定的。

2. 凹形竖曲线的最小长度与半径

凹形竖曲线的最小长度与半径的影响因素（即视距的要求、行程时间和径向离心力）与凸形竖曲线基本相同，主要异同点如下：

(1)凹形竖曲线的径向离心力和行程时间的计算公式与凸形竖曲线完全相同，但凹形竖曲线与凸形竖曲线所产生的径向离心力，前者是增重作用，后者是减重作用。当这种径向离心力增减大到一定程度时，都会使乘客感到不适。具体可参见凸形竖曲线。

(2)凸形竖曲线最不利的情况是以满足视距要求作为主要控制因素的，而凹形竖曲线最不利的情况是以径向离心力产生的冲击力不应过大作为主要控制因素，因为这种冲击力在相同的条件下，对凹形竖曲线更为严重。

(3)在公路等级和地形条件相同的条件下，凸形竖曲线的最小半径值比凹形竖曲线的最小半径值大，这主要是凸形竖曲线的视距要求更高所致，将其取的大一些才更为合理。

(4)汽车在凹形竖曲线上行驶时，前灯照明应有足够的距离来保证夜间行车安全，因此需要有足够的视距长度来确定最小长度和半径。

《标准》根据汽车在竖曲线上行驶的视距要求、行程时间及径向离心力三种影响因素，规定各级公路的竖曲线最小长度和半径如表1-0-3-11所示。

竖曲线最小半径和最小长度　　　　　表 1-0-3-11

设计速度(km/h)	120	100	80	60	40	30	20
凸形竖曲线最小半径(m)	11000	6500	3000	1400	450	250	100
凹形竖曲线最小半径(m)	4000	3000	2000	1000	450	250	100
竖曲线最小长度(m)	100	85	70	50	35	25	20

三　竖曲线设计与计算

1. 竖曲线设计

竖曲线设计时,首先要合理地确定竖曲线半径和长度。如表 1-0-3-11 所示,表中规定的一般最小半径约为极限最小半径的 1.5～2.5 倍。因此,当条件许可时,竖曲线应选用较大的半径。当条件受限制时,宜采用大于或接近于竖曲线最小半径的"一般值",只有当地形条件特殊困难而不得已时,方可采用竖曲线最小半径的"极限值"。对设计速度较高的公路,为了使公路的线形获得理想的视觉效果,还宜从视觉观点确定最小半径值,如表 1-0-3-12 所示。

视觉所需要的最小竖曲线半径值　　　　　表 1-0-3-12

设计速度(km/h)	竖曲线半径(m)	
	凸形	凹形
120	20000	12000
100	16000	10000
80	12000	8000
60	9000	6000

竖曲线半径选择主要考虑以下因素:

(1)同向竖曲线间,特别是同向凹形竖曲线之间,如直线坡段接近或达到最小坡长时,宜合并为单曲线或复曲线,以避免出现断背曲线。

(2)反向竖曲线间,为使汽车的增重与减重之间有一过渡段,应尽量在中间设置一段直线坡段,以利汽车行驶的过渡。直线坡段的长度一般以不小于 3.0s 的行程时间为宜。当插入直线段有困难时,也可直接连接。

(3)在不过分增加土石方数量情况下,为使行车舒适,应尽量采用较大半径。

(4)根据竖曲线范围内的纵断面地面线起伏情况和高程控制要求,尽量考虑土石方填挖平衡,确定合适的外距值,按外距控制选择半径。

(5)夜间行车交通量较大的路段,选择半径时应适当加大,使汽车前照灯有较长的照射距离。

2. 竖曲线计算

竖曲线计算的目的是确定设计纵坡上指定桩号的路基设计高程。其要点是:首先根据转坡点处的地面线与相邻设计直线坡段情况,按上述竖曲线设计中的有关规定和要求,合理地选定竖曲线半径;其次,根据转坡点相邻纵坡度 i_1、i_2 和已确定的半径 R,计算出竖曲线的基本要素 ω、L、T、E 及竖曲线起、终点桩号;第三,分别计算出指定桩号的切线设计高程，指定桩号至竖曲线起（或终）点间的平距 l 和指定桩号的竖距 h。指定桩号的路基设计高程为：

$$凸形竖曲线路基设计高程 = 切线设计高程 - h$$
$$凹形竖曲线路基设计高程 = 切线设计高程 + h$$

[例1] 某山岭区二级公路，转坡点设在 K6+140 桩号处，其高程为 428.90m，两相邻坡段的前坡 $i_1 = +4.0\%$，后坡 $i_2 = -5.0\%$，选用竖曲线半径 $R = 2000$m。试计算竖曲线要素及桩号 K6+080 和 K6+200 处的路基设计高程。

解 （1）计算竖曲线要素。

转坡角： $\omega = i_1 - i_2 = (0.04) - (-0.05) = 0.09$

$\omega > 0$，为凸形竖曲线。

曲线长： $L = R\omega = 2000 \times 0.09 = 180(\text{m})$

切线长： $T = \dfrac{L}{2} = \dfrac{180}{2} = 90(\text{m})$

外矩： $E = \dfrac{T^2}{2R} = \dfrac{90^2}{2 \times 2000} = 2.03(\text{m})$

（2）计算竖曲线起、终点桩号。

竖曲线起点桩号 $= (K6+140) - 90 = K6+050$

竖曲线终点桩号 $= (K6+140) + 90 = K6+230$

（3）计算路基设计高程。

桩号 K6+080 处：

平距 $l = (K6+080) - (K6+050) = 30(\text{m})$

竖距 $h = \dfrac{l^2}{2R} = \dfrac{30^2}{2 \times 2000} = 0.23(\text{m})$

切线高程 $= 428.9 - 60 \times 0.04 = 426.50(\text{m})$

设计高程 $= 426.50 - 0.23 = 426.27(\text{m})$

桩号 K6+160 处：

平距 $l = (K6+230) - (K6+160) = 70(\text{m})$

竖距 $h = \dfrac{l^2}{2R} = \dfrac{70^2}{2 \times 2000} = 1.23(\text{m})$

切线高程 $= 428.9 - 20 \times 0.05 = 427.90(\text{m})$

设计高程 $= 427.90 - 1.23 = 426.67(\text{m})$

第三节　平面和纵面线形组合设计

公路平面和纵面线形组合设计是指在满足汽车运动学和力学要求的前提下,结合地形、地物、景观、视觉和经济性等,研究如何满足驾驶员在视觉和心理方面的连续性、舒适性以及如何与周围环境相协调,以保证汽车行驶的安全、舒适与经济。

一　平面和纵面线形组合原则

公路平面和纵面线形组合应遵循以下设计原则:
(1)应在视觉上能自然地诱导驾驶员的视线,并保持视觉的连续性。
(2)平面、纵断面线形的技术指标应大小均衡,避免出现平面高标准,纵断面低标准,或与此相反的情况,使线形在视觉上、心理上保持协调。
(3)选择组合得当的合成坡度,以利于路面排水和行车安全。
(4)平、纵面线形组合应注意与周围环境相配合,充分利用公路周围的地貌、地形、天然树林、建筑物等,尽量保持自然景观的连续,以消除景观单调感,使公路与大自然融为一体。

二　平曲线与竖曲线组合

1. 平曲线与竖曲线相互重合

平曲线与竖曲线相互重合,使平曲线稍长于竖曲线,并将竖曲线的起、终点分别放在平曲线的两个缓和曲线的中间,这是平、纵面最好的组合,如图1-0-3-9所示。如果做不到平曲线与竖曲线较好的组合,而两者的半径均较小时(一般指平曲线半径小于一般最小半径值),可以把平曲线、竖曲线错开相当距离,使竖曲线位于平面的直线上,但如果平曲线与竖曲线半径都很大,则平、竖曲线的位置可不受上述限制。

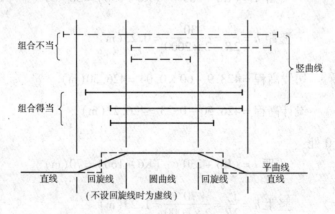

图1-0-3-9　平、纵面最好的组合

2. 平曲线与竖曲线的大小应保持均衡

如果其中一方大而平缓时,则另一方也要与之相适应,不能变化过多。一个平曲线内含有两个以上的竖曲线或与此相反时,总给人一种不舒服的感觉。

平曲线与竖曲线重合时,如果平曲线不大于1000m,当竖曲线半径为平曲线半径的10~20倍时,可在视觉上获得满意的效果。

3. 下列情况平曲线与竖曲线应避免组合

(1)凸形竖曲线的顶部和凹形竖曲线的底部,应避免插入小半径平曲线,凸形竖曲线的顶部,不得与反向平曲线的拐点重合。

如果在凸形竖曲线的顶部设有小半径的平曲线,驾驶员须驶近坡顶才能发现平曲线,会导致紧急制动并急转转向盘而易发生行车危险;如果在凹形竖曲线的底部设有小半径平曲线,可能会因汽车高速下坡时急转弯而发生行车危险。

凸形竖曲线的顶部,不得与反向平曲线的拐点重合。主要是因为这样的组合除存在上述所列情况外,还因组合后的扭曲使线形很不美观。

(2)小半径竖曲线不宜与缓和曲线相互重叠。

4. 平、纵线形设计中应避免的组合

(1)半径小的圆曲线起、讫点,不宜接近或设在凸形竖曲线的顶部或凹形竖曲线的底部。

(2)长的平曲线内不宜包含多个短的竖曲线,短的平曲线不宜与短的竖曲线组合。

(3)凸形竖曲线的顶部和凹形竖曲线的底部,不宜同反向平曲线的拐点重合。

(4)直线上的纵面线形应避免出现驼峰、暗凹、断背等使驾驶者视觉中断的线形。

(5)直线段内不得插入短的竖曲线。

(6)避免在长直线上设置坡陡或曲线长度短、半径小的凹形竖曲线。

(7)应避免急弯与陡坡相重合。

(8)应避免短的平曲线与短的凸形竖曲线组合。

(9)应避免一个平曲线内含有两个以上的平曲线或与此相反的情况。

(10)应避免平曲线与竖曲线错位的组合。

三 平面与纵坡的组合

平面与纵坡组合时,在平面的长直线上不宜设置陡坡,并应避免在长陡坡下端设置小半径平曲线。有条件时,应将合成坡度的控制与线形组合设计相结合,一般最大合成坡度不宜大于8%,最小合成坡度不小于0.5%。特别应避免急弯与陡坡相重合的线形,以策安全。

在直线上的纵面线形应避免出现驼峰、暗凹、跳跃等使驾驶员视觉中断的线形。特别是在短直线上反复变坡更会加剧上述现象的发生,使线形既不美观也不连贯。所以,只要公路的纵坡有两次以上的较大起伏,就应避免采用长直线,而使平面线形随纵坡的变化略加转折,同时注意平、纵面的合理组合。

平、纵面线形的组合,是通过设计者对立体线形要素所形成的想象来分析判断的,必要时还应绘制透视图进行分析研究。各种直线和曲线组合的立体线形要素如表1-0-3-13所示。

立体线形要素　　　　　　　　表 1-0-3-13

平面要素	纵面要素	立体线形要素
 直线	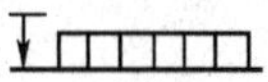 直线	 纵坡不变的曲线
 直线	 曲线	 凹形曲线
 直线	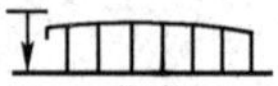 曲线	 凸形直线
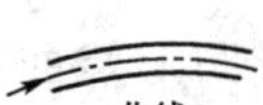 曲线	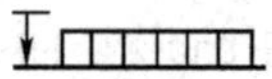 直线	 纵坡不变的直线
 曲线	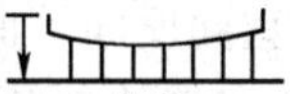 曲线	 凹形直线
 曲线	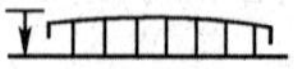 曲线	 凸形曲线

第四节　纵断面设计方法与步骤

纵断面设计主要是指纵坡和竖曲线设计。它的主要内容是根据公路等级和相应的有关规定,以及路线自然条件和拟建构造物的高程要求等,确定路线适当的高程、各坡段的纵坡和坡长,并设计竖曲线。

一　纵断面设计要点

纵断面设计,首先涉及的内容是纵断面线形布置,它包括不同地形条件下的设计高程控制、各坡段的纵坡设计和转坡点位置确定等。

1. 各种地形条件下的高程控制

所谓设计高程的控制,是指在纵坡设计时将路线安排走在哪一个高度上最为合适。

(1)在平原区,地形平坦,河沟纵横交错,地面水源多,地下水位较高。因此,路线设计高程主要由保证路基稳定的最小填土高度所控制。

(2)在丘陵地区,地面有一定的高差,除局部地段外路线在纵断面上克服高差不很困难。

因此,设计高程的选定,主要由土石方平衡和降低工程造价所控制。

(3)在山岭地区,地形变化频繁,地面自然坡度大,布线有一定的困难。因此,设计高程主要由纵坡度和坡长所控制,但也要从土石方尽量平衡及路基防护工程经济性等方面考虑,力求降低工程造价。

(4)沿溪(河)路段,为保证路基安全稳定,路基一般应高出规定洪水频率的计算水位加壅水高、波浪侵袭高和0.5m以上。

此外,纵断面设计高程的控制,还应考虑公路的起终点、交叉口、垭口、隧道、桥梁、排灌涵洞、地质不良地段等方面的要求。有时这些地物和人工造物对设计高程控制往往起着决定性的作用。

2. 各种地形条件下的纵坡设计

对不同地形的纵坡设计,要在初步拟定设计高程控制的基础上,按下列要求和规定进行,以求纵坡设计合理。

(1)平原、微丘地形的纵坡应均匀、平缓,并注意保证路基最小填土高度和最小排水纵坡的要求。

(2)丘陵地形的纵坡应避免过分迁就地形而使路线起伏过大。

(3)山岭、重丘地形的沿河线,应尽量采用平缓的纵坡,坡长不宜过短,纵坡度不宜过大,较高等级的公路更应注意不宜采用陡坡。

(4)越岭线的纵坡应力求均匀,尽量不采用极限或接近极限的坡度,更不宜连续采用极限长度的陡坡之间夹短距离缓和坡段的纵坡线形。越岭线不应设置反坡,以免浪费高程。

(5)山脊线和山腰线,除结合地形不得已时采用较大的纵坡外,在一般情况下应采用平缓的纵坡。

3. 转坡点位置的确定

转坡点是两条相邻设计纵坡线的交点,两转坡点之间的水平距离称为坡长。转坡点位置的确定,直接影响到纵坡度的大小,坡长,平、纵面组合,土石方填挖平衡和公路的使用质量。因此,在确定转坡点位置时,除尽量使填挖工程量最小和线形最理想外,还应使最大纵坡、最小纵坡、坡长限制、缓和坡段满足有关规定的要求,同时还要处理好平、纵面线形的相互配合和协调。此外,为方便设计和计算,转坡点的位置一般应设在10m的整数桩号处。

二 纵断面设计方法与步骤

公路的纵坡是通过公路定线和室内设计两个阶段来实现的。在定线阶段,选线人员在现场或纸上定线时结合平面线形、地形等已对公路纵坡作了全面的考虑,所以纵断面设计由选线人员在室内根据选线时的记录,以及桥涵、地质等方面对路线的要求,综合考虑工程技术与经济的因素,最后定出路线的纵坡。

纵断面设计一般按以下方法与步骤进行。

1. 准备工作

纵坡设计(俗称拉坡)前首先应搜集和研究地形、地质、水文、筑路材料的各项记录、图表等野外资料,熟悉领会设计意图和各项具体要求。然后,在纵断面图上点绘出里程、桩号、地面高程和地面线、直线与平曲线,并将桥梁、涵洞、隧道、交叉、地质、土质等与纵坡设计有关的资料在纵断面图上标明,以便供拉坡时参考。

2. 标注控制点

控制点是指影响纵坡设计的高程控制点。如路线的起终点、垭口、桥涵、地质不良地段、最小填土高度、最大挖深、沿河线的洪水位、隧道进出口、路线交叉点以及受其他因素限制路线必须通过的高程控制点等,都应作为控制坡度的依据。

对于山岭公路,除上述控制点外,还有根据路基填挖平衡关系控制路中心填挖值的高程点,称为经济点,如图1-0-3-10所示。其含义是指如果纵坡设计线刚好通过该经济点,则在相应横断面上填方和挖方基本平衡,最为经济。经济点的位置是用"路基断面透明模板"在横断面图上得到的。如图1-0-3-11所示,路基断面透明模板可用透明胶片或透明描图纸制作,在其上按比例绘制路基宽度和各种不同边坡坡度线。使用时将透明模板扣在横断面图上,中心线与路基中心线重合,上下移动透明模板,使填、挖面积大致相等,此时透明模板上路基顶面至地面线之间的高差即为经济填挖值,将这些值点绘到纵断面相应的桩号上即为经济点。

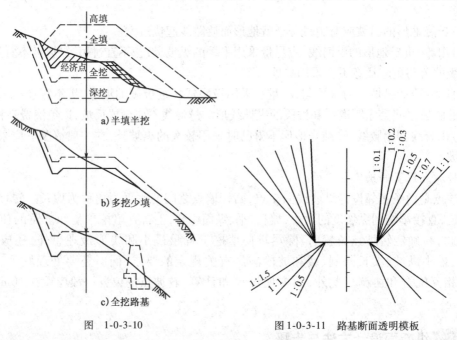

图 1-0-3-10　　　　　　图 1-0-3-11　路基断面透明模板

控制点和经济点在纵断面图上的标记,通常可用不同的符号表示,如经济点用"⊙";必须通过的控制点用"×";路线只能上不能下的控制点用"♂";只能下不能上的控制点用"♀";设置挡土墙时用"△"等。

3. 试定纵坡

在已标出控制点与经济点的纵断面图上,以控制点为依据,尽量照顾经济点为原则,根据定线意图,结合地面起伏情况,在控制点与经济点之间进行插点穿线,试定出纵坡。在试定纵坡时,每定一个转坡点,均需全面考虑前后几个转坡点的情况,要前后照顾,交出转坡点的位置。一般来说,如果试定的纵坡线既能符合技术标准,又能满足控制点要求,而且土石方工程量又较省,则这样的设计纵坡是最理想的,关键是要反复比较,通盘考虑,抓住主要矛盾。

4. 调整纵坡

试定纵坡之后,首先将所定的坡度与定线时所考虑的坡度进行比较,两者应基本相符,若有较大差异,应全面分析,找出原因,决定取舍。然后检查纵坡度、坡长、合成坡度等是否符合《标准》规定,平、纵面组合是否合理,若有问题应进行调整。

调整纵坡的方法一般有抬高、降低、延长、缩短坡线和加大、减小纵坡度等。调整时应以少脱离控制点,尽量减少填挖量,与自然条件协调为原则,使调整后的纵坡与试定纵坡基本相符,以避免因纵坡调整产生填挖不合理等现象。

5. 与横断面进行核对

根据已调整的纵坡线,选择有控制意义的重点横断面,如高填深挖、挡土墙、重要桥涵等横断面,在纵断面图上直接估读出填挖高度,对照相应的横断面图进行认真的核对和检查。若出现填挖工程量过大、填方坡脚落空以及挡土墙工程量过大等情况,应再次调整纵坡线,直到满足要求为止。

6. 确定纵坡

纵坡线经调整核对无误后,即可确定纵坡。方法是从起点开始,按纵坡度和坡长分别计算出各转坡点的设计高程。公路的起终点设计高程是根据接线的需要事先确定的。转坡点设计高程确定后,公路纵坡设计线也随之确定。

设计纵坡时还应注意以下几点:

(1)在回头曲线地段设计纵坡时,应先确定回头曲线上的纵坡,然后从两端接坡,以满足回头曲线的特殊纵坡要求。

(2)大、中桥上,一般不宜设竖曲线。桥头两端的竖曲线,其起终点应设在桥头10m以外。

(3)小桥涵可设在斜坡地段和竖曲线上。但对等级较高的公路,为使公路纵坡具有一定的平顺性,应尽量避免小桥涵处出现急变的"驼峰式"纵坡,如图1-0-3-12所示。

(4)应注意平面交叉口纵坡及两端的接线要求。平面交叉口一般宜设在水平坡段处,其长度应不小于最小坡长规定。两端接线纵坡应不大于3%,山区工程艰巨地段不大于5%。

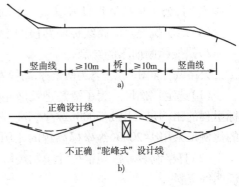

图1-0-3-12 小桥涵纵坡处理

第五节 纵断面设计成果

纵断面设计成果,主要包括路线纵断面图和路基设计表。其中纵断面设计图是公路设计的重要文件之一,它反映路线所经范围的中心地面起伏情况与设计纵坡之间的关系。把纵断面线形与平面线形组合起来,就能反映出公路线形在空间的位置。

1. 路线纵断面图

1)路线纵断面图的组成

如图1-0-3-13所示,纵断面图由两部分内容组成。图的上半部主要是用来绘制地面线和纵坡设计线,同时根据需要标注竖曲线位置及其要素,沿线桥涵及人工构造物的位置、结构类型、孔径与孔数,与公路、铁路交叉的桩号及路名,水准点位置、编号和高程等。

图的下半部主要是用来填写有关测量数据,自下而上分别填写直线与平曲线、里程桩号、地面高程、设计高程、填挖高度、土壤地质概况说明等。

(1)地面线与地面高程。在纵断面图上,通过路中线的原地面上各桩点的高程,称为地面高程,相邻地面高程的起伏折线的连线,称为地面线。它是以里程为横坐标、高程为纵坐标,根据中平测量的中桩地面高程绘制的。

(2)设计线与设计高程。在纵断面图上,设计公路的路基边缘相邻标高的连线,称为设计线,设计线是指包含竖曲线在内的纵坡设计线,断面图中常用粗线来表示。设计线上表示路基边缘各点的高程,称为设计高程。

(3)填挖高度。在同一横断面上设计高程与地面高程之差,称为填挖高度。当设计线在地面线以上时,路基构成填方路堤;当设计线在地面线以下时,路基构成挖方路堑。填挖高度的大小直接反映了路堤的高度和路堑的深度。

(4)直线与平曲线。根据中线测量资料绘制中线示意图,图中路线的直线部分用直线表示,平曲线部分用折线表示,上凸表示路线右转,下凹表示路线左转,并注明交点编号;带有缓和曲线的平曲线在图中用梯形折线表示。

(5)里程桩号。是指根据中线测量资料绘制的公路里程数。其中百米桩的里程以数字1~9注写,公里桩的里程以 K 注写,如 K0、K1 等。

(6)地质概况。沿路线标明路段的土壤地质情况。

2)路线纵断面图的绘制

公路纵断面图是以里程为横坐标,高程为纵坐标采用直角坐标绘制的。其一般绘图步骤如下:

(1)选定比例尺。为了清楚地反映路中心线上地面起伏情况,通常将平原微丘区的横坐标里程的比例尺采用1:5000,纵坐标高程的比例尺采用1:500;将山岭重丘区的横坐标里程的比例尺采用1:2000,纵坐标高程的比例尺采用1:200。

(2)打格制表。按规定尺寸绘制表格,填写里程桩号、地面高程、直线与曲线、土壤地质说明等资料。

(3)绘制地面线。绘制地面线应首先确定起始点高程在图上的位置,使绘出的地面线位于图中适当位置,同时求 10m 整倍数的高程定在厘米方格纸的 5cm 粗横线上,以便于绘图和阅图,然后根据中桩的高程和里程,在图上按纵横比例尺依次点出各中桩地面位置,用细实线连接相邻点位,即可绘出地面线。如果在山区因高差变化较大,纵向受到图幅限制时,可在适当地段变更图上高程起算位置,在此处地面线上下错开一段距离,此时地面线将形成台阶形式。

(4)计算设计高程。当路线的纵坡确定以后,即可根据设计纵坡和两点间的水平距离,由前一点的高程计算后一点的设计高程。计算公式为:

$$H_P = H_0 + iD \tag{1-0-3-7}$$

式中:H_P——待推算点 P 的高程;

H_0——起算点的高程;

i——设计坡度,上坡时为正,下坡时为负;

D——待推算点桩号至起算点桩号的水平距离。

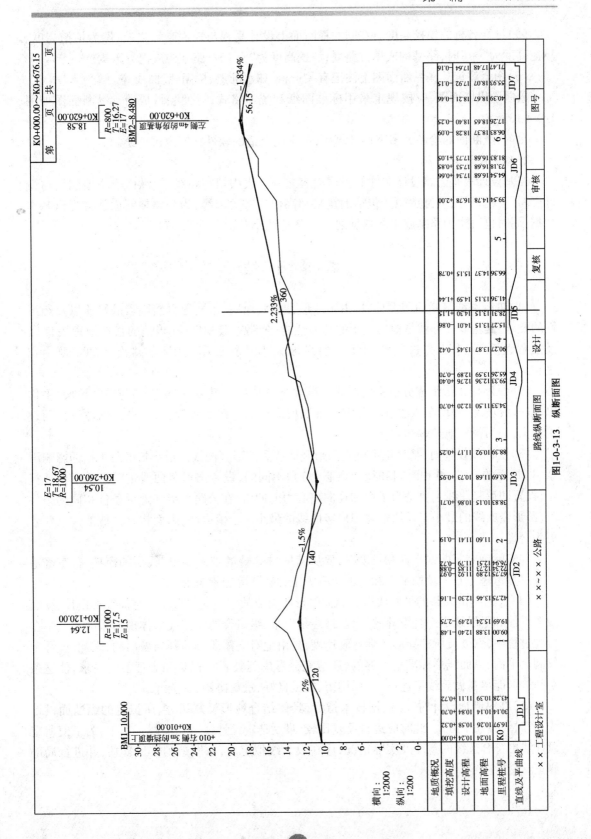

图1-0-3-13 纵断面图

(5)计算各桩的填挖高度。在同一横断面上设计高程与地面高程之差,即为填挖高度。填挖高度为"+"时,路基构成填方路堤;填挖高度为"-"时,路基构成挖方路堑。

(6)图上注记。在纵断面图上注记有关资料,如水准点、桥涵、竖曲线等。

绘制的纵断面图,应按规定采用标准图纸和统一格式,以便装订成册。纵断面图如图1-0-3-13所示。

目前,纵断面的绘图大多采用计算机,可选用合适的软件在室内进行绘制。

2. 路基设计表

路基设计表是公路设计文件的组成内容之一。表中填写路线平、纵面等主要测设与设计资料,里程桩号,填、挖宽度(包括加宽),超高值等有关内容,为公路横断面设计提供基本数据,同时也可作为路基施工的依据之一。路基设计表如表1-0-4-7所示。

本 章 小 结

(1)进行路线纵断面图设计时,由于地形、地物、地质、水文等自然因素的影响以及经济性的要求,其主要任务就是根据汽车的动力性能、公路等级和性质、当地的自然地理条件以及工程经济等,来研究这条空间线形的纵坡大小及其长度,它是公路设计的重要内容之一。

(2)纵断面线形组成分析主要讲述了最大纵坡与最小纵坡、坡长限制与缓和坡段、平均纵坡、合成坡度、爬坡车道的合理确定以及纵坡设计的一般要求等,这是进行纵坡设计的理论依据,必须很好地理解和掌握。

(3)竖曲线设计时,从理论上确定凸形竖曲线和凹形竖曲线的最小长度与半径的影响因素(即视距的要求、行程时间和径向离心力)是不同的,设置凸形竖曲线主要是为了保证视距,设置凹形竖曲线主要是为了缓和径向离心力的冲击,在公路等级和地形条件相同的条件下,凸形竖曲线的最小半径值较之凹形竖曲线的最小半径值为高,因而将其值取的大一些才更为合理。

在实际确定竖曲线半径和长度时,要从满足《标准》的技术要求、线形的衔接、行车舒适以及尽量考虑土石方填挖平衡和降低土石方工程数量等因素考虑。

(4)公路是由公路的平面线形和纵面线形所组成的空间立体形状。平面线形设计、纵面线形设计和平纵线形组合设计的过程,最终是以平、纵组合的立体线形体现出来的。汽车在行驶过程中,驾驶员所选择的实际行驶速度,是由他对立体线形的判断做出的,因此,设计中仅满足平面、纵面线形标准是不够的,还应充分考虑驾驶者在视觉和心理上的要求,使这条空间线形能尽量做到线形连续、指标均衡、视觉良好、景观协调、安全舒适。

(5)在纵断面设计时,应根据技术指标,具体结合地形反复研究,所拟定的纵断面设计线,有时会有几个方案,此时应进行反复比较,最后选定设计线。在实践工作中,为了使所定设计线更符合选线的意图及实际情况,应在设计线拟定后,拿图纸到实地复核,并进行局部修正与最后决定。

思考题与习题

1. 公路纵坡设计应考虑哪些技术指标的限定要求?
2. 简述公路纵坡设计的方法与步骤。
3. 公路平、纵面线形组合设计的原则有哪些?为了满足这些原则,平曲线与竖曲线、平面与纵坡应满足哪些要求?
4. 简述平原区、丘陵区、山岭区纵断面设计高程控制的主要因素。
5. 决定转变点位置时应考虑哪些问题?
6. 某山岭区三级公路,转坡点设在 K6+770 桩号处,其高程为 396.67m,两相邻坡段的前坡 $i_1 = +3.0\%$,后坡 $i_2 = -1.0\%$,选用竖曲线半径 $R = 3000m$。试计算竖曲线要素、竖曲线起、终点桩号及竖曲线上每隔整 10m 桩号的设计高程。
7. 某桥头变坡点处桩号为 K4+950,设计高程为 120.78m,$i_1 = +3.5\%$,桥上为平坡,桥头端点的桩号为 K5+023,要求竖曲线不上桥,并保证有 15m 的直坡段,试问竖曲线半径选在什么范围内?

第四章 横断面设计

教学要求

1. 描述公路横断面的组成及各组成部分的功能和尺寸。
2. 描述横断面设计的原则、方法与步骤。
3. 会进行路基土石方数量的计算与调配、相关表格的填写,完成横断面设计成果。

第一节 公路横断面的组成

公路中线的法线方向剖面图称为公路横断面。它是由横断面设计线与横断面地面线所围成的图形。在横断面图上反映了路基的组成和几何尺寸,以及路基形成前的原地面线。公路横断面应根据公路等级、设计速度,结合地形、气候、土壤、水文、地质等条件,做出正确的设计,以保证路基的强度和稳定性。公路横断面的组成包括:行车道、路肩、边坡、边沟、截水沟、排水沟、护坡道、支挡防护工程以及专门设计的取土坑、弃土堆、环境保护等设施;高速公路和一级公路的横断面设置有中间带,根据需要有时还设置有紧急停车带、加(减)速车道、爬坡车道和其他安全设施。各部分的位置、名称如图1-0-4-1所示。

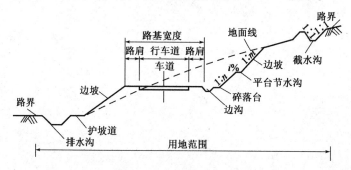

图1-0-4-1 路基横断面组成

横断面设计是路线设计的重要组成部分,它和纵断面设计、平面设计相互影响,所以在设计中应对平、纵、横三个方面结合起来综合考虑,反复比较和调整后,才能达到各元素之间的协调一致,做到组成合理、用地节省、工程经济和有利于环境保护。

横断面设计的主要内容是:确定横断面的形式,各组成部分的位置和尺寸以及路基土石方的计算和调配。

一 路基标准横断面

路基标准横断面是根据设计交通量、交通组成、设计车速、通行能力和满足交通安全的要求，按公路等级、断面的类型、路线所处地形情况而规定的各组成部分横向尺寸，可供设计时参考使用。各级公路的路基标准横断面如图 1-0-4-2 所示。

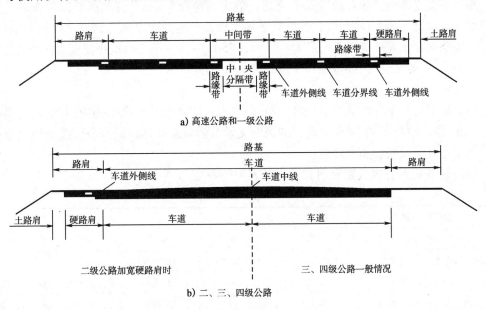

图 1-0-4-2　路基横断面组成

1. 标准横断面组成

高速公路、一级公路的路基标准横断面分为整体式路基和分离式路基两类。上下行的公路的横断面由一个路基形成称为整体式，由两个路基分别独立形成称为分离式。整体式路基的标准横断面应由车道、中间带（中央分隔带、左侧路缘带）、路肩（右侧硬路肩、土路肩）等部分组成。分离式路基的标准横断面应由车道、路肩（右侧硬路肩、左侧硬路肩、土路肩）等部分组成。

二级公路路基的标准横断面应由车道、路肩（右侧硬路肩、土路肩）等部分组成，三级公路、四级公路路基的标准横断面应由车道、路肩等部分组成，如图 1-0-4-2 所示。

2. 车道数及车道宽度

在公路上提供每一纵列车辆安全行驶的路面，称为一个车道。车道数目的多少则依远景年的设计小时交通量和一条车道的设计通行能力而定。《标准》依照公路等级将车道数分为单车道、双车道、四车道、六车道及八车道，其中高速公路、一级公路各路段的车道数应大于或等于四个车道，其车道数为四车道以上时，应按双数增加；二级公路、三级公路应采用双车道；四级公路宜采用双车道，交通量小且工程艰巨的路段可采用单车道。

车道宽度是指一个车道边缘之间的水平距离，不同设计速度时的车道宽度如表 1-0-4-1 所示。

车 道 宽 度　　　　　　表1-0-4-1

设计速度(km/h)	120	100	80	60	40	30	20
车道宽度(m)	3.75	3.75	3.75	3.50	3.50	3.25	3.00

注:1.设计速度为20km/h且为单车道时,车道宽度应采用3.50m。
　　2.高速公路为八车道时,内侧车道宽度可采用3.50m。

3.路面宽度

路面宽度是在保证设计速度及道路通行能力的情况下,安全行车所必需的宽度。路面宽度取决于设计车辆的横向几何尺寸、行驶速度以及车辆间或车辆与路肩之间的安全距离。单车道的路面最小宽度为3.5m,最大宽度为3.75m;一条双车道的最小宽度为6.0m,最大宽度为7.5m。一般来说,路面宽度 = 车道数 × 车道宽度。

4.路肩宽度

路肩设于行车道外缘至路基边缘之间,是具有一定宽度的带状结构物,其功能为供行人通行,临时停放故障车辆,并作为路面的横向支承及侧向余宽的组成部分。按路肩上铺筑的材料性质可分为硬路肩和土路肩。

《标准》规定的各级公路路肩宽度值见表1-0-4-2。

路 肩 宽 度　　　　　　表1-0-4-2

公路等级(功能)		高 速 公 路			一级公路(干线功能)	
设计速度(km/h)		120	100	80	100	80
右侧硬路肩宽度(m)	一般值	3.00(2.5)	3.00(2.5)	3.00(2.5)	3.00(2.5)	3.00(2.5)
	最小值	1.50	1.50	1.50	1.50	1.50
土路肩宽度(m)	一般值	0.75	0.75	0.75	0.50	0.75
	最小值	0.75	0.75	0.75	0.50	0.75
公路等级(功能)		一级公路(集散功能)和二级公路		三级公路、四级公路		
设计速度(km/h)		80	60	40	30	20
右侧硬路肩宽度(m)	一般值	1.50	0.75	—		
	最小值	0.75	0.25			
土路肩宽度(m)	一般值	0.75	0.75	0.75	0.50	0.25(双车道)
	最小值	0.50	0.50			0.50(单车道)

注:1.正常情况下,应采用"一般值";在设爬坡车道、变速车道及超车道路段,受地形、地物等条件限制路段及多车道公路特大桥,可论证采用"最小值"。
　　2.高速公路和作为干线的一般公路以小客车为主时,右侧硬路肩宽度可采用括号内数值。

高速公路、一级公路应在右侧硬路肩宽度内设右侧路缘带,其宽度为0.50m。

高速公路、一级公路采用分离式断面时,应设置左侧硬路肩,其宽度应符合表1-0-4-3的规定值。左侧硬路肩宽度包含左侧路缘带宽度。

分离式断面高速公路、一级公路左侧路肩宽度　　表1-0-4-3

设计速度(km/h)	120	100	80	60
左侧硬路肩宽度(m)	1.25	1.00	0.75	0.75
左侧土路肩宽度(m)	0.75	0.75	0.75	0.50

在公路路肩上不得植树,在路肩设置路用设施时,不得侵入该等级公路的建筑限界之内。

二级、三级、四级公路在村镇附近及混合交通量较大的路段,路肩应予以加固。在实际工作中,有条件的地方,二、三级公路的路肩,全线都要做加固处理。

八车道高速公路宜设置左侧硬路肩,其宽度应为2.50m。左侧硬路肩宽度内含左侧路缘带宽度。

高速公路和作为干线的一级公路的右侧硬路肩宽度小于2.50m时,应设置紧急停车带。紧急停车带宽度应为3.50m,有效长度不应小于30m,间距不宜大于500m。

5. 中间带宽度

中间带的主要功能是分隔对向车流和保证来往两个方向的汽车能高速、安全地行驶,防止车辆互相碰撞,并可作为设置防护栅、标志和绿化,以及埋置地下管线等设施之用。高速公路和一级公路必须设置中间带。中间带由两条左侧路缘带及中央分隔带组成。

中间带由两条左侧路缘带及中央分隔带组成。其一般值为3.0~4.5m,最小值为2.0~3.5m。中央分隔带的表面形式有凸形、凹形两种,前者用于宽度≤4.5m的中间带,后者用于宽度>4.5m的中间带。宽度>4.5m的,一般植草皮,栽灌木,宽度≤4.5m的可铺面封闭。

左侧路缘带的宽度应不小于表1-0-4-4的规定。设计速度为120/km/h、100km/h,受地形、地物等条件限制的路段或多车道公路内侧车道仅限小型车辆通行的路段,左侧路缘带可论证采用0.5m。

左侧路缘带的宽度　　　　　　　　　　　　表1-0-4-4

设计速度(km/h)	120	100	80	60
左侧路缘带宽度(m)	0.75	0.75	0.50	0.50

6. 路基宽度

公路路基宽度为行车道宽度与路肩宽度之和。当设有中间带、加(减)速车道、爬坡车道、紧急停车带、错车道等时,应计入这些部分的宽度。各级公路的路基宽度一般规定如表1-0-4-5所示。

各级公路路基宽度　　　　　　　　　　　　表1-0-4-5

公路等级		高速公路、一级公路							
设计速度(km/h)		120			100			80	60
车道数		8	6	4	8	6	4	6	4	4
路基宽度(m)	一般值	45.00	34.50	28.00	44.00	33.50	26.00	32.00	24.50	23.00
	最小值	42.00	—	26.00	41.00	—	24.50	—	21.50	20.00
公路等级		二级公路、三级公路、四级公路							
设计速度(km/h)		80	60	40	30	20			
车道数		2	2	2	2	2 或 1			
路基宽度(m)	一般值	12.00	10.00	8.50	7.50	6.50(双车道)	4.50(单车道)		
	最小值	10.00	8.50	—	—				

注:1. "一般值"为正常情况下的采用值,"最小值"为条件受限制时可采用的值。

2. 八车道高速公路路基宽度"一般值"为设置左侧硬路肩、内侧车道采用3.50m时的宽度,八车道高速公路路基宽度"最小值"为不设置左侧硬路肩、内侧车道采用3.75m时的宽度。

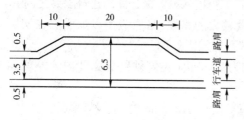

图 1-0-4-3 错车道(尺寸单位:m)

二级公路因交通量、交通组成等需设置慢车道的路段,设计速度为80km/h时,其路基宽度可采用15m,设计速度为60km/h时可采用12m。确定路基宽度时,中央分隔带宽度、右侧硬路肩宽度、土路肩宽度等的"一般值"和"最小值"应同类项相加。

四级公路宜采用双车道路基宽,交通量小的路段,可采用单车道4.50m的路基宽,但应在不大于300m的距离内选择有利地点设置错车道,并使驾驶者能看到相邻两错车道之间的车辆。设置错车道路段的路基宽度应不小于6.5m,有效长度应不小于20m,如图1-0-4-3所示。

7. 加(减)速车道

车辆由低等级公路进入高速公路或一级公路时,其行驶的速度发生改变,出现了高速公路入口处的加速合流与高速公路出口处的减速分流,从而造成行车不利。为保证其他车辆的正常行驶,在高速公路、一级公路的互通式立体交叉、服务区、停车区、公共汽车停靠站、管理与养护设施等与主线相衔接处,应设置加速车道和减速车道。加(减)速车道宽度应为3.50m。加(减)速车道的长度与速度变化范围、车辆特性等因素有关,可经计算确定。

8. 紧急停车带

紧急停车带是车辆发生故障时紧急停车的区域。当硬路肩的宽度足以停车时就无须设置紧急停车的区域。高速公路、一级公路的右侧硬路肩宽度小于2.50m时,应设紧急停车带。紧急停车带的间距不宜大于2km,宽度一般为5.00m,有效长度一般为50m,并设置100m和150m左右的过渡段。高速公路、一级公路的特长桥梁、隧道,根据需要可设置紧急停车带,其间距不宜大于750m。二级公路根据需要可设置紧急停车带,其间距按实际情况确定。

9. 路拱、路肩横坡度

为了利于路面横向排水,将路面做成由中央向两侧倾斜的拱形,称为路拱。路拱的基本形式很多,各有特点,一般有直线形、抛物线形、直线与弧线和折线形的组合型,如图1-0-4-4所示。在设计道路横断面时,路拱及路肩横坡度应根据行车道宽度、路面结构类型、排水和当地的自然条件等要求而定,路拱横坡度取值规定如表1-0-4-6所示。

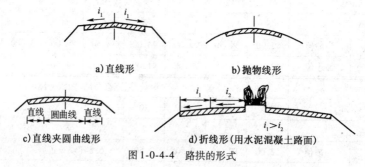

图 1-0-4-4 路拱的形式

高速公路、一级公路整体式路基的路拱宜采用双向路拱坡度,由路中央向两侧倾斜。位于中等强度降雨地区时,路拱坡度宜为2%;位于降雨强度较大地区时,路拱坡度可适当增大。分离式路基的路拱,宜采用单向横坡,并向路基外侧倾斜,也可采用双向路拱坡度。积雪、冰冻地区,宜采用双向路拱坡度。二、三、四级公路的路拱应采用双向路拱坡度,由路中央向两侧倾斜。路拱坡度应根据路面类型和当地自然条件确定,但不应小于1.5%。

路 拱 横 坡　　　　　　　　　　表1-0-4-6

路面类型	路拱坡度(%)	路面类型	路拱坡度(%)
沥青混凝土、水泥混凝土	1~2	碎、砾石等粒料路面	2.5~3.5
其他沥青路面	1.5~2.5	低级路面	3~4
半整齐块石	2~3		

注:路肩横向坡度一般应较路面横向坡度大1%~2%。

二 公路建筑限界

为保证车辆、行人通行的安全,公路上一定宽度和一定高度范围内不得有任何障碍物侵入,这个空间限界称为公路建筑限界,如图1-0-4-5所示。

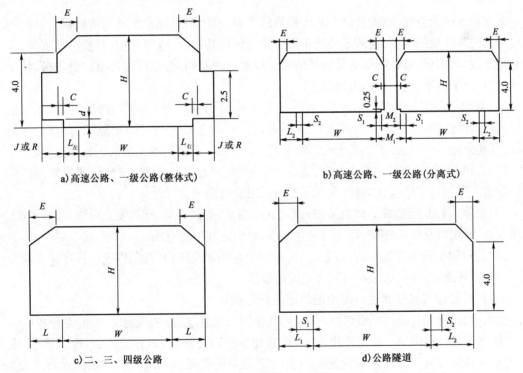

图1-0-4-5　建筑限界(尺寸单位:m)

W-行车道宽度;L_1-左侧硬路肩宽度;L_2-右侧硬路肩宽度;S_1-左侧路缘带宽度;S_2-右侧路缘带宽度;L-侧向宽度:高速公路、一级公路的侧向宽度为硬路肩宽度(L_1 或 L_2),二、三、四级公路的侧向宽度为路肩宽度减去0.25m,隧道内侧向宽度($L_左$ 或 $L_右$)应符合有关规定,C-V≥100km/h 时为0.5m,C-V≤100km/h 时为0.25m;M_1-中间带宽度;M_2-中央分隔带宽度;J-隧道内检修道宽度;R-隧道内人行道宽度;d-隧道内检修道或人行道高度;E-建筑限界顶角宽度:当L≤1m时,$E=L$;当$L>1m$时,$E=1m$;H-净空高度

公路建筑界限是一个空间概念,不同等级的公路其公路建筑限界的大小不同。在公路横断面设计中,公路标志、护栏、照明灯柱、电杆、管线、绿化、行道树以及跨线桥的梁底、桥

台、桥墩等的任何部分不得侵入公路建筑限界之内,以确保行车空间的通畅。

公路建筑限界的宽度范围,还包括以下几种情况:

(1)设置加(减)速车道、爬坡车道、慢车道、紧急停车带、错车道、车道隔离设施等路段,建筑限界应包括该部分的宽度。

(2)八车道及其以上整体式路基的高速公路,设置左侧硬路肩时,建筑限界应包括左侧硬路肩的宽度,如图1-0-4-5a)所示。

(3)桥梁、隧道设置检修道、人行道时,建筑限界应包括相应部分的宽度。检修道、人行道与行车道分开设置时,其净高应为2.50m。

(4)高速公路、一级公路、二级公路的净高应为5.00m,三级公路、四级公路的净高应为4.50m。

(5)路基、桥梁、隧道相互衔接处,其建筑界限应按过渡段处理。

三 用地范围

公路用地指为修建、养护公路及其设置沿线设施,依照国家规定所征用的地幅。公路用地应根据公路建设的需要,在满足公路正常建设用地的基础上,遵照保护、开发土地资源,合理利用土地,切实保护耕地,促进社会经济可持续发展的原则,合理拟定公路建设规模、技术指标、设计施工方案,确定公路用地范围。

(1)新建公路路堤两侧排水沟外边缘(无排水沟时为路堤或护坡道坡脚)以外,或路堑坡顶截水沟外边缘(无截水沟为坡顶)以外不少于1m的土地为公路用地范围;在有条件的地段,高速公路、一级公路不小于3m,二级公路不小于2m范围内的土地为公路用地范围。

(2)在风沙、雪害及特殊地质地带,需设置防护林,种植固沙植物,安装防沙或防雪栅栏以及设置反压护道等设施,应根据实际需要确定用地范围。

(3)桥梁、隧道、互通式立体交叉、分离式立体交叉、平面交叉、交通安全设施、服务设施、管理设施、绿化以及料场、苗圃等,应根据实际需要确定其用地范围。

(4)行道树应种植在排水沟或截水沟外侧的公路用地范围内,有条件或根据环保要求种植多行林带的路段,应根据实际情况确定用地范围。

(5)改建公路可参照新建公路用地范围的规定执行。

公路用地的征用,必须严格按《中华人民共和国土地管理法》的规定征用,并办理相应手续,才能确认为公路用地。在此范围内,不得修建非路用建筑物,如开挖渠道、埋设管道、电缆、电杆及其他设施。各种管线设施如与公路交叉或接近时,应符合《公路路线设计规范》(JTG D20—2006)中公路与管线交叉有关条文的规定。

第二节 路基横断面设计

一 横断面设计的基本要求

公路横断面的组成,除了与行车有关的路幅宽度外,还与路基工程、排水工程、环保工程的各种措施有关,这些设施的位置和尺寸均应在横断面设计中有所体现。横断面设计是在总结上述工作的基础上把它具体化,绘制出横断面图纸,作为计算土石方数量和日后施工的依据。

路基横断面设计应充分考虑当地的气象、地形、土壤、地质、水文、环境、土地利用、材料供应等自然条件和社会条件,本着节约用地的原则,选用合理的断面形式,以满足行车顺适、工程经济、路基稳定且便于施工和养护的要求,设计出适合路基稳定和经济的横断面。横断面设计线是设计的结果,是主观表达,它应满足如下要求。

(1)稳定性。在荷载、自然因素的共同作用下,不倾覆、滑动、沉陷、坍方。

(2)经济性。工程量小,节约资金。

(3)规范性。断面的几何尺寸(如路基宽度等)必须符合公路规范和设计标准的要求。

(4)兼顾性。要兼顾农田基本建设的需要,在取土和弃土以及挡土墙设置等方面应与农田改造、水利灌溉相配合。

二 路基横断面设计方法与步骤

横断面设计俗称"戴帽子",是设计横断面的常用方法,其过程就是在横断面测量所得各桩号的横断面地面线上,按纵断面设计确定的填挖高度和平面设计确定的路基宽度、超高、加宽值,结合当地的地形、地质等自然条件,参考典型横断面图式,逐桩号绘出横断面图。对采用挡土墙、护坡等结构物的路段,应对结构物的尺寸根据土压力的大小经稳定性验算后,将确定采用的结构物绘于相应的横断面图上,并注明其起讫桩号和断面的尺寸。

横断面设计,必须结合地形、地质、水文等条件,本着节约用地的原则选用合理的断面形式,以满足行车顺适、工程经济、路基稳定且便于施工和养护的要求。

在设计每个横断面时,应参考路基典型横断面图示(见第二篇第二分篇第二章),断面中的边坡坡率、边沟尺寸、挡土墙断面必须按《公路路基设计规范》(JTG D30—2015)的规定设计。对高填、深挖、浸水等特殊路基还应单独设计,绘制特殊路基设计图。

横断面设计在平面设计、纵断面设计完成后进行,其方法与步骤如下:

(1)逐桩绘制横断面地面线(一般在现场与外业同时进行),各桩号在图纸上按从左到右,从下到上的顺序排列,比例一般为1:200。

(2)逐桩标注相应中桩的填(T)或挖(W)高度、路基宽度(B)、超高(h_c)和加宽(B_j)的数据。

(3)根据现场调查所得到的土壤、地质、水文资料,参照"标准横断面图"和"典型横断面图",标出各断面土石分界线,确定边坡坡度和边沟形状、尺寸。

(4)用三角板(也可用"帽子板")逐桩绘出路基横断面设计线,通常用左右路肩边缘的连线代替路面的路拱横坡线(即不必绘出路拱,但必须绘出超高、加宽),然后再按边坡坡度绘出边坡线,与地面线相交得坡脚点(路堤)或坡顶点(路堑)。

(5)有超高时,应按旋转方式绘出有超高横坡度的路肩边缘连线;有加宽时,按加宽后的路基宽度绘出左右路肩边缘的连线;两者都存在时,按上述方法同时考虑超高、加宽绘出横断面设计线。

(6)根据综合排水设计,绘制护坡道、边沟、取土坑、截水沟、挡土墙等横断面设计内容。

(7)分别计算各桩号断面的填方面积(F_T)和挖方面积(F_W),并标注于图上。

在以上横断面设计时,尽管在横断面图上按比例绘出了边沟、截水沟、护脚、挡土墙等设施,但一般不标注详细尺寸,仅注明其起讫桩号。

路基横断面设计图应绘出所有整桩、加桩的断面图,在图中标示出加宽、超高、边坡、边沟、截水沟、碎落台、护坡道、路侧取土坑、填方路基开挖的台阶及视距台等,并注意标明地界。挡土墙、护面墙、护脚、护肩、护岸、边坡加固、边沟(排水沟)及截水沟加固等均绘在图上,并注明起讫桩号、圬工种类及断面尺寸(另绘有防护工程设计图的只绘出示意图,注明起讫桩号和设计图编号)。高速公路、一级公路还应标出设计高程、路基边缘高程、边沟(排水沟)底设计高程等。

此外,近年来计算机辅助设计(CAD)在工程技术领域中应用也很广泛。利用计算机辅助设计系统进行路线设计,不但能够提高手工绘制的工作效率,准确绘制横断面图,而且能自动解算横断面面积,在设计完成时可以利用绘图机输出各设计阶段所需的相应的图纸。目前由我国自行研发的"路线 CAD"系统已日趋成熟和完善,关于"路线 CAD"可参阅相关书籍。

第三节 路基土石方计算与调配

路基土石方数量在整个工程项目中占有较大比例,它直接影响公路的造价、工期、用地等许多方面,是主要技术经济指标之一。土石方的数量及其调配,关系着取土或弃土地点、公路用地范围,同时对工程造价、所需劳动力和机具设备的数量以及施工期限有一定影响。

土石方计算与调配的主要工作是计算每公里路段的土石数量和全线总土石方工程数量,设计挖方的利用和填方的来源及运距,为编制工程预(概)算、确定合理的施工方案以及计量支付提供依据。

由于自然地面起伏多变,填挖体积不可能是一个简单的几何体,若依实际地面起伏变化情况来进行土石方数量的计算,不仅繁杂,而且实用意义不大。因此,在公路的测设过程中,土石方的计算通常采用近似方法,计算精度按工程的要求而定。一般情况下,横断面的面积以平方米(m^2)为单位,取小数后一位,土石方的体积以立方米(m^3)为单位,取至整数。

一、横断面面积的计算

路基横断面上的填挖面积是指原地面线与路基设计线所包围的面积。可分别计算出填方面积 F_T 和挖方面积 F_W。横断面面积计算的方法有许多种,一般常用的计算方法如下。

1. 积距法

积距法是按单位宽度 b 把横断面划分为若干个梯形和三角形条块,每个小块的近似面积等于其平均高度 h_i 乘以横距 b,F 为平均断面积的总和,如图 1-0-4-6 所示。其计算公式为:

$$F = b \times h_1 + b \times h_2 + \cdots + b \times h_n = b \sum h_i \quad (1\text{-}0\text{-}4\text{-}1)$$

式中:F——横断面面积,m^2;

b——横断面所分成的三角形或梯形条块的宽度,通常为 1m 或 2m;

h_i——横断面所分成的三角形或梯形条块的平均高度,m。

由此可见,积距法求面积就是在实际操作中转化为量取 h_i 的累加值,这种操作可以用分规按顺序连续量取每一条块的平均高度 h_i,分规最后的累计高就是 $\sum h_i$,将条块宽度乘以累计高度 $\sum h_i$,即为填或挖的面积。积距法也可以用厘米格纸拆成窄条作为量尺,每量一次 h_i 在窄条上画好标记,从开始到最后标记的累计距离就是 $\sum h_i$,然后乘以条块宽度 b,即为所求面积。

2. 坐标法

建立如图 1-0-4-7 所示的坐标系,给定多边形各顶点的坐标,由解析几何可得多边形面积的计算公式为:

$$F = \frac{1}{2}\sum_{i=1}^{n}(x_i y_{i+1} - x_{i+1} y_i) \tag{1-0-4-2}$$

式中:x、y——设计线和地面线围成面积的各折点的坐标,m。

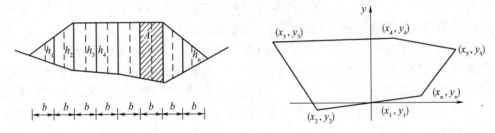

图 1-0-4-6　积距法计算示意图　　　　图 1-0-4-7　坐标法计算示意图

坐标法精度较高,方法较繁,适用计算机计算。

3. 几何图形法

当横断面地面线较规则时,可分成几个规则的几何图形,如三角形、矩形和梯形,然后分别计算面积,即可求出总面积。

4. 混合法

在一个填方或挖方面积较大的横断面设计图中,几何图形法和积距法共用,可以加快计算速度。

在横断面面积的计算中应注意以下几个问题:

(1)填方和挖方的面积应分别计算。

(2)填方或挖方的土石也应分别计算,因为其造价不同。

(3)有些情况下横断面上的某一部分面积可能既是挖方面积,又要算做填方面积,例如,遇淤泥既要挖除,又要回填其他材料;当地面自然坡度较陡,按《公路路基设计规范》(JTG D30—2015)的要求需挖台阶的面积等。

二　填挖方体积计算

在所有中桩的横断面面积求出来后,就可以进行土石方数量计算。

为简化计算,目前一般采用平均断面法计算填挖方体积。平均断面法的基本原理是假定两相邻断面组成一棱柱体,如图 1-0-4-8 所示,两断面即为棱柱体的上底和下底,中线距离

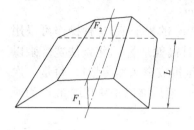

图 1-0-4-8　土石方数量计算示意图

（两桩号里程差）即为棱柱的高,其体积公式为:

$$V = \frac{1}{2}(F_1 + F_2)L \qquad (1\text{-}0\text{-}4\text{-}3)$$

式中:F_1、F_2——两相邻断面的断面面积,m²;
L——两相邻断面的间距,m,即两相邻断面的桩号差。

平均断面法计算简便、实用,是公路上目前常采用的方法,但其精度较差。该法只有当两相邻断面面积 F_1、F_2 相差不大时才较准确。当 F_1、F_2 相差较大时,按棱台体公式则更为接近,其公式为:

$$V = \frac{1}{3}(F_1 + F_2)L\left(1 + \frac{\sqrt{m}}{1+m}\right) \qquad (1\text{-}0\text{-}4\text{-}4)$$

式中:$m = \dfrac{F_1}{F_2}$,其中 $F_1 > F_2$。

后一种计算公式精度较高,特别适用于计算机编程计算。

用上述方法计算的土石方体积包含了路面体积。若所设计的纵断面填挖基本平衡,则填方断面中多计算的路面面积与挖方断面中少计算的路面面积相互抵消,其总体积与实施体积相差不大。但若路基是以填方为主或以挖方为主,则最好是在计算断面面积时将路面部分计入。也就是填方要扣除、挖方要增加路面所占的那一部分面积。特别是路面厚度较大时更不能忽略。

计算路基土石方数量时,应扣除大、中桥及隧道所占路线长度的体积,桥头引道的土石方,可视需要全部或部分列入桥梁工程项目中,但应注意不要遗漏或重复,小桥涵所占的体积一般可不扣除。

三　路基土石方调配

路基土石方数量计算完毕后,应考虑土石方的调运问题,以便确定填方用土的来源、挖方弃土的去向,以及计价土石方的数量和运量。

在路基的施工过程中,就某一断面的土石方而言,会发生三种情况:一是挖去多余的土,形成路基,或者本桩有填有挖,利用了本桩的土后,还有多余,需要调走(挖余);二是借其他地方的土,形成路基,或者本桩有填有挖,利用了本桩的土后,还不够,需要借土(填缺);三是本桩有填有挖,利用本桩的土填挖平衡(本桩利用)。通过调配,合理地解决各路段土石方数量的平衡与利用问题,把从路堑挖出的土石方,在经济合理的调运条件下移挖作填,就近运到填方路堤,达到填方有所"取",挖方有所"用",避免不必要的借土和弃土,尽量减少占用耕地的数量,减少水土流失,保护自然环境。

针对这些情况,"挖余"有两种处理方法:调至其他断面利用或作为废方弃土。"填缺"也有两种处理方法:从其他断面调土或从路外借土。土石方调配就是要解决这些问题。

1. 调配原则

(1)半填半挖路基,应首先考虑本路段内横向移挖作填,进行横向平衡,然后再作纵向调配,以减少总的运量。

(2) 调配时应考虑到桥涵位置对施工运输的影响,一般不跨沟、跨河调运。同时应注意施工的可能与方便,如人工运输,尽可能避免和减少上坡运土。

(3) 为使土方调配合理,必须根据地形情况和施工条件,选用适当的运输方式,确定合理的经济运距,用以分析工程用土是调运还是外借。

(4) 土方调配"移挖作填",固然要考虑经济运距问题,但这不是唯一的指标,还要综合考虑弃土或借方占地、赔偿青苗损失及对农业产生影响等问题。有时移挖作填虽然运距超出一些,运输费用可能稍高一些,但如能少占地、少影响农业生产,这样,从整体来看也是经济的。

(5) 不同的土方和石方应根据工程需要分别进行调配,以保证路基稳定和人工构造物的材料供应。

(6) 位于山坡上的回头曲线,要优先考虑上、下线的土方竖向调运。

(7) 土方调配,对于借土和弃土应事先同地方商量,妥善处理。借土应结合地形、农田规划等选择借土地点,并综合考虑借土还田、整地造田等措施;弃土应不占或少占耕地,在可能条件下宜将弃土平整为可耕地,切莫乱弃乱堆,防止产生水土流失、泥石流和堵塞河流、损害农田等病害。

2. 调配方法

土石调配方法有多种,如累计曲线法、调配图法以及土石方计算表调配法等。目前设计上多采用土石方计算表调配法。该法不需要绘制累计曲线与调配图,可直接在土石方表上进行调配。其优点是方法简捷、调配清晰、精度符合要求。该表也可由计算机自动完成。具体步骤如下:

(1) 调配是在土石方数量计算与复核完毕的基础上进行的。调配前应将可能影响运输调配的桥涵位置、陡坡、大沟等注在表旁,供调配时参考。

(2) 弄清各桩号间路基填方、挖方情况并先作横向平衡,明确本桩利用方、欠方及可作远运土石方等的数量。

(3) 在纵向调配前,应根据施工方法及可能采用的运输方式定出合理的经济运距。

(4) 根据欠方可作远运土石方数量的分布情况,结合路线纵坡和自然条件,本着技术经济和支农的原则,具体拟定调配方案。方法是逐桩、逐段地将毗邻路段的可作远运方就近纵向调运到欠方段内,加以利用,并把具体调运方向和数量(土、石分开)用箭头及数字标明在纵向利用调配栏中,见表1-0-4-7。

(5) 经过纵向调配,如果仍有欠方或可作远运方,则应会同当地协商确定借土或弃土地点,然后将借土或弃土的数量和远运距离分别填注到借方和弃方栏内。

(6) 土石方调配后,应按下面的公式进行复核检查:

$$横向调运方 + 纵向调运方 + 借方 = 填方$$
$$横向调运方 + 纵向调运方 + 弃方 = 挖方$$
$$挖方 + 借方 = 填方 + 弃方$$

以上检查一般是逐页进行,如有跨页调配,须将其数量考虑在内。通过复核可以发现调配与计算过程中有无错误,经核实无误后,即可分别计算计价土石方数量、运距和运量等,为编制概、预算提供资料。

3. 调配计算中的几个问题

1）免费运距

根据公路工程概算定额和预算定额，土方作业包括挖、装、运、卸等工序，这里的"运"是指在规定的距离范围内，只按土石方数计价，计价中包括了挖、装、运、卸的所有工作，而不再计算运费，这个不再计算运费所规定的距离就是免费运距。施工方法不同，免费运距也不同，如人工作业时，人工运输的免费运距为100m，各种作业方法的免费运距可以在《公路工程概算定额》和《公路工程预算定额》中查到。

2）经济运距

填方用土来源，一是纵向调运，二是就近路外借土。在一般情况下，调运路堑挖方来填筑距离较近的路堤还是比较经济的，但是如调运距离过长，以致运价超过了填方附近借土所需的费用时，借土就显得经济了。因此，采用"调"还是"借"，有个限度距离问题，这个限度距离即所谓"经济运距"。计算公式如下：

$$L_{经} = \frac{B}{T} + L_{免} \quad (1\text{-}0\text{-}4\text{-}5)$$

式中：$L_{经}$——经济运距，km；

B——借土单价，元/m³，由征用土地费、青苗补偿费、挖和运输费用等组成；

T——远运运费单价，元/(m³·km)；

$L_{免}$——免费运距，km，定额规定挖方后应无偿运输的距离。

由上可知，经济运距是评定借土或调运的指标，当调运距离小于经济运距时，采取纵向调运还是经济的，反之则可考虑就近借土。

在计算运距时注意预算定额的规定：土石方的运距，第一个20m（指人工运输）为免费运距，如不足20m也按规定20m计，此后每增加10m为一个超运距单位，尾数不满5m时不计，满5m时按10m计。这个超运距单位称为"级"。

3）平均运距

土方调配的运距，一般是指平均运距。所谓平均运距是指从挖方体积的重心到填方体积的重心之间的距离。为简化计算起见，平均运距可用挖方断面间距中心至填方断面间距中心的距离计算。

4）运量

土石方运量为平均运距与土石方调配数量的乘积，运量的单位是"级立方米"。"级"是长度单位，每一级等于多少要根据运输工具和运输方式而定。以人力运输土方为例，一级为10m。其计算运量的公式为：

$$运量 = 调配的（土石方）方数 \times n \quad (1\text{-}0\text{-}4\text{-}6)$$

$$n = L - \frac{L_{免}}{10}$$

式中：n——平均运距单位，级；

L——平均运距；

$L_{免}$——免费运距。

5)计价土石方数量

在土石方计算与调配中,所有挖方,无论是"弃掉"或"调走",都应予计价,但对于填方,它要根据用土决定。如果是路外借土,就需计价和计算运量;倘若是移挖作填,调配利用,则不应计价,只计算运量,否则形成双重计价(即路堑挖方和路堤填方两次计价)。计价土石方数量为:

$$V_{计} = V_{挖} + V_{借} \tag{1-0-4-7}$$

式中:$V_{计}$——计价土石方数量,m^3;

$V_{挖}$——挖方数量,m^3;

$V_{借}$——借方数量,m^3。

6)天然密实方与压实方

路基横断面设计图中的填挖方土石量,一般称为"断面方"。断面方中的填方按压实后的体积计算时,称为"压实方"。断面方中的挖方按天然密实体积计算时,称为"天然密实方"。实践证明,天然密实的$1m^3$土体开挖运来填筑路堤,并不等于$1m^3$的压实方。公路工程定额规定:当以填方体积为工程量,采用天然密实方为计量单位的定额时,所采用的定额应乘以调整系数。对于调整系数的采用,应在路基土石方工程量的计算及填挖平衡调运过程中充分注意和考虑,不应简单地按断面方进行调配。

第四节 横断面设计成果

横断面设计完成后应完成的图表包括:标准横断面设计图、路基设计表、横断面设计图、路基土石方数量计算表、每公里土石方数量计算表、路基土石方运量统计表等。

一 路基横断面设计图

路基标准横断面图是反映一般路堤、路堑、半填半挖路基横断面设计的具体成果,在图中应标示出路幅范围内各组成部分的具体尺寸,还应反映出边坡的坡度、边沟、排水沟、截水沟、碎落台及其他设施的位置及尺寸,为逐桩横断面设计提供依据。路基一般设计图是路基横断面设计图中所出现的所有路基横断面形式的汇总,应绘制出设计图中采用的一般路堤、路堑、半填半挖路基、高填方路堤、深挖路基、水田内路堤及沿河水塘等不同形式的路基设计图,并应分别示出路基路幅范围内各组成部分的具体尺寸、边坡坡率,以及排水设施、护脚墙、护肩、护坡、挡土墙等防护加固结构形式和主要尺寸。

路基横断面图的比例尺一般用1:200,每页图纸的右上角应标明横断面图的总页数和本页图纸的编码数。图1-0-4-9和图1-0-4-10是某公路的路基标准横断面图和路基横断面设计图。

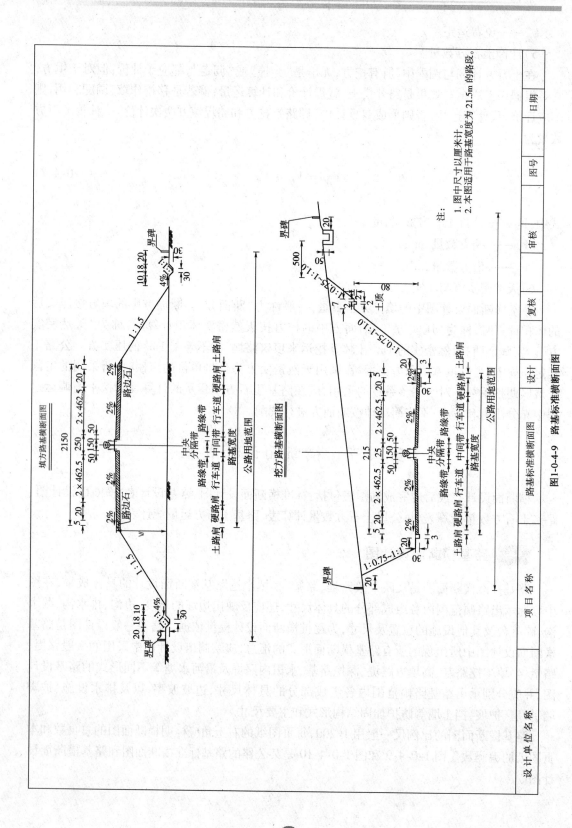

图1-0-4-9 路基标准横断面图

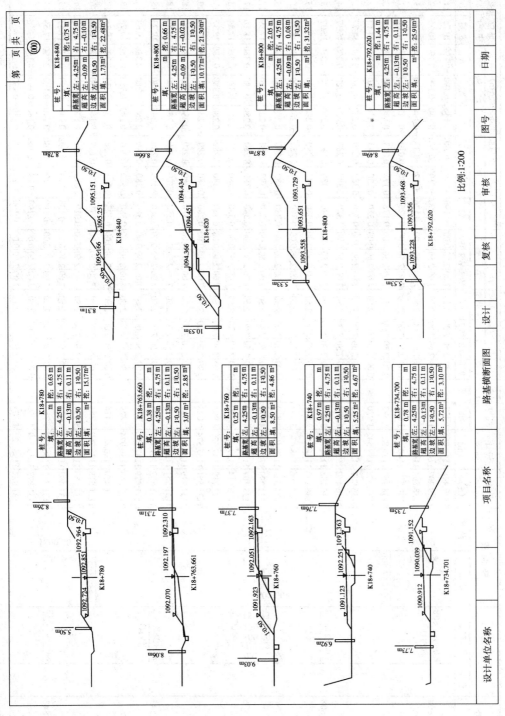

图1-0-4-10 路基横断面设计图

路 基 设 计 表

表1-0-4-7

项目名称

编制：　　复核：

桩号	平曲线 左偏	平曲线 右偏	竖曲线 凹形	竖曲线 凸形	地面高程(m)	设计高程(m)	填挖高度(m) 填	填挖高度(m) 挖	路基宽度(m) 左侧 W1	W2	W3	中分带 W0	右侧 W3	W2	W1	以下各点与设计高之差(m) 左侧 A1	A2	A3	右侧 A3	A2	A1	坡口、坡脚至中桩距离(m) 左侧	右侧	备注
K0+000			QD K0+047.500 −1.680%		1139.448	1140.865	1.417		0.00	2.50	7.00	2.50	7.00	2.50	0.00	−0.190	−0.190	−0.140	−0.140	−0.190	−0.190	10.75	11.12	
+011.608		K0+011.608 (ZH)			1139.207	1140.670	1.463		0.00	2.50	7.00	2.50	7.00	2.50	0.00	−0.190	−0.190	−0.140	−0.140	−0.190	−0.190	10.75	12.26	
+020					1138.894	1140.529	1.635		0.00	2.50	7.00	2.50	7.00	2.50	0.00	−0.126	−0.126	−0.093	−0.140	−0.190	−0.190	10.75	11.47	
+040					1138.552	1140.193	1.641		0.00	2.50	7.00	2.50	7.00	2.50	0.00	0.026	0.026	0.019	−0.140	−0.190	−0.190	10.75	11.75	
+060					1138.163	1139.860	1.697		0.00	2.50	7.00	2.50	7.00	2.50	0.00	0.178	0.178	0.013	−0.140	−0.190	−0.190	10.00	12.71	
+080					1137.622	1139.542	1.920		0.00	2.50	7.00	2.50	7.00	2.50	0.00	0.330	0.330	0.243	−0.240	−0.330	−0.330	10.75	12.24	
+100					1136.907	1139.240	2.333		0.00	2.50	7.00	2.50	7.00	2.50	0.00	0.380	0.380	0.280	−0.280	−0.380	−0.380	14.13	13.34	
+120					1136.452	1138.954	2.502		0.00	2.50	7.00	2.50	7.00	2.50	0.00	0.380	0.380	0.280	−0.280	−0.380	−0.380	14.77	14.23	
+131.608		K0+131.608 (HY)			1136.298	1138.795	2.497		0.00	2.50	7.00	2.50	7.00	2.50	0.00	0.380	0.380	0.280	−0.280	−0.380	−0.380	15.37	15.88	
+140		JD1 I=31°37′11.2″ R=500.00 L_s=120.00 L_y=155.93			1136.153	1138.684	2.531		0.00	2.50	7.00	2.50	7.00	2.50	0.00	0.380	0.380	0.280	−0.280	−0.380	−0.380	15.07	15.18	
+160					1134.996	1138.430	3.434		0.00	2.50	7.00	2.50	7.00	2.50	0.00	0.380	0.380	0.280	−0.280	−0.380	−0.380	15.02	15.93	
+180				1137.505 K0+200 200.00	1134.323	1138.192	3.869		0.00	2.50	7.00	2.50	7.00	2.50	0.00	0.380	0.380	0.280	−0.280	−0.380	−0.380	16.47	15.99	
+200		R=2500.00 T=152.50 E=0.47			1133.399	1137.970	4.571		0.00	2.50	7.00	2.50	7.00	2.50	0.00	0.380	0.380	0.280	−0.280	−0.380	−0.380	16.92	17.04	
+209.576					1133.107	1137.870	4.763		0.00	2.50	7.00	2.50	7.00	2.50	0.00	0.380	0.380	0.280	−0.280	−0.380	−0.380	17.59	17.32	
+220					1133.014	1137.764	4.750		0.00	2.50	7.00	2.50	7.00	2.50	0.00	0.380	0.380	0.280	−0.280	−0.380	−0.380	18.16	18.50	
+180					1132.719	1137.620	4.901		0.00	2.50	7.00	2.50	7.00	2.50	0.00	0.380	0.380	0.280	−0.280	−0.380	−0.380	17.84	19.03	
+240					1131.551	1137.574	6.023		0.00	2.50	7.00	2.50	7.00	2.50	0.00	0.380	0.380	0.280	−0.280	−0.380	−0.380	20.02	20.72	
+260					1131.719	1137.400	5.681		0.00	2.50	7.00	2.50	7.00	2.50	0.00	0.380	0.380	0.280	−0.280	−0.380	−0.380	18.57	18.70	
+280					1131.531	1137.242	5.711		0.00	2.50	7.00	2.50	7.00	2.50	0.00	0.380	0.380	0.280	−0.280	−0.380	−0.380	19.89	18.75	
+287.543		K0+287.543 (YH)			1131.582	1137.187	5.605		0.00	2.50	7.00	2.50	7.00	2.50	0.00	0.380	0.380	0.280	−0.280	−0.380	−0.380	19.73	18.59	
+300					1131.529	1137.100	5.571		0.00	2.50	7.00	2.50	7.00	2.50	0.00	0.380	0.380	0.280	−0.280	−0.380	−0.380	19.68	18.54	
+320					1131.545	1136.974	5.429		0.00	2.50	7.00	2.50	7.00	2.50	0.00	0.323	0.323	0.238	−0.238	−0.323	−0.323	19.76	18.32	
+340					1131.450	1136.864	5.414		0.00	2.50	7.00	2.50	7.00	2.50	0.00	0.171	0.171	0.126	−0.140	−0.190	−0.190	19.36	18.39	
+360					1131.518	1136.769	5.251		0.00	2.50	7.00	2.50	7.00	2.50	0.00	0.019	0.019	0.014	−0.140	−0.190	−0.190	18.88	16.99	
+380					1131.553	1136.677	5.124		0.00	2.50	7.00	2.50	7.00	2.50	0.00	−0.133	−0.133	−0.098	−0.140	−0.190	−0.190	18.47	14.65	
+400					1131.602	1136.585	4.983		0.00	2.50	7.00	2.50	7.00	2.50	0.00	−0.190	−0.190	−0.140	−0.140	−0.190	−0.190	17.43	15.07	
+407.543		K0+407.543 (HZ)	ZD +352.500 −0.460%	1600.00	1131.763	1136.550	4.787		0.00	2.50	7.00	2.50	7.00	2.50	0.00	−0.190	−0.190	−0.140	−0.140	−0.190	−0.190	17.65	15.75	
+410					1131.873	1136.539	4.666		0.00	2.50	7.00	2.50	7.00	2.50	0.00	−0.190	−0.190	−0.140	−0.140	−0.190	−0.190			
+413					1131.824	1136.525	4.701		0.00	2.50	7.00	2.50	7.00	2.50	0.00	−0.190	−0.190	−0.140	−0.140	−0.190	−0.190			

表 1-0-4-8

路基土石方数量表

项目名称

桩号	横断面面积 (m²) 挖方	横断面面积 (m²) 填方	距离 (m)	挖方分类及数量 (m³) 总数量	土 I %	土 I 数量	土 II %	土 II 数量	土 III %	土 III 数量	石 IV %	石 IV 数量	石 V %	石 V 数量	石 VI %	石 VI 数量	填方数量 (m³) 总数量	填方 土	填方 石	本桩利用 土	本桩利用 石	利用方数量及调配 (m³) 填 土	利用方数量及调配 (m³) 填 石	利用方数量及调配 (m³) 挖 土	利用方数量及调配 (m³) 挖 石	远运利用及纵向调配(m³)	备注
1	2	3	4	5	6	7	8	9	10	11	12	13	14	15	16	17	18	19	20	21	22	23	24	25	26	27	28
K0+000	2.24	24.08																									
K0+011.608	0.00	33.13	11.6l	13.0					100	13.0							332.1	332.1		13.0		372.2					
K0+020	0.37	37.24	8.39	1.5					100	1.5							295.3	295.3		1.5		341.0					
K0+040	0.72	37.73	20.00	10.9					100	10.9							749.7	749.7		10.9		858.8					
K0+060	0.00	44.98	20.00	7.2					100	7.2							827.1	827.1		7.2		952.3					
K0+080	0.00	53.97	20.00														989.6	989.6				1147.9					
K0+100	0.00	65.11	20.00						100								1190.8	1190.8				1381.4					
K0+120	0.00	76.94	20.00						100								1420.4	1420.4				1647.7					
K0+131.608	0.00	80.58	11.6l						100								914.2	914.2				1060.5					
K0+140	0.00	81.74	8.39						100								681.1	681.1				790.1					
K0+160	0.00	106.45	20.00						100								1881.8	1881.8				2182.9					土37740.1(1941m)
K0+180	0.00	120.92	20.00						100								2273.7	2273.7				2637.5					
K0+200	0.00	137.39	20.00						100								2583.1	2583.1				2996.4					
K0+209.576	0.00	145.18	9.58						100								1352.9	1352.9				1569.4					
K0+220	0.00	150.66	10.42			100											1541.9	1541.9				1788.7					借方（从取土坑K1+940）
K0+235	0.00	162.85	15.00			100											2351.3	2351.3				2727.5					
K0+240	0.00	207.67	5.00			100											926.4	926.4				1074.6					
K0+260	0.00	175.02	20.00			100											3827.2	3827.2				4439.5					
K0+280	0.00	184.75	20.00			100											3597.7	3597.7				4173.3					
K0+287.543	0.00	180.55	7.54			100											1377.7	1377.7				1598.2					
K0+300	0.00	179.17	12.46			100											2240.5	2240.5				2599.0					石1957.3(441m)
K0+320	0.00	177.37	20.00			100											3565.4	3565.4				4135.9					土11733.4(309m)
K0+340	0.00	172.10	20.00			100											3494.7	2116.9	1377.8				2455.6	1267.6				±2245.5(766m)(从K0+440段测入)
K0+360	0.00	162.60	20.00			100											3347.0	2597.2	749.7				3012.8	689.8				±358.2(1186m)(从K1+000段测入)
K0+380	0.00	146.20	20.00			100											3088.1	3088.1					3582.1					±2405.3(1257m)(从K1+484段测入)
K0+400	4.88	120.33	20.00	48.8		100		48.8									2485.4	2485.4			48.8		2834.2					±358.2(1186m)(从K1+553段测入)
K0+407.543	10.96	94.93	7.54	59.8		100		59.8									744.0	744.0			59.8		803.2					
小计				141.2			108.6			32.6							48079.1	45951	2127.5	141.2		53163	1957.3				

编制：　　　　　　　　　　　　　　　　　　　　　　　　　复核：

二、路基设计表

路基设计表是公路路线设计文件中的主要技术文件之一,它是综合路线平、纵、横三个方面设计资料汇编而成的。在表中列有平面线形及纵断面线形资料,如中桩桩号、平曲线情况、竖曲线情况、中桩地面高程、设计高程、施工高度等。还列有横断面情况,如路基宽度、路拱坡度、小半径弯道上的超高及加宽等,路基施工必用此表。路基设计表包括平、纵两种设计图纸,它在施工现场使用极为方便,但不如平、纵面图直观。某公路路基设计表如表1-0-4-7所示。

路基设计表有22栏,其中1~14栏的数据是根据纵断面设计资料填写的,15~22栏是根据横断面设计资料填写的,15~19栏分别填写路基宽度与超高加宽情况,对于直线路段(或者平曲线半径大与不设超高加宽的路段)为不变的路基宽度,但对半径较小(需设超高加宽)的弯道,有超高和加宽值,因此填写时需注意填上,有些中桩是在缓和曲线(或超高缓和段)上,则其超高、加宽值与弯道上的不同,需逐个计算,然后填上。此外,在填表和计算中要注意每一栏的相互关系,做到填表、计算、复核三个环节统一,以保证数据的准确性。

三、路基土石方数量计算表

路基土石方数量和运量是统计路基工程量的主要内容,工程数量计算的正确与否会影响整个工程造价,应正确计算和周密调配。因此,在填表和计算时要注意每一栏的相互关系,做到填表、计算、复核三个环节统一,以保证数据的准确性。

路基土石方数量计算表在目前各省虽有图例规定,但仍未统一,其原理基本相同,某公路路基土石方数量计算表如表1-0-4-8所示。

本章小结

(1)公路的横断面,是指中线上各点的法向切面,它是由横断面设计线和地面线所围成的图形。其内容主要包括行车道、路肩、分隔带、加(减)速车道、爬坡车道、边沟、边坡、截水沟、护坡道以及取土坑、弃土堆、环境保护等设施。本章主要的学习内容是:确定横断面的形式,各组成部分的位置和尺寸以及路基土石方的计算和调配。

(2)公路用地是指为修建、养护公路及其沿线设施而依照国家规定所征用的地幅。公路用地的征用应遵守国家有关的土地法规。确定公路用地既要根据公路建设的需要,保证必需的用地,又要考虑农业生产及照顾群众利益尽可能节省用地。在公路用地范围内不得修建非路用建筑物。

(3)路基土石方的数量与调配的主要任务是计算每公里路段的土石数量和全线总土石方工程数量,设计挖方的利用和填方的来源及运距,为编制工程预(概)算、确定合理的施工方案以及计量支付提供依据。因此,要通过合理地设计横断面,计算横断面面积、土石方数量和调配各路段土石方平衡与利用问题,尽量减少路外借土和弃土,少占用耕地以求降低公路造价。

(4)公路横断面设计成果主要是路基横断面设计图和路基土石方数量表。其中横断面设计图所需的各桩号横断面地面线可以在外业实测后直接绘制在图纸上,也可按实测记录到室内绘制在图纸上。绘制横断面地面线的一般规定顺序是:从图纸左下方开起,自下而上、由左向右,依次按桩号绘制,每页图纸的右上角应标明横断面图的总页数和本页图纸的编码数。在填表和计算路基土石方数量表时要注意每一栏的相互关系,做到填表、计算、复核三个环节统一,以保证数据的准确性。

思考题与习题

1. 路基横断面图上包括哪些内容?它们各自的功能是什么?
2. 什么是中间带?中间带的作用有哪些?
3. 简述公路用地范围与建筑限界。
4. 简述横断面设计的方法及步骤。
5. 路基土石方调配的原则是什么?
6. 在进行路基土石方计算和调配时,怎样进行核算?
7. 在土石方调配过程中,应注意哪些问题?
8. 横断面设计成果主要有哪些?如何获得这些成果?
9. 某二级公路设计速度为 80km/h,路基宽度为 12.0m,行车道为 $2\times4.5m$,路拱坡度为 2.0%,路肩坡度为 3.0%,中心线高程为 128.234m,试求该公路路面边缘的高程与路肩边缘的高程。

第五章　公路选线

> **教学要求**
>
> 1. 知道公路选线的基本原则及公路选线的方法与一般步骤。
> 2. 描述平原区选线的特点与布线要点。
> 3. 描述山岭区选线特点，知道沿溪线、越岭线及山脊线与山坡线选线时应解决的主要问题及布线要点。
> 4. 描述丘陵区选线特点，知道丘陵区选线时应解决的主要问题及布线要点。

第一节　选线的原则、方法与步骤

公路从宏观上看是一条空间曲线，无论在形状、尺寸、位置，还是在经济、技术、环保等方面都有特定的要求，根据公路的等级、路线基本走向和技术标准，结合地形、地质、地物及其沿线条件，综合平、纵、横三方面因素，在实地或纸上选定路中线的平面位置并把它有机地安排在地面上，这个过程就是选线。选线应包括确定路线基本走向、路线走廊带、路线方案至选定线位的全过程。

选线是公路设计的重要环节，选线的质量直接关系到公路的造价和今后使用的适用性、安全性、可靠性以及道路的寿命。从选线过程看，选线是一个综合判断选择的过程，既要考虑地形、地质条件的变化，又要权衡路线本身平、纵、横三方面的相互影响和制约，因此，选线是一项具有很强的技术性、经济性和政策性的综合工作。

一　选线的一般原则

公路选线应在工程可行性研究报告所选定的路线走向和主要控制点的基础上进行。因此，选线要在广泛搜集与路线方案有关的规划、计划、统计资料，以及相关部门的各种地形图、地质、气象等资料的基础上，深入调查、勘察，并运用遥感、航测、GPS、数字技术等新技术，确保其勘察工作的广度、深度和质量，以免遗漏有价值的比较方案。在选线时要注意掌握以下原则：

（1）选线是一项具有很强的技术性、综合性的复杂工作，即使我们主观上有完美的设想，也难免使实际线路存在不足，发现优劣的最佳途径，就是比较选择。在路线设计的各个阶段，应针对路线所经地域的生态环境、地形、地质的特性与差异，按拟定的各控制点由面到带、由带到线、由浅入深、由轮廓到具体，进行比较、优化与论证，在多方案论证比选的基础上，选定路线最优方案。同一起、终点的路段内有多个可行路线方案时，应对各设计方案进行同等深度的比较。

影响选择控制点的因素多且相互关联、又相互制约，应根据公路功能和使用任务，全面权衡、分清主次，处理好全局与局部的关系，并注意由于局部难点的突破，而引起的关系转换给全局带来的影响。

(2)公路的选线必须考虑在正常使用的情况下，不会有大的破坏。影响公路的自然因素很多，应对路线所经区域、走廊带及其沿线的工程地质和水文地质进行深入调查、勘察，查清其对公路工程的影响程度。遇有滑坡、崩塌、岩堆、泥石流、岩溶、软土、泥沼等不良工程地质的地段应慎重对待，视其对路线的影响程度，分别对绕、避、穿等方案进行论证比选。当必须穿过时，应选择合适的位置，缩小穿越范围，并采取切实可行的工程措施。

(3)公路的造价随公路功能和技术指标的变化而变化，例如，为了良好的线形有些地段就需要多占农田，纵坡坡度设计较小，就需要增加填挖方数量等，我们总是在道路的功能和指标与道路的造价和代价之间寻求一个平衡点，使对立的两个方面达到统一。不同时期人们有不同的均衡观念，例如，现在许多人认识到在公路设计中，应充分考虑环境，并同当地自然景观相协调。

(4)公路不仅具有使用上的功能，而且具有美学和景观上的要求，协调是美的基本要素，公路内部之间以及内部与外部之间的协调是保证人们在生理上有安全感、舒适感的重要因素。其中内部协调是指纵面、平面线形视觉的连续性和纵面、平面立体协调，外部协调是指公路与周围环境景观的协调和宏观的路线位置与自然的协调。

(5)选线应重视环境保护，应尽量减小由于公路修筑以及汽车运行所产生的影响与污染。如路线对自然景观与资源的影响，噪声对居民的影响等。

根据上述选线原则，选线工作必须是由浅入深，由轮廓到具体，按照测设程序，分阶段、分步骤进行，通过多次比较和选择，最后选出一条最合理的路线。

二 选线方法和步骤

一条路线的起、终点确定以后它们之间有很多走法。选线的任务就是在这众多的方案中选出一条符合设计要求、经济合理的最优方案。其中最有效的做法是通过分阶段，由粗到细反复比选来求最佳解。

选线一般要经过下面三个步骤：

1. 总体布局

总体布局主要是解决路线的基本走向。就是在路线的起点、终点间及中间必须通过的控制点间寻找可能的"路线带"，在路线总方向(起讫点和中间必须经过的城镇或地区)确定后，把一些大控制点连接起来，即形成路线基本走向。例如，某条路线起、终点或两控制点间可能沿某河，越某岭；也可能沿几条河，越几个岭；可能走某河的这岸，靠近某城镇；也可能走对岸，避开某城镇。总体布局在勘测中是通过视察工作来解决的。

2. 逐段安排

逐段安排是进一步加密控制点，解决局部性控制方案问题的工作。根据视察选定的基本走向,在大控制点之间,逐段地结合地形、地质、水文、气候等情况,定出具体小控制点。这样在可能通行的路带内,进一步选定能提高路线标准和降低工程造价的有利的路线带,从而解决路线的局部方案。例如,翻越垭口时从哪侧展线;沿河时为避开艰难工程或改善路线,走一岸还是跨河。这些路线局部方案都是在逐段安排中解决的。逐段安排路线通常是在初步测量或详细测量前的分段核查中进行。

3. 具体定线

具体定线是在逐段安排的小控制点间根据自然条件和技术标准,在有利路带内进行路线平、纵、横综合设计,定出中线的最终位置。

具体定线就是在逐段安排的小控制点之间,根据技术标准和自然条件,综合考虑平、纵、横三个方面因素,具体定出路线的中线位置。具体定线一般有纸上定线、实地定线、航测定线等。

具体定线由详细测量时的选线组来完成。

第二节 平原区选线

一 路线特征

平原是指地形宽广平坦或略有起伏,地面自然坡度很小的地区,一般自然坡度都在3°以下,除泥沼地、平原、沙漠、戈壁等外,多为宽阔成片的农田,城镇村庄比较稠密,各种道路和农田水系渠网纵横交错,电力电信线路交叉频繁。在天然河网湖区,还具有湖泊、水塘、河汊多等特点。

从地质和水文条件来看,平原区一般不良地质现象较少,有时会遇软土和沼泽地段,另外,平原区地面平坦,地面容易积水,河流较宽阔,河床低浅,泥沙容易淤积,河床低浅,洪水泛滥较宽。

由于平原的上述特征,使得平原地区地形对路线的约束限制不大,路线平、纵、横三方面的几何条件很容易达到标准,路线的布置主要是考虑地物障碍问题,其路线特征是:平面线形顺直,以直线为主体线形,弯道转角较小,平曲线半径较大;在纵面上坡度平缓,以低路堤为主,路线布设除考虑地物障碍外,一般没有太大困难。

二 路线走向的确定

平原区由于地势比较平坦,路线受高差和纵坡限制小,平、纵、横三方面的几何线形易达到较高的技术标准,但往往由于受地形自然条件和地物的阻碍以及支农的需要迫使路线转折,选线应综合考虑各方面的因素。

确定路线走向,首先是把总方向内所规定经过的地点,如城镇、工厂、农场以及文物风景地点作为大控制点。然后在大控制点之间进行实地勘察,了解农田优劣以及地物分布情况,注意路线需要绕越的位置和范围,选择中间控制点,如大片建筑物、水电设施、河流桥位以及必须绕过的洼地、湖泊,均可作为中间控制点,路线由一个控制点直达另一个控制点,无充分理由不应转弯。如图 1-0-5-1 所示为江汉平原上一个主干公路的一段,路线选择普安桥位、蟹湖、红星镇、石灰厂和新丰桥位作为控制点。路线的前一段,考虑河流、湖泊及居民情况,穿越蟹湖,绕开红星镇,后一段考虑地势较高处的石灰厂,用正交桥跨过新丰江。

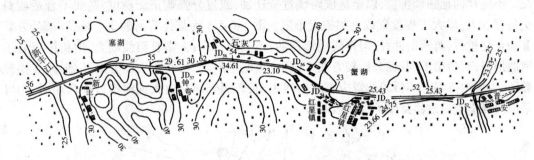

图 1-0-5-1 平原区路线示例

路线需要经过的地物,除军事禁区必须绕过外,对其他地物障碍是否绕越,应进一步进行技术经济比较取舍。一般交通量大的高级公路,以穿过障碍物,缩短路线为宜;交通量小的低级公路,则以绕越障碍,减少工程费用较为合理。

平原区对交通运输的要求增长比较迅速。因此,路线要充分考虑远期和近期相结合,尽可能采用较高标准,以便将来提高时能充分利用原有路基和桥涵等工程。

三 路线的布设要点

根据平原区地形条件和地物分布的特点,路线布设尽可能顺直和短捷,一般应采用较长的直线、较大半径的曲线、中间加入缓和曲线的线形。凡需要转向处,应在较远处开始偏离,使偏角小且线形平顺。综合平原地区的特点,布线应注意以下要点:

1. 正确处理道路与农业的关系

平原地区新建公路占用一些农田是必要的,但要尽量或做到少占或不占高产田。要从路线对国民经济的作用,对支农运输效果、地形条件、工程数量、交通运输费用等方面全面分析比较,使路线既不片面求直而占用大量良田,也不片面强调不占田而使路线弯曲过多,造成行车条件恶化。如图 1-0-5-2 所示,公路通过某河附近时,如按虚线方案从田中间穿过,路线短,线形好,但多占好田,填筑路基取土困难;如将路线移向坡脚(实线),里程虽略有增长,但避开了大片高产田,而且沿坡脚布线,路基可为半填半挖,既节省了土方,又避免了填方借土的远运。

2. 合理考虑路线与城镇的关系

路线穿过居民区时,有直穿和绕行两种方案。路线原则上不宜穿过城镇内部,因为由内部穿过不仅降低过境交通车速,增多交通事故,而且给城镇居民在生产活动上造成干扰。公路等级越高则其经过的城镇越少,路线定在城镇外围也越恰当,但不宜偏离城镇太远,要做到靠城不进城,利民不扰民。联系的支线要既能方便运输,又能保证安全。对于沟通县、乡、村队直接为农业服务的支线公路,经地方同意,也可穿过村镇内部,但要有足够的路基宽度和行车视距,确保交通安全。

3. 处理好路线与桥位的关系

大中桥位是路线的控制点,应将路桥综合考虑。桥位应选在河床稳定、河道顺直、河面较窄、地质良好和两岸地形有利于桥头路线布设的河段,尽可能使桥位中线与洪水主流向正交。不应片面地强调桥位,以至造成路线过分迂回,或过分强调正交桥位,造成不合适或斜交角度过大,增大工程投资或增加施工难度。图1-0-5-3为某路跨河的3个桥位方案,方案Ⅱ为正交桥位,跨河条件好,但路线线形弯曲,不利于行车;方案Ⅲ路线顺直,但桥位正处于河曲地段,对桥梁不利;综合比较方案Ⅰ,桥位虽略呈斜交,桥长稍大于方案Ⅱ,但路线比较顺适,为可取方案。小桥涵位置应服从路线走向,若遇到斜交过大或河沟过于弯曲时,则可采取改河措施或改移路线予以适当调整。

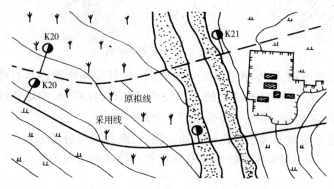

图1-0-5-2 占地路线方案比较

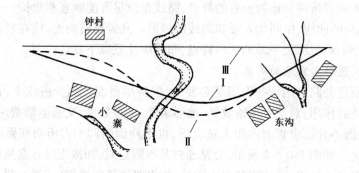

图1-0-5-3 桥位方案比较

小桥涵位置原则上应服从路线走向,但遇到斜交过大(夹角小于45°)或河沟过于弯曲时,可考虑采取改沟或改移路线的办法,调整交角,布线时应通过比选确定。

4. 注意土壤与水文条件

平原区河道、湖泊、池塘较多,地势低,地下水位高,使得水文地质条件较差,容易影响路基的稳定性。当路线遇到湖泊、水塘和洼地时,一般应绕越通过。如需穿越,应对其进行调查钻探,了解淤泥深度及基底情况。路线应选在最窄、最浅和基地坡面较平缓的地方通过,并采取经济有效的措施保证路基稳定。

在选线时,除了保证最小填土高度,采取必要的路基稳定性处理措施以外(比如换土、清淤、降低地下水等),应尽可能沿接近分水岭的地势较高处布线。

5. 正确处理新、旧路的关系

路线布设时若遇老路,对于现有一般公路改建成二级及以下等级公路时,则应尽可能充分利用,以减少工程造价和占地面积。老路利用时应以保证技术标准为前提,不能因为旧路限制而降低相应的公路标准。当新建公路为高速公路或一级公路时,原有公路宜作为辅道,路线全部新建。

6. 尽量靠近建筑材料产地

平原地区一般缺乏砂石建筑材料,路线应尽可能靠近材料产地,以减少施工、养护材料的运输费用。

第三节 山岭区选线

一 路线特征

山岭地区山水相隔,山峦重叠,山高坡陡,谷深流急,地形曲折复杂,一般包括分水岭、山脊、山谷、山坡等。选线要摸清山脉水系的走向和变化规律,对各种地形对路线的影响有一个清晰的概念,即山区高差大,复杂的地形使公路路线坡陡弯急;石多土薄,地质复杂(如滑坡、崩塌、碎落等),直接影响路线的位置和路基的稳定;山区河流曲折,比降大,水流急,雨季暴雨集中,洪水猛涨猛落,流量大,流速快,冲刷和破坏力大;气候多变,冬季多冰雪,昼夜温差大,雾大,能见度低,对车辆的安全通行有很大影响。

但事物都有双重性,对线路选择也有有利的因素:山脉水系清晰,给山区公路走向提供了依据,鲜明的地质水文特征,为准确定位路基高程、防护措施和桥位提供了资料,丰富的石材为公路建设提供了原材料。

综上所述,由于山岭地区自然条件复杂,地形变化很大,使得路线在平、纵、横三方面受到很大限制,因而技术指标一般多采用低限。在山岭地区所有自然条件中,高差急变是主导因素,因此在路线布设时,一般多以纵面线形为主安排路线,其次是横面和平面。在选线时要注意分析平、纵、横三方面因素,结合影响路线的主要自然因素,综合考虑,求得协调合理。山区地区按地形布线可分为沿溪线、越岭线、山坡线、山脊线等。

二 沿溪线

沿河(溪)线是沿河(溪)岸布置的路线,其特点是傍山临水,如图 1-0-5-4 所示。由于溪谷地面纵坡一般较平缓,常有台地可布线,除上游较短地段和中游个别地段外,一般不超过山区公路所容许的最大纵坡;山区居民多聚居于傍山沿溪一带,城镇居民点多,沿溪线便于为政治、经济服务,发挥公路的效益;溪谷内有丰富的砂砾石料,水源充足,

图 1-0-5-4 沿河(溪)线

便于施工、养护和行车使用。因此，沿溪线常成为山区选线中优先考虑的方案，它也是山区路线中比较常见的一种线形。

但是沿溪线也有许多不利条件：由于溪谷一般较窄，两岸台地常被支沟截断；溪流多具有曲流的特点，曲流两岸横坡不对称，一般是凹岸较陡而凸岸较缓，如沿一岸设线，则常常是陡岸与缓岸交替出现；溪流平时流量小，但一遇暴雨，山洪骤至，洪流夹带泥沙、砾石、树木下泄，冲刷两岸，对设计施工不合理的路基常常造成水毁；溪谷两岸常存在不良地质情况；寒冷地区的峡谷因日照少，常有积雪、雪崩和流冰等现象。因此，在路线布线时，要结合地形克服不利影响，发挥沿溪线的优势，使公路更好地为社会服务。

1. 路线布局

沿溪选线的布局需要解决的主要问题是：路线选择走河的哪一岸；路线线位放在什么高度；路线选在什么合适地点跨河。这三个问题是互相联系、互相影响的，选线时要抓住主要矛盾，结合路线性质等级和对自然界的影响，因地制宜地去解决。

1) 河岸选择

适于布线的一岸应是谷坡较缓、支沟较少、地质条件较好、有连续适宜布线的台地。当这些有利条件交替出现在两岸时，就有必要交替使用两岸有利地段。因此，困难工程集中地段、严重不良地质地段、其他工程干扰地点、城镇村庄以及跨河建桥地点，是沿溪线布设的控制点。一般除国防公路以及高速、一级公路外，路线布设时应尽可能选择在村镇多，人口较密，风景、名胜古迹集中的一岸，以方便居民出行。

2) 桥位选择

一般情况下，如果起讫点在同岸，且距离很近，一般不考虑跨河的方案，以避免因跨河建桥使费用增加。只有当跨河布线或跨河建桥比开挖防护直接布线更为经济时，如路线起讫点在河岸两侧、避让严重不良地质地段、避让艰巨工程地段或遇铁路、大型水利工程、重要建筑发生严重干扰时，需要考虑跨河的问题。此外，对生态环境和珍稀濒危动植物栖息环境产生严重影响时，也应避让而跨河。

如图1-0-5-5 和图1-0-5-6 所示，跨河地点选择在河曲及S形河段，可使桥头线形显著改善。当路线平行于河道时，要尽量避免在直河段跨河，必须跨越时，中小桥可适当考虑斜交，大中桥不宜斜交时，可对桥头路线作适当处理，争取较大的转弯半径。

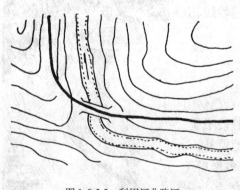

图1-0-5-5 利用河曲跨河

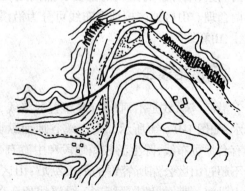

图1-0-5-6 绕走支垭口的方案

跨河建桥,要进行技术经济比较来确定方案。如图1-0-5-7所示,沿响水河一段路线,北岸因地形陡峻,有断续的陡崖,路线改走南岸,到夏村后前方又遇陡崖,只好又返回北岸。这样在3km内跨河两次,需建中桥两座。如路线不跨河,虽需集中开挖一段石方,但较建桥经济得多,因此,以不跨河换岸为宜。

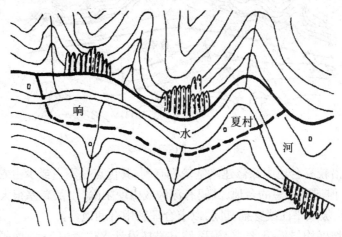

图1-0-5-7 跨河换岸的实例

3)路线高度

线位的高低是路线纵面线形布局的问题。路线沿岸走多高,首先应考虑洪水的威胁。不管是高线位还是低线位,均应在设计洪水位以上一定安全高度。因此,在选线中应认真做好洪水位调查工作,以确保路线必需的最低线位高度。

低线位是指路基高出设计洪水位不多,路基上侧临水很近的布线方案。其主要优点是:一般情况有台地可以利用;地形较好,平面线较顺适,纵面切割不大,容易达到标准;路线低,填方边坡低,土石方数量少,边坡较稳定,路线活动余地稍大,跨河利用有利条件和避让不利条件较容易;养护、施工用水、取材较方便;从国防来看,路基破坏后因线位低抢修也很快。低线位的主要缺点是:线位低,受洪水威胁大,通常防护工程较多;低线位多在沟口附近跨越支沟,桥涵孔径较大,基础工程也较困难;路线与农田矛盾较大,处理废方比较困难。

高线位指路线高出洪水位较多,完全不受洪水威胁的布线方案。其路线特征与山坡线相近,主要优点是:无洪水影响,防护工程较少,废方处理问题不突出。当采用台口路基时,路基比较稳定。高线位的主要缺点是:路基多用台口路基,挖方大,废方较多;由于线位高,路线势必随山形走势绕进绕出,特别是鸡爪地形地段,线形差,土石方大,跨支沟的桥涵构造物较多,工程费用较高;路基边坡常出"缺口",因而挡土墙和加固工程较多;线位高,需要跨河时比较困难;施工、养护取料、用水也不如低线位方便。

综上所述,一般情况下,低线优点多,在满足规定频率的设计水位的前提下,路线越低,工程越经济,线形标准也越高。各地有不少采用低线的成功经验,但也有不少水毁的教训,因此采用低线方案时,要特别注意洪水调查,把低线放在安全高度上,同时要采取切实的防洪措施,以保证路基的稳定和安全,而把高线位作为局部路段的选线方案。

2.路线在河谷断面上的布设

1)开阔河谷布线

浅盆形河谷比较开阔,从溪岸到山坡有较宽的台地,台地上农田、村镇居民点多。布线一般有傍山、傍河和中穿 3 种走法,如图 1-0-5-8 所示。

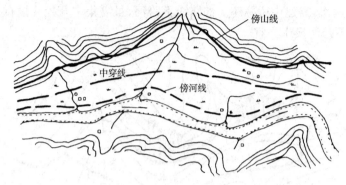

图 1-0-5-8　开阔河谷路线方案

(1)傍山走,沿较高台地内缘修建路基较为有利,其优点是不占或少占农田,不受洪水威胁,路基强度高。但遇窄而短的台地,其间有深沟或山埂阻隔,以及高差很大的相临台地时,则考虑用适当的纵坡或平曲线穿插其间,以求合理利用有利地形。

(2)傍河走,坡度均匀平缓,线形顺适,路基需按设计水位考虑,做好防护工程,如将公路路堤与河堤相结合,桥闸结合,有利于防止洪水、保村护田。对于个别弯曲的小溪流,可局部改迁,以便线形顺适。

(3)中穿方案线形标准高,但占田多,路基稳定性差,一般不宜采用。

2)河道弯曲、狭窄的河谷布线

对于河弯、蛇曲地段(图 1-0-5-9),可有 3 种走法:一是随河弯绕山嘴走;二是改移河床;三是两次跨河取直路线。采用哪种走法要通过技术经济比较决定,一般是交通量大的干线宜取直,而等级低的支线则采用工程量小的方案。

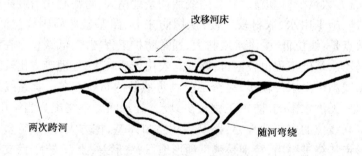

图 1-0-5-9　河湾路线方案示意图

3)陡崖峭壁河段

V 形河谷即为峡谷,两岸陡崖峭壁。遇到这种溪谷,路线能自远处开始提升,绕过崖顶选择有利地带通过是一种较好的方案。当崖顶过高,上下崖展线困难或峡谷不长,则宜采用穿过峡谷的方案。穿过时可根据峡谷宽度、水流状况采用不同的布线方式:当河床较宽,水流不深,压缩部分河床不致引起洪水位抬高过多时,可考虑占河筑路(图 1-0-5-10);当河床较窄,不宜过分压缩时,则可采用筑路与治河相结合的办法,从对岸河槽开挖整治中得到补偿。

当可床较窄,水流很急,不容侵占河床时,则可考虑在岸壁上开挖台口式路基,如图 1-0-5-11 所示。设计时要注意地质情况和废方的处理。

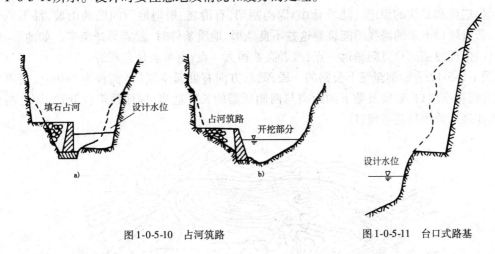

图 1-0-5-10　占河筑路　　　　　　图 1-0-5-11　台口式路基

三 越岭线

当路线的两个主要控制点位于山脊线的两侧山麓时,路线需从一侧山麓翻过山脊,在适当地点穿过垭口至另一侧山麓,这种路线即为越岭线。它的特点是路线需要克服很大的高差,路线的长度和平面位置主要取决于路线纵坡的安排,因此,越岭线选线应以纵坡为主导。

越岭线布局时主要应解决三方面问题:垭口选择、过岭高程的确定和两侧展线。它们是相互联系,相互影响的。布局时应综合考虑,处理好三者的关系。

1. 垭口选择

垭口是指分水岭上一些马鞍形凹口。对越岭线来说,垭口是路线方案的重要控制点。垭口的位置、高低,决定了将来路线的长度和标准。一般应在基本符合路线走向的较大范围内综合考虑垭口的位置、高程、展线条件以及地质情况后确定。

1)垭口位置选择

选择垭口通常利用国家现有的 1/10000 等高线地形图或航测影像图,在基本符合路线总方向的范围内,与两侧山坡展线方案结合在一起选择地质条件好的低垭口。

2)垭口高程选择

越岭高差较小,地质条件稳定,展线降坡后能与山麓控制点直接地衔接,不需无效延长路线,这种垭口最为理想。如垭口虽低,但地质条件不好,或两侧山坡不适于展线,或展线后与山麓控制点接线不顺,则应稍微偏离总方向上另行选择。对于高寒山区,高程低的垭口对行车和养护条件都有利,有时需适当偏离路线总方向找低垭口通过。

3)垭口地质条件选择

垭口附近通常为地质构造薄弱地带,常伴有不良的地质现象,布线时应深入调查,摸清其性质和对公路的影响。此外,由于修建路基开挖边坡,就要破坏原来垭口处岩层的天然平衡状态,当垭口下切深度越大时,这种影响就更为严重,必要时需查清影响布线的大小及程度,选择有利部位通过,并做好可靠的工程措施。

4)垭口展线条件选择

垭口以下的两侧山坡线是越岭线的主要组成部分,山坡的地形、地质条件直接影响路线的质量、造价和路线的稳定。陡坡悬崖、深沟割切,有滑坡、崩坍地质问题的山坡,都不适合布线,若自垭口下来的路线不能绕避这些不良地形、地质条件时,就需另择垭口。如地形、地质条件好,即使偏离总方向稍远一点,或者高差稍大一点,也可能是合理的。

图 1-0-5-12 为砂甸至塘下公路的一段,循总方向有仙狐亭垭口(高程为 840m),偏离总方向有拾花亭垭口,砂甸及塘下的距离与两侧所需的长度适当,因而线形较顺适,加之高程低,因此最后选用拾花亭垭口。

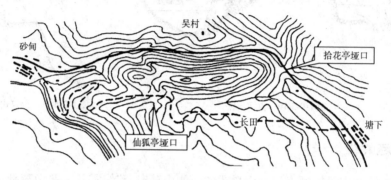

图 1-0-5-12　垭口选择

2. 过岭高程的确定

垭口的过岭高程是指路线采用填(或挖)方式通过垭口的设计高程。当垭口选定之后,采用不同的过岭高程,其路线长度、工程量大小、投资费用等也就不同。一般来说,过岭高程越低,路线就越短,但路堑或隧道的长度就越深、越长,工程量也就越大。

过岭高程的选择,与路线等级、垭口的地质条件、过岭方式等因素有关。布线时应根据垭口的地形、地质条件综合考虑,过岭高程一般有 3 种:浅挖低填、深挖垭口与隧道穿越。

1)浅挖低填

浅挖低填适用于垭口宽而厚(肥大)、地质条件差的垭口。这种垭口往往有沼泽,一般不宜深挖,垭口高程基本上就是垭口的过岭高程。

2)深挖垭口

深挖垭口适用于垭口较瘦,地质条件好的情况。布线时可以采用深挖路堑通过,但应注意挖方边坡的稳定性,一般挖深控制在 20~30m 以内。

垭口深挖时,虽土石方工程较集中,但由于降低了过岭高程,相应缩短了展线长度,总工程量并不一定增加。即使有所增加,也可从改善行车条件,节约运营费中得到补偿。如图 1-0-5-13所示,由于采用了不同的挖深,出现了三种展线方案:甲方案切深 9m,需设两个回头曲线;乙方案切深 13m,只需设一个回头弯;丙方案切深 20m,不需设置回头曲线,路线最短,线形好,有利于行车和节约运输费用。但深切垭口,要有良好的地质条件,加之工程量集中,要处理大量废方,影响施工限期,这在方案比较中值得慎重考虑。

3)隧道穿越

当垭口挖深在 20~30m 以上时,应与隧道方案进行比较。隧道穿越具有路线短、线形好、路线隐蔽和路基稳定、保护环境等优点,在高寒山区降低了高程,不受冰冻、积雪、大雾等的影响,大大改善了行车条件。缺点是隧道造价较高,受地质条件影响大,施工技术复杂。

隧道的高程将直接影响路线的长短、建设投资费用、环境保护以及以后营运费用等。一般情况下,隧道高程越低,路线越短,技术指标也越易提高,对运营也越有利。但高程低,隧道就长,造价就高,工期也长。布线时可通过各项因素综合比较,合理取舍。

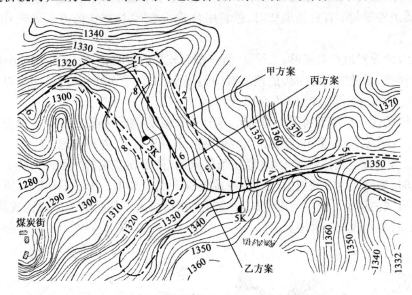

图 1-0-5-13 垭口采用不同过岭高程的展线方案布设

3. 垭口两侧山坡路线的展线

1) 放坡展线

越岭线的高差主要是通过垭口两侧的山坡展线来克服的。在确定了垭口和山麓的主要控制点以后,就需要试坡展线,定出中间控制点,在控制点之间逐段展线,最后形成路线的整体。控制点有固定和活动之分,一种是位置和高程都不能改变,例如地形严格限定的回头地点,必须通过的桥梁等;另一种是位置固定,高程可以调整,如垭口,重要桥位等;第三种是高程和位置都可以适当调整,对地形应分段了解坡度的大小,适合展线或回头的位置以及避让不良地质地段的位置。

试坡由垭口开始,由上而下,这样视野开阔,便于选择有利地形,用带角手水准测定两控制点的倾斜角度(垭口处以开挖以后的高度计),在安排好纵坡的前提下,定好路线的位置,相邻两个控制点之间的坡度不得超过最大坡度或过于平缓,并将放线长度、试坡高差和控制点可活动的范围等记录下来,供最后定线参考。如果某控制点不能满足试坡线的要求,则应返回与之相邻的控制点,适当调节路线位置重新试坡,或者修改控制点的高程或位置,直到合适为止。经试坡修改后的路线纵断面或线形仍不理想时,则宜另选新线,重新展线试坡。

2) 展线形式

根据中间隔控制点的地形和地质情况,常用的展线方式主要有自然展线、回头展线和螺旋展线。

(1) 自然展线。自然展线是路线以适当的平均坡度(5.0%~5.5%),顺山坡自然地形,绕山咀、侧沟来延展距离、克服高差的一种展线方式。其优点是路线走向与地形走向基本一致,顺应地形自然升降,路线最短,线形简单,技术指标较高,路线不重叠,对行车、施工、养护有利。缺点是避让艰巨,工程或不良地质路段的自由度不大,如遇陡崖、峡谷段,只能采用其他的展线方式。

(2) 回头展线。回头展线是当控制点之间的高差大,地面自然坡度大于路线的平均纵坡,或因地质条件限制不宜自然展线时,可利用合适的地形,以回头的方式展线升坡道垭口的一种展线方式。

回头曲线的设置地点对线形、工程量、行车都有较大的影响,一般应选择地形平缓、有利展线的位置回头,常见的适宜回头的地形有山包回头、山脊平面回头、垭口回头以及平缓山沟、山坡回头、山坳回头等,如图 1-0-5-13 所示。

回头展线的优点是便于利用有利地形,避让不良地质、地形和艰巨工程。缺点是在同一面坡上,上下线重叠,工程集中,互相干扰,线形差,不利于行车、养护和施工。

(3) 螺旋式展线。当路线受地形、地质条件限制,需要在很短的平面距离内,迅速提高或降低高度时,螺旋展线可利用山包或山谷旋转提升路线高度,如图 1-0-5-14 所示为利用山包螺旋式展线的例子。但因为螺旋式展线需要在路线上下相交的地方建桥或隧道,将使工程造价偏高,故一般较少采用。

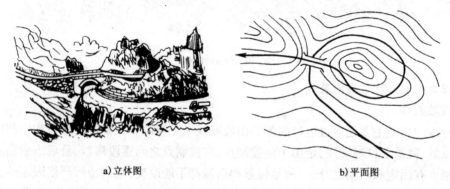

a) 立体图   b) 平面图

图 1-0-5-14   绕山包螺旋式展线

一条较长的越岭线,由于地形的变化,常常是各种展线方法的综合运用,布线时只有善于利用地形特点,通过全面分析,综合考虑,运用各种展线形式,才能做出较好的布局方案。

四 山脊线与山坡线

山脊线是指公路大体沿分水岭方向所布设的路线,分水岭一般平缓、起伏不大、岭脊宽厚的山脊是布设山脊线的理想地形。但一般连续而又平缓的山脊很少,因此长距离的纯粹山脊线比较少见,它一般是作为越岭线的中间连接或沿河线的比较线而考虑。当路线沿山脊方向布线,一些较低的垭口和山脊线的高差大,路线纵坡无法满足要求时,可把山脊线移至山腰上,使路线沿分水岭的侧坡和垭口之间穿行,成为山坡线,所以,山脊线和山坡线是密切相关的。

1. 山脊线的特点及选择条件

山脊线的特点是里程短,土石方工程小,水文地质条件好,路基稳定,地面排水好。桥涵构造物和防护工程少。不利因素是线位高,离居民点较远,水源和筑路材料缺乏,服务性差,在冬季云雾、积雪、结冰对行车和养护不利等。采用山脊线方案时应满足以下要求：

(1)路线总方向和分水岭(山脊)的方向基本一致。

(2)分水岭在平面上能满足线形要求，不过分迂回；在纵面上能满足纵坡的要求，特别是垭口之间的高差不过分悬殊。

(3)没有岩堆、软弱岩层等不良地质现象。

由于山脊线基本上是沿分水岭前进，所以走向明确，因此布线的关键是如何连贯山脊上的各个控制垭口，选择条件好而接近分水岭的侧坡布线。

2.控制垭口的选择

在山脊线上往往是峰峦、垭口相间排列，满足路线总方向可供山脊线通过的垭口不止一个，如图1-0-5-15所示，可有B、C、E 3个不同的垭口选择，当分水岭方向直顺，起伏不大时，几乎每个垭口都可考虑布线。如地形复杂，起伏较大，各垭口高低悬殊时，则舍去高垭口，留下低垭口为路线的控制点；如在有支脉横隔的情况下，对相距不远的并排几个垭口均可布线，选择其中一个垭口前后布线条件较好的作为首选方案。

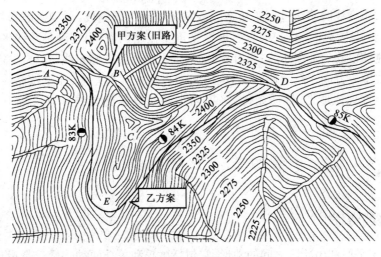

图1-0-5-15　山脊线方案比较

此外，控制垭口的选择还必须和分水岭两侧的布线条件联系起来考虑，在侧坡选择和试坡布线中，对初选的控制垭口加以取舍，确定推荐方案。

3.侧坡的选择

分水岭的侧坡是山脊线主要布线地带，选择哪一侧坡通过，要综合分析比较决定。一般选择坡面整齐、横坡平缓、路线短捷、地质稳定、无支脉横隔的向阳山坡布线较为理想，以取得平纵线形好、工程量小及路基稳定的效果，如图1-0-5-15所示。

4.试坡布线

在两个控制点之间布线，应力求距离短捷，坡度平缓。如果控制垭口中间没有地形地质上的障碍，应以均匀坡度沿侧坡布线，连接两垭口，当有障碍或难点工程时，要加设中间控制点，以调整避让。

图1-0-5-16为山脊展线示意图。路线首先由山下采用回头展线，升坡到山脊(图中A段)；到山脊后，循分水岭前进，遇山脊高峰，则选择有利一侧山坡布线(图中B段)；如线路

继续前进,遇见个别低垭口(图中 C 点),前后路段又无法降低,则考虑用路堤或建旱桥通过;如垭口出现陡坎,按具体情况采用螺旋式展线(图中 D 段)或回头展线升坡前进;当山脊自然坡度接近路线最大纵坡时,可寻求较缓山坡,适当展线前进(图中 E 段);当山脊自然坡度超过规定最大纵坡时,需选择有利地形进行展线(图中 F 段)。

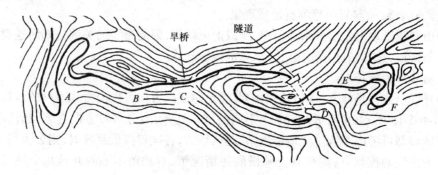

图 1-0-5-16　山脊展线示意图

综上所述,山脊线的布线过程要从选择控制垭口到选择侧坡,再到试坡布线,彼此互相联系,互相影响,其中多个垭口间的自然坡度是重要控制因素,当它满足路线平均纵坡的要求时,可以沿侧坡以均匀坡度布线;当有支脉时,也可选择沿支脉布线,这样就需要在路线长度和工程量、线形等方面比较后确定;当垭口间的自然坡度高差大,无法按路线的平均纵坡布线时,就要根据具体地形、地质条件,采用回头展线或螺旋展线、旱桥、隧道等措施进行布线。

第四节　丘陵区选线

一　路线特征

丘陵是介于平原和山岭区之间的地形,它包括微丘和重丘两种。微丘是指丘岗低矮、顶部浑圆、地面自然坡度平缓(20°以下)、相对高差不大(100m 以内)的地区;重丘是指丘岗较高,地面起伏较大,但无明显的山岭自然形态要素(山顶、山坡、山脚)、地面自然坡度较陡(20°以上)、相对高差不大的地区。它们的总体特征是地势平缓起伏,山丘连绵交错,岗坳迂回曲折,横坡平缓自然,形态要素朦胧,地形、地貌多变。

丘陵区农业比较发达,土地种植面积广,种类多,小型水利设施也较多,居民点、建筑群、风景区、文物点时有出现,这些都是在布线时需要考虑的因素。

丘陵区多变的地面形态,决定了丘陵地区的路线特征:局部方案多;为了充分适应地形,路线纵断面将会有起伏,平面也必将是以曲线为主;路线平纵横三个方面相互制约和相互影响。丘陵区路线如图 1-0-5-17 所示。因此,选线时不应只顾纵坡平缓而使路线弯曲,平面标准过低;或只顾平面直捷、纵坡平缓而造成高填深挖,工程量大;或者只顾工程经济,过分迁就地形,使平纵面过多使用极限和接近极限的指标。丘陵区的线路布设更能体现出综合考虑,布线方法应随路线行经地带的具体地形而采用不同的布线方式。

图 1-0-5-17　丘陵区路线

二 路线走向的选择

如图 1-0-5-17 所示,丘陵区路线走向的选择,一般情况下应按地形大势来选定它的走向,合理的方案往往不是最直最短的路线。因为丘陵区路线平、纵、横三方面制约较严,路线短直,造成高填深切,工程量大,占田过多,破坏自然景观和生态平衡。也不随地形变化而变化,不填不切过分曲折、起伏频繁的路线,从而使行车条件恶化,达不到公路使用性质和任务的要求。因此选线首先要摸清路线总方向所规定经过的主要控制点之间的地形情况。为此,可先利用国家已有的小比例尺地形航拍片,顺总方向两侧寻找路线可能通过的山沟、山梁和垭口,掌握地形变化的规律。然后深入实际,通过视察和初步测量,做到不遗漏任何一个可以考虑的方案。最后选择几个可行的方案进行比较,确定路线走哪个山沟,翻越哪道山梁,穿越哪个垭口,在什么地方跨河,先靠近哪个村镇等,从而建立一系列控制点。

当路线总方向上的局部地形是狭长的分水岭时,在岭的两侧必有山沟。丘陵区分水岭虽多为宽脊,但平面上往往曲折且纵断面起伏频繁,路线只能利用宽脊的垭口作为中间控制点,路线布置在脊的两侧山坡上。这就要比较两侧山坡和山沟内土地种植情况、支沟分布情况、农田水利设施和居民点的分布情况,一般应走土地产量低、支沟少、对水利设施干扰少和为居民点服务好的一侧。

当路线总方向上的局部地形是连续跨越几道山梁和山沟时,低垭口和窄山沟可考虑作为中间控制点。如局部地形是比较宽的田垄,路线不能盲目求直,应选择田垄较窄处或其间有稍高地势处作为中间控制点跨过,这样路线占用高产田少,且路基稳定性好。

三 路线的布设

在丘陵区布线,首先要因地制宜,掌握好线形技术指标。一般丘陵地形按平原区掌握,而重丘陵区则按山岭区方式处理。等级高的路要强调线形的平顺,路线只和地形大致相适应,不迁就丘陵区微小的地形变化;等级低的则较多考虑小地形,以节省工程投资。各级路线都要避免不顾纵坡起伏,片面追求长直线,或不顾平面过于弯曲,片面追求平缓纵坡的倾向;都应注意平、纵、横三方面协调,考虑驾驶员和乘客的视觉和心理效应。

丘陵区路线的布设,要考虑横断面设计的经济合理性。在一般横坡平缓地段,可采用半填半挖或填多于挖的地基;横坡较陡的地段,则宜采用全挖或挖多于填的路基,并要注意纵向土石方平衡,以减少废方和借方,尽量少破坏自然景观。

丘陵区农林业比较发达,土地种植面积很广,低地为稻田,坡地多为旱作物和经济林,小型水利设施多,布线时要注意支援农业,尽可能和当地的整田造地及水利规划密切配合。

根据上述要求,针对不同地形地带,采用不同布线方式。根据选线实践经验,可概括为三类地形地带和相应的三种布线方式,其要点如下:

1. 平坦地带——走直连线

路线遇平坦地带,如无地质、地物障碍影响,可按平原区以直线方向主导的原则布线(图 1-0-5-18);如有障碍或应联系的地点,则加设中间控制点,相邻控制点间仍以直线相连,凡线路转弯处,设置与地形协调的长而缓的曲线。走直线时,要注意有关规范对长直线长度的限制。

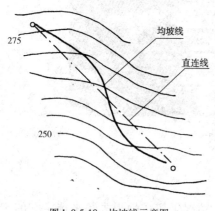

图 1-0-5-18 均坡线示意图

2. 具有较陡横坡的地带——走匀坡线

在具有较陡的横坡地带,两个已定控制点间,如无地形、地物、地质上的障碍,路线应沿匀坡线布设。均坡线是两点间顺自然地形以均匀坡度所定的地面点连线(图 1-0-5-18),这种坡线常需要多次试放才能求得。两个已定控制点间如有障碍,则在障碍处加设控制点,相邻控制点间仍沿均坡线布设。

3. 起伏地带——走直连线与匀坡线之间(即走中间)

路线遇横坡较缓的起伏带,如走直线,纵向坡度大,势必出现高填深挖,如走直线,路线迂回,里程增长不合理。因此要在匀坡线和直线中间进行布线,选择平面顺适、纵坡均衡的地段穿过较为适宜。但路线具体位置,要视地形起伏程度及路线等级要求而定。对于较小的起伏,在坡度和缓前提下,考虑平面与横断面的关系,一般是低级路工程宜小,路线可偏离直线稍远(图 1-0-5-19 中方案 Ⅱ),高等级路可将路线定得离直线近些(图 1-0-5-19 中方案 Ⅰ),高速公路走直线。

对于较大的起伏地带,两侧高差常不相同,高差大的一侧的坡度常常是决定因素,一般以高差大的为主,结合梁顶的挖深和谷底的填高来确定路线的平面位置。如图 1-0-5-20 所示,A、B 间跨一谷地,靠 A 一侧高差大、坡度陡,当梁顶 A 可多切,谷底 D 可多填时,路线放坡可得 ADB 线;若 A 少切,谷底 C 少填时,放坡可得 ACB 线。

总之,在丘陵地区选线,由于可通的路线方案较多,各路线方案之间的优缺点不很突出。因此,要多跑、多看、多问,经过详细分析比较,然后决定一条最适合的路线。对于地方性路线,特别要征求当地政府及群众的意见,以使公路在公路运输网中发挥应有的地位和作用。

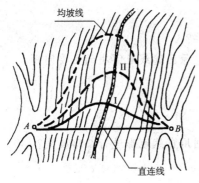
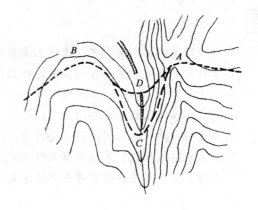

图 1-0-5-19　较小起伏地带路线方案　　　　图 1-0-5-20　较大起伏地带路线方案

本 章 小 结

(1)公路选线在公路测设的整个过程中具有举足轻重的作用。一条公路的设计好坏,工程造价等与公路选线、定线有直接影响。但公路选线是一件灵活性很大的工作,影响因素很多,具有较强的经验性。

(2)对于平原地区,地形平坦,纵坡限制少,但居民点多、建筑物多、耕地多、河网交叉,湖泊、水塘、河汊多,选线时要综合考虑路线与城镇、路线与农田水利、路线与桥位的关系,注意土壤地质水文条件,根据不同情况,抓住主要矛盾,充分利用自然条件,合理远定路线。

(3)沿溪(河)线是沿着山岭区内溪河的两岸布设路线。这种路线在平面随溪河的地形而变动。选线时要综合解决路线选择走河的哪一岸、路线线位放在什么高度、路线选在什么合适地点跨河等三个问题,而这三个问题又互相联系、互相影响、互相制约,选线时要抓住主要矛盾,根据公路等级并结合具体地形因地制宜的解决。

(4)越岭线是路线走向与山脉方向大致垂直而必须在垭口穿越时,常常采用的一种路线。其主要特点是路线需要克服较大的高差,路线的长度和位置主要取决于路线纵坡的安排。因此,在越岭线的选线中,以路面的纵断面设计为主导。越岭线布局主要是解决垭口的位置、过岭高程的选择和垭口两侧路线的展线。垭口是路线布局的重要控制点,它确定了路线的走向;过岭高程,控制着纵坡的大小;展线的方法决定了路线的长度,这三个方面互相联系、互相影响,布局时要综合考虑。

(5)丘陵地形介于平原和山岭之间,它具有平缓的外形和连绵不断的丘岗,地面起伏较多。由于丘陵区地形形态复杂,受地形限制小,路线的可能方案较多。选线时要根据具体地形和公路等级分别对待,做到使用质量和工程经济的正确统一,平、纵、横三方面综合考虑,协调一致,防止不顾工程,硬拉直线和不顾技术标准,随弯就弯和随坡上下的倾向。

(6)山坡线是在山坡半腰上布置的路线,它介于越岭线与沿溪(河)线之间。这种路线随着山坡而行,平面线形可能弯曲较多,纵坡比较平缓,路基多为半填半挖形式,有时需要修建挡土墙。在山岭地区路线从沿溪(河)线过渡到越岭线时经常使用山坡线。

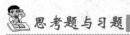
思考题与习题

1. 选线的基本原则有哪些？选线主要步骤有哪些？
2. 平原地区选线的主要控制因素是什么？简述平原区选线应解决的主要问题。
3. 何谓沿溪线、越岭线、山脊线？
4. 简述沿溪线选线应解决的主要问题。
5. 简述越岭线选线应解决的主要问题。
6. 什么叫路线展线？展线有哪几种方式？怎样利用自然地形进行公路展线？
7. 丘陵地区公路选线时应考虑哪些主要因素？

第六章　公路定线

教学要求

1. 描述纸上定线和实地定线的方法与步骤,并能通过纸上定线提供正确的设计成果。
2. 描述纸上移线的方法与步骤,能根据具体情况和有关因素,实施实地定线和纸上移线。
3. 描述山区越岭线放坡布线的方法与步骤,能在不同地形、地物和地质条件下,合理选定弯道平曲线半径和曲线长度。

第一节　纸上定线

纸上定线是指在大比例尺(一般以1:1000和1:2000)地形图上确定公路中线的位置。

公路定线按不同的地形条件,所要解决的重点不同。如平原微丘区的地形比较平缓,路线的纵坡一般不受高程限制,定线的重点是如何正确地绕越平面上的障碍,使控制点间的路线顺直短捷;山岭重丘地形复杂,高差大,横坡陡,定线的重点是如何利用有利地形,安排好纵坡,避免工程艰巨和不良地质地段。现以路线平、纵、横面受限制越岭线为例,对纸上定线的方法与步骤阐述如下:

1. 拟定线路走向

在大比例尺地形图上,根据路线的起、终点和中间控制点,仔细分析控制点间的地形、地质及地物情况,选择地势平缓、山坡顺直、河谷开阔及有利于回头展线的地点等,拟定路线各种可能的走向,完成路线的总体布局。

2. 放坡试线

设等高线间距为 h,选用的平均坡度 $i_{均}$ 为 5.0%~5.5%(视相对高差而定),则等高线平距 $a = h/i_{均}$。如图 1-0-6-1 所示,从垭口 A 点开始,使两脚规的开度等于 a(比例与地形图相同),自上而下依次在等高线上截取 a、b、c 等点,直至 D 点附近。如果放到 D 点时其位置和高程均接近 D 点,说明放坡试线方案成立,否则应调整或修改走向重新放坡试线,直至方案成立。将已定的 A、a、b、c…D 各点连成折线,该折线称为均坡线。

3. 定导向线

根据已得到的均坡线,分析所行经地带的地形、地物及工程艰巨情况,选择出避让或绕越的中间控制点。如图 1-0-6-1 中均坡线在 B 处陡崖中间穿过,而且有利于设置回头曲线的 C 点也没有利用,为此必须将 B 和 C 两处定为中间控制点,调整 B、C 两处前后路线的纵坡,仿照上法在等高线上截取 a'、b'、c'……各点，将 A、a'、b'、c'……D 各点连成折线，称为导向线。

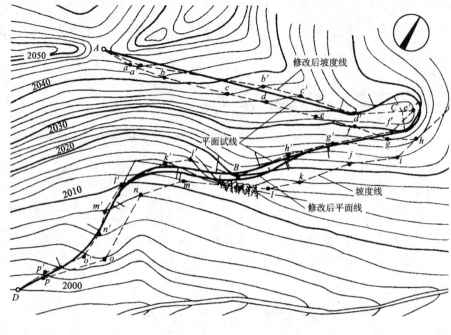

图 1-0-6-1 纸上定线

4. 修正导向线

（1）根据导向线初步拟定出平面试线，注明平曲线半径，量出地形变化特征点桩号及地面高程，绘制概略纵断面图，设计纵坡，计算出各桩号概略设计高程。

（2）在平面试线各桩号的横断面方向上，根据各桩号的概略设计高程，绘制横断面地面线，用路基模板在横断面图上绘出路基中线不填不挖、工程最经济或起控制作用的最佳位置，以及路基中线可以活动的范围，如图 1-0-6-2 所示。将用上述方法取得的最佳位置点，用不同的符号标在横断面图上，这些点的连线称为修正导向线，可作为最后定线的依据。

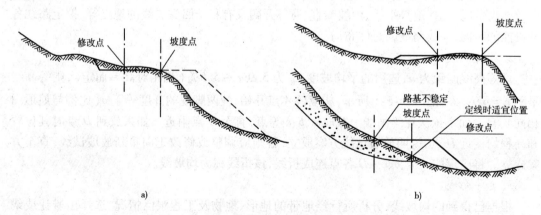

图 1-0-6-2 修正导向线示意

5. 定线

纸上定线是在已定修正导向线的基础上,按规定的技术标准进行最后定线,具体操作有以下两种做法:

(1)直线形法。在修正导向线上,按照弃少就多,保证重点的原则,先用直线尺绘出与较多地形相适应的各个直线段,然后用半径适当的圆曲线把相邻直线连接起来。当地形复杂、转折较多或弯道处控制较严时,也可先确定圆曲线,然后用直线把圆曲线连接起来。

(2)曲线形法。此法适应于以曲线为主的连续线形。具体定线时仍以修正导向线为基础,但定线的过程与直线形法相反,即根据导向线受地形、地物控制的宽严程度,先用不同的圆弧分别去吻合曲线地段,定出圆曲线部分,然后在相邻曲线之间用合适的缓和曲线顺滑连接。若相邻圆曲线之间相距较远,可根据需要插入直线段,形成一条以曲线为主的连续平面线形。

6. 纵断面设计

路线确定以后,量出路中心线穿过每一等高线的桩号及高程,绘制纵断面图,点绘地面线,进行纵坡设计。根据设计纵坡,检查所定路线是否经济合理,如填挖过大,应进行修改。修改是调整纵坡还是改移中线,或两者都改,应对平、纵、横三方面充分研究后确定。

纸上定线是一个反复试定线路的过程,平面试线的修改次数越多,最后所定路线的设计质量越高,直到认为再修改已得不到显著效果时,纸上定线工作才算完成。

路线确定以后,量出路中心线穿过每一等高线处的桩号及高程,绘制纵断面图中的地面线,进行纵坡设计。

第二节 实地定线

实地定线是指设计人员在现场通过反复试插路线,直接选定交点的定线方法,是低等级道路定线的常用方法。定线的原则与纸上定线相同,但定线条件会改变。实地定线时,由于定线人员直接面对实际地形、地物、地质及水文等具体情况,因此要求定线人员有一定的选线经验,要不怕辛苦,不怕麻烦,要多跑、多看、多问,摸清路线所经地带的地形、地质等变化情况,反复试定线路,才能定出好的路线。

在平原微丘区实地定线时,其要点是在路线布局和逐段安排阶段确定的控制点之间,结合各种因素,进一步选定影响中线位置的小控制点,然后根据这些小控制点,大致穿出直线,再结合路线的标准,进一步调整各段直线,使其在满足路线标准的前提下,再延长相邻两直线交出交点。所谓小控制点,就是结合路线标准,在平、纵、横三个方面对局部路线位置起控制作用的点。此外,在具体穿线定点时还应考虑两交点之间的直线长度、平面视距、纵坡度和平纵面线形的协调组合,以及路线与桥梁、路线与其他特殊构造物的配合等问题。

山岭区越岭线实地定线的方法和步骤如下:

1. 分段安排路线

在路线全面布局中所拟定的主要控制点之间,根据地形、地质、水文等情况,自上而下用粗略试坡的方法确定中间控制点及路线轮廓方案。

2. 放坡

放坡是为了解决越岭线中的纵坡合理分配问题,实质上就是对路线设计的限制因素,如最大纵坡、最大与最小坡长及平均纵坡等进行合理的处理。放坡是越岭线定线的一个重要的环节,它对争取高程,处理好平、纵、横之间的关系起着重要作用。

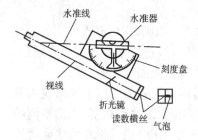

图 1-0-6-3 带角手水准

目前越岭放坡一般常采用带角手水准,如图 1-0-6-3 所示。使用时用手水准横丝瞄准前方相等视线高的目标,旋转刻度盘,使气泡居中,此时刻度盘上指针所指的度数,即为视线高至目标间的倾斜角度。将此读数乘以 1.75 即为纵坡度。

放坡时可采用平均坡度和设计坡度两种放坡方式。

(1)按平均坡度放坡。根据《标准》规定的平均坡度值 5.0%~5.5%(按相对高差而定),视具体地形确定适当的纵坡度,然后实地放坡。按平均坡度放坡只起到在一定长度范围内控制高差和水平距离的作用,优点是放坡速度快,但没有反映公路等级对平均纵坡的不同要求以及地形、地质变化的情况。

(2)按设计坡度放坡。根据《标准》规定的平均坡度值 5.0%~5.5%,结合地形、地质、水文等具体情况分段、合理地拟定纵坡,使放出的坡度基本上就是以后纵断面的设计纵坡。此法放坡时工作量大,但能使实地定线的准确性提高,一般的越岭线常用此法放坡。

放坡一般从最高控制点(如垭口)开始,一人用带角手水准,对好选用纵坡的相应倾斜角度;立于控制点处,指挥前点人员手持花杆在山嘴、山坳等地形变化处、计划变坡处及顺直山坡上每隔一定距离定点,插上坡度旗,并在旗上注明选用的纵坡值。照上述方法定出的这些坡度点的连线,与纸上定线的导向线作用相同,也称为导向线。放坡传递坡度时,要估计平曲线的大概位置及半径,以便考虑纵坡折减。对拟定要跨的山沟和要穿的山嘴或山脊放坡时要"跳"过去,否则会使放出的坡度与设计纵坡误差太大,若准备对山沟或山嘴进行绕越,则坡度要放缓,距离要打一定的折扣。

3. 与横断面进行核对

放坡定出的坡度线(即导向线)主要是从纵坡安排方面考虑的,对路基稳定特别是横断面上的填挖方数量考虑较少,因此,还应根据路基设计的要求,在坡度线上,选择横坡较陡或高填、深挖的特征点位置,定出横断面方向上相应特征点(如经济点、控制点和路中线最合适的位置点)等,并插上标志。

4. 穿线定交点

根据放坡所定的导向线和插上标志的特征点进行实地穿线。穿线时应在满足平面线形要求的前提下,尽可能多地靠近或穿过导向线和各特征点,特别要注意穿过控制性严的点,裁弯取直,使路线平、纵、横三个面配合协调,穿出与地形相适应的若干直线,延伸相邻两条直线定出交点,即为路线的导线。穿线交点这一步工作很重要,定线人员必须反复试插,多次修改,才能定出理想的路线。

5. 设置平曲线

路线导线确定以后,即可根据交点偏角及附近地形、地质等情况,确定合适的圆曲线半径并敷设平曲线。

6. 纵断面设计

根据有关外业资料,绘制纵断面图,进行纵坡设计,详见第一篇第三章第五节。

实地定线的纵坡设计,一般都是在平面已经确定的基础上进行的。虽然实际定线时,已充分考虑了纵面及横面的具体要求,但限于定线的经验、视野以及对所经地形、地质的了解程度,定出的路线难免会顾此失彼,存在着一定的局限性。因此,实地实线的室内纵坡设计,不仅要解决工程经济和技术标准问题,还要实现平、纵面线形的配合和协调,这就要求设计人员不断调整纵坡,通过反复试坡修改,才能取得满意的结果。

在纵断面设计中,如果靠调整纵坡无法满足要求时,则应考虑调整平面线形。若平面线形改动不大,可根据已有路线导线和横断面资料,绘制带状平面图,通过纸上移线的办法解决。若工程经济与平、纵面线形配合矛盾很大时,平面线形必须作重大的改动,此时应按定线的具体要求,通过现场改线,重新定出路线。

第三节 纸上移线

一 纸上移线的条件

在公路定线过程中,往往由于定线时考虑不周、地形条件限制或其他原因,难免产生因平面中线位置不当致使工程过大、标准或线形不够理想等缺点。此时可在分析研究已定路线平、纵、横图纸资料的基础上,考虑移动路线,使设计达到经济合理的要求,它对提高设计质量,降低工程费用起着一定的作用。当路线设计出现以下情况时,应考虑纸上移线。

(1)当平曲线半径选择过小,以致影响纵坡折减或平面线形前后不协调,或平、纵线形配合矛盾突出时,应采取调整交点位置,加大半径或减少弯道的方法进行移线。

(2)因路线中线位置不当而使工程量过大、边坡过高,或须设置高挡墙和砌石工程时,仅靠调整纵坡无法达到目的,应考虑纸上移线,如图1-0-6-4所示。

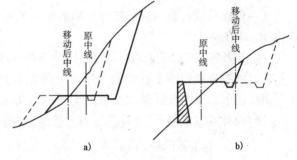

图1-0-6-4 横断面移线示意图

纸上移线应在实测横断面的范围内进行。对纸上移线原因与情况,应在纸上移线平面图上作扼要说明。由于实测横断面的范围有限,且离中线越远误差越大,故移距一般以小于3~5m为好。当移距较大时,应在定出移改导线后,实地放线重测。

二 纸上移线的方法和步骤

(1)绘制移线路段大比例尺(一般采用1:200~1:500)路线平面图,注出交点编号、曲线起、终点以及各桩位置,如图1-0-6-5所示。

(2)根据移线目的,在纵断面图上试定纵坡,算出各桩的填挖值。

(3)根据纵断面图上各桩填挖值,在横断面图上找出各桩最经济或控制性的路基中心线位置。量出偏移原中心线的距离(即移距),分别用不同的符号标记在平面图上。

(4)在保证重点照顾一般的原则下,参照平面图上标记,经反复试定修改,定出改移后的导线,即图1-0-6-5中虚线。用正切法算出各交点偏角,并使移线与原线角度闭合。拟定平曲线半径,计算平曲线要素,绘出平曲线。

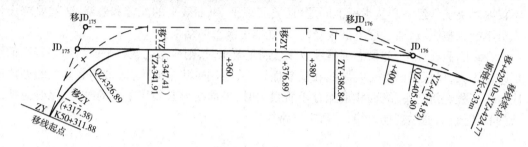

原曲线要素表

JD	α_z	α_y	R	T	L	E
175	68°49′		25	17.12	30.03	5.30
176		21°44′	100	19.20	37.93	1.83

移线曲线要素表

JD	α_z	α_y	R	T	L	E
175	68°49′		25	17.12	30.03	5.30
176		21°44′	100	19.20	37.93	1.83

原桩号	移线桩号	移距 左	移距 右
K50+311.88	K50+311.88	0	0
+326.89	+327.80	2.7	
+341.91	+345.30	4.9	
+360	+363.40	5.0	
+380	+383.40	4.8	
+386.84	+390.20	4.2	
+400	+404	2.4	
+405.80	+410	1.8	
+424.77	+429	0	0

注:
此段移线原因为土石方数量过大线位偏右。将JD_{175}与JD_{176}间直线平行左移5m,两曲线要素不变,断链长4.33m,土石方减少4000m³左右。

图1-0-6-5 纸上移线平面图

(5)根据移线起点与原线桩号里程的对应关系,推算移线后各新桩的桩号里程,算出长短链值,注在移线终点。

(6)按各桩在平面图上的移距,在相应各横断面图上绘出移线后的中桩位置,并注明新桩号。

(7)根据横断面图上移线前后中桩处的相对高差,在原纵断面图上点绘移线后地面线(用虚线表示),重新设计纵坡及竖曲线,如图1-0-6-6所示。

(8)设计路基横断面,并计算土石方数量,如图1-0-6-7所示。

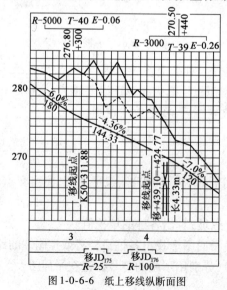

图1-0-6-6 纸上移线纵断面图

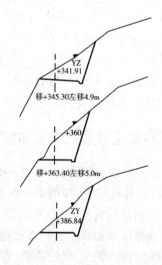

图1-0-6-7 纸上移线横断面图

第四节 平曲线半径及长度的选定

无论是纸上定线还是实地定线,在路线定线后,定线人员还要根据路线交点实际情况,酌情选定圆曲线半径。《标准》规定:各级公路不论转角大小均应设置圆曲线。在选用圆曲线半径时应与计算行车速度相适应,并应尽可能选用较大的圆曲线半径,一般情况下,宜选用大于技术标准所规定的不设高程的平曲线半径,只有当受地形地物或其他条件限制时,方可小于一般最小半径,不要轻易采用极限最小半径。

圆曲线半径的选定,除要与弯道本身所在位置的地形、地物条件相适应,使曲线沿理想的位置通过外,还要考虑与弯道前后的线形标准相协调,如在长而陡的坡道下端和长直线中间不宜插设小半径圆曲线,以及在陡坡上设小半径圆曲线要考虑纵坡折减的影响等。对于平曲线交点的选定,在"公路定线"一章中已有阐述,现将圆曲线半径选定的方法归纳如下。

一 根据外距控制半径

1. 平曲线半径的选定

在交点附近有地物,平曲线线位受地形、地物制约时,其半径的选定通常可以用单交点法或双交点法解决,平曲线预期通过的理想线位,一般是结合现场实际予以首先确定,然后按圆曲线要素几何关系来推算适应上述线位要求的相应半径值。对于转角不大,线位受限制不严的平曲线弯道,通常多采用单交点法,控制点位取曲线中点(QZ),根据预期中点线位至交点的实测距离 $E_{控}$ 按式(1-0-6-1)计算:

$$R = \frac{E_{控}}{\sec\frac{\alpha}{2} - 1} \tag{1-0-6-1}$$

式中:$E_{控}$——实测控制外距的外距,m。

上式求得的 R 值,一般应取 5m 或 10m 倍数的整数值。

[**例1**] 如图 1-0-6-8 所示为山岭区某三级公路,路线交点受一建筑物限制,已知交点偏角 $\alpha = 46°38'$。试求在不拆建筑物的条件下能够设多大的平曲线半径。

解 根据以上要求,首先应测出交点(JD)到建筑物间的距离(JD)B,实测结果为 14.87m。已知该弯道路基横断面如图 1-0-6-8 所示,若弯道加宽暂定 1m,取路基宽度为 7.5m,路基边沟宽度为 1.2m,安全值为 2.0m,则控制平曲线最大外距应不大于下列数值:

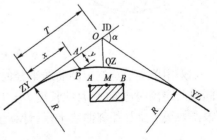

图 1-0-6-8 平曲线图

$$E_{控} = 14.87 - \left(\frac{7.5}{2} + 1.0 + 1.2 + 2\right) = 6.92(\text{m})$$

$$R = \frac{E_{控}}{\sec\frac{\alpha}{2} - 1} = \frac{6.92}{1.089 - 1} = 77.8(\text{m})$$

取整后 $R=80\mathrm{m}$。

当 $R=80\mathrm{m}, \alpha=46°38'$ 时,外距 $E=7.11\mathrm{m}$,路面加宽值查《标准》为 $1\mathrm{m}$,能满足要求。

如果单凭曲线中点(QZ)难以判断整个曲线是否与地形、地物全部吻合时,应补点进行复核。如上例应验核建筑物左上角是否阻碍路线,此时可自 A 点作切线的垂线交于 A' 点,量得 A' 至曲线起点(ZY)的距离 x,然后按已定的圆曲线半径 R 值,根据切线支距近似公式 $y=\dfrac{x^2}{2R}$ 求得相应 y 值,从而绘出曲线上对应点位 P 点。再根据 PA 间实有距离,即可判断路线能否通过,如有妨碍,则应重新调整半径,使其满足要求。

2. 用外距控制线位高低或工程数量

当路线相邻直线的等高线线位高程基本相同,此时平曲线部分的线位能与相邻直线大致在同一高程上最为合适,若按此求得的圆曲线半径值符合《标准》规定,则即为所求。此外,当路线绕越山嘴时,可按外距值的大小选择平曲线半径。其中 E 值越大,工程数量越大,具体选定半径可根据公路等级高低合理确定。

二 用切线长控制半径

圆曲线半径的选定,除受地形、地物制约外,有时还应考虑如何适应前后线形的要求。如当同向或反向曲线间直线长度较短时,为解决曲线敷设与衔接,通常采用限制切线长度的方法来推求圆曲线半径,如图 1-0-6-9a) 所示。当桥梁或隧道两端的曲线起、终点到桥头或隧道口留有一定长度的直线段时,如图 1-0-6-9b) 所示,此时圆曲线半径也应根据切线来选定。

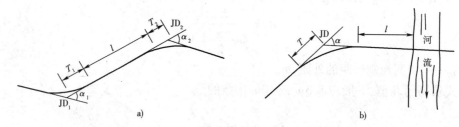

图 1-0-6-9 切线长度控制半径

采用单交点法选定圆曲线半径时,一般应首先留出《标准》规定的直线长度(当反向或同向曲线径向连接时,直线长度 $D=0$),然后选定出地形、地物控制较严的一侧曲线半径,再根据切线差反算相邻曲线半径,计算公式为:

$$R=\dfrac{T}{\tan\dfrac{\alpha}{2}} \qquad (1\text{-}0\text{-}6\text{-}2)$$

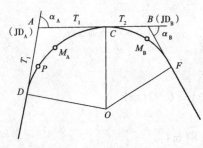

图 1-0-6-10 双交点法

采用双交点法选定曲线半径时,一般应先选择曲线适宜通过的点位 C 点(如图 1-0-6-10),然后通过 C 点作 AB 线交前后导线于 JD_A 与 JD_B,测量 α_A、α_B 及 AB 长度,最后按双交点等半径共切于 C 点关系用式(1-0-6-3)计算曲线半径值:

$$R = \frac{AB}{\tan\frac{\alpha_a}{2} + \tan\frac{\alpha_B}{2}} \qquad (1\text{-}0\text{-}6\text{-}3)$$

按上式计算出曲线半径后,应在现场定出圆曲线的起点 D、公切点 C 及终点 F,当以上三点通过验校无法满足合适线位时,可改为虚交点法或复曲线法选定曲线半径,如图 1-0-6-11 所示。

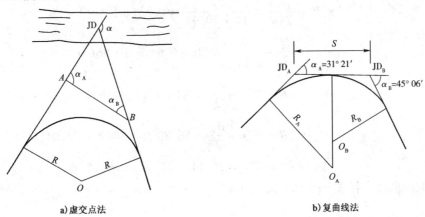

a) 虚交点法　　　　　　　　b) 复曲线法

图 1-0-6-11　曲线半径选定方法

对复曲线半径的选定,一般应先定出受地形控制较严的一侧曲线半径,然后反算相邻曲线半径,要求曲线通过理想线位外,还应注意两相邻曲线的半径值不宜相差过多,其比值一般以不大于 1.5 倍为宜。

[例 2]　如图 1-0-6-12 所示,JD_{16} 为双交点曲线,已知 $\alpha_A = 50°30'$,$\alpha_B = 42°02'$,$AB = 69.15\text{m}$,试求圆曲线半径。

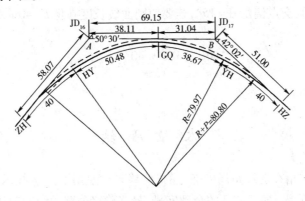

图 1-0-6-12　双交点曲线图

解

$$R + p = \frac{AB}{\tan\frac{\alpha_A}{2} + \tan\frac{\alpha_B}{2}}$$

$$= \frac{69.15}{0.47163 + 0.38420} = 80.80(\text{m})$$

选取 $l_h = 40\text{m}$,则

$$P \approx \frac{l_h^2}{24(R+P)} = \frac{40^2}{24 \times 80.80} = 0.83(\text{m})$$

$$R \approx 80.80 - 0.83 = 79.97(\text{m})$$

将 $R = 79.97\text{m}$ 代入 P 值计算公式校核,得:

$$P = \frac{l_h^2}{24R} = \frac{40^2}{24 \times 79.97} = 0.83(\text{m})$$

$$q = \frac{l_h}{2} - \frac{l_h^3}{240R^2} = 20 - 0.04 = 19.96(\text{m})$$

$$T'_1 = (R+P)\tan\frac{\alpha_A}{2} = 80.80 \times 0.4716 = 38.11(\text{m})$$

$$T'_2 = (R+P)\tan\frac{\alpha_B}{2} = 80.80 \times 0.3842 = 31.04(\text{m})$$

$$AB = T'_1 + T'_2 = 38.11 + 31.04 = 69.15(\text{m})$$

最后取圆曲线半径 $R = 79.97\text{m}, l_h = 40\text{m}$。

三 用曲线长控制半径

当已知交点偏角,其他条件不受限制时,如果圆曲线半径选的过小,则曲线长度太短显然对行车不利。此时应用圆曲线的最短允许长度来控制半径,其计算公式为:

$$R = \frac{180l}{\alpha\pi} \tag{1-0-6-4}$$

式中:l——要求的圆曲线长度,m。

[例3] 已知某交点偏角 $\alpha = 15°$,若要使圆曲线长度满足 $l = 40\text{m}$,求圆曲线半径。

解

$$R = \frac{180l}{\alpha\pi} = \frac{180 \times 40}{15\pi} = 152.79(\text{m})$$

取整后 $R = 155\text{m}$。

本 章 小 结

(1)公路定线是指在选线布局中确定的"路线带"范围内,根据技术标准结合地形、地质等条件,综合考虑平、纵、横三方面的合理安排,最终确定公路中线的确切位置。

公路定线是公路测设中的关键,它不仅要解决工程技术、经济方面的问题,还要解决公路与周围环境的协调,以及工程技术标准、国家政策等因素的影响。因此,定线人员要在把握定线技巧的基础上,充分了解公路的使用任务、功能和要求,吃透路线所经地区的地形、地质等情况,通过几个设计方案的比选、反复试线才能在众多相互制约的因素中,定出一条最佳的路线设计方案。

(2)公路定线根据公路等级、要求和条件,一般有纸上定线、实地定线和航测定线三种方

法。对技术等级高的、地形、地物复杂的路线,必须先纸上定线,然后把纸上所定的路线敷设到实地上。实地定线就是省略了纸上定线的这一步,直接在现场实地定线,一般适用于公路等级较低和地形等条件简单的路线。航测定线是利用航摄像片、影像地图等航测资料,借助于航测仪器建立与实地完全相似的立体光学模型,在模型上直接定线。

(3)纸上移线是指在公路实地定线过程中,由于考虑不周或受其他条件限制的原因,导致工程量过大、标准或线形不够理想时采取的一种补救措施,它对提高设计质量,降低工程费用起着一定的作用。纸上移线是在实测横断面的范围内进行的,同时应对移线的原因与情况在移线平面图上作扼要说明。

(4)在选用圆曲线半径及长度时,一是要考虑《标准》中最小半径和长度的要求,二是要考虑与弯道本身所在位置的地形、地物条件相适应,三是要考虑与弯道前后的线形标准相协调,四是要考虑工程量尽可能小,最后要尽可能地选用较大的圆曲线半径。

圆曲线半径及长度的现场选定,一般有根据外距控制半径、用切线长控制半径和用曲线长控制半径三种。但在具体运用时,影响因素很多。有时一个因素起主要作用,有时需要两个以上的因素同时考虑,并且相互制约,此时就需要通过分析比较后满足主要因素的要求,选定适宜的圆曲线半径。

思考题与习题

1. 简述纸上定线、实地定线的方法与步骤,并比较纸上定线与实地定线各有哪些优缺点?
2. 为什么要进行纸上移线?纸上移线的具体做法有哪些?
3. 越岭线放坡时,应考虑哪些问题?
4. 简述平曲线半径选定的一般规定、要求以及选定的具体方法。
5. 平曲线要绕过一建筑物,选定路线导线如图 1-0-6-13 所示,已知偏角 $\alpha = 17°17'13''$,缓和曲线长度 $l_h = 70m$,控制外距 E 不得大于 $7.0m$,试求平曲线最大半径值应为多少(取10m 的整倍数值)?

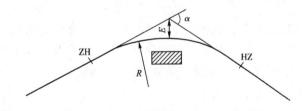

图 1-0-6-13 路线导线图

6. 某公路平曲线的偏角 $\alpha = 6°15'32''$,为了使曲线长度超过300m,平曲线半径最小选多少(取100m 的整倍数值)?

第七章 公路交叉设计

> **教学要求**
> 1. 描述并用实例说明交叉口中危险点的概念,描述消除冲突点的一般方法。
> 2. 说明交叉口设计的一般原则与要求,描述交叉口设计的主要任务。
> 3. 描述交叉口的类型及其选择依据,会进行平面交叉的平面设计与立面设计。
> 4. 描述立体交叉的类型及其适用场合。
> 5. 描述立体交叉中匝道的基本形式,知道匝道的平面、纵断面、横断面设计的主要参数。
> 6. 叙述公路与铁路、公路与农村道路、公路与管线交叉的形式、特点及相关规定要求。

第一节 公路平面交叉

路线交叉是公路的重要组成部分,是公路交通的"咽喉"。交叉按相交路线的高度不同,可分为平面交叉和立体交叉。当两条公路(或公路与铁路等道路)在同一平面上相交时,称为平面交叉;当两条公路在不同高度相交时,称为立体交叉。

一 平面交叉设计的内容与要求

公路与公路交叉时,交叉范围内的各种车辆和行人都要在交叉处汇集、通过或转换方向。由于它们之间的相互干扰,会使行车速度降低,阻滞交通,耽误通行时间,也易发生交通事故。因此,如何设计平面交叉,合理组织交通,提高平面交叉的通行能力,避免交通阻塞及减少交通事故,具有十分重要的意义。

平面交叉设计的基本要求是:一是保证车辆和行人能以最短的时间安全通过交叉口,使平面交叉的通行能力能适应各条公路的行车要求;二是正确设计平面交叉的立面,即通过合理设计,保证转弯车辆的行车稳定,同时符合排水要求。

平面交叉设计的主要内容如下:
(1)合理选择平面交叉形式与平面布置,并确定各组成部分的几何尺寸。
(2)平面交叉交通组织,合理布置各种交通设施。
(3)进行平面交叉视距保证,满足安全通行条件。
(4)平面交叉立面设计,合理布置各种排水设施。

二 平面交叉的交通分析

进出交叉口的车辆,由于行驶方向不同,车辆与车辆之间的交错方式也不相同。当同一行驶方向的车辆进入交叉口后,以不同的方向分离行驶的地点称之分流点;来自不同方向的车辆,以较小的角度,向同一方向汇合行驶的地点称为交织点;来自不同方向的车辆以较大的角度相互交叉的地点称为冲突点。此三类交错点存在相互尾撞、挤撞或碰撞的可能性,是影响交叉口行车速度、通行能力和发生交通事故的主要原因。其中,以直行与直行、左转与左转及直行与左转车辆之间所产生的冲突点对行车干扰及安全影响最大,其次是交织点,再次是分流点。因此,在进行交叉口设计时,应尽量采取措施减少或消除冲突点。

对无交通管制的情况,3路、4路和5路相交的平面交叉的冲突点、交织点及分流点分布情况如图1-0-7-1所示。

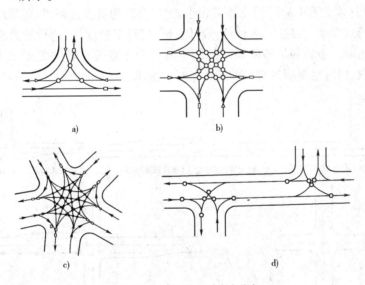

图1-0-7-1 平面交叉冲突点分布

从以上分析可知:

(1)在无交通管制的交叉口,会存在各类危险点,其数量随交叉道路条数的增加而急剧增大,特别是冲突点,其数量随交叉条数的增加呈级数增大。因此,在交叉口设计中,应尽量避免5条或以上的道路相交。

(2)产生冲突点最多的是左转弯车辆,由图1-0-7-1a)可知,若无左转弯车辆,则冲突点的个数由原来的16个减少至4个。若为5路交叉,则可以从50个减少至5个。因此,如何正确处理和组织左转弯车辆,是保证交叉口交通通畅和行车安全的关键。

减少或消除冲突点的措施有:

(1)建立交通管制。在交叉口处设置信号灯或由交警指挥,使直行车和左转弯车在通行时间上错开。如图1-0-7-1d)所示的4路交叉的冲突点个数由16个减少至2个。

(2)实行交通渠化。在交叉口处合理布置交通岛、交通标志和标线,或增设车道等,引导各方向车流沿一定的方向行进,减少车辆之间的相互干扰,使车流像水流一样被渠化。

(3)采用立体交叉。将相互冲突的车流从空间上分开,使其互不干扰。这是解决交叉口交通问题最彻底、最有效的方法。

三 平面交叉的形式

常用的平面交叉形式有"十"字形、"T"字形,及其演变而来的"X"形、"Y"形、错位、多路交叉等。这些交叉在平面上的几何图形,取决于规划公路网和临街建筑的形状。在具体设计时,根据交通量、交通性质以及不同的交通组织方式,一般可分为非渠化交叉、渠化交叉和环形交叉几种类型。

1. 非渠化交叉

在平面交叉转弯处,以圆曲线构成加宽来连接交叉公路的路基和路面或仅在平面交叉处增设转弯车道的形式称为非加宽式交叉,如图 1-0-7-2 所示。非渠化交叉可分为非加宽式[图 1-0-7-2a)、d)]与加宽式[图 1-0-7-2b)、c)、e)]两类。当主要公路的设计速度不大于 60km/h,或设计速度为 80km/h,但交通量较小,次要公路为县乡公路时,可采用非渠化交叉。非加宽式交叉形式简单,占地少,造价低,设计方便;但行车速度低,通行能力小,设计时主要解决合适的转角曲线半径和足够的视距问题。而对于加宽式非渠化交叉,设计时应主要解决拓宽的车道数,同时也要满足视距和转弯半径的要求。

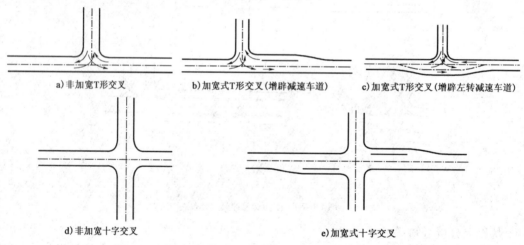

图 1-0-7-2　非渠化式交叉

2. 渠化平面交叉

通过在路面上设置导流岛,划分车道,设分隔岛、分隔带或交通岛等措施来限制车流的行车路线,使不同车型、车速和行驶方向的车辆沿着指定方向通过平面交叉的形式称为渠化平面交叉,如图 1-0-7-3 所示。渠化平面交叉适用于交通量大,车速较高,转弯车辆较多的三、四级公路,二级公路以及四车道以上公路交叉。设计时主要解决分道转弯半径问题,保证足够的视距并满足导流岛端部半径的要求。

3. 环形交叉

在平面交叉中央设置中心岛,用环道组织渠化交通,使所有车辆进入环道后均按逆时针方向绕岛单向行驶,直至所要去的路口离岛驶出的平面交叉称为环形交叉,如图 1-0-7-4 所示。环形交叉的优点是各种车辆可以连续不断地单向运行,没有停滞,减少了车辆在平面交叉的延误时间,环道上的行车只有交织或分流,消除了冲突点,提高了行车安全性;交通组织简便,不需信号管制;对多路交叉和畸形交叉,用环形交叉更为有效。

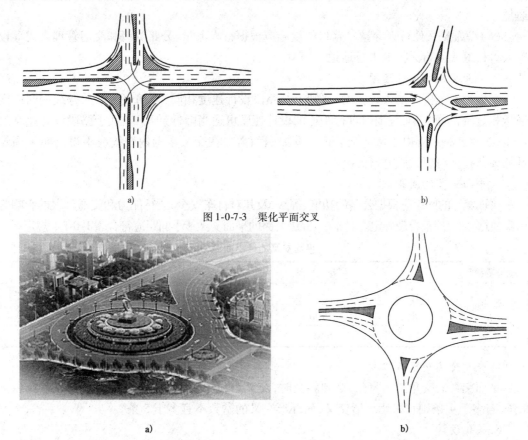

图 1-0-7-3　渠化平面交叉

图 1-0-7-4　"入口让路"环形交叉

环形交叉的缺点是占地面积大,增加了车辆的绕行距离,特别是左转弯车辆,造价相对高于其他形式的平面交叉。

四　公路与公路平面交叉的一般规定

1. 平面交叉设计原则

(1)平面交叉位置的选择,应综合考虑公路网现状和规划及地形、地物和地质条件等因素。平面交叉的形式,应根据相交公路的功能、等级、交通量、交通管理方式、用地条件和工程造价等因素确定。

(2)平面交叉选型应选用主要公路或主要交通流畅通、冲突点少、冲突区小,且冲突区分散的形式。

(3)平面交叉几何设计应结合交通管理方式并考虑相关设施的布置。平面交叉的几何设计应与标志、标线和信号设施一并考虑,统筹布设。在平面交叉范围内,相交公路线形的技术指标应能满足视距的要求。

(4)相交公路在平面交叉范围内的路段宜采用直线,当采用曲线时,其半径宜大于不设超高的圆曲线半径。纵面应力求平缓,并符合视觉所需的最小竖曲线半径值。

(5)平面交叉设计应以预测的交通量为基本依据,设计所采用的交通量应为设计小时交通量。

(6)平面交叉处行人穿越岔路口的设施应根据行人流量、公路等级和交通管理方式等设置人行横道或人行天桥或人行通道。

2. 平面交叉的设计速度

平面交叉范围内的设计速度,原则上与路段设计速度相同,当相交公路的等级相同或交通量相近时,平面交叉范围内直行车道的设计速度可适当降低,但不应低于路段设计速度的70%,次要公路一方由于保证交叉正交等原因而需要在交叉范围内改线或不得已而采用较低的线形指标时,可适当降低速度。

3. 平面交叉的间距

平面交叉的间距应根据公路的功能、等级,及其对行车安全、通行能力和交通延误的影响等因素根据标准、规范合理确定。对于一、二级公路的平面交叉最小间距应符合表1-0-7-1规定。

平面交叉的最小间距　　　　　　　　　　　表1-0-7-1

公路等级	一 级 公 路			二 级 公 路	
公路功能	干线公路		集散公路	干线公路	集散公路
	一般值	最小值			
间距(m)	2000	1000	500	500	300

4. 平面交叉交角与岔数

平面交叉的交角宜为直角,必须斜交时,交叉角应不大于45°。平面交叉岔数不宜多于4条,若多于4条则宜采用环形交叉,而环形交叉的岔数不宜多于5条。

5. 渠化设计

四级公路的平面交叉一般可不作渠化设计,但三级及三级以上公路均应进行渠化设计。对于4车道及其以上的多车道公路的平面交叉,必须做渠化设计。

五 平面交叉的勘测设计要点

1. 勘测要点

(1)搜集原有公路等级、交通量、交通性质、交通组成、交通流向等资料和远景规划。

(2)根据地形和其他自然条件以及掌握的资料,按照有关规定,拟定平面交叉形式。

(3)选定交叉位置和确定交叉点,使各相交路线在平、纵、横三方面都有良好的衔接,通常平面交叉设在原有公路的中心线上或中心线的延长线上。

(4)观测交叉角,进行中线、纵断面和横断面测量。

(5)若地形复杂时,为合理选择平面交叉的位置和形式,应详测平面交叉处的地形图。测图比例可采用1:200~1:500,当范围较大时,也可采用1:1000。

2. 设计要点

(1)平面交叉范围内相交公路应正交或接近正交,且平面线形宜为直线或大半径平曲线,尽量避免采用需设超高的圆曲线半径。对于新建公路与较低等级的既有公路斜交时,应对次要公路在交叉前后一定范围内作局部改线,使交叉的交角不小于70°。

(2)平面交叉范围内,相交公路的纵面应尽量平缓。纵面线形应大于最小停车视距要求。主要公路在交叉范围内的纵坡应在0.15%~3%范围内;次要公路上紧接交叉部分的引道应以0.5%~2.0%的上坡通往交叉。

(3)当主要公路在交叉范围内为设超高的平曲线时,次要公路的纵坡应服从主要公路的横坡。

(4)每条岔路和转弯车道上都应提供与行驶速度相适应的引道视距。在两相邻岔路间,由各自停车视距所组成的三角区内不得存在任何有碍通视的物体,如图1-0-7-5a)所示。当条件受限制不能保证由停车视距所构成的通视三角区时,则应保证主要公路的安全交叉停车视距和次要公路到主要公路边车道中心线5~7m所组成的通视三角区,如图1-0-7-5b)所示。安全交叉停车视距值规定见表1-0-7-2。

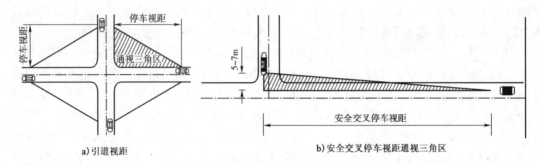

a) 引道视距　　　　　　　　b) 安全交叉停车视距通视三角区

图1-0-7-5　交叉通视三角区

安全交叉停车视距　　　　　　　　表1-0-7-2

设计速度(km/h)	100	80	60	40	30	20
停车视距(m)	160	110	75	40	30	20
安全交叉停车视距(m)	250	175	115	70	55	35

(5)平面交叉转弯曲线的线形及路幅宽度应以转弯时的行迹作为设计控制。当交通量不大且公路等级低时可不设专门的右转弯车道。设置分隔的右转弯车道时,行驶速度不宜大于40km/h;当主要公路设计速度小于或等于60km/h时,右转弯行驶速度不宜低于设计速度的50%。

(6)转弯路面内缘的最小曲线半径可按表1-0-7-3取用。

路面内缘的最小半径　　　　　　　　表1-0-7-3

转弯速度(km/h)	≤15	20	25	30	40	50	60	70
最小半径(m)	15	15~20	20~30	30	45	60	75	90
最小超高(%)	2	2	2	2	3	4	5	6
最大超高(%)	一般值:6;绝对值:8							

(7)转弯路面的边缘,其线形应符合转弯时的行驶轨迹。简单的非渠化交叉中,在半挂车比例很小(≤10%)的情况下,可在相交路面边缘设置半径为15m的圆曲线或在圆弧两端设缓和曲线。以鞍式列车控制设计时,相交路面的边缘应采用图1-0-7-6所示的复曲线。渠化平面交叉的右转弯车道,其内侧路面边缘应采用三心圆复曲线,左转弯内侧路面边缘以一

单圆曲线来控制分隔岛端的边缘线。

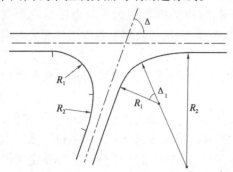

$\Delta(°)$	$R_1(m)$	$R_2(m)$	Δ_1
70~74	18	80	53°30′~58°50′
75~84	17	80	58°55′~68°00′
85~91	16	80	69°00′~75°00′
92~99	15	80	76°00′~83°00′
100~110	14	90	84°00′~95°00′

图1-0-7-6 路面边缘的复曲线

(8)平面交叉中转弯车道的加宽值可采用单车道加宽值,转弯车道或加铺转角部分可采用较小的超高横坡度。形式简单或规模较小的平面交叉在特殊困难情况下若能保证排水良好可不设超高。加宽与超高过渡方式应与公路平面线加宽与超高过渡方式一致。

(9)平面交叉处的排水设计是一项重要内容。设计时应绘制排水系统图,并注明流向和坡度等。在公路用地范围内所降的雨水等由路基和路面排除,公路用地范围外的地面水不允许流入交叉处的路面范围。当平面交叉位于设计速度大于等于60km/h的公路上或平面交叉的立面设计比较复杂时,宜绘制等高距为0.05~0.10m的路面等高线图,以检查路面排水效果。

(10)平面交叉处的交通量较大时,应作渠化设计,即采用交通岛、路面标线等设施疏导车流。渠化的行驶路线应简单明了,并应避免交通流的分流、合流集中于一点。导流的宽度应适当,过宽会引起车辆并行行驶而导致交通事故。驾驶员驶近导流设施前应能醒目地觉察到导流设施的存在。交通岛的端部应视情况设置标志、标线和照明等设施。

六 平面交叉立面设计

1. 平面交叉立面设计的一般要求

公路平面交叉的立面设计,是确立相交公路之间相互协调的共同立面,以保证汽车安全行驶、路面正常排水以及线形美观的要求。立面设计主要取决于相交公路的等级、交通量、横断面形状、纵坡的大小和方向以及当地的地形条件。进行立面处理时,首先应满足主要公路的行车线形,在不影响主要公路安全行车的条件下,有时也可适当改变主要公路的纵、横坡度,以照顾次要公路的行车线形。平面交叉立面设计的一般要求如下:

(1)主要公路通过交叉口时,采用"主路优先"交通管理方式的交叉,其设计纵坡维持不变。

(2)当相交公路的等级相同且交通量相差不大时,两条公路的设计纵坡维持不变,只改变它们的横坡度(一般是改变纵坡较小的公路横断面形状)。

(3)当相交公路的等级和交通量都不相同时,主要公路的纵坡和横断面保持不变,次要公路的纵坡随主要公路的纵坡改变,即次要公路的双向倾斜的横断面应逐渐过渡到与主要公路的纵坡一致的单向倾斜横断面。

(4)为保证排水,设计时应尽可能有一条公路的纵坡方向背离交叉口。

2. 平面交叉立面设计的基本类型

平面交叉立面设计的形式,主要取决于相交公路的纵坡和横坡度、地形以及平面交叉交通量和排水要求。公路平面交叉立面根据其纵坡方向的不同,可分为6种类型。

(1)处于凸形地形上,相交公路的纵坡方向均背离平面交叉。设计时使平面交叉的纵坡与相交公路的纵坡一致,适当调整平面交叉附近的路拱横坡,使雨水向4个转角方向排除。

(2)处于凹形地形上,相交公路的纵坡都指向平面交叉。这种形式对排水不利,应尽量避免。

(3)处于分水线地形上,有3条公路纵坡方向背离平面交叉。设计时应将纵坡指向平面交叉的公路路脊线在平面交叉处分为3个方向,相交公路的横断面不变,并在指向平面交叉公路处设置雨水口,以防止雨水进入平面交叉内。

(4)处于山谷线地形上,有3条公路的纵坡指向平面交叉而另一条背离平面交叉。设计时应尽量考虑在纵坡处设置转坡点并使纵坡方向背离平面交叉,而且使其转坡点的位置离平面交叉远一些。

(5)处于斜坡地形上,相邻两条公路的纵坡指向交叉口,而另两条则背离交叉口,设计时保证相交公路的纵坡不变,而将两条公路的横坡在进入平面交叉之前逐渐向相交公路的纵坡方向变化,使平面交叉处形成一个简单的倾斜面。

(6)处于马鞍形地形上,相对两条公路的纵坡指向平面交叉而另两条则背离平面交叉。设计时,相交公路纵、横坡都可按自然地形的平面交叉适当调整。

除以上6种组合外,还有一种特殊形式,即交叉口处于水平位置上。立面设计类型不同,有不同的使用效果,主要是与相交道路的纵坡方向的组合有关。所以,如要获得交叉口理想的立面设计效果,在进行公路纵断面设计时就应为立面设计创造有利条件。

3.立面设计的方法

平面交叉立面设计的方法有方格网法、设计等高线法、方格网设计等高线法3种。其中方格网法是将平面交叉范围内以相交公路的中心线为坐标基线打上方格网,方格网一般采用 $5m \times 5m$ 或 $10m \times 10m$ 且平行于路中心线,斜交公路平面交叉应选在便于施工放线的方向,测出方格网点上的地面高程并按一定要求计算出方格网点的设计高程,从而计算出施工高度以便计算其平面交叉的工程数量。设计等高线法是在平面交叉的设计范围内选定路脊线和划分高程计算网,算出路脊线及高程计算线上的设计高程,然后在平面交叉范围内勾出等高线,并计算出施工高度的方法。方格网设计等高线法则是将上面两种方法联合使用。

现把方格网法设计的一般计算方法介绍如下。

(1)在交叉口平面图上,平行于道路中心线画出 $5m \times 5m$ 或 $10m \times 10m$ 的方格网,如图1-0-7-7所示。

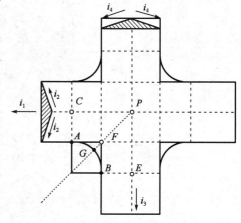

图1-0-7-7 方格网法

(2)根据路脊线交点 P 的控制点高程 H_P 可求出 A、C 点的高程。其计算公式为:

$$H_C = H_P - \overline{CP} \times i_1 \quad (1\text{-}0\text{-}7\text{-}1)$$

$$H_A = H_C - \overline{AC} \times i_2 \quad (1\text{-}0\text{-}7\text{-}2)$$

同理，可求得 B、E 点高程。

$\overline{PF}$延长线与缘石的相交点 G 可根据 F 点高程，按三点同坡的方法求得，其中 F 点高程可按下式计算：

$$H_F = \frac{(H_B + \overline{BF} \times i_3) + (H_A + \overline{AF} \times i_1)}{2} \tag{1-0-7-3}$$

其他缘石上各点高程可按 A、B、G 三点高程用补插法计算求得。同理可求得其他三个角处的高程。

4. 平面交叉设计成果

(1)平面布置图。比例一般采用 1:500～1:1000，图中标明路中心线、路面边缘线、缘石边线，图上标明交叉点、各交叉的起终点、交叉加桩、控制断面的位置和桩号，列出各交叉道的曲线要素表，且视需要列出各交叉公路段的纵坡值表。图中还应标出各控制断面的宽度、横坡度和两侧路面边缘高程。在平面交叉平面布置图上须注明各坡段的纵坡。

(2)纵、横断面图。除横断面图可用 1:100～1:200 的比例尺外，其余要求与一般路线的路线设计相同。

(3)平面交叉地形图和立面设计图。包括平面交叉设计资料一览表、平面交叉工程数量计算表等资料。

图 1-0-7-8 为公路平面交叉立面设计图。

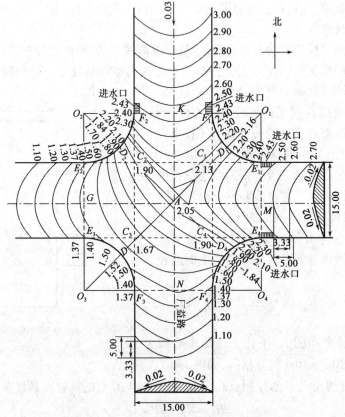

图 1-0-7-8　公路平面交叉立面设计图(尺寸单位:m)

第二节　公路立体交叉

高等级公路相交或相交公路之间交叉的交通量很大,平面交叉无法满足车辆正常运行要求时,或平面交叉处要求有较高的行车速度及较大的通行能力时,在地形条件许可的情况下,经技术经济比较,可采用立体交叉。立体交叉按有无匝道连接相交公路,可分为互通式立体交叉和分离式立体交叉两类。

一、立体交叉的基本组成

立体交叉按其为车辆服务的功能不同,可以分为主体部分和附属部分。立体交叉基本组成如图 1-0-7-9 所示。

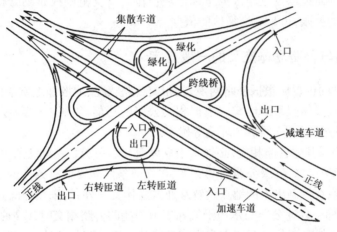

图 1-0-7-9　立体交叉基本组成

1. 主体部分

立体交叉的主体是指直接供车辆的直行、转向行驶的组成部分,包括跨越设施、主线、匝道三部分。

(1)跨越设施。跨越设施是立体交叉实现交通流分离的主体构造物。跨越设施是立交的重要组成部分,其工程量可占全立交的 50%~70%。

(2)主线。又称正线,是指相交公路的直行车道。两条相交主线在空间分离时有上线和下线之分。上跨的正线从立交桥到两端主线起坡点的路段叫引道,下穿的正线从立交桥下到两端主线的坡点的路段叫坡道。引道与坡道使相交的路线与跨线设施连接而实现空间分离。主线由于有引道、坡道,纵面起伏变化较大,再加上转弯匝道的进、出口均接于主线,并通过加、减速车道与主线连接,因而主线设计与一般路线相比要求不同。

(3)匝道。匝道是连接立体交叉的上线与下线的通道。匝道的线形和结构直接影响转弯车辆行驶的技术条件和立交本身的经济环境效益。因而匝道的布置和设计是立交设计的重要内容。

2. 附属部分

如图 1-0-7-10 所示,除上述三大主体部分外,立交的其他组成部分称附属部分,主要包括出口、入口、变速车道、三角地带、收费站等。

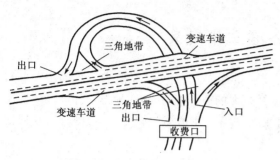

图1-0-7-10 立体交叉的附属部分

(1)出口与入口。出、入口是主线与匝道的结合部位。由主线驶出进入匝道的路口称为出口;由匝道驶入主线的路口称为入口。

(2)辅助车道。辅助车道是指在交叉口分、合流处,用作停车、减速、转弯、交织、载货汽车爬坡以及其他辅助直行交通运行的所有车道的总称。

(3)三角区及立交范围。在立交范围内,匝道与主线间或匝道与匝道间的旷地统称为立交三角区。三角地带是立交绿化和美化布置、照明以及布置设施等的用地。

立交范围是指交通交叉口的交点至各方向相交公路路口出、入口处变速车道斜带的顶点间包围的主线和匝道以及三角区的全部区域范围。立交范围线是划分路段与立交、立交与周围其他用地的界限,也是立交征地的依据。

二 公路与公路立体交叉的一般规定

(1)立体交叉的位置应根据公路网规划、相交公路状况、地形和地质条件、社会与环境因素等确定。互通式立体交叉的形式应根据相交公路的功能、等级、交通量及其组成、收费制式等,并综合考虑用地条件、经济与环境等确定。

(2)高速公路与其他公路相交,必须采用立体交叉。一级公路同交通量大的其他公路交叉,应采用立体交叉。二、三级公路间的交叉,在交通条件需要或有条件的地点,可采用立体交叉。交叉类型除在控制出入的地点设置互通式立体交叉外,均采用分离式立体交叉。

(3)高速公路间、高速公路与承担干线和集散功能的公路相交时或高速公路与连接其他重要交通源的连接线公路相交时或作为干线功能的一级公路与其他干线公路和集散公路相交时应设置为枢纽互通式立体交叉。枢纽互通式立体交叉的匝道应具有良好自由流的线形,匝道上不设置收费站,匝道端部不出现穿越冲突。高速公路、一级公路间及其与其他公路相交的互通式立体交叉应设置为一般互通式立体交叉,其匝道上可设置收费站,且高速公路出入口以外允许设置平面交叉。

(4)设置互通式立体交叉应根据交通量、远景规划及其在公路网中的作用,并结合地形、用地条件、投资等因素确定。

(5)互通式立体交叉标准间距:大城市、重要工业区周围为5~10km,一般地区为15~25km。最大间距不应超过30km,最小间距不宜小于4km。当受条件限制时,经论证相邻互通式立体交叉的间距可适当减小,但上一个互通式立体交叉的加速车道终点至下一个互通式立体交叉的减速车道起点间的距离不应小于1km。

(6)互通式立体交叉应满足建筑限界要求。

三 立体交叉的类型及适用条件

1. 按结构物形式分类

立体交叉按相交公路结构形式划分为上跨式和下穿式(隧道)两类。

(1)上跨式。用跨线桥从相交公路上方跨过的交叉方式。这种立交施工方便、造价低、排水易处理,但占地大、引道较长,高架桥影响行车视线和路容,多用于市区以外或周围有高大建筑物处。

(2)下穿式。用地道(或隧道)从相交公路下方穿过的方式。这种立交占地少,立面易处理,对视线及市容影响小,但施工复杂,造价高,排水困难,多用于市区。

2.按交通功能分类

立体交叉按交通功能可划分为分离式和互通式两类。

1)分离式立体交叉

分离式立体交叉是指相交公路之间设置一座跨线构造物(跨线桥或地道),使相交公路在空间上分离,上、下公路间无匝道连接的交叉方式。这种立体交叉结构简单,占地少,造价低,但相交公路的车辆不能转弯行驶,只能保证直行方向的车辆空间分离行驶。

分离式立体交叉主要适用于直行交通量大,转弯车辆少,可不设置转弯车道的交叉处及公路与铁路交叉处。高速公路与其他各级公路交叉时,除在控制出入的地点设置互通式立体交叉外,均采用分离式立体交叉,一般等级公路之间交叉时,因场地或地形条件受限制时,可采用分离式立体交叉,以减少工程数量,降低造价。

2)互通式立体交叉

互通式立体交叉是指不仅设跨线构造物使相交公路空间分离,而且上、下道之间有匝道连接,以供转弯车辆行驶的交叉方式。这种立交车辆可以转弯行驶,全部或部分消灭了冲突点,各方向行车相互干扰小,但立交结构复杂,占地多,造价高。互通式立体交叉适用于高速公路与其他各类公路、大城市出入口道路,以及重要港口、机场或游览胜地的道路相交处。

互通式立体交叉的基本形式按交叉的岔路数目分为T形、Y形和十字形3种。

(1)T形交叉。包括喇叭形、直连式T形。

(2)Y形交叉。包括全部直连式匝道的Y形和有半直连式匝道的Y形。

(3)十字形交叉。包括菱形、苜蓿叶形、部分苜蓿叶形、喇叭形、环形和直连式等。

3.适用条件

(1)喇叭形立交。喇叭形立交适用于T形交叉或收费公路的十字交叉,如图1-0-7-11a)、b)所示。双喇叭互通式立体交叉适用于干线公路(如高速公路、一级公路)相交的收费立体交叉(图1-0-7-12)。

a)喇叭(B形)　　　　　　　　　　　　b)喇叭(A形)

图1-0-7-11　喇叭形立交

(2)直连 T 形立交即直接式,如图 1-0-7-13 所示。适用于出入交通量相对较小或转弯速度较低的枢纽互通式立体交叉。

(3)Y 形立交。适用于转弯速度高,且交通量大的干线公路之间的交叉,如图 1-0-7-14 所示。

图 1-0-7-12　双喇叭互通立交

图 1-0-7-13　直连 T 形立交

图 1-0-7-14　Y 形立交

（4）独象限式立交。如图1-0-7-15所示，适用于交通量不大或条件受限制时的一般互通式立体交叉。

（5）菱形立交，如图1-0-7-16所示，适合于出入交通量小、匝道上无收费站的一般互通式立体交叉。

图1-0-7-15 独象限式立交　　　　　　图1-0-7-16 菱形立交

（6）部分苜蓿叶形立交按匝道布置方式分为A形、B形及A-B形（图1-0-7-17）3类，适用于出入交通量较小的一般互通式立体交叉。

（7）苜蓿叶形立体交叉，如图1-0-7-18所示，适用于左转弯交通量小的一般互通式立体交叉。

图1-0-7-17 部分苜蓿叶形立交（A-B形）　　　　图1-0-7-18 苜蓿叶形立交

（8）环形立交分为两层式和三层式两种（图1-0-7-19）。

（9）直连式立交，如图1-0-7-20所示，适合于各转弯交通量大的枢纽互通立体交叉。

a）两层式　　　　　　　　　　　　b）三层式

图1-0-7-19 环形立交

a) 四路全定向　　　　　　　　　　　b) 半定向涡轮形

图 1-0-7-20　直连式立交

四　立体交叉的匝道

1. 匝道的基本形式

匝道的形式很多，按其功能及与相交公路的关系分为右转匝道和左转匝道两大类。

(1) 右转匝道。从公路右侧驶出后直接右转约 90°，至相交公路右侧进入，一般不需跨线构造物。其特点是形式简单，车辆行驶方便，行车安全。

(2) 左转匝道。车辆需转 90°～270°越过对向车道，至少要设置一座跨线构造物。按匝道与相交公路的关系，可分为直接式、半直接式及间接式 3 种，其中直接式又可称为定向式或左出左进式，其特点是长度短，无须迂回运行，缺点是跨线构造物较多，因相交公路的双向行车需有足够间距，对重型车行驶不利。半直接式又称半定向式匝道，按车辆由相交公路进出方式分为右出右进式（图 1-0-7-21）、右出左进式（图 1-0-7-22）等几种。间接式匝道又称环式匝道，为苜蓿叶式和喇叭式立交的标准组成部分。

图 1-0-7-21　半直接式(右出右进)　　　　　图 1-0-7-22　半直接式(右出左进)

2. 匝道的平、纵线形指标

1) 匝道的设计速度

互通式立体交叉匝道的设计速度根据匝道的布置形式及互通式立体交叉的交通功能划分，并应符合表 1-0-7-4 的规定。

互通式立体交叉匝道设计速度　　　　　表1-0-7-4

匝道形式		直连式	半直连式	环形匝道
匝道设计速度 （km/h）	枢纽互通式立交	50~80	40~80	40
	一般互通式立交	40~60	40~60	30~40

2）匝道的平面线形

匝道的平面线形要素主要取决于匝道平曲线半径和回旋线参数的选用，主要与匝道设计速度、交叉类型、交通量、地形、用地条件、造价等因素有关，并应考虑匝道的行车安全性和舒适性。

公路立交匝道平曲线半径可按表1-0-7-5选用。匝道的缓和曲线采用回旋线，其参数以满足 $A \leqslant 1.5R$ 为宜，并不应小于表1-0-7-6的要求。

匝道圆曲线最小半径　　　　　表1-0-7-5

匝道设计速度(km/h)		80	70	60	50	40	35	30
圆曲线最小半径 （m）	一般值	280	210	150	100	60	40	30
	极限值	280	175	120	80	60	35	25

匝道回旋线参数及长度　　　　　表1-0-7-6

匝道设计速度(km/h)	80	70	60	50	40	35	30
回旋线参数A(m)	140	100	70	50	35	30	20
回旋线长度(m)	70	60	50	40	35	30	25

3）匝道的纵断面

匝道的最大纵坡可按表1-0-7-7选用。匝道的竖曲线最小半径及长度如表1-0-7-8所示。

匝道的最大纵坡　　　　　表1-0-7-7

匝道设计速度(km/h)			80、70	60、50	40、30、20
最大纵坡 （%）	出口 匝道	上坡	3	4	5
		下坡	3	3	4
	入口 匝道	上坡	3	3	4
		下坡	3	4	5

匝道竖曲线的最小半径及长度　　　　　表1-0-7-8

匝道设计速度(km/h)			80	70	60	50	40	35	30
竖曲线最小半径 （m）	凸形	一般值	4500	3500	2000	1600	900	700	500
		最小值	3000	2000	1400	800	450	350	250
	凹形	一般值	3000	2000	1500	1400	900	700	400
		最小值	2000	1500	1000	700	450	350	300
竖曲线最小长度 （m）		一般值	100	90	70	60	40	35	30
		最小值	75	60	50	40	35	30	25

3. 匝道的横断面

匝道的横断面由车道、路缘带、硬路肩和土路肩组成，对向分离双车道匝道还包括中央分隔带。匝道的横断面布置形式可详见《公路路线设计规范》(JTG D20—2006)有关规定。

4. 匝道进出口、变速车道

匝道两端分别与正线相连接的道口称为匝道的端部,包括进口、出口、变速车道及辅助车道等。设计时,为保证匝道与公路组成一个共同面,以满足汽车的正常和安全行驶。匝道设计的一般原则应是出入顺适、安全、线形与正线一致,出入口的视距应尽可能保证,正线间能相互通视。

1) 出口与入口

(1) 主线出口、入口。一般情况下,主线出、入口应设在主线车道右侧,出口位置应便于识别,一般设在跨线构造物之前。当设置在跨线桥后时,应与构造物离开150m以上的距离。为便于车辆在出入处的减速和加速,出口最好位于上坡路段,而入口则设在主线的下坡路段,以利于重型车的加速,并考虑通视。

(2) 互通式立交的平面交叉口。在次线或匝道上可设置平面交叉口,而这种平交口则往往决定整个交叉的通行能力、服务水平和交通安全,设计时应充分考虑是否选用,若选用,也应考虑其设置的象限,并设置必要的标志、标线、分隔带、交通岛等。设计时应符合公路与公路平面交叉的有关要求及规定。

2) 变速车道

在匝道与正线连接的路段,为适应车辆变速行驶且不影响主要公路交通的需要,在匝道出入口前设置的附加车道称为变速车道。变速车道包括加速车道和减速车道。车辆由正线驶入匝道时需减速的称为减速车道,反之称为加速车道。

变速车道的形式一般有直接式和平行式两种,如图1-0-7-23所示。一般情况下,加速车道多采用平行式,减速车道采用直接式。变速车道的横断面组成与单车道基本相同。

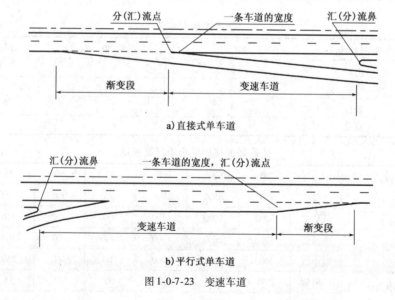

图 1-0-7-23 变速车道

五 立体交叉的测设要点

在立体交叉设计之前,应通过实地勘测、调查搜集一系列外业资料,包括自然资料,即地形图测绘,用地规划、水文、地质、土壤、气候和国家水准点及控制点等资料;交通资料,即交通量、交通组成、交通流向及人行和非机动车等资料;公路资料,是指相交公路的等级、平纵面线形、横断面尺寸和形状、交叉角、路面类型及厚度等资料;其他还有排水资料、文书资料等。立体交叉勘测一般从以下几方面进行:

(1)除平面交叉所需搜集的资料外,还应征求当地政府有关部门的意见。

(2)实地初拟交叉位置,以相交公路的中线为基线布设控制网。

(3)地形测量除分离式立体交叉外,均需测绘交叉范围内的地形图,测图比例为1:500~1:1000,测绘的范围视实际情况而定,一般应测至交叉范围外至少100m,测量要求与桥位地形测量相同。

(4)在地形图上定出不同方案的交叉位置和类型(包括匝道),并到实地核实,然后根据所搜集的各类资料进行综合评定、拟定采用方案。为便于方案比选,必要时应做模型或绘出透视图。

(5)按采用方案在实地上放样,并测得平、纵、横资料,以供内业设计。

(6)地质勘探,在跨线桥和其他构造物处,应进行地质钻探,其要求与桥梁同。

六 公路立体交叉设计成果

按实际需要,公路立体交叉在综合评定和精心设计的基础上,一般提供以下几方面成果:

(1)远景交通量计算表及交通量分布图,如图1-0-7-24所示。

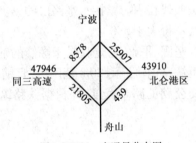

图1-0-7-24 交通量分布图

(2)立体交叉线位图,包括立交主线及匝道分布、各线路的里程桩号及曲线要素、各匝道线位坐标表、直线、曲线及转角表(同平面设计)。

(3)立体交叉的纵、横断面图,比例尺和要求与平面交叉相同,格式同路线设计的纵、横断面图。

(4)跨线桥设计图,其要求与一般桥梁相同。

(5)匝道连接部设计图及匝道连接部高程数据图。

(6)如遇有挡土墙、窨井、排水管、排水泵站等其他构造物,均需附设计图。

(7)有比较方案时,应绘制图并提供经济技术比较表等资料。

(8)交叉口的工程量等资料。

(9)立体交叉透视图及景观设计图(参见有关参考书)。

第三节 公路与其他线路交叉

一 公路与铁路交叉

公路与铁路交叉分为平面交叉(又称道口)和立体交叉两类。具体是采用立体交叉还是平面交叉应根据公路的使用性质、交通情况以及铁路的使用性质、运行情况、轨道数、有无调车作业(次数和断道时间)等情况综合确定。

1. 公路与铁路平面交叉

公路与铁路平面交叉时,交叉路线两侧由最外侧钢轨算起应各有不小于50m的直线路段,并尽量正交;当必须斜交时,其交叉角度应大于45°,且道口应符合侧向瞭望视距的规定。

平交道口应设置在汽车瞭望视距不小于表1-0-7-9规定值的地点。瞭望视距为汽车驾驶员在距道口相当于该级公路停车视距并不小于50m处,能看到两侧铁路上火车的范围,以确保安全。当不能保证上述规定的要求时,应按有关规定设置看守。

汽车瞭望视距   表1-0-7-9

路段旅客列车设计行车速度(km/h)	140	120	100	80
汽车瞭望视距(m)	470	400	340	270

为保证行人和行车安全、方便,公路在交叉道口两端钢轨的外侧,应有不小于16m的水平路段,该水平路段应不包括竖曲线在内。紧接水平路段的纵坡,一般不应大于3%,当受地形条件及其他特殊情况限制时,不得大于5%。

在平交道口处两侧,应设置坚固、平整、稳定且易于翻修的铺砌层,其长度应延伸至钢轨以外2.0m。道口两侧公路在距铁路钢轨外侧20m范围内,宜铺筑中级以上路面。平交道口垂直于公路的宽度,应大于平交公路的路基宽度,并根据铁路纵坡值做成水平或单向横坡。路面的高程应和轨顶高程相同。

2. 公路与铁路立体交叉

按《标准》规定,高速公路及一级公路与铁路相交或准高速铁路和路段旅客列车设计行车速度为140km的铁路与公路交叉时,必须设置立体交叉。其他各级公路与铁路相交时,若满足下列情况之一时,应设置立体交叉。

(1)铁路与二级公路交叉时。
(2)路段旅客列车设计行车速度为120km/h的铁路与公路交叉时。
(3)由于铁路调车作业对公路上行驶的车辆会造成较严重延误时。
(4)受地形等条件限制,采用平面交叉会危及公路行车安全时。
(5)确有特殊需要时。

公路与铁路立体交叉,应符合公路线形设计的要求,公路纵坡不宜大于4%;当非机动交通量大时,公路纵坡不大于3%;当机动车道与非机动车道分开时,两者可采用不同高程的纵坡设计。当公路下穿铁路时,其下穿的最低点(集水点)应与铁路的桥墩或桥台保持足够距离。在相交处的公路横断面或横断面组成部分的宽度发生变更时,应设置相应过渡段,其外边渐变率一般为 1/30~1/15。

立体交叉跨线桥的桥下净空规定为：当公路从铁路下穿行时，高速公路、一级公路、二级公路的净空高度为 5m，三、四级公路为 4.5m；当铁路从公路桥下穿行时，跨线桥下的跨径与净高，必须符合铁路建筑限界的规定。

公路与铁路立交范围内的排水设计，应对铁路排水系统和公路排水系统进行综合考虑，合理布置。

公路与铁路立体交叉处，应根据交通管理规定设置标志、标线、立面标记等，其设计的内容、形状、尺寸、图案、设置的地点应满足《道路交通标志和标线 第1部分：总则》（GB 57681—2009）的规定。标志应采用反光标志。

二 公路与乡村道路交叉

乡村道路泛指乡村、城镇之间不属于等级公路之列，用于机动车、非机动车及行人通行的道路。大车道、机耕道等均属乡村道路。高速公路、一级、二级公路与乡村道路交叉的数量，应予以控制，在乡村道路密集地区，当交叉点过密影响行车安全时，应采用分离式立体交叉。高速公路与乡村道路交叉宜设置立体交叉，必须设置通道或天桥；一级公路与乡村道路交叉宜设置通道或天桥；其余各级公路与乡村道路交叉时，可采用平面交叉。平面交叉应选在视线良好的地点，乡村道路应设置一段水平路段并加铺与交叉公路相同的路面。

乡村道路分为通行机动车道路和仅通行非机动车及行人的道路。通行机动车又可分为通行汽车和不通行汽车的机耕道路两种。

各级公路与乡村道路交叉，其规模、间隔应对地方道路现状和规划以及经济发展进行认真调查后确定。设计时应考虑沿线土地开发、群众生产和生活的需要，同时兼顾交叉时对公路通行能力、服务水平和投资的影响，确定合适的标准和间隔。

高速公路、一级公路与乡村道路交叉时，其间隔应根据路线总体设计而定。必要时合并邻村乡村道路，减少交叉。一般公路与乡村道路交叉时，在通过人口稠密的村落或城镇附近处，应采取设置分隔带和辅道等必要措施，减少交叉的数量，隔离非汽车交通，提高公路的通行能力和服务水平。

乡村道路从公路上面跨越时，跨线桥的桥下净空应符合公路与铁路立体交叉的有关要求，当从桥下穿过时，须做好通道排水，一般人行通道的净高不小于 2.2m，净宽应不小于 4.0m。通行畜力车、拖拉机的通道净高不小于 2.7m；通行农用汽车时净高应不小于 3.2m。

公路与乡村道路交叉处，应设置必要的交通标志，若为较长的通道，则应设置采光设施。有关其他规定详见《规范》及《标准》。

三 公路与管线交叉

各种管线如电信线、电力线、电缆、管道、渠道等均不得进入公路的建筑限界、损害公路设施，也不得对公路及其设施形成潜在威胁。各种管线工程设施与公路交叉或接近时，应符合表 1-0-7-10 规定的要求，并符合各种与之有关的相应行业规范的要求。

架空送电线路导线距路面的最小垂直距离　　　　表 1-0-7-10

架空送电线路标称电压(kV)	35～110	154～220	330	500
距路面最小垂直距离(m)	7.0	8.0	9.0	14.0

管道与各级公路相交且采用下穿方式时,应设置地下通道(涵)或套管。通道或套管应按相应公路等级的汽车荷载等级进行验算。

为保证公路的正常养护和交通安全、畅通与公路发展的需要,新建或改建公路通过已有管线地区时,设计时应根据公路的使用要求,事先与有关部门协商,以便妥善处理因修建公路所引起的干扰问题。当需沿现有公路两侧敷设管线时,有关部门应事先与交通部门协商。

本章小结

(1)交叉口上的冲突点与交织点是交叉口处容易发生交通事故、影响通行能力的点,随着交叉口处岔道数的增加,此类点增加很多。消除冲突点的方法是实行交通管制、渠化交通或采用立体交叉。

(2)公路与公路交叉分为平面交叉与立体交叉,平面交叉口设计应根据相交公路的交通量、交通组成、交通管制方式、地形、地质等条件合理选择交叉口的形式及尺寸。为保证交叉口的排水与路容美观,应正确选择交叉口的立面形式,合理确定交叉口中各点的设计高程。

(3)立体交叉是交叉口的高级形式,立体交叉分为封闭式立交和互通式立交,其中互通立体交叉又可分为枢纽互通式立体交叉和一般互通式立体交叉,立体交叉的基本形式有喇叭形立交、直连式T形立交、Y形立交、独象限式立交、菱形立交、苜蓿叶形立交、环形立交及复合式立交。设计时应综合考虑各种因素,合理选定其形式。

(4)互通式立体交叉的匝道设计是立体交叉设计的一个重要组成部分,设计时应综合考虑各种因素,合理确定匝道的各参数,正确进行匝道的平面、纵断面、横断面设计及匝道出入口设计。

(5)公路与其他线路交叉主要是指公路与公路以外线路的交叉,如公路与铁路、公路与农村道路、公路与管道、公路与通信线路交叉等,设计时应注意严格遵守相关的规定与要求。

思考题与习题

1. 什么是冲突点?如何消除冲突点?
2. 平面交叉口设计的目的与主要任务是什么?
3. 公路与公路平面交叉测量调查的主要内容是什么?
4. 公路与公路平面交叉的基本资料有哪些?
5. 交叉口立面设计的基本类型有哪些?其立面设计的方法又有哪些?
6. 公路与公路的平面交叉的主要成果有哪些?如何取得这些成果?
7. 公路与公路立体交叉测量调查的主要内容有哪些?
8. 立体交叉口一般由哪几部分组成?
9. 什么是匝道?匝道的基本形式有哪些?确定匝道设计速度的原则是什么?
10. 公路与其他线路相交有哪些情况?

11. 如图 1-0-7-25 所示,已知 A 的高程 $H_A = 10.00\mathrm{m}$,两相交道路的路拱横坡度均为 2%,试计算 G、D 两点的设计高程。

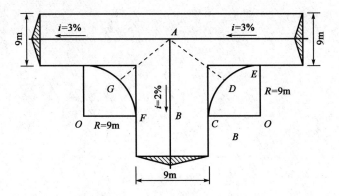

图 1-0-7-25　T 形平面交叉图

第二篇　路基工程

第一分篇　路基设计

第一章 绪 论

教学要求

1. 解释影响公路路基路面稳定性的因素,分析路基路面应具有的基本性能。
2. 描述路基土的分类,土的工程性质。
3. 描述新建公路和老路拓宽改造时路基干湿类型的判断方法,会判定路基干湿类型。

第一节 概 述

一、路基路面工程的特点

路基和路面是公路的主要工程结构物。路基是按照路线位置和一定的技术要求修筑的带状构造物,是路面的基础,承受由路面传来的行车荷载。路面是在路基顶面的行车部分用各种筑路材料铺筑而成的层状结构物。路面底面以下 0.80m 范围内的路基部分称为路床。在结构上分为上路床(0~0.30m)及下路床(0.30~0.80m)两层。

坚强且稳定的路基为路面结构长期承受汽车荷载作用提供了重要的保证,路面结构层对路基起保护作用,使路基不会直接承受车轮和大气的破坏作用,长期处于稳定状态。因此,路基和路面实际上是不可分割的整体,设计时应综合考虑它们的工程特点,综合解决两者的强度、稳定性等工程技术问题。

路基和路面工程是一种线形工程,有的公路延续数十公里至数百公里。由于公路沿线地形起伏、地质、地貌、气象特征多变,因此路基和路面工程具有复杂多变的特点。路基和路面工程还具有工程数量大和造价高的特点。路基工程造价占公路工程总造价的 20%~50%,路面工程造价一般占公路工程总造价的 30% 左右,有些公路甚至更高一些。

现代化的公路运输,既要求公路能全天候通行车辆,车辆能以一定的速度、安全、舒适、经济的运行,又要求能降低运输成本和延长公路的使用年限。因此,精心设计,精心施工,使路基路面能长期具备良好的使用性能,对节约投资,提高运输效益,具有十分重要的意义。

二、影响路基路面稳定性的因素

路基路面是一种常年暴露于大自然中的线形构造物,其稳定性在很大程度上受当地自然条件的影响。因此,要深入调查公路沿线的自然条件,分析并掌握其变化规律及其对路基路面稳定性的影响,从而因地制宜地采取有效的工程技术措施,以达到正确进行路基路面设计、施工、养护的目的。

影响公路路基路面稳定性的自然因素一般有以下几种:

1. 地理条件

公路沿线的地形,地貌和海拔高度是影响路基与路面设计的主要因素。平原地区地势平坦,一般来说地面水容易积聚,地下水水位较高,因此,路基需要保持一定的最小填土高度,并且要加强地面排水,特殊路段采用必要的地下排水措施;路面结构层应选择水稳定性良好的材料。山岭重丘地区地势起伏较大,路基的强度与稳定性,尤其是稳定性不易保证,需要采取某些防护与加固措施。同时路基路面的排水系统必须设置完备,否则会导致稳定性下降,出现破坏现象,影响路基路面的稳定性。

2. 地质条件

沿线的地质条件,如岩土的种类、成因、岩层的走向、倾向和倾角、风化程度和裂隙情况等,都影响路基的强度与稳定性。

3. 气候条件

公路沿线的气温、降雨量、湿度、冰冻深度、日照、年蒸发量、风力、风向等均影响路基路面的水温状况,影响路基路面的稳定性。

4. 水文与水文地质条件

水文是指地面径流、河道的洪水位、河岸的冲刷与淤积情况等;水文地质则是指地下水位、地下水移动的规律,有无泉水及层间水等。所有这些都会影响路基路面的稳定性,如处理不当,往往会导致路基路面产生各种病害。

5. 土的类别

影响路基路面稳定性的人为因素一般有:行车荷载的作用、路基路面的设计、施工养护是否正确等。

路基设计时,应根据各路段的具体情况,采用合理的路基断面形式,做好地面和地下排水设施,对不良地质路段,还应采取必要或特别的措施,防止路基病害的发生。路面设计时,应根据各地的气候特点,采用合理的结构组合,并采用适当的路面结构及排水设施。

三 路基路面应具有的基本性能

1. 具有足够的承载能力

行驶在公路上的车辆,通过车轮荷载作用在路面上,由路面传给路基,在路基路面结构内部产生应力和应变,外部表现为位移和变形。如果路基路面结构整体或某一组成部分的强度或抗变形能力不足,则路面就会出现开裂,路基路面结构会出现沉陷,路面表面会出现波浪或车辙等,影响路基路面的正常使用。因此要求路基路面结构整体及其各组成部分都必须具有与行车荷载相适应的承载能力。

结构承载能力包括强度和刚度两方面。路面结构应具有足够的强度以抵抗车轮荷载引起的各个部位的各种应力,如压应力、拉应力、剪应力等,保证不发生压碎、拉断、剪切等各种破坏。路基路面整体结构或各个结构层应具有足够的刚度,使得在车轮荷载作用下不发生过量的变形。

2. 具有足够的稳定性

所谓路基路面结构的稳定性是指结构处于外在因素的影响下,能较好地保持其工程设计要求的几何形态及物理力学的性能。路基路面结构的稳定性应具有整体稳定性、水稳定性、温度(高温或低温)稳定性、时间稳定性(亦称耐久性)等。

在地表上开挖或填筑路基,必然会改变原地面地层结构的受力状态。原来处于稳定状态的地层结构,有可能由于填挖筑路引起不平衡,导致路基的部分或全部失去整体稳定性。如在软土地基上修筑高路堤,在软弱岩质或土质山坡上开挖深路堑,由于承载能力不足或者坡体失去支承,而出现路堤沉陷或坡体滑坍破坏。因此在选线、勘测、设计、施工中应密切注意,并采取必要的工程措施,以确保路基有足够的整体稳定性。

大气降水使得路基路面结构内部的湿度状态发生变化,低洼地带路基排水不良,长期地表积水或较高的地下水位会使矮路堤土体软化,失去承载能力。山区路基,因排水不良,会引发路基边坡滑坍或整体滑移。水泥混凝土路面,如果不能及时将水分排出结构层,会发生唧泥现象。水泥混凝土路面接缝渗入的水,在车轮荷载反复作用下,会冲刷基层,导致结构层提前破坏。沥青混凝土路面,由于水分的侵蚀,会引起沥青结构层剥落或松散。砂石路面,在雨季会因雨水冲刷和渗入结构层,而导致强度下降,产生沉陷、松散等病害。因此加强防水、排水是确保路基路面水稳定性的重要措施。

气温周期性的变化对路面结构的稳定性有重要影响。高温季节沥青路面软化,在车轮荷载作用下会产生较大的变形。水泥混凝土路面面板在高温季节会翘曲变形,在车轮荷载的反复作用下,则容易产生裂缝或造成断板。北方在低温冰冻季节,沥青路面、水泥混凝土路面、半刚性基层由于低温会产生大量收缩裂缝,最终失去承载能力。在严重冰冻地区,地下水水位较高的路段,低温会引起路基冻胀,其上的路面结构也会随之产生断裂裂缝。春天融冻季节,在交通繁重的路段,有时会引发路基翻浆,使路基路面发生严重的破坏。

路基路面工程投资大,对于这样的大型工程应有较长的使用年限,并能保持长时间完好的使用状态,所以除了精心设计、精心施工、精选材料之外,还要把常年的养护、维修等恢复路用性能的工作放在重要的位置。

3. 具有足够的表面平整度

路面表面平整度是影响行车安全,行车舒适性以及运输效益的重要使用性能。表面平整度是以不平整度值作为指标来衡量,相对来说,是一项宏观控制指标。不平整的路表面会增大行车阻力,并使车辆产生附加的振动作用。这种振动会造成行车颠簸,影响行车的速度和安全、驾驶的平稳和乘客的舒适感。同时,振动作用还会对路面施加冲击力,从而加剧路面和汽车机件的损坏和轮胎的磨损,并增大油料的消耗。而且,不平整的路面还会积滞雨水,加速路面的破坏。

优良的路面平整度,要依靠优良的施工装备,精细的施工工艺,严格的施工质量控制以及经常和及时的养护来保证。同时,路面的平整度与整个路面结构和路基顶面的强度、抗变形能力有关,与结构层所用材料的强度、抗变形能力以及材料的均匀性有很大关系。

4. 具有足够的表面抗滑性能

表面抗滑性能亦称粗糙度,是指路面能够提供汽车车轮在其上安全行驶所需足够附着力(或称摩擦力)的性能,通常用摩擦系数或构造深度来表示。它是一项微观控制指标。通常,路面表面要求平整,但不宜光滑。汽车在光滑的路面上行驶,车轮与路面之间缺乏足够的附着力,雨天高速行车、紧急制动或突然起动、爬坡或转弯时,车轮易产生空转或打滑,致使行车速度降低,油耗增多,甚至引起严重的交通事故。

路面表面的抗滑能力可以通过采用坚硬、耐磨、表面粗糙的粒料组成路面表面材料来实现,有时也可以采用一些工艺措施来实现,如水泥混凝土路面的拉毛或刻槽等。

此外,路表面的积雪、浮水或污泥等,也会降低路面的抗滑性能,必须及时予以清除。

第二节　公路自然区划与路基干湿类型

一、公路自然区划

我国地域辽阔,各地气候、地形、地貌、水文地质等自然条件相差很大,而不同自然条件的差异与公路建设密切相关。为区分不同地理区域自然条件对公路工程影响的差异性,并在路基路面的设计、施工和养护中采取适当的技术措施和采用合适的设计参数,以体现各地公路设计与施工的特点,我国的公路部门制定了公路自然区划标准。

为使自然区划便于在实践中应用,结合我国地理、气候特点,将全国的公路自然区划分为三个等级。一、二级区划的具体位置与界限,详见《公路自然区划标准》(JTJ 003—1986)所附的中华人民共和国公路自然区划图。

1. 一级区划

首先将全国划分为多年冻土、季节冻土和全年不冻土三大地带,然后根据水热平衡和地理位置,划分为冻土、温润、干湿过渡、湿热、潮暖、干旱、高寒七个大区。即:Ⅰ.北部多年冻土区;Ⅱ.东部温润季冻区;Ⅲ.黄土高原干湿过渡区;Ⅳ.东南湿热区;Ⅴ.西南潮湿区;Ⅵ.西北干旱区;Ⅶ.青藏高寒区。

2. 二级区划

二级区划仍以气候和地形为主导因素,但具体标志与一级区划有显著区别。一级自然区的共同标志为气候因素潮湿系数 K 值(即年降水量与年蒸发量之比),地形因素是独立的地形单元。二级区划的划分则需因区而异,将上述标志具体化或加以补充,其标志是以潮湿系数 K 为主的一个标志体系。

根据二级区划的主导因素与标志,在全国七个二级自然区内又分为33个二级区和19个副区(亚区),共有52个二级自然区。各二级区的区界、自然条件对工程的影响详见有关标准及其附录。

3. 三级区划

三级区划是二级区划的进一步划分。三级区划的方法有两种,一种是按照地貌、水文和土质类型将二级自然区进一步划分为若干类型单元,另一种是继续以水热、地理和地貌等标志将二级区划细分为若干区域。各地可根据当地的具体情况选用。

二 路基干湿类型判定

1. 路基干湿类型及湿度来源

土质路基(包括地基)干湿类型可分为干燥、中湿、潮湿和过湿4种。这4种类型表示路基工作区内,即从路基表面向下一定范围内,路基(包括地基)土所处的含水状态。

路基的干湿类型,影响其强度与稳定性。正确区分路基的干湿类型,是进行路基设计的前提。路基土所处的状态是由土体的含水率或用稠度指标反映的。含水率取决于湿度的来源及作用的持续时间。导致路基湿度变化的水源可分为以下几种:

(1)大气降水。大气降水直接通过路面、路肩和边坡渗入路基。

(2)地面水。路基旁边较高水位的地表积水、排水不良的边沟积水,以毛细水的形式渗入路基。

(3)地下水。靠近地面的地下水,借助毛细作用或温差作用上升到路基内部。

(4)凝聚水。在土颗粒空隙中流动的水蒸气,遇冷凝结成水。

2. 路基干湿类型判定方法

1)根据平均稠度判定法

根据平均稠度判定法适用于对原有公路拓宽改造时某断面的路基干湿类型判定。

(1)路基土在横断面上某点的稠度 w_c 是指土的液限含水率 w_L 与土的含水率 w 之差和土的液限含水率 w_L 与塑限含水率 w_p 之差的比值,即:

$$w_c = \frac{w_L - w}{w_L - w_p} \tag{2-1-1-1}$$

土的稠度较准确地表示了土的各种形态与湿度的关系,稠度指标综合了土的塑性特性,包含了液限与塑限,全面直观地反映了土的硬软程度,物理概念明确。

① $w_c = 1.0$,即 $w = w_p$,为半固体与硬塑状的分界值。

② $w_c = 0$,即 $w = w_L$,为流塑与流动状的分界值。

③ $1.0 > w_c > 0$,即 $w_L > w > w_p$ 时,土体处于可塑状态。

(2)我国《公路沥青路面设计规范》(JTG D50—2006)和《公路水泥混凝土路面设计规范》(JTG D40—2011)中规定:路面设计时的干湿类型确定,可以实测最不利季节路床表面以下80cm深度内土的平均稠度 $\bar{w}$,再按表2-1-1-1中土基干湿状态的稠度建议值确定。

(3)不利季节路床表面以下80cm深度内土的平均稠度确定方法是:在路床表面以下80cm深度内,用麻花钻每10cm取土样,测定其天然含水率、塑限含水率和液限含水率,按式(2-1-1-2)和式(2-1-1-3)计算。

$$\bar{w} = \sum_{i=1}^{8} \frac{w_i}{8} \tag{2-1-1-2}$$

$$\bar{w}_c = \frac{w_L - \bar{w}}{w_L - w_p} \tag{2-1-1-3}$$

式中：$\overline{w}$——土的平均含水率；

w_i——路床顶面以下 0.80m 深度内，每 10cm 为一层，第 i 层土的天然含水率，%；

$\overline{w}_c$——路床顶面下 0.80m 深度内土的算术平均稠度；

w_L——土的液限含水率（液限塑限联合测定法测定），%；

w_P——土的塑限含水率（液限塑限联合测定法测定），%。

土基干湿类型的稠度建议值　　　　　　　　　　表 2-1-1-1

干湿类型 土质类别	干燥状态 $\overline{w}_c \geq w_{c1}$	中湿状态 $w_{c1} > \overline{w}_c \geq w_{c2}$	潮湿状态 $w_{c2} > \overline{w}_c \geq w_{c3}$	过湿状态 $\overline{w}_c < w_{c3}$
土质砂	$\overline{w}_c \geq 1.20$	$1.20 > \overline{w}_c \geq 1.00$	$1.00 > \overline{w}_c \geq 0.85$	$\overline{w}_c < 0.85$
黏质土	$\overline{w}_c \geq 1.10$	$1.10 > \overline{w}_c \geq 0.95$	$0.95 > \overline{w}_c \geq 0.80$	$\overline{w}_c < 0.80$
粉质土	$\overline{w}_c \geq 1.05$	$1.05 > \overline{w}_c \geq 0.90$	$0.90 > \overline{w}_c \geq 0.75$	$\overline{w}_c < 0.75$

注：w_{c1}、w_{c2}、w_{c3} 分别为干燥和中湿、中湿和潮湿、潮湿和过湿状态路基土的分界稠度，$\overline{w}_c$ 为路床顶面以下 0.80m 深度内的平均稠度。

2）根据临界高度判定法

对于新建公路，路基尚未建成，无法按上述方法现场勘察路基的湿度状况，可以用临界高度作为路基干湿类型的判定标准。当路基的地下水位或地表长期积水位一定的情况下，路基的湿度由下而上逐渐减小，如图 2-1-1-1 所示。

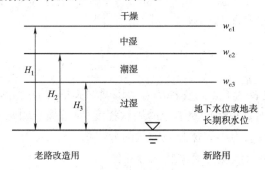

图 2-1-1-1　路基分界稠度与临界高度

图中：H_1 对应于 w_{c1}，为干燥和中湿状态的临界高度；H_2 对应于 w_{c2}，为中湿和潮湿状态的临界高度；H_3 对应于 w_{c3}，为潮湿和过湿状态的临界高度。

路床表面距地下水位或地表长期积水水位的最小高度称为路基临界高度。

地下水位或地表长期积水水位，可通过公路勘察设计野外调查获得。路基高度可从路线纵断面图或路基设计表中查得，扣除预估的路面厚度，即可得路床表面距地下水位或地表长期积水水位的高度 H。以此时实际的 H 与区别各种状态的临界高度 H_1、H_2、H_3 比较，便可得这个横断面路基干湿类型的判定。

路基临界高度可根据土质、气候因素按当地经验确定。不同自然区划及土质时的临界高度参考值见表 2-1-1-2。

路基临界高度参考表

表 2-1-2

自然区划	砂性土									黏性土									粉性土									
路槽底至水位临界高度(m)	地下水			地表长期积水			地表临时积水			地下水			地表长期积水			地表临时积水			地下水			地表长期积水			地表临时积水		
	H_1	H_2	H_3	H_1	H_2	H_3	H_1	H_2	H_3	H_1	H_2	H_3	H_1	H_2	H_3	H_1	H_2	H_3	H_1	H_2	H_3	H_1	H_2	H_3	H_1	H_2	H_3
II$_1$	1.9~2.2	1.3~1.6	0.9~1.1							2.9	2.2								3.8	3.0	2.2						
II$_2$	1.6	1.3	1.1							2.7	2.0								3.4	2.6	1.9						
II$_3$	1.3~1.6	0.9~1.3	0.9~1.1							2.5	1.8								3.0	2.2	1.6						
II$_4$										2.4~2.6	1.9~2.1	1.2~1.4							2.6~2.8	2.1~2.3	1.4~1.6						
II$_5$	1.1~1.5	0.7~1.1								2.1~2.5	1.6~2.0								2.4~2.9	1.8~2.3							
III$_1$	1.3	1.1	0.9	0.9	0.6	0.6	0.9	0.6	0.4	2.2	1.7	1.3	1.75	1.3	0.9	1.3	0.9	0.45	2.4	1.9	1.4	1.9	1.4	1.0	1.4	1.0	0.5
III$_2$	1.6	1.3	1.1	1.1	0.9	0.6	1.1	0.9	0.6	2.75	2.2	1.7	2.2	1.7	1.3	1.75	1.3	0.9	2.85	2.4	1.9	2.4	1.9	1.4	1.9	1.4	1.0
III$_3$	1.3	1.1	0.9	0.9	0.6	0.6	0.9	0.6	0.4	2.1	1.6	1.2	1.6	1.2	0.9	1.2	0.9	0.55	2.3	1.8	1.4	1.8	1.4	1.0	1.4	1.0	0.55
III$_4$	1.3~1.6	0.9~1.3	0.9~1.1	0.9	0.6	0.6	1.1	0.9	0.6	2.5	2.1	1.6	2.1	1.6	1.2	1.6	1.2	0.9	2.75	2.3	1.8	2.3	1.8	1.4	1.8	1.4	1.0
III$_{1a}$										2.4~3.0	1.7~2.4								2.4~3.0	1.7~2.4							
III$_{2a}$	1.4~1.7	1.0~1.3								2.4~3.0	1.7~2.4								2.4~3.0	1.7~2.4							

续上表

自然区划	土组 路槽底至水位临界高度(m)	砂性土 地下水			砂性土 地表长期积水			砂性土 地表临时积水			黏性土 地下水			黏性土 地表长期积水			黏性土 地表临时积水			粉性土 地下水			粉性土 地表长期积水			粉性土 地表临时积水		
		H_1	H_2	H_3	H_1	H_2	H_3	H_1	H_2	H_3	H_1	H_2	H_3	H_1	H_2	H_3	H_1	H_2	H_3	H_1	H_2	H_3	H_1	H_2	H_3	H_1	H_2	H_3
IV_1、IV_{1a}											1.7~1.9	1.2~1.3	0.8~0.9							1.9~2.1	1.3~1.4	0.9~1.0						
IV_2											1.6~1.7	1.1~1.2	0.8~0.9							1.7~1.9	1.2~1.3	0.8~0.9						
IV_3											1.5~1.7	1.1~1.2	0.8~0.9	0.8~0.9	0.5~0.6	0.3~0.4				1.7~1.9	1.2~1.3	0.8~0.9	0.9~1.0	0.6~0.7	0.3~0.4			
IV_4		1.0~1.4	0.7~0.8								1.7~1.8	1.0~1.2	0.8~1.0															
IV_5					0.9~1.0	0.7~0.8	0.6~0.7				1.7~1.9	1.3~1.4	0.9~1.0	1.0~1.1	0.6~0.7	0.3~0.4				1.79~2.1	1.3~1.5	0.9~1.1						
IV_6		1.0~1.1	0.7~0.8								1.8~2.0	1.3~1.5	1.0~1.2	0.9~1.0	0.5~0.6	0.3~0.4				2.0~2.2	1.5~1.6	1.0~1.1						
IV_{6a}					1.1~1.3	0.9~1.1	0.9~1.1				1.8~2.0	1.3~1.4	0.9~1.0	1.0~1.1	0.7~0.8	0.4~0.5												
IV_7		1.6~1.7	1.1~1.2	0.7~0.8	0.9~1.0	0.7~0.8	0.6~0.7				1.7~1.8	1.4~1.5	1.1~1.2	1.6~2.0	1.2~1.6	0.8~1.2	1.2~1.6	0.8~1.2	0.45~0.8									
V_1		1.3~1.6	1.1~1.3	0.9~1.1							2.0~2.4	1.6~2.0	1.2~1.6							2.2~2.65	1.7~2.2	1.3~1.7	1.7~2.2	1.3~1.7	0.9~1.3	1.3~1.7	0.9~1.3	0.55~0.9
V_2、V_{2a}（紫色土）											2.0~2.2	0.9~1.1	0.4~0.6							2.3~2.5	1.4~1.6	0.5~0.7						
V_3											1.7~1.9	0.8~1.0	0.4~0.6							1.9~2.1	1.3~1.5	0.5~0.7						

续上表

土组 路槽底 至水位 (m) 临界高度(m) 自然区划	砂 性 土									黏 性 土									粉 性 土								
	地下水			地表长期积水			地表临时积水			地下水			地表长期积水			地表临时积水			地下水			地表长期积水			地表临时积水		
	H_1	H_2	H_3	H_1	H_2	H_3	H_1	H_2	H_3	H_1	H_2	H_3	H_1	H_2	H_3	H_1	H_2	H_3	H_1	H_2	H_3	H_1	H_2	H_3	H_1	H_2	H_3
$V_2、V_{2a}$（黄壤土、现代冲积土）										1.7~1.9	0.7~0.9	0.3~0.5							2.3~2.5	1.4~1.6	0.5~0.7						
$V_4、V_5、V_{5a}$										1.7~1.9	0.9~1.1	0.4~0.6							2.2~2.5	1.4~1.6	0.5~0.7						
VI_1	(2.1)	(1.7)	(1.3)	(1.8)	(1.4)	(1.0)	0.7	0.3		(2.3)	(1.9)	(1.6)	(2.1)	(1.7)	(1.3)	0.9	0.5		(2.5)	(2.0)	(1.6)	(2.3)	(1.8)	(1.3)	(1.2)	0.7	0.4
VI_{1a}	(2.0)	(1.6)	(1.2)	(1.7)	(1.3)	(1.0)	(1.0)	(0.5)		(2.2)	(1.9)	(1.5)	(2.0)	(1.6)	(1.2)	(0.9)	(0.5)		(2.5)	(1.9)	(1.5)	(2.2)	(1.7)	(1.2)	0.6		
VI_2	1.4~1.7	1.1~1.4	0.9~1.1	1.1~1.4	0.9~1.1	0.6~0.9	0.9~1.1	0.6~0.9	0.4~0.6	2.2~2.75	1.65~2.2	1.2~1.65	2.2~2.3	1.65~2.2	0.75~1.2	1.2~1.75	0.75~1.2	0.45~0.75	2.3~2.15	1.85~2.3	1.40~1.85	1.85~2.3	1.40~1.85	0.9~1.4	1.4~1.85	0.9~1.4	0.5~0.9
VI_3	(2.1)	(1.7)	(1.3)	(1.9)	(1.5)	(1.1)		0.8		(2.4)	(2.0)	(1.6)	(2.2)	(1.7)	(1.4)	(0.8)	(0.6)		(2.6)	(2.1)	(1.6)	(2.4)	(1.8)	(1.4)	(1.3)	(0.7)	
VI_4	(2.2)	(1.8)	(1.4)	(1.9)	(1.5)	(1.2)	(1.1)			2.4	2.0	1.6	(2.2)	(1.7)	(1.3)	1.0	0.6		(2.6)	(2.2)	(1.7)	(2.4)	(1.9)	(1.4)	1.3	0.8	
VI_{4a}	(1.9)	(1.5)	(1.1)	(1.6)	(1.2)	(0.9)	(0.5)			(2.2)	(1.7)	(1.4)	(1.9)	(1.4)	(1.1)	0.7			(2.4)	(1.9)	(1.5)	(2.1)	(1.6)	(1.2)	1.0	0.5	
VI_{4b}	(2.0)	(1.6)	(1.2)	(1.7)	(1.3)	(0.9)	(0.8)			(2.3)	(1.8)	(1.4)	(2.0)	(1.5)	(1.2)	(0.8)			(2.5)	(2.0)	(1.6)	(2.2)	(1.7)	(1.3)	1.0	0.5	
VII_1	(2.2)	(1.9)	(1.6)	(2.1)	(1.6)	(1.3)	(0.8)	(0.4)		2.2	(1.9)	(1.5)	1.8	1.4	1.1	(0.9)	(0.5)	0.4	(2.5)	(2.1)	(1.6)	(2.2)	(1.8)	(1.1)	1.1	0.6	
VII_2	1.5~1.8	1.2~1.5	0.9~1.1	1.2~1.5	0.9~1.2	0.6~0.9	0.7~0.9	0.4~0.6		2.3~2.85	1.75~2.3	1.3~1.75	1.8~2.3	1.3~1.75	0.75~1.3	1.3~1.75	0.75~1.3	0.45~0.75	2.4~3.1	2.0~2.4	1.6~2.0	2.0~2.4	1.6~2.0	1.0~1.6	1.0~1.6	1.0~1.6	0.55~1.0
VII_3	(2.1)	(1.6)	(1.3)	(1.8)	(1.4)	(1.0)	(0.9)			(2.1)	(1.6)	(1.4)	(1.8)	(1.4)	(1.1)	(0.7)			(2.3)	(1.8)	(1.3)	(2.1)	(1.6)	(1.1)	2.0	1.6	
VII_4	(2.1)	(1.6)	(1.3)	(1.8)	(1.4)	(1.0)	(0.9)			(2.1)	(1.6)	(1.4)	(1.8)	(1.4)	(1.1)	(0.7)			(2.3)	(1.8)	(1.3)	(2.1)	(1.6)	(1.1)			
VII_5	(3.0)	(2.4)	1.9	(2.4)	(2.0)	1.6	(1.5)	(1.1)	(0.5)	(3.3)	(2.6)	(2.1)	(2.4)	(2.0)	(1.6)	(1.5)	(1.1)	(0.5)	(3.8)	(2.2)	(1.5)	(2.9)	(2.2)	(1.5)	1.6	(1.3)	(0.5)
VII_{6a}						1.6				(2.8)	2.4	1.9	2.5	2.0	1.6	1.4	0.8		(2.9)	(2.5)	1.8	(2.7)	2.1	1.5	1.6	1.1	

注：1. 表中 H_1 为路基干燥和中湿状态的临界高度，H_2 为路基中湿和潮湿状态的临界高度，H_3 为路基潮湿和过湿状态的临界高度。

2. 缺少资料的二级区可暂先论证地参考相邻二级区数值，并应积极调研积累本地区的资料。

第三节　路基土的工程性质

按照《公路土工试验规程》(JTG E40—2007)中土的工程分类方法,将土分为巨粒土、粗粒土、细粒土和特殊土4大类,分类总体系如图2-1-1-2所示。各类土的主要工程性质如下:

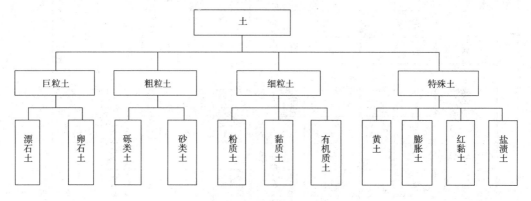

图2-1-1-2　土的分类总体系

1. 巨粒土

巨粒土有很高的强度及稳定性,是很好的填筑路基材料,但大块填料摆放和压实困难。对于漂石土,在码砌边坡时,应正确选用边坡值,以保证路基稳定。对于卵石土,填筑时应保证有足够的密实度。

2. 粗粒土

砾类土由于粒径较大,内摩擦力较大,因此强度和稳定性均能满足要求。级配良好的砾类土混合料,密实程度好。对于级配不良的砾类土混合料,填筑时应保证密实程度,防止由于空隙大而造成路基积水、不均匀沉降或表面松散等病害。

砂类土又可分为砂、含细粒土砂(或称砂土)和细粒土质砂(或称砂性土)3种。

砂和含细粒土砂无塑性,透水性强,毛细水上升高度很小,具有较大的摩擦系数,强度和水稳定性较好。但由于黏性小,易于松散,压实困难,需用振动法或灌水法才能压实。为了克服这一缺点,可添加一些黏质土,以改善其使用质量。

细粒土质砂既含有一定数量的粗颗粒,使路基具有足够的强度和水稳定性,又含有一定数量的细颗粒,使其具有一定的黏性,不致过分松散。一般遇水干得快,不膨胀,干时有足够的黏结性,容易被压实。因此,细粒土质砂是填筑路基的良好材料。

3. 细粒土

粉质土为最差的筑路材料。它含有较多的粉土粒,干时稍有黏性,但易被压碎,扬尘性大,浸水时很快被湿透,易成稀泥。粉质土的毛细作用强烈,上升速度快,毛细水上升高度一般可达0.9~1.5m,季节性冰冻地区,水分在路基上方大量积聚,造成严重的冬季冻胀,春融期间出现路基翻浆。在路基施工时如遇粉质土,特别是在水文条件不良时,应采取一定的措施,改善其工程性质,待达到规定的要求后再使用。

黏质土透水性很差,黏聚力大,因而干时较硬,不易挖掘。它具有较大的可塑性、黏聚性和膨胀性,毛细现象也很显著,用来填筑路基比粉质土好,但不如细粒土质砂。浸水后黏质土能较长时间滞留水分,造成承载能力降低。对于黏质土,如在适当的含水率时加以充分压实,并有良好的排水设施,筑成的路基也能获得稳定。

有机质土(如泥炭、腐殖土等)不宜作路基填料,如遇有机质土均应在设计和施工上采取适当措施。

4. 特殊土

黄土属大孔和多孔结构,具有湿陷性特点;膨胀土受水浸湿发生膨胀,失水则收缩;红黏土失水后体积收缩量较大;盐渍土潮湿时承载力很低。因此,特殊土也不宜作路基填料。当出现在地基中时,应进行地基处理改善。

本 章 小 结

(1)路基和路面是公路的主要工程结构物。路基是在天然地表面按路线位置和设计断面的要求填筑或开挖形成的岩土结构物。路面是在路基顶面的行车部分用各种筑路材料铺筑而成的层状结构物。

(2)影响路基路面稳定性的自然因素包括地形、地质、气候、水文与水文地质等,人为因素包括行车荷载作用、设计质量、施工质量、养护质量等。

(3)路基路面应具有的基本性能有:承载能力、稳定性、表面平整度和表面抗滑性能。

(4)在《公路土工试验规程》(JTG E40—2007)中,根据土的工程分类方法,将路基土划分为巨粒土、粗粒土、细粒土和特殊土4大类,共11种。

(5)土质路基的干湿类型分为干燥、中湿、潮湿和过湿4种。这4种干湿类型表示路基工作时,路基土所处的含水状态。干湿类型划分的方法包括平均稠度法、临界高度法,其分别适用于老路拓宽改造和新建公路时。

思考题与习题

1. 影响路基路面稳定性的因素有哪些?
2. 路基路面应具有哪些基本性能?稳定性中又包含哪些方面?
3. 从工程性质上来说,路基用土哪种土最好?哪类土最差?为什么?
4. 路基干湿类型有哪几类?要求路基工作在什么状态?
5. 何谓稠度?何谓路基临界高度?它们各自对路基设计起什么作用?

第二章 一般路基设计

教学要求

1. 解释一般路基与特殊路基的区别。
2. 描述路基3种典型横断面形式,路堤、路堑各自常用的横断面形式,进行填挖结合的综合运用。
3. 描述路基常用的各种附属设施,运用一般路基几何尺寸(包括路基宽度、路基高度、边坡坡度)。
4. 描述土质、石质路堤、路堑边坡值采用的区别。

第一节 路基典型横断面形式及其特点

一般路基是指在良好的地质与水文等条件下,未超过设计规范中规定的数值,填方高度和挖方深度不大的路基。通常一般路基可以结合当地的地形、地质情况,直接选用典型横断面作各横断面设计图,不必进行个别验算。超过规范规定的高填、深挖路基,以及地质和水文等条件不良的路基称为特殊路基。为了确保路基具有足够的强度与稳定性,特殊路基需要进行个别设计和验算。

在横断面设计中,经常参考采用的横断面称为典型横断面。我们把高于原地面的填方路基称为路堤,低于原地面的挖方路基称为路堑,在一个断面内,一部分要填,另一部分要挖的路基称为半填半挖路基,如图2-1-2-1所示。由于自然地形、地质条件的多样性,由此可派生出一系列类似的断面形式,它们在公路设计中经常被采用。此外,为了保证路基稳定和行车安全,根据实际需要设置取土坑、弃土堆、护坡道、碎落台、堆料坪等,这些都是路基主体工程不可缺少的部分。有关典型横断面的选用范围简述如下。

一、路堤

图2-1-2-2所示为路堤的几种常见横断面形式。按路堤的填土高度不同,可划分为矮路堤、高路堤和一般路堤。当填土高度小于1.5m时,属于矮路堤;填土高度大于20m(土质)或20m(石质)时,属于高路堤;填土高度在1.5~20m范围内的路堤属于一般路堤。此外,随其所处的条件和加固类型的不同,还有浸水路堤、护脚路堤及挖沟填筑路堤等形式。

矮路堤通常在平坦地区取土困难时选用。平坦地区地势低,水文条件较差,易受地面水和地下水的影响,设计时应注意路基高程,力求不低于规定的临界高度,使路基处于干燥或中湿状态。路基两侧均应设边沟。矮路堤的高度接近或小于路基工作区的深度时,除填方路堤本身需要满足规定的施工要求外,天然地面也应按规定进行压实,达到规定的压实度,必要时应进行换土或加固处理,以保证路基路面的强度和稳定性。

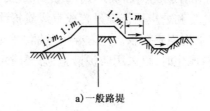

a) 一般路堤

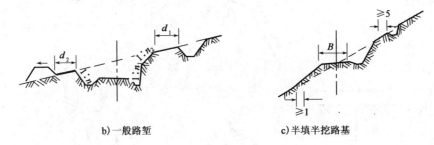

b) 一般路堑　　　　　　　　　　c) 半填半挖路基

图 2-1-2-1　路基横断面基本形式(尺寸单位:m)

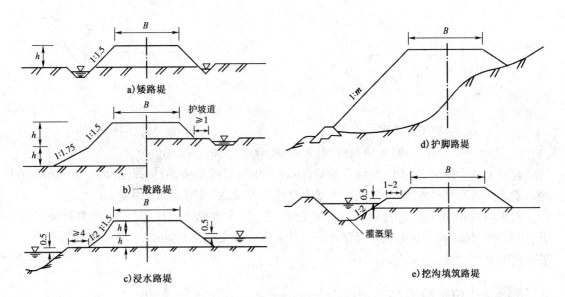

图 2-1-2-2　路堤的几种常用横断面形式(尺寸单位:m)

填方高度不大,$h = 2 \sim 3\text{m}$ 时,填方数量较少,全部或部分填土可以在路基两侧设置取土坑取土,有条件时使其与排水沟渠相结合。为保护填方坡脚不受临近流水侵害,保证边坡稳定,可在坡脚与沟渠之间预留 $1 \sim 2\text{m}$ 甚至 4m 宽的护坡道。地面横坡较陡时,为防止填方路基沿山坡向下滑动,应将路基下的天然地面挖成台阶,或在路基边坡坡脚设置砌石护脚。

高路堤的填方数量大、占地多,为了使路基稳定及横断面经济合理,需进行单独设计。高路堤和浸水路堤的边坡,可采用上陡下缓的折线形或台阶形(即在边坡中部设置护坡道)。

二 路堑

图 2-1-2-3 所示是路堑的几种常见横断面形式,其路基形式有全挖路基、台口式路基及半山洞路基。挖方边坡可视高度和岩土层情况设置成直线或折线。挖方边坡的坡脚处可设置边沟,路堑的上方可设置截水沟用来排水。挖方弃土可堆放在路堑的下方,但不能造成对坡下的环境影响。边坡坡面易风化时,可采用防护措施,必要时可在坡角处设置 0.5~1.0m 的碎落台。

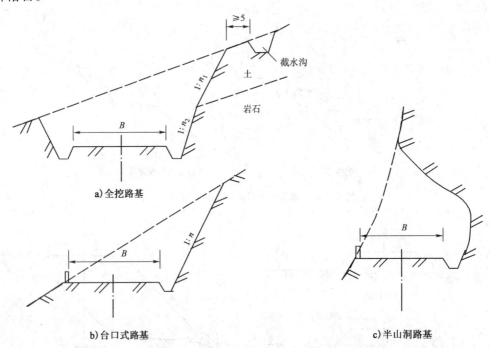

图 2-1-2-3　路堑的几种常用横断面形式(尺寸单位:m)

陡坡上的半路堑,路中线宜向内侧移,尽量采用台口式路基,避免路基外侧的少量填方难以稳定。遇有整体性的坚硬岩层,为减少开挖石方量,可采用半山洞路基。

对于路堑开挖后形成的路基及地基,要求人工压实至规定的压实程度,必要时还应翻开,重新分层填筑和分层碾压。当路堑挖方处土质或水文状况不良时,应进行地基加固和设置必要的排水设施。

三 半填半挖路基

为了减少土石方数量,保持土石方数量横向平衡,位于山坡上的路基,通常取路中心的高程接近原地面高程,形成填挖结合(半填半挖)路基。若处理得当,则路基稳定可靠,是一种比较经济的断面形式。常用的半填半挖路基如图 2-1-2-4 所示。

一般半填半挖路基:半填半挖路基是比较经济的断面形式,注意当原地面横坡大于 1:5 时,将原地面挖成台阶,以保证填土的稳定。

护肩路基:用于填土高度不大,但坡脚太远不易填筑时的情况,护肩高度一般不超过

2m。砌石路基:用于地面横坡太陡,坡脚落空,不能填筑时。挡土墙路基:挡墙是不依靠路基独立稳定的结构物,它也能支当填方,稳定路基。矮墙路基:用于挖方边坡土质松散,易产生碎落的情况。各种典型路基横断面要结合实际地形选用,且应以路基稳定、行车安全、工程量小和经济适用为前提。

上述三类路基横断面形式,各具特点,分别在一定条件下使用。由于地形、地质、水文等自然条件差异性很大,且路基位置、横断面尺寸及要求等应服从于路线、路面及沿线结构物的要求。所以路基横断面类型的选择,必须因地制宜,综合设计。

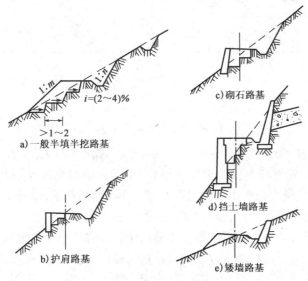

图 2-1-2-4　半填半挖路基(尺寸单位:m)

第二节　路基附属设施及功能

与一般路基工程有关的附属设施有取土坑、弃土堆、护坡道、碎落台、堆料坪及错车道等,这些设施是路基设计的组成部分。为了确保路基的强度、稳定性和行车安全,正确合理地设置路基附属设施是十分重要的。

一　取土坑与弃土堆

路基土石方的挖填平衡,是公路路线设计的基本原则,但往往难以做到完全平衡。土石方数量经过合理调配后,仍然会有部分借方和弃方(又称废方)。路基土石方的借弃,首先要合理选择地点,即确定取土坑或弃土堆的位置。选点时要兼顾土质、数量、用地范围及运输条件等因素,结合沿线区域规划,因地制宜、综合考虑。并且注意自然环境保护,防止水土流失。

平坦地区,如果用土量较少,可以沿路两侧设置取土坑,与路基排水和农田灌溉相结合。如图 2-1-2-5 所示,路旁取土坑深度一般约 1.0m 或更深一些,宽度依用土数量和用地容许情况而定。当堤顶与坑底高差不足 2.0m 时,为防止坑内长期高水位积水危害路基,坑底应设纵横排水坡及相应设施。

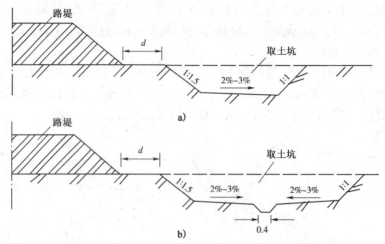

图 2-1-2-5　路旁取土坑(尺寸单位:m)

河水淹没地段的桥头引道近旁,一般不设取土坑。如设取土坑,要距桥头引道与河流的水位边界 10m 以外。此类取土坑要求排水畅通,不得长期积水危及路基或构造物的稳定。路基开挖的废方,应尽量加以利用。如用以加宽路基或加固路堤,填补坑洞、路旁洼地等,亦可兼顾农田水利或工民建等所需,做到变废为用,弃而不乱。

废方一般选择路旁低洼地就近堆弃。原地面倾斜横坡度小于 1:5 时,路旁两侧均可设置弃土堆;坡面较陡时,宜设在路基下方。沿河路基爆破后的废石方,往往难以远运,条件许可时可以部分占用河道,但要注意河道压缩后,水流流速增大,不致冲刷引起路基滑塌,不致壅水引起危及上游路基及附近农田等。如图 2-1-2-6 所示,路旁弃土堆一般要求堆弃整平,顶面具有适当横坡,并设平台、三角土块及排水沟。宽度 d 与地面土质有关,最少为 3.0m,最大可按路堑深度加 5.0m,即 $d \geqslant H+5.0m$。积砂或积雪地段的弃土堆,有利于防砂防雪,可设在迎面一侧,并具有足够的距离。

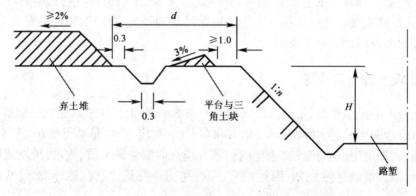

图 2-1-2-6　路旁弃土堆(尺寸单位:m)

二　护坡道与碎落台

护坡道是保护路基边坡稳定性的措施之一。设置的目的是加宽边坡横向距离,减少边坡平均坡度,如图 2-1-2-7 所示。护坡越宽,越有利于边坡稳定,但是工程数量亦随之增大,因此要从边坡稳定性和经济合理性两方面加以兼顾。通常护坡道宽度 d,视边坡高度 h 而定:$h \geqslant 3.0$m 时,$d = 1.0$m;$h = 3 \sim 6$m 时,$d = 2$m;$h = 6 \sim 12$m 时,$d = 2 \sim 4$m。

护坡道一般设在挖方坡脚处,边坡较高时亦可在边坡上方及挖方边坡的变坡处。浸水路基的护坡道,可设在浸水线上的边坡上。

碎落台设于土质或石质土的挖方边坡坡脚处,如图 2-1-2-7 所示,主要供零星土石碎块下落时临时堆积,以保护边沟不致阻塞,亦有护坡道的作用,山区公路弯道内侧设碎落台时,还可增大行车通视范围。碎落台宽度一般为 1.0~1.5m,如兼有护坡作用,可适当放宽。碎落台上的堆积物应定期清理。

三 堆料坪

为避免在路肩上堆放路面养护用料,路面养护所用砂石材料,可就近选择路旁合适地点堆置备用。也可在路肩外缘设置堆料坪,其面积可结合地形与材料数量而定,例如每隔 50~100m 设一个堆料坪,长 5~8m,宽 2m,如图 2-1-2-8 所示。高等级公路采用机械化养护路面的路段,往往集中设置备用料场,此时可以不设堆料坪。

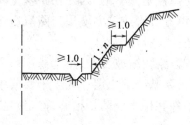
图 2-1-2-7 碎落台示意图(尺寸单位:m)

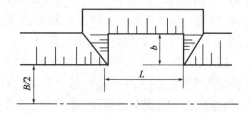
图 2-1-2-8 堆料坪示意图

第三节 一般路基几何尺寸设计

一般路基是指在良好的地质与水文等条件下,未超过设计规范中规定的数值,填方高度和挖方深度不大的路基。通常一般路基可以结合当地的地形、地质情况,直接选用典型横断面作各横断面设计图,不必进行个别验算。超过规范规定的高填、深挖路基,以及地质和水文等条件不良的路基称为特殊路基。为了确保路基具有足够的强度与稳定性,特殊路基需要进行个别设计和验算。

在工程地质和水文条件良好的地段修筑一般路基的设计包括以下内容:
(1)选择路基横断面形式,确定路基宽度与路基高度。
(2)选择路堤填料与压实标准。
(3)确定边坡形状与坡度。
(4)路基排水系统布置和排水结构设计。
(5)坡面防护与加固设计。
(6)附属设施设计。

本节仅介绍(1)、(3)两点,即有关一般路基几何尺寸设计的内容。

一 路基宽度

路基宽度为行车道路面及其两侧路肩宽度之和。高等级的公路,设有中间带、路缘石、变速车道、爬坡车道、紧急停车带等,均应包括在路基宽度范围内。路面宽度根据设计能力及交通量大小而定,一般每个车道为3.50～3.75m,技术等级高的公路及城镇近郊的一般公路,路肩宽度尽可能增大,一般取1～3m,并铺筑硬质路肩,以保证路面行车不受干扰。各级公路路基宽度按《标准》的规定进行设计,如图1-0-4-2和表1-0-1-1所示。

路基需要占用土地,尤其是占用耕地,这对于我国许多人多地少的地区是个突出问题。公路建设应尽量利用非农业用地,少占农田。建路占地必须综合规划,统筹兼顾,讲究经济效益,农业和交通相互促进。山坡路基应尽量填挖平衡,减少高填深挖,防止水土流失,维护生态平衡。

二 路基高度

路基高度表示的是路堤的填筑高度或路堑的开挖深度。路基高度是指路基中心线处设计高程与原地面高程之差。由于原地面沿横断面方向往往是倾斜的,因此在路基宽度范围内,两侧的高差常有差别。路基两侧的边坡高度是指填方坡脚或挖方坡顶与路肩边缘的相对高差。所以路基高度(亦称中心高度)与边坡高度是有区别的。

路基的填挖高度,是在路线纵断面设计时,综合考虑路线纵坡要求、路基稳定性和工程经济等因素确定的。从路基的强度和稳定性要求出发,路基上部土层应处于干燥或中湿状态,路基高度应根据临界高度,并结合公路沿线具体条件和排水及防护措施,确定路堤的最小填土高度。

路堤填土的高矮和路堑挖方的深浅,可按《公路路基设计规范》(JTG D30—2015)的规定范围,使用常规的边坡高度值。

通常将大于18m的土质路堤和大于20m的石质路堤视为高路堤,将大于20m的路堑视为深路堑。高路堤和深路堑的土石方数量大、占地多、施工困难、边坡稳定性差,应尽量避免使用。不得已而一定要用时,应进行单独设计。

当路基高度低于按地下水位或地表长期积水位计算的临界高度时,可视为矮路堤。矮路堤的行车荷载应力作用区范围内,往往同时经受着地面或地下水的不良影响。为了增强路基路面的综合强度与稳定性,需要另行采用加强路面结构或增设地下排水设施。究竟如何合理确定路基的高度,需要进行综合比较后方可择优取用。

沿河及受水浸淹的路基,其高度应根据技术标准所规定的设计洪水频率,求得设计水位,再加0.5m的余量。如果河道因设置路堤而压缩过水面积,致使上游有壅水,或河面宽阔而有风浪,就应增加壅水高度和波浪侵袭高度。所以沿河浸水路堤的高度,应高出上述各值之和,以保证路基不致被淹没,并据此进行路基的防护与加固。

三 路基边坡坡度

路基边坡坡度的正确确定对路基稳定是十分重要的。路基的边坡坡度,可用边坡高度

H 与边坡宽度 b 的比值表示,并取 $H=1$,如图 2-1-2-9 所示,$H:b=1:0.5$(路堑边坡)或 $1:1.5$(路堤边坡),通常用 $1:n$(路堑)或 $1:m$(路堤)表示其边坡率。

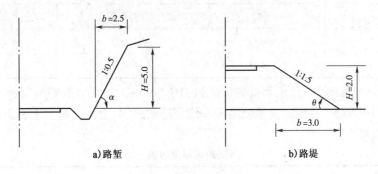

图 2-1-2-9 路基边坡坡度

路基边坡坡度的大小,取决于边坡的土质、岩石的性质及水文地质条件等自然因素和边坡的高度。在陡坡或填挖较大的路段,边坡稳定不仅影响到土石方工程量和施工的难易,而且是路基整体稳定性的关键。因此,确定边坡坡度对于路基的稳定性和工程的经济合理性至关重要。一般路基的边坡坡度可根据多年实践经验和设计规范推荐的数值采用。

1. 路堤边坡

一般路堤边坡坡度,当地质条件良好时可根据填料种类和边坡高度按表 2-1-2-1 所列的坡度选用。

路堤边坡坡度表　　　　　表 2-1-2-1

填料种类	边坡坡度	
	上部高度($H\leqslant 8m$)	下部高度($H\leqslant 12m$)
细粒土	1:1.5	1:1.75
粗粒土	1:1.5	1:1.75
巨粒土	1:1.5	1:1.5

边坡高度超 20m 的路堤,属高路堤,边坡形式宜采用阶梯形,边坡坡度应通过稳定性分析计算确定,并应进行单独设计。

沿河浸水路堤的边坡坡度,在设计水位以下视填料情况可采用 $1:1.75\sim1:2.0$,在长水位以下部分可采用 $1:2.0\sim1:3.0$。

当公路沿线有大量天然石料或路堑开挖的废石方时,可用以填筑路堤。填石路堤应由不易风化的较大(大于 25cm)石块砌筑,边坡坡度一般可用 1:1。

陡坡上的路基填方可采用砌石,如图 2-1-2-10 所示,砌石顶宽一律为 0.8m,基底面以 1:5 的坡率向路基内侧倾斜,砌石高度 H 一般为 $2\sim15m$,墙的内外坡依砌石高度,按表 2-1-2-2 选用。

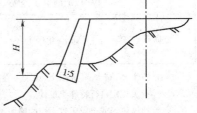

图 2-1-2-10 砌石

砌石边坡坡度表　　　　　　　　　　　　　　　　　　　　　　　　表 2-1-2-2

序　号	砌石高度(m)	内坡坡度	外坡坡度
1	≤5	1∶0.3	1∶0.5
2	≤10	1∶0.5	1∶0.67
3	≤15	1∶0.6	1∶0.75

在地震地区应参照《公路工程抗震规范》(JTG B02—2013)和《公路桥梁抗震设计细则》(JTG/T B02-01—2008)执行。高速公路和一级公路的路堤,边坡高度大于表 2-1-2-3 的规定时,应放缓边坡坡度。

路堤边坡高度限值　　　　　　　　　　　　　　　　　　　　　　　　表 2-1-2-3

填　料	基本烈度	
	8	9
岩块和细粒土(粉性土和有机质土除外)(m)	15	10
粗粒土(细砂、极细砂除外)(m)	6	3

2. 路堑边坡

设计路堑边坡坡度时,应从地貌、地质构造上,尤其是路堑开挖后的实际情况,判断其整体稳定性。在遇到工程地质或水文地质条件不良的地段时,应尽量使路线避绕它;而对于原稳定的地层,则应考虑开挖后,是否会由于减少支承,坡面加剧风化而引起失稳。

影响路堑边坡稳定的因素较为复杂,除了路堑深度和坡体土石的性质之外,还有地质构造特征、岩石的风化和破碎程度、土层的成因类型、地面水和地下水的影响、坡面的朝向以及当地的气候条件等,这些影响因素在边坡设计时必须综合考虑。

土质路堑边坡,应根据边坡高度、土的密实程度、土的成因及生成年代、地下水和地面水的情况等因素综合考虑确定。《公路路基设计规范》(JTG D30—2015)规定:一般当边坡高度不大于 20m 时,边坡坡率不宜大于表 2-1-2-4 的规定值。

当边坡高度大于 20m 时,其边坡形式及坡率应进行个别勘察设计。

土质挖方边坡坡度表　　　　　　　　　　　　　　　　　　　　　　　　表 2-1-2-4

土 的 类 别		边坡坡度
黏土、粉质黏土塑性指数大于 3 的粉土		1∶1
中等以上的中砂、粗砂、砾砂		1∶1.5
卵石土、碎石土、圆砾土、角砾土	胶结和密实	1∶0.75
	中密	1∶1

注:1. 黄土、红黏土、高液限土、膨胀土等特殊土质挖方边坡形式及坡度应按《公路路基设计规范》(JTG D30—2015)有关规定进行特殊土设计。
　　2. 边坡较矮或土质比较干燥的路段,可采用较陡的边坡坡度;边坡较高或土质比较潮湿的路段,可采用较缓的边坡坡度。
　　3. 开挖后,密实程度很容易变松的砂类土及砾类土等路段,应采用较缓的边坡坡度。
　　4. 土的密实程度划分见表 2-1-2-5。

土的密实程度划分表　　　　　　　　　　　　　表 2-1-2-5

分级	试坑开挖情况
胶结	细粒土密实度很高,粗颗粒之间呈弱胶结,试坑用镐开挖很困难,天然坡面可以陡立
密实	试坑坑壁稳定,开挖困难,土块用手用力才能破碎,从坑壁取出大颗粒处能保持凹面形状
中密	天然坡面不易陡立,试坑坑壁有掉块现象,部分需用镐开挖
较松	铁锹很容易铲入土中,试坑坑壁容易坍塌

岩质路堑边坡形式及坡率应根据工程地质与水文地质条件、边坡高度、施工方法,结合自然稳定边坡和人工边坡的调查综合确定。根据《公路路基设计规范》(JTG D30—2015)规定:当边坡高度不大于 30m 时,无外倾软弱结构面的边坡按表 2-1-2-6 确定。

岩石挖方边坡坡度表　　　　　　　　　　　　　表 2-1-2-6

边坡岩体类型	风化程度	边坡坡率	
		$H<15m$	$15m \leqslant H<30m$
Ⅰ类	未风化、微风化	1:0.1~1:0.3	1:0.1~1:0.3
	弱风化	1:0.1~1:0.3	1:0.1~1:0.5
Ⅱ类	未风化、微风化	1:0.1~1:0.3	1:0.3~1:0.5
	弱风化	1:0.3~1:0.5	1:0.5~1:0.75
Ⅲ类	未风化、微风化	1:0.3~1:0.5	—
	弱风化	1:0.5~1:0.75	—
Ⅳ类	弱风化	1:0.5~1:1	—
	强风化	1:0.75~1:1	—

注:1. 有可靠的资料和经验时,可不受本表限制。
　　2. Ⅳ类强风化包括各类风化程度的极软岩。

对于有外倾软弱结构面的岩质边坡、坡顶边缘附近有较大荷载的边坡、边坡高超过表 2-1-2-6 规定范围的边坡,边坡坡率应通过稳定性分计算确定。

在地震地区的岩石路堑边坡坡率应按照《公路工程抗震规范》(JTG B02—2013)的规定要求,另行设计。

本 章 小 结

(1)一般路基是指在良好的地质与水文等条件下,未超过设计规范所列表格中规定的数值,填方高度和挖方深度不大的路基。一般路基可直接选用典型横断面作各横断面设计图,不必进行个别验算。超过规范规定的高填、深挖路基,以及地质和水文等条件不良的路基称为特殊路基。特殊路基需要进行个别设计和验算。

(2)横断面的典型形式可分为路堤、路堑和填挖结合(又称为半填半挖)等三种类型。路堤、路堑分别有各种常用的横断面形式,填挖结合则是两者的综合运用。

(3)与一般路基工程有关的附属设施有取土坑、弃土堆、护坡道、碎落台、堆料坪及错车道等。

（4）一般路基的几何尺寸包括路基宽度、路基高度和边坡坡度。

路基宽度为行车道路面及其两侧路肩宽度之和。高等级的公路，设有中间带、路缘石、变速车道、爬坡车道、紧急停车带等，均应包括在路基宽度范围内。

路基高度表示的是路堤的填筑高度或路堑的开挖深度。路基高度是指路基中心线处设计高程与原地面高程之差。

路基的边坡坡度，可用边坡高度 H 与边坡宽度 b 之比值表示。

思考题与习题

1. 何谓一般路基？何谓特殊路基？两者在设计方法上有什么区别？
2. 路基典型横断面有哪三种形式？
3. 常用路堤横断面有哪些形式？常用路堑横断面又有哪些形式？
4. 同一种土的路堤边坡坡度与路堑边坡坡度哪个陡？为什么？
5. 路基高度与路基边坡高度有什么区别？
6. 路基边坡坡度的大小取决于哪些因素？
7. 护坡道与碎落台的作用有何异同？

第三章　路基路面排水

> **教学要求**
> 1. 根据影响路基两类水源,分析危害路基的地面水和地下水各自包括的范畴。
> 2. 描述路基和路面各自的排水目的,以及路基路面排水设计的一般原则。
> 3. 描述路基常用的各种地面排水设施及其各自的作用。
> 4. 描述各种地下排水设施及其各自的作用。
> 5. 描述路面表面排水设计应遵循的原则,描述路面三类排水设施的内容及各自的作用。

第一节　排水设计的目的、要求与原则

路基路面的强度与稳定性同水的关系十分密切。路基路面的病害有多种,形成病害的因素亦很多,但水的作用是主要因素之一。

根据水源的不同,影响路基的水源可分为地面水(包括降雨、降雪以及海、河、湖、水渠、水库水等)和地下水(包括地下水、毛细水、地下泉水及暗流水等)两大类,与此相适应的路基排水工程,则分为地面排水设施和地下排水设施。

水对路基路面的危害主要表现为:水侵蚀路基容易引起土质松软、边坡坍塌、基身沉陷或产生滑动;水渗入路面结构层,降低路面材料的强度,引起路面基层、底基层承载能力下降,在水泥混凝土路面的接缝、沥青类路面的裂缝及路肩处造成唧泥;在冻胀地区,融冻季节路面下结构层的存水会引起路基翻浆。因此,在路基路面设计、施工和养护中应防、排、疏结合,并与路面排水、路基防护、地基处理以及特殊路基地区的其他处治措施互相协调,形成完善的排水系统。

一　排水的目的与要求

路基排水的目的,就是将路基范围内的土基湿度降低到一定的限度以内,保持路基常年处于干燥、中湿状态。目前路面排水的目的,就是设法将水在路面以外尽快排除,防止渗入下面的结构层和路基。这样确保路基及路面具有足够的强度与稳定性。路基设计时,必须考虑将影响路基稳定性的地面水,排除和拦截于路基用地范围之外,并防止地面水漫流、滞积或下渗。对于影响路基稳定性的地下水,则应予以隔断、疏干或降低,并引导至路基范围以外的适当地点。

路基施工中,首先应校核全线路基排水系统的设计是否完备和妥善,必要时应予以补充或修改,并重视排水工程的质量和使用效果。此外,应根据实际情况与需要,设置施工现场的临时性排水措施,以保证路基土石方及附属结构物能在正常条件下进行施工作业,消除路基基底和土体内与水有关的隐患,保证路基工程的质量。

路基养护中,对排水设施应定期检查与维修,以保证排水设施的正常使用,水流畅通,并根据实际情况不断改善路基排水条件。

路面排水系统通常有三方面的要求:一是各项设施应具有足够的泄水能力,满足排除渗入路面结构内的自由水的需要;二是自由水在路面结构内的渗流时间不能太长,渗流路径不能太长;三是排水设施要有较好的耐久性。

二 路基路面排水设计的一般原则

路基路面排水设计应遵循的一般原则可以归纳如下:

(1)摸清水源,全面规划,因势利导,综合治理。设计前必须进行充分的调查研究,充分利用有利地形和自然水系,以使排水系统的规划和设计做到正确合理。

(2)保护生态环境,与农田水利相配合。路基边沟一般不应用作农田灌溉渠道,两者必须合并使用时,边沟的断面应加大,并予以加固,以防水流危害路基。

(3)排水设计应经济适用。一般情况下地面和地下设置的沟渠,宜短不宜长,起到及时疏散、就近分流的作用。尽量选择有利地形地质条件布设排水沟渠,以减少沟渠的防护与加固工程量。

(4)防重于治,防治结合。路线设计时应考虑路基排水,排水沟渠的出水口应就近引至天然河沟、桥涵处。为了减少水对路面结构层及路基的破坏作用,首先应尽量阻止水进入路面结构,然后应对进入路面结构层的水,提供良好的排水设施,以便迅速排除。对于各种排水设施要定期检查、维修、清理,并根据实际情况,不断完善路基路面排水设施。

第二节 路基常用的地面排水设施

路基地面排水设施有边沟、截水沟、排水沟、跌水与急流槽、渡槽与倒虹吸等。常用的有边沟、截水沟和排水沟。这些地面排水设施的作用和要求均有所不同。

一 路基边沟

边沟设置在挖方路基的路肩外侧或矮路堤的坡脚外侧,多与路中心线平行,用于汇集和排除路面、边坡范围内以及流向路基的少量地面水。常用的边沟断面形式有梯形、矩形、三角形或碟形等,如图 2-1-3-1 所示。

高速公路、一级公路宜采用三角形或碟形边沟,条件受限而需采用矩形边沟时,应在顶面加带槽孔的混凝土盖板。二级及二级以下公路的土质边沟用梯形,石质边沟用矩形。易于积雪或积砂的路段,边沟宜用碟形。某些较矮的路堤,如果用地许可,采用机械化施工时,边沟可用三角形。公路两侧为农田时,为了少占良田及防止农业用水时对路基的破坏,可采用石砌矩形边沟。

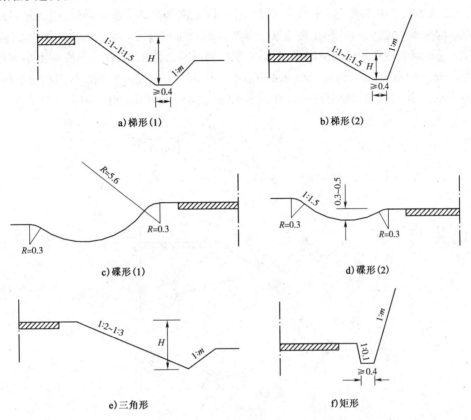

图 2-1-3-1　边沟横断面示意图(尺寸单位:m)

梯形土质边沟的边坡,靠近路基的一侧常用 1:1～1:1.5,另一侧与挖方边坡坡度一致。土质或经铺砌加固的矩形边沟的边坡,可以直立或稍有倾斜。三角形边沟的边坡采用 1:2～1:3。

碟形边沟的边坡需修整圆滑,可防止积雪积砂。梯形及矩形边沟的深度和宽度,一般为 0.4～0.6m,多雨和潮湿地段不宜小于 0.5m,干旱地区或少水路段尺寸可小些,但也不宜小于 0.3m。边沟的排水量不大,一般不需进行水力水文计算,依沿线具体情况选用标准横断面。

边沟紧靠路基,通常不容许其他排水沟渠的水引入,也不能与其他人工沟渠合并使用。边沟的纵坡不宜过陡,以免水流冲刷造成损害;亦不宜过缓,造成水流不畅,形成阻滞和淤积。一般情况下,边沟沟底纵坡应与路线纵坡一致,并不宜小于 0.3%。困难情况下,可减少至 1%。当路线纵坡小于沟底最小纵坡时,边沟应采用沟底最小纵坡,并缩短边沟出水口的间距。

边沟出水口的间距,一般地区不超过 500m,多雨地区不超过 300m,三角形和碟形边沟不超过 200m。边沟出水的排放应就近排引到路旁自然水沟或低洼地带,必要时添设涵洞,将边沟水引至路基另一侧排出。

二　截水沟

截水沟设置在距路堑坡顶外缘或路堤坡脚外缘的一定距离(规范规定距路堑坡顶外缘不

小于5m,距路堤坡脚外缘不小于2m)。设置截水沟的作用是:当路基一侧或两侧受较大坡面面积汇水影响时,单边拦截汇集水流并予以排除。因此路基两侧受水影响时,则应两侧分别设置。截水沟是多雨地区、山岭和丘陵地区路基排水的重要设施之一。截水沟断面形式应结合设置位置、排水量、地形及边坡情况确定,通常采用梯形断面截水沟,深度与底宽不小于0.5m,具有1%~3%的沟底纵坡,沟底最小纵坡不宜小于0.3%,靠近路基一侧设有挡水的土台,沟内必须防止渗水,出口应引到路基范围以外。常见的截水沟断面形式如图2-1-3-2所示。

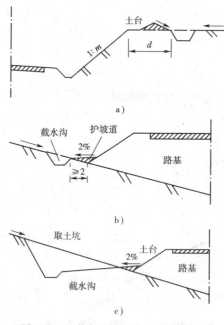

图2-1-3-2 截水沟断面图(尺寸单位:m)

三 排水沟

排水沟主要作用是把来自边沟、截水沟或其他水源的水流引至桥涵或路基范围以外的指定地点。排水沟一般采用梯形断面,其断面尺寸通常需经过水力水文计算选定。

排水沟的布置离路基应尽可能远些,距路基坡脚不宜小于3m,并且结合地形因势利导,平面上力求短捷平顺,以直线为宜;必须转弯时,尽量采用较大半径(10m以上),以保证水流舒畅。纵面上控制最大和最小纵坡,沟底纵坡不宜小于0.3%,以1%~3%为宜,纵坡大于3%时,需要加固,纵坡大于7%时,则应改用跌水或急流槽。为避免水流过分集中,排水沟的全长一般不超过300m。排水沟与其他沟渠相接时应顺畅,并应使原水道不产生冲刷或淤积。一般应使排水沟与原水道成锐角相交,交角不大于45°,有条件时可采用半径$R=10b$(b为沟底宽)的圆曲线,朝下游与原水道相连接。

四 跌水与急流槽

跌水与急流槽是路基地面排水沟渠的特殊形式,用于陡坡地段,沟槽的纵坡可达7%以上(跌水)或更陡(急流槽),是山区公路路基排水常见的结构物。

跌水是一种将沟底做成台阶状的人工沟渠。当高边坡水位落差较大，为了消能减速，便于水流安全进入涵洞而不至于冲刷时，可设置跌水。跌水有单级和多级之分。单级跌水用于边沟出水口高程与涵洞进水口高程水位落差较大，同时改变水流方向集中消能时，如图 2-1-3-3 所示。多级跌水用于水流通过较长陡坡时，是为了逐步减缓水流速度，逐步消能而设，如图2-1-3-4所示。

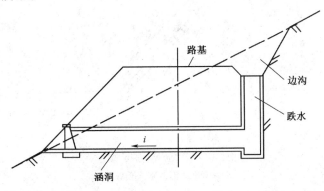

图 2-1-3-3　边沟与涵洞用单级跌水连接

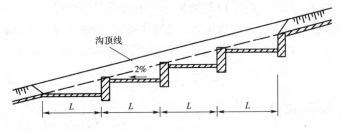

图 2-1-3-4　多级跌水纵剖面图

跌水的构造可分为进水口、消力池（槛）和出水口 3 个组成部分，如图 2-1-3-5 所示。进水口水流呈水跌现象；消力池（槛）起消能减速作用（当地基为土质或软石易开挖时，一般采用消力池；当地基为坚石不易开挖时，可采用消力槛）；出水口是为了使水流镇定而设的段落。具体的尺寸可根据水力计算和结构强度计算确定。

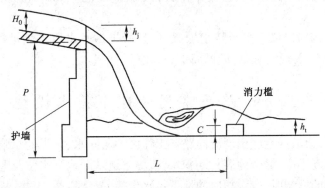

图 2-1-3-5　跌水构造示意图

通常在水平短距离内需要排泄急速水流，如陡坡路段涵洞的进出口附近连接处，或回头曲线上下线涵洞之间的连接处，可设置急流槽。急流槽的纵坡比跌水更陡，可达67%以上，如图 2-1-3-6 所示。急流槽底的纵坡应与地形相结合,进水口应予防护加固,出水口应采取消能措施,防止冲刷。

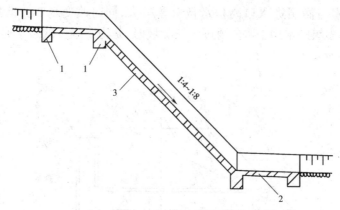

图 2-1-3-6 急流槽构造示意图
1-耳墙;2-消力池;3-槽底

急流槽的构造可分为进口、槽身和出口 3 个组成部分。根据水力计算,进出口与槽身可采用不同大小的断面尺寸,因此进出口与槽身连接处应设置过渡段。

急流槽一般就地形坡度敷设,应采取加固措施并具有稳固的基础,端部及槽身每隔 2～5m 在槽底设耳墙嵌入地面以下。槽身较长时,宜分段砌筑,每段长 5～10m,预留伸缩缝,并用防水材料填筑。

五 蒸发池与油水分离池

在我国气候干旱、蒸发量大的排水困难地段,可利用沿线的取土坑或专门设置蒸发池,以汇集路界地表水,靠自然蒸发或下渗将水排除。蒸发池边缘距路基边沟外缘的距离应以保证路基的稳定和安全为原则,并不应小于 5m,面积较大的蒸发池不小于 20m。蒸发池同边沟或排水沟之间设引水沟相连,池中设计水位应低于排水沟沟底。每个蒸发池的容水量应根据蒸发池的纵向间距经水力、水文计算后确定。蒸发池应根据具体情况采取适当的防护加固措施。

对于路基排水沟出口位于水质特别敏感区,且所排污水水质不满足《污水综合排放标准》(GB 8978—1996)的规定时,可设置油水分离池。

第三节 路基常用的地下排水设施

由于开挖路堑,边坡或堑底出现流向路基工作区的层间水、集中的泉眼、大面积的渗水,以及填筑的路堤高度不高,堤旁地表长期积水位、堤下地基原地下水位及毛细水上升等各种地下水造成对路基的影响时,应设相应的地下排水设施,起到拦截、汇集、排除地下水或局部范围降低地下水位的作用。

常用的路基地下排水设施有:暗沟、渗沟和渗井等。由于地下排水设施埋置在地面以下,不易维修,在路基建成后又难以查明损坏失效情况,因此要求地下排水设施牢固及耐久。

在进行地下排水设计前,应进行野外工程地质和水文地质调查、勘探和测试,查明水文地质条件,获取有关水文地质参数。地下排水设施的类型、位置及尺寸应根据工程地质和水文地质条件确定,并与地表排水设施相协调。

一 暗沟

暗沟的主要作用是把路基工作区范围内和以下较浅的集中泉眼或渗沟所拦截、汇集的水流排到路基范围之外。另外,暗沟还用于城市道路的污水管或雨水管,以及高速公路、一级公路中央分隔带有雨水浸入时,通过雨水口将水流引入地下暗沟,然后排到路基范围之外等。

暗沟应在路基填土前或开挖后,按泉眼范围及流量大小或渗沟汇集的水流情况,确定断面的尺寸。图 2-1-3-7 是用于排除路基泉眼的暗沟示意图。暗沟的敷设施工过程是:首先在泉眼处用浆砌块石或水泥混凝土圈井,上面加以盖板,然后在井壁上连接暗沟。暗沟敷设施工完毕后,恢复正常的路基填筑。当暗沟沟底高程处于路基工作区内或以下不深时,暗沟沿程必须防渗封闭,否则不能保证路基处于干燥、中湿状态。暗沟沟底纵坡不宜小于1%,条件困难时亦不得小于0.5%,出水口沟底高程应高出沟外最高水位20cm以上,以防水流倒灌。寒冷地区的暗沟,应采取防冻保温处理措施或将暗沟设在冰冻深度以下。

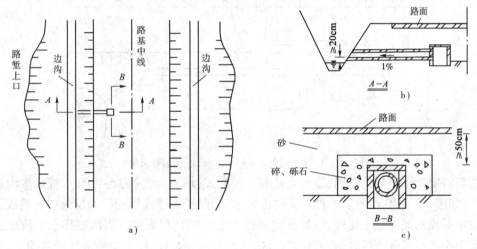

图 2-1-3-7 排除路基泉眼的暗沟

二 渗沟

渗沟用于降低地下水位或拦截地下水,即渗沟采用渗透方式将路基工作区或以下较浅的大面积地下水汇集于沟内,并沿沟把水排到指定地点,此种地下排水设施统称为渗沟。渗沟可分为管式渗沟、洞式渗沟和边坡渗沟。由于渗沟具有汇集水流的功能,渗沟沿程必须是"开放"的(这在设施构造内容中具体介绍)。根据地下水分布及影响路基情况的不同,渗沟设置的位置及作用也有所不同。

当用于拦截、汇集和排除流向路基的地下水时,渗沟可设在边沟以下或路基上侧山坡地面以下的适当位置,如图 2-1-3-8 所示。此时渗沟的平面布置应尽可能与地下水流向相互垂直,使之拦截效果良好。

当用于汇集路基范围内大面积的渗水,并引至指定地点时,首先应根据每条渗沟的流量,平面规划设计好渗沟网,然后在指定地点圈井以利汇集,其后再以暗沟连接,排水于路基之外。图2-1-3-9为用于汇集排除大面积渗水的渗沟网(示例)。

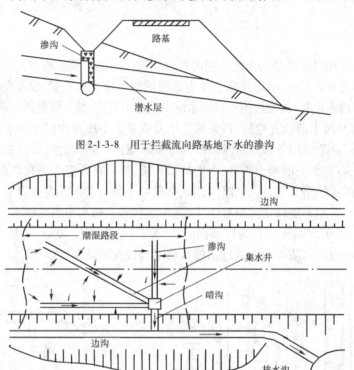

图2-1-3-8 用于拦截流向路基地下水的渗沟

图2-1-3-9 用于汇集排除大面积渗水的渗沟网(示例)

按照需要排水流量的不同,渗沟大致有三种形式:填石渗沟(亦称盲沟)、管式渗沟和洞式渗沟,如图2-1-3-10所示。三种形式均由排水层(碎砾石缝或管、洞)和反滤层所组成。有无浆砌块石或水泥混凝土托底,应根据沟底排水水面的高程而定。当沟底排水水流已经进入路基工作区或接近该区时,必须设置托底。否则在渗沟内已经汇集的应该排除的水,就会沿程又渗回到路基工作区去。当沟底排水水面在路基工作区以下较远时,则可不设托底。

填石渗沟(盲沟)一般用于流量不大、渗沟长度不长的地段,是目前公路上常用的一种渗沟形式。盲沟的排水层,可采用石质坚硬的较大颗粒填充,以保证具有足够的孔隙率排除设计流量。由于排水属渗流紊流状态,碎砾石构成的排水层阻力较大,为防止淤积,其纵坡应不小于1%,一般可采用5%。

管式渗沟适用于有一定流量、渗沟长度较长的地段。但渗沟纵向长度应不大于350m,若渗沟过长时,应加设横向泄水管,将渗沟内的水流迅速分段排除。其最小纵坡为0.5%,沟底纵坡取决于设计流速,最大流速应考虑水管及托底的耐冲能力而确定。

洞式渗沟适用于地下水流量较大或缺少圆管时,可采用石砌涵洞形式。洞身断面大小依设计流量而定。涵洞可用浆砌片石筑成,上加带泄水小孔的混凝土盖板或条石覆盖。沟底纵坡最小为0.5%,有条件时适当采用较大纵坡,以利排水。渗沟施工时的人工开挖槽宽视沟深而定,一般深度在2m时,宽度为0.6~0.8m,深度在3~4m时,宽度不小于1.0m。

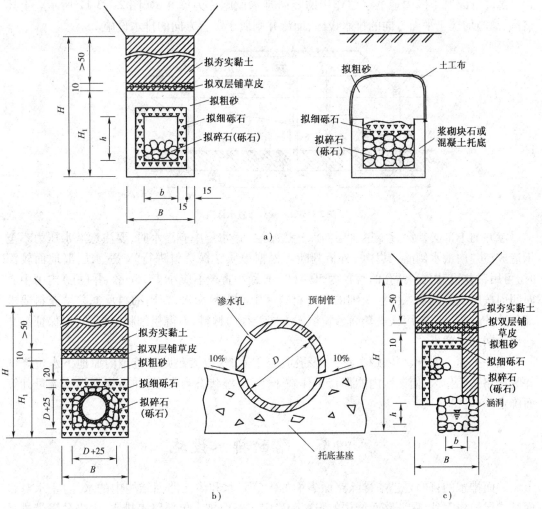

图 2-1-3-10　渗沟构造图(尺寸单位:cm)

渗沟内用做渗水或排水的砂石填料,应经过筛选和清洗。反滤层是为了汇集水流,并用于防止含水层中土粒堵塞排水层而设置的。反滤层应尽可能选用颗粒大小均匀的砂石材料,分层填埋,相邻两层颗粒直径之比不小于1:4,每层厚度不小于15cm。有条件时可在反滤层外加铺土工布进行包裹,更能加强过滤作用,同时使得路基土颗粒不因随水流被带走而形成空洞。各种渗沟出水口沟底高程应高于沟外最高水位高程20cm。

管式渗沟的泄水管,可用陶土、混凝土、石棉或带孔塑料管等材料制成。管壁上半部可交错排列留有渗水孔,外铺土工布过滤。管径视设计流量而定,一般为15~30m。在冬季管内水流易结冰的地段,为防止堵塞可采用较大直径的泄水管,并加设保温层。

三 渗井

在平原地区,当路基设计高程不高,但地下水位较高而影响路基工作区时,可设置竖直方向排水设施,把附近周围上部的地下水,渗流引排到深部的潜水层或透水层中去。这种起到局部降低路基范围内地下水位作用的竖向排水设施称为渗井,如图2-1-3-11所示。上述暗沟、渗沟均属于平面方向的排水设施,而渗井则属于竖直方向的排水设施。

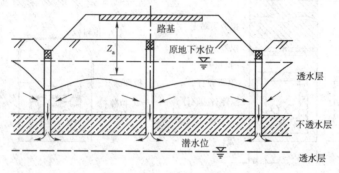

图2-1-3-11　渗井布置示意图

渗井的下部必须穿过不透水层而深达透水层(透水层中有潜水时,要注意潜水压力不至于造成渗井内潜水倒灌,具体的分析判断可根据地质钻探资料进行)。透水层离地面较深时,可用钻井机钻孔。钻孔的直径为50~60cm,最小直径不应小于15cm。井(孔)内由中心向四周按层次分别填入由粗至细的砂石材料。中心粗料渗水,四周细料反滤。填充料要求筛分冲洗。施工时需用铁皮套筒分隔填入不同粒径的材料,不得粗细材料混杂,以保证渗井达到预期排水效果。

渗井平面上的行、列间距布置,以及孔径与渗水量,以满足路基范围内原地下水位降低并脱离路基工作区,使该区内能保持工作在干燥、中湿状态为准则,并需根据渗流流量计算而确定。

第四节　路面排水设施

路面排水的目的是迅速排除路面表面的大气降水和渗入路面结构中的水,防止水对路面结构层的损害,以保证路面结构的强度和稳定。路面排水包括路表排水、中央分隔带排水及路面结构内部排水。

一　路面表面排水

路面表面排水的主要任务是迅速把降落在路面和路肩表面的降水排走,以免造成路面积水而影响行车安全。路面表面排水设计应遵循下列原则:

(1)降落在路面上的雨水,应通过路面横向坡度向两侧排流,避免行车道的路面范围内出现积水。

(2)在路线纵坡平缓、汇水量不大、路堤较低且边坡坡面不会受到冲刷的情况下,在路堤边坡上用横向漫流的方式排除路面表面水。

(3)在路堤较高、边坡坡面未做防护而易遭受路面表面水流冲刷,或者坡面虽已采取防护措施但仍有可能受到冲刷时,应沿路肩外侧边缘设置拦水带,汇集路面表面水,然后通过泄水口和急流槽排离路堤。

(4)设置拦水带汇集路面表面水时,拦水带过水断面内的水面,在高速及一级公路上不得漫过右侧车道外边缘,在二级及以下公路上不得漫过右侧车道中心线。

在道路交叉口、匝道口与桥梁等构造物连接处,超高路段和一般路段的横坡转换处,应设置泄水口以避免路面表面水横向流过行车道或结构物。在纵坡变换的凹形竖曲线底部,泄水口应设在最低点,并在其前后相距3~5m处各增设一个泄水口。泄水口的设置间距,以20~30m为宜。

二 中央分隔带排水

中央分隔带排水是高速公路及一级公路地表排水的重要内容,应根据分隔带宽度、绿化和交通安全设施的形式以及分隔带表面的处理方式等因素选择不同的排水方式。根据《公路排水设计规范》(JTG/T D33—2012)规定,中央分隔带的排水设施由排水沟(明沟、暗沟、盲沟)、渗沟、雨水井、集水井、横向排水管等组成,中央分隔带可用凸式、平式或凹式。一般不封闭,也可封闭,如图2-1-3-12和图2-1-3-13所示。

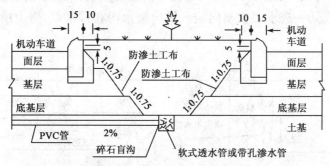

图2-1-3-12 不铺面中央分隔带防排水系统示意(尺寸单位:m)

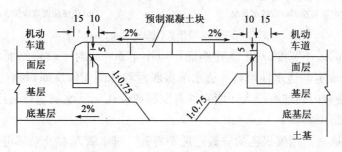

图2-1-3-13 设铺面中央分隔带防排水系统示意(尺寸单位:m)

中央分隔带表面未采用铺面封闭时,为排除渗入分隔带内的表面水,中央分隔带内部宜设置纵向排水渗沟或盲沟,并间隔一定距离设一条横向排水管将渗沟内的水引排到路基之外,渗沟周围应包裹反滤织物(土工布),以免水渗入时携带的细粒土将渗沟堵塞。渗沟上的回填料周围与路面各结构层的交界面处,可铺设防水土工布或设置防水层,如图2-1-3-12所示。当中央分隔带宽度大于3m且表面未采用铺面封闭时,中央分隔带表面宜设置成浅碟形(即凹式),横向坡度宜为1:6~1:4。

当降雨量较小、中央分隔带较窄时,中央分隔带可采用表面铺面封闭进行分散排水。分隔带铺面应采用向两侧外倾的横坡,其坡度与路面的横坡度相同,如图2-1-3-13所示。

中央分隔带封闭后可不设内部排水系统。封闭可用40~80mm厚的预制混凝土或现浇混凝土,其下设砂砾垫层。铺面材料可采用沥青处治材料或其他封闭材料。

三 路面内部排水

在多雨或严重冰冻地区,路基由透水性差的细粒土组成,处于潮湿路段的二级及以上公路;路基两侧有滞水,可能渗入路面结构内的公路路段;或现有路面改建工程需要排除积滞在路面结构内的水分等情况下,宜设置路面内部排水系统。

路面内部排水系统有边缘排水系统和排水基层排水系统两种。边缘排水系统常用于旧水泥混凝土路面下基层材料结构透水性较小,需要改善排水状况时;排水基层排水系统常用于新建路面时,其排水效果比边缘排水系统好得多。

1. 路面边缘排水系统

路面边缘排水系统由沿路面边缘设置的透水性填料集水沟、纵向排水管、横向出水管和过滤织物(土工布)组成,如图2-1-3-14所示。该系统是将渗入路面结构内的自由水,先沿路面结构层内空隙或某一透水层次横向流入纵向集水沟和排水管,再由横向出水管引排出路基。

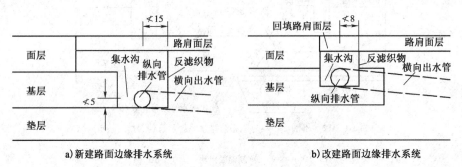

图2-1-3-14 边缘排水系统(尺寸单位:cm)

集水沟底面的最小宽度,对于新建路面不应小于30cm,对于改建路面应能保证排水管两侧各有至少5cm宽的透水性填料。透水填料底面和外侧围以反滤织物(土工布),以防路面垫层、基层及路肩内的细料侵入而堵塞填料空隙或管孔。反滤织物可选用由聚酯类、丙烯材料制成的无机纺织物。

纵向排水管通常选用聚氯乙烯或聚乙烯塑料管。排水管左右及上部可设槽或孔眼。排水管的埋置深度,应保证不被车辆或施工机械压裂,并应低于当地的冰冻深度。在非冰冻地区,新建路面时,排水管管底通常与基层底面齐平;改建路面时,管中心应低于基层顶面。排水管的纵向坡度尽量与路线纵坡相同,不得小于0.25%。

横向出水管选用不带槽或孔的聚氯乙烯或聚乙烯塑料管。出水管的横向坡度不宜小于5%。出水管的外露端头用镀锌铁丝网或格栅罩住。出水口的下方应铺设水泥混凝土防冲刷垫板,或者对泄水道的坡面进行浆砌片石防护,以防止水流冲刷路基边坡和植物生长。

2. 排水基层排水系统

排水基层排水系统直接在面层下设置透水性排水基层,在其边缘设置纵向集水沟和排水管,然后由横向出水管将水流排到路基之外,如图2-1-3-15所示。

排水基层是由不大于4.75mm细颗粒的开级配碎石集料,经过水泥或沥青处治,或未经处治的开级配集料组成。

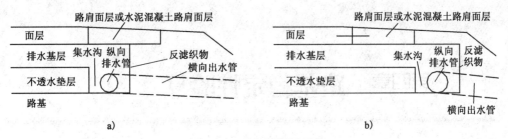

图2-1-3-15 排水基层排水系统

排水基层的厚度应按所需排放的水量和基层材料的渗透系数经过水力计算确定,通常在8~15cm范围内选用,但最小厚度不得小于6cm(碎石经沥青处治)或8cm(碎石经水泥处治)。

其宽度应视面层施工的需要,可超出面层宽度30~90cm。

纵向集水沟可设在面层边缘外侧、路肩下或路肩边缘外侧。集水沟中的填料采用与排水基层相同的透水性材料。集水沟的下部设置带槽或孔眼的纵向排水管,并隔适当距离设置不带槽或孔眼的横向出水管。

本 章 小 结

(1)根据水源的不同,影响路基的水源可分为地面水和地下水两大类。危害路基的地面水和地下水各自包括一定的范畴。

(2)路基排水的目的是将路基范围内的土基湿度降低到一定的限度以内,保持路基常年处于干燥与中湿状态。路面排水的目的是设法将水在路面以外尽快排除,防止渗入下面的结构层和路基。这样确保路基及路面具有足够的强度与稳定性。

(3)路基地面排水设施有边沟、截水沟、排水沟、跌水与急流槽、渡槽与倒虹吸等。常用的有边沟、截水沟和排水沟。这些地面排水设施分别有各自的作用。

(4)常用的路基地下排水设施有暗沟、渗沟和渗井等,它们也分别有各自的作用。

(5)路面排水设施可分为路面表面排水、中央分隔带排水、路面内部排水三类。路面内部排水又可分为边缘排水系统和排水基层排水系统两类。

思考题与习题

1. 影响路基的水源分为哪两类?危害路基时各自包括哪些范畴?
2. 路基排水与路面排水的目的有什么不同?
3. 路基常用的地面排水有哪些设施?各自起什么作用?
4. 渗沟按流量的不同可分为哪几种?
5. 路面表面排水应遵循哪些原则?
6. 路面排水有哪三类设施?路面内部排水又可分为哪两种系统?各自的适用性如何?

第四章　路基稳定性验算

> **教学要求**
>
> 1. 描述需要进行路基边坡稳定性分析和验算的情况，说明边坡稳定性分析常用的两种验算方法。
> 2. 正确地选用可能滑动面，计算汽车荷载当量高度。
> 3. 通过试验确定边坡稳定性验算中所需的土的参数资料。
> 4. 定义力学验算法、工程地质法的概念并说明各自的适用性。
> 5. 描述直线滑动面法、圆弧滑动面法的验算思路、步骤及适用性。
> 6. 描述圆心辅助线的两种确定方法。
> 7. 描述陡坡路堤稳定性验算的思路、步骤及适用性，会选择稳定加固措施。

第一节　概　述

路基边坡稳定性分析验算，是路基设计的主要内容之一。一般情况下，路基边坡按规范要求确定，无须进行稳定性设计，直接套用典型横断面图。但对于边坡高度超过20m的路堤、土质挖方边坡高度超过20m的路堑、岩石挖方边坡高度超过30m的路堑、陡斜坡路堤、浸水的沿河路堤以及特殊地段的路基，不能套用一般典型横断面的设计方法，应进行边坡稳定性分析和验算，据此选定合理的边坡坡度及相关的工程技术措施。

边坡稳定性分析和验算方法常用的有力学验算法、工程地质法两种。在力学验算法中又可分为数解法、图解或表解法两类。数解法是最常用的方法，此法计算较精确，但计算繁琐；图解或表解法简便，是通过查制定的图或表格进行计算，获得的是近似解。一般土质路基的边坡设计常用力学验算法进行验算，岩石或碎石土类路基的边坡则常采用工程地质法进行设计。本章主要介绍土质路基边坡的稳定性验算方法。

一、边坡滑动面分析

路基边坡滑坍，是路基不稳定破坏的一种表现。常发生在长期降水土基强度减弱之后，边坡滑坍严重时将中断公路交通。据观察，边坡滑坍破坏时会形成一滑动曲面，如图2-1-4-1所示。滑动曲面的形状与土质有关。对于松散的砂土及砂性土，因其内摩擦角 φ 较大而黏结力 c 较小，滑动面类似于直线平面，在边坡稳定性验算时可采用直线滑动面法。对于黏性土，因其内摩擦角 φ 较小而黏结力 c 较大，滑动面类似于圆曲面，在边坡稳定性验算时可采用圆弧滑动面法。

进行边坡稳定性验算时，首先要根据不同土质、不同情况进行滑动面形式的选择，如图 2-1-4-1 所示。在一般情况下，当路基填筑的是砂类土时，滑动面为通过坡脚的一直线平面，如图 2-1-4-1a) 所示；当路基填筑的是黏性土时，为通过坡脚的一圆弧滑动面，如图 2-1-4-2b) 所示。当地基为软弱土层时，滑动面为通过坡脚以下软弱土层内的一圆弧滑动面，如图 2-1-4-1c) 所示。当边坡为折线形时，除了以上一般情况下通过坡脚滑动面的考虑，同时可根据变坡点以上路基填筑的是砂类土或黏性土，分别为通过变坡点的一直线或圆弧滑动面，如图 2-1-4-1d) 所示。当横断面为陡坡时，除了以上一般情况下通过坡脚滑动面的考虑，还应作沿原地面为滑动面的路基整体滑动验算，如图 2-1-4-1e) 所示。

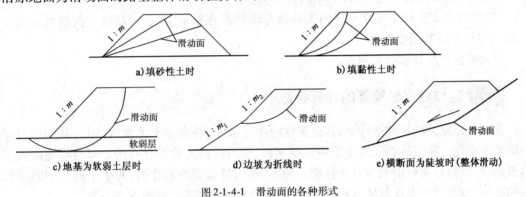

图 2-1-4-1 滑动面的各种形式

二 汽车荷载当量高度计算

路基除承受自重作用外，同时承受行车荷载的作用，在进行边坡稳定性验算时，需要按车辆最不利情况排列，采用与设计标准相应的加重车进行布置，将车辆的设计荷载换算成路基表层土的相当厚度 h_0，此厚度 h_0 称为汽车荷载的当量高度或换算高度。验算时，将当量高度的土体连同滑动土体一并进行力学计算。汽车荷载布置示意图如图 2-1-4-2 所示。

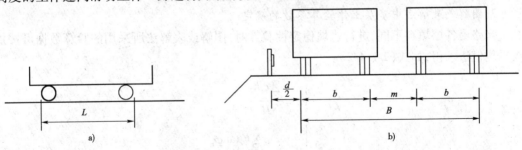

图 2-1-4-2 汽车荷载布置示意图

当量高度 h_0 的计算式为：

$$h_0 = \frac{NQ}{\gamma BL} \tag{2-1-4-1}$$

式中：h_0——当量高度，m；
　　　N——横向分布的车辆数，在破坏楔体上布置，单车道 $N=1$，双车道 $N=2$；
　　　Q——每一辆车辆荷载的重力，kN；
　　　γ——路基填料的重度(重力密度)，kN/m³；

L——汽车前后轴轮胎总距,m,汽—10 级、汽—15 级,$L=4.2\text{m}$;汽—20 级重车,$L=5.6\text{m}$;汽—超 20 级,$L=13\text{m}$;

B——横向分布车辆轮胎最外缘之间总距,m,$B=Nb+(N-1)m+\Delta$;

b——每一车辆的轮胎外缘之间的距离,取 1.8m;

m——相邻两车辆轮胎之间的净距,取 1.3m;

Δ——双轮组轮胎的着地宽度,取 0.6m。

汽车荷载当量高度 h_0 的横向分布方法如下:

(1)可以分布在行车道(路面)宽度范围内。

(2)考虑到实际行车可能有横向偏移或车辆停放在路肩上,也可将汽车荷载当量高度 h_0 分布在整个路基宽度上。

这两种情况的计算结果相近。

三 边坡稳定性验算的计算参数

路基处在复杂的自然条件下,其稳定性随环境条件(特别是土的含水率)及其作用时间的增长而变化。路堑是在天然土层中开挖而成,土石性质是自然存在的。而路堤是由人工填筑而成,填料性质可由人为方法控制。因此,在边坡稳定性验算时,对于土的物理力学数据的选用,以及可能出现的最不利情况,应力求能与路基将来实际情况相一致。

1. 边坡稳定性验算所需土的试验资料

(1)对于路堑或天然边坡:取原状土的重度 γ(kN/m³)、内摩擦角(°)和黏聚力 c(kPa)。

(2)对于路堤:应取与现场压实度一致的压实土的试验数据,包括压实后土的重度 γ(kN/m³)、内摩擦角(°)和黏聚力 c(kPa)。

以上试验所得资料,应根据当地气候条件,考虑季节性变化的影响,以最不利季节和最不利水温条件的情况进行调整,然后才能用于边坡稳定性验算。

2. 图解或表解法中多层土体验算参数的确定

当路堤各层填料不同,进行边坡稳定性验算时,图解或表解法所采用的验算数据可按加权平均值法求得,如式(2-1-4-2):

$$\begin{cases} c = \dfrac{\sum\limits_{i=1}^{n} c_i h_i}{H} \\ \tan\varphi = \dfrac{\sum\limits_{i=1}^{n} h_i \tan\varphi_i}{H} \\ \gamma = \dfrac{\sum\limits_{i=1}^{n} \gamma_i h_i}{H} \end{cases} \qquad (2\text{-}1\text{-}4\text{-}2)$$

式中:c_i——各层土体的黏聚力,kPa;

φ_i——各层土体的内摩擦角,(°);

γ_i——各层土体的重度,kN/m³;

h_i——各层土厚,m;

H——边坡高度，$H = \sum h_i$，m。

用图解或表解法进行边坡稳定性验算时，对于折线形边坡[图2-1-4-3a)]，一般可取各坡度的算术平均值；对于阶梯形边坡[图2-1-4-3b)]，则取坡角点与坡顶点的连线。

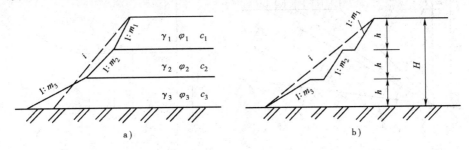

图2-1-4-3 图解或表解法时的边坡取值

第二节 高路堤和深路堑的边坡稳定性验算

路堤边坡高度超过20m时称为高路堤；土质挖方边坡高度超过20m或岩石挖方边坡高度超过30m时称为深路堑。高路堤和深路堑的边坡稳定性验算一般可采用力学验算法，其基本原理是在边坡上假定几个不同的滑动面，按力学平衡原理对每个滑动面进行验算，从中找出最危险滑动面，按此最危险滑动面的稳定程度来判断边坡的稳定性。

力学验算法的基本假定：滑动土楔体仅沿假定的滑动面上滑动，是均质各向同性，不考虑滑动土体内部的应力分布及各土条（指条分法）之间相互作用力的影响。为简化计算，用力学验算法进行路基边坡稳定性分析时，常按平面问题来处理。

一 直线滑动面法

松散的砂土和砂性土（两者合称砂类土）渗水性强、黏性差，边坡稳定主要靠其内摩擦力。失稳土体的滑动面近似直线状态，故直线滑动面法适用于砂类土。

如图2-1-4-4a)所示，验算时先通过坡脚或变坡点假设一直线滑动面AD，下滑土楔体ABD沿假设的滑动面滑动，其稳定系数K按式(2-1-4-3)计算（按边坡纵向单位长度计）。

$$K = \frac{F}{T} = \frac{G\cos\alpha\tan\varphi + cL}{G\sin\alpha} \tag{2-1-4-3}$$

式中：F——沿滑动面的抗滑力，kN；

T——沿滑动面的下滑力，kN；

G——土楔体重力和路基顶面汽车荷载（以当量高度及分布宽度计）之和，kN；

α——滑动面对水平面的倾斜角，(°)；

φ——路堤填料的内摩擦角，(°)；

c——路堤填料的黏结力，kPa；

L——滑动面AD的长度，m。

通过坡脚A点，继续假设几个（3~4个）不同的滑动面[图2-1-4-4a)]，按式(2-1-4-3)求出相应的稳定系数$K_1, K_2, K_3\cdots$值，并绘出$K = f(\alpha)$曲线[图2-1-4-4b)]，在此关系曲线上找

到最小稳定系数 K_{min} 及对应最危险滑动面时的倾斜角 α_0。

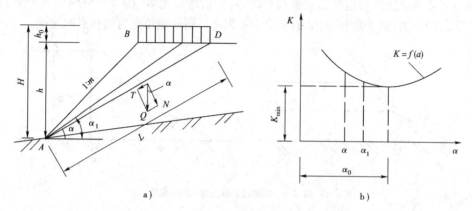

图 2-1-4-4 直线滑动面法

验算的边坡是否稳定,取决于最小稳定系数 K_{min} 的值。当 $K_{min}=1.0$ 时,边坡处于极限平衡状态。由于考虑到滑动面的近似假定,土工试验所得的 φ 和 c 的局限性以及气候环境条件的变化的影响,为保证边坡稳定性必须有足够的安全储备,稳定系数 $K_{min} \geq 1.25$,但 K 值也不宜太大,以免造成工程不经济。

当路堤填料为纯净的粗砂、中砂、砾石、碎石时,其黏聚力很小,可忽略不计,则式(2-1-4-3)简化为:

$$K = \frac{F}{T} = \frac{\tan\varphi}{\tan\alpha} \tag{2-1-4-4}$$

式(2-1-4-3)也适用于均质砂类土路堑边坡的稳定性验算。

二、圆弧滑动面法

用黏性土填筑的路堤,边坡滑坍时的破裂面形状为一曲面,为简化计算,通常近似地假设为一圆弧滑动面。分析边坡稳定性时,按其各种不同的假设,有多种验算方法,但工程上普遍采用条分法(又称瑞典法)以及简化计算的表解法和图解法。

1. 条分法

1)计算步骤

(1)如图 2-1-4-5 所示,通过坡脚任意选定一个可能的圆弧滑动面 AB,其半径为 R。将滑动土体分成若干个垂直土条,其宽度一般为 2~4m,通常分 8~10 个土条,为了计算方便,分条时,垂直分条线分别与圆心垂直轴重合,与不同土层和边坡交接点及圆弧滑动面交接点重合。

(2)根据每个土条的面积,纵向以单位长度计,计算出每个土条的土体重 Q,引至滑动圆弧面上并分解为

$$\begin{cases} 切向分力 & T_i = Q_i\sin\alpha_i \\ 法向分力 & N_i = Q_i\sin\alpha \end{cases} \tag{2-1-4-5}$$

式中:α_i——第 i 条土体弧段中心点的径向线与该点垂线之间的夹角,$\alpha_i = \arcsin\dfrac{x_i}{R}$。

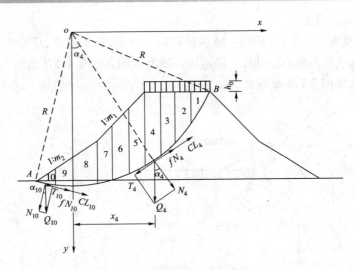

图 2-1-4-5　圆弧滑动面条分法验算示意图

(3) 以圆心 O 点，半径为 R，计算滑动面上各力对 O 点的滑动力矩，但应注意在 Oy 轴右侧的 T_i 为正，是促使土楔体滑动的力；而在 Oy 轴左侧的 T'_i 方向相反，其值为负，为抵抗土楔体滑动的力，其产生的力矩应在滑动力矩中扣除。因此，滑动力矩 $M_{滑动} = (\sum T_i - \sum T'_i)R$。计算土条重时，汽车荷载当量高度的影响应计算在相应的 Q_i 中。以 O 点为圆心，计算滑动面上各力对 O 点的抗滑力矩，$M_{抗滑} = (\sum N_i f + \sum c L_i)R$。

(4) 求稳定系数 K：

$$K = \frac{M_{抗滑}}{M_{滑动}} = \frac{R(\sum N_i f + \sum c L_i)}{R(T_i - T'_i)} = \frac{f\sum Q_i \cos\alpha_i + cL}{\sum Q_i \sin\alpha_i - \sum Q_i \sin\alpha'_i} \tag{2-1-4-6}$$

式中：L——滑动圆弧 AB 的总长度，m；

　　　c——填料的黏结力，kPa；

　　　f——填料的摩擦系数，$f = \tan\varphi$，$Q_i = \gamma b_i h_i$，kN；

　　　γ——填料的重度，kN/m³；

　　　b_i——各土条宽度，m；

　　　h_i——各土条高度，m。

当路堤由不同填料分层填筑时，式(2-1-4-5)中的各土条重应为该土条所包含的各土层和汽车荷载当量高度引起的重力之和，而各土条 c、φ 值，应取该土条的底部弧段所处土层的数据。

(5) 按上述步骤通过坡脚再假设几个可能的滑动圆弧，分别计算各个滑动面相应的稳定系数 K，从中得出 $K_{\min}$。$K_{\min}$ 所对应的滑动面就是最危险滑动面。

最危险滑动面的求法是在圆心辅助线 MI 上，选定 O_1、$O_2\cdots O_n$ 为圆心，通过坡脚作对应的圆弧，计算各滑动面的稳定系数 K_1、$K_2\cdots K_n$，通过 O_1、$O_2\cdots O_n$ 分别作 MI 的垂线，并按一定比例表示各点 K_i 的数值，绘出 $K = f(O)$ 的关系曲线，找出最小的稳定系数 $K_{\min}$，与 $K_{\min}$ 对应的圆心及半径所决定的滑动面就是最危险滑动面，如图 2-1-4-6 所示。

一般情况下，容许稳定系数 $(K) = 1.2 \sim 1.5$。取值时可根据土的特性、抗剪强度指标的可靠程度、公路等级和地区经验综合考虑确定。当 $K_{\min} < 1.25$ 时，则应放缓边坡、更换填料，重新按上述方法进行稳定性验算。

2)危险圆心辅助线确定

为了较快地找到最危险滑动圆心,减少试算的工作量,根据经验,危险滑动面的圆心在一条直线上,该直线称为圆心辅助线。确定圆心辅助线的方法有 $4.5H$ 法和 $36°$ 法。

(1) $4.5H$ 法,如图 2-1-4-6 所示。

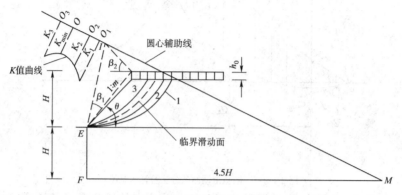

图 2-1-4-6　$4.5H$ 法确定圆心辅助线

$4.5H$ 法的步骤如下:

①由坡脚 E 向下引垂线并取边坡高度 H 得 F 点。

②自 F 点向右引水平线并量取 $4.5H$ 得 M 点。

③连接坡脚 E 和坡顶 S,求 ES 的斜度 $i_0 = \dfrac{1}{m}$,根据 i 由表 2-1-4-1 查得 β_1、β_2 的值。

辅 助 线 角 值 表　　表 2-1-4-1

边坡斜度 i_0	边坡倾斜角 θ	β_1	β_2
1∶0.5	63°26′	29°	40°
1∶1.0	45°	28°	37°
1∶1.5	33°41′	26°	35°
1∶2.0	26°34′	25°	35°
1∶3.0	18°26′	25°	35°
1∶3.0	14°03′	25°	36°

④自 E 点引与 ES 成 β_1 角的直线,又由 S 点引与水平线成 β_2 角的直线,两直线交于 I 点。

⑤连接 M 与 I,并向左上方延长,即得圆心辅助线。

⑥如土仅有黏结力,而 $\varphi = 0$,则最危险滑动圆弧的圆心就是 I 点;如土除了黏结力之外还有摩擦力,则最危险滑动面的圆心将随 φ 值的增加,而在辅助线上向外移动。

$4.5H$ 法较精确,求出的稳定系数值较小,此法适用于验算重要建筑物的稳定性。

(2) $36°$ 法。此法是一种简化的方法,如图 2-1-4-7 所示,由 E 点作与水平线成 $36°$ 角的射线 EF,即为圆心辅助线。$36°$ 法较简便,但精确度不如 $4.5H$ 法,若不计汽车荷载当量高度,计算结果也出入不大。

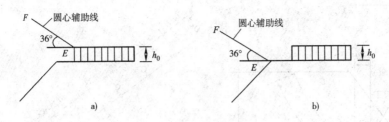

图 2-1-4-7　36°法确定圆心辅助线

2. 表解法

按条分法进行路基边坡稳定性验算时计算工作量较大，对于均质、直线形边坡路堤，滑动面通过坡脚，坡顶为水平并延伸到无限时，可用表解法进行验算。

如图 2-1-4-8 所示，将土体划分成各条块，其宽为 b，高为 a，滑弧全长 L，将此三者均用边坡高度来表达：

$$b = \beta H, a = \xi H, l = \lambda H$$

坡长每延米土条质量为：

$$Q = ab\gamma = \gamma \cdot \beta \cdot \xi \cdot H^2$$

其法向和切向分力为：

$$N = Q\cos\alpha = \gamma \cdot \beta \cdot \xi \cdot H^2 \cos\alpha$$

$$T = Q\sin\alpha = \gamma \cdot \beta \cdot \xi \cdot H^2 \sin\alpha$$

稳定系数为：

$$K = \frac{\sum fN + cl}{\sum T} = \frac{f\sum \gamma \cdot \beta \cdot \xi \cdot H^2 \cos\alpha + c\lambda H}{\sum \gamma \cdot \beta \cdot \xi \cdot H^2 \sin\alpha}$$

令

$$A = \frac{\sum \xi \cos\alpha}{\sum \xi \sin\alpha}, B = \frac{\lambda}{\sum \beta \cdot \xi \sin\alpha}$$

则

$$K = fA + \frac{c}{\gamma H}B \qquad (2\text{-}1\text{-}4\text{-}7)$$

式中：H——边坡高度，m；

　　A、B——取决于几何尺寸的系数，查表 2-1-4-2；

　　　c——土的黏结力，kPa；

　　　f——土的内摩擦系数，$f = \tan\varphi$。

制表时略去行车荷载，用 36°法确定圆心辅助线，假定滑动面通过坡脚，如图 2-1-4-9 所示。各个滑动圆弧的圆心自路基边缘 S 点开始，取 $SO_1 = (0.25 + 0.4m)H$，其中 m 为边坡率，H 为边坡高度。自 O_1 起，每隔 $0.3H$ 定一点，分别为 O_2、O_3、O_4、O_5。

此时其 A、B 值见表 2-1-4-2。

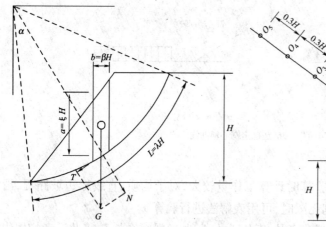
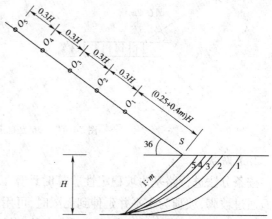

图 2-1-4-8　表解法稳定性验算示意图　　图 2-1-4-9　用36°法确定辅助线上的圆心

滑动面通过坡脚时表解法的 A、B 值　　　表 2-1-4-2

边坡斜度	滑动圆弧的圆心									
	O_1		O_2		O_3		O_4		O_5	
	A	B	A	B	A	B	A	B	A	B
1:1	2.34	5.79	1.87	6.00	1.57	6.57	1.4	7.50	1.24	8.80
1:1.25	2.64	6.05	2.16	6.35	1.82	7.03	1.66	8.02	1.48	9.65
1:1.5	3.04	6.25	2.54	6.50	2.15	7.15	1.9	8.33	1.71	10.10
1:1.75	3.44	6.35	2.87	6.58	2.50	7.22	2.18	8.50	1.96	10.41
1:2	3.84	6.50	3.23	6.70	2.80	7.26	2.45	8.45	2.21	10.10

第三节　陡坡路堤的稳定性验算

填筑在原地面横坡度陡于1:2.5(土质基底)或陡于1:2(不易风化的岩石基底)或不稳固山坡上的路堤，被称为陡坡路堤。陡坡路堤除保证边坡稳定性之外，还要考虑以下几种可能的滑动形式：

(1)基底为岩层或稳定山坡，因地面横坡度大，路堤沿着基底接触面产生滑动。

(2)路堤连同基底覆盖层沿倾斜基岩滑动。

(3)路堤连同下卧软弱土层沿某一圆弧滑动面滑动。

(4)路堤连同其下的岩层沿某一最弱的层面滑动。

陡坡路堤产生下滑的原因是地面横坡较陡、基底土层软弱、强度不均匀，以及地面水或地下水的共同作用，导致路堤下滑力增大，接触面或软弱面土体抗剪强度显著降低。因此，稳定性验算中应采用可能滑动面附近的土体的有关测试数据，并考虑最不利因素后论证确定。

陡坡路堤的稳定性验算的思路是：不考虑土体内部所产生的局部应力，根据路堤可能滑动的方向，整块或逐块计算剩余下滑力，由最终剩余下滑力的正负来判断路堤的稳定性。正值为不稳定,负值为稳定。

一 陡坡路堤稳定性验算方法

1. 直线滑动面法

当基底为单一坡面时,路基土体可能沿直线滑动面整体下滑,可用直线滑动面法进行整体稳定性验算,如图 2-1-4-10 所示。

滑动面为单一坡面,计算公式如下:

$$E = T - \frac{1}{K(N\tan\varphi + cL)} \qquad (2\text{-}1\text{-}4\text{-}8)$$

式中:E——剩余下滑力,kN;

T——切向力,$T = Q\sin\alpha$,kN;

N——法向力,$N = Q\cos\alpha$,kN,Q 为滑动面以上路基土体自重(同时含汽车荷载当量高度换算的土层重),kN;

φ——基底滑动面处较软弱土体的内摩擦角,(°);

L——基底滑动面长度,m;

α——基底与水平面的倾斜角,(°);

K——安全系数,一般 $K = 1.25$;

c——基底滑动面处较软弱土体的黏结力,kPa。

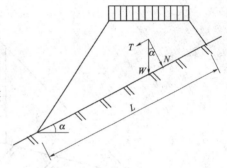

图 2-1-4-10 陡坡路堤直线滑动面法整体验算

当计算得 $E \leq 0$ 时,则路堤稳定。

2. 折线滑动面法

当滑动面为多个坡度的折线倾斜面时(图 2-1-4-11),可将滑动面上土体按折线段划分为若干条块,依可能滑动的方向,自上而下分别计算各土体的剩余下滑力,根据最终一块的剩余下滑力的正负值确定路堤整体稳定性。

第一条块:

$$E_1 = T_1 - \frac{1}{K(N_1\tan\varphi_1 + c_1 L_1)}$$

第二条块:

$$E_2 = [T_2 + E_1\cos(\alpha_1 - \alpha_2)] - \frac{1}{K\{[N_2 + E_1\sin(\alpha_1 - \alpha_2)]\tan\varphi_2 + c_2 L_2\}}$$

第 n 条块(用数学归纳法可得):

$$E_n = [T_n + E_{n-1}\cos(\alpha_{n-1} - \alpha_n)] - \frac{1}{K\{[N_n + E_{n-1}\sin(\alpha_{n-1} - \alpha_n)]\tan\varphi_n + c_n L_n\}} \qquad (2\text{-}1\text{-}4\text{-}9)$$

式中:E_n——第 n 条块的剩余下滑力,kN;

T_n——第 n 条块的自重 Q_n 与汽车荷载 P_n 的切线下滑力,kN;

$$T_n = (Q_n + P_n)\sin\alpha_n$$

N_n——第 n 条块的自重 Q_n 与汽车荷载 P_n 的法线分力,kN;

$$N_n = (Q_n + P_n)\cos\alpha_n$$

α_n——第 n 条块滑动面分段的倾斜角,(°);

φ_n——第 n 条块滑动面处较软弱土层的内摩擦角,(°);

c_n——第 n 条块滑动面处较软弱土层的单位黏聚力,kPa;

L_n——第 n 条块滑动线长度,m;

E_{n-1}——上一个第 $n-1$ 条块传递而来的剩余下滑力,kN;

α_{n-1}——上一个第 $n-1$ 条块滑动面分段的倾斜角,(°)。

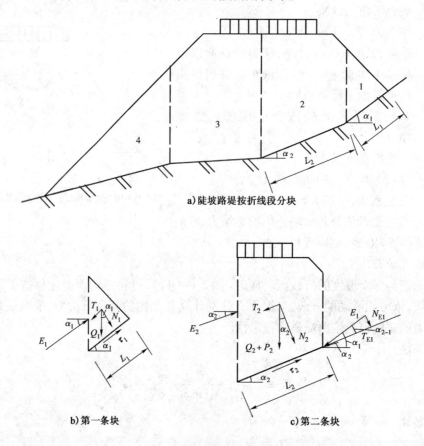

图 2-1-4-11 陡坡路堤折线滑动面稳定验算

计算过程中出现 $E_n \leq 0$ 时,则此块剩余下滑力不向下一块传递,当最终的剩余下滑力 $E_z \leq 0$ 时,判断路堤为稳定。

二 稳定加固措施

当验算最终一块土体的剩余下滑力 $E_z \geq 0$ 时,则路堤为不稳定,必须采取以下稳定加固措施,以增加陡坡路堤的稳定性。

1. 改善基底,增加滑动面的抗滑力或减少滑动力

开挖台阶,放缓边坡,以减少下滑力;清除坡积层,夯实基底,使路堤置于密实的稳定基础上;选择较大颗粒填料,嵌入原地面,以增加基底接触面的摩擦系数。

2. 加强排水设施

在路堤上侧开挖截水沟或边沟,尽快将水排除到影响范围之外,以阻止地面水浸湿滑动面。受地下水影响时,则设置渗沟等地下排水设施以疏干基底。

3. 设置支挡结构物

必要时,可在坡脚处设置石砌护脚、干砌或浆砌挡土墙等。

本章小结

(1) 对于高路堤、深路堑、陡坡路堤、浸水路堤以及地质水文条件特殊地段的路基,应进行边坡稳定性分析和验算。

(2) 边坡稳定性分析和验算方法常用的有力学验算法、工程地质法两种。在力学验算法中又可分为数解法、图解或表解法两类。一般土质路基的边坡设计常用力学验算法进行验算,岩石或碎石土类路基的边坡则常采用工程地质法进行设计。

(3) 在一般情况下,当路基填筑的是砂类土时,滑动面类似于直线平面,在边坡稳定性验算时可采用直线滑动面法;当路基填筑的是黏性土时,滑动面类似于圆曲面,在边坡稳定性验算时可采用圆弧滑动面法。当横断面为陡坡时,除了以上一般情况下通过坡脚滑动面的考虑,还应作沿原地面为滑动面的路基整体滑动验算。

(4) 边坡稳定性验算所需土的试验资料为土的重度 γ、内摩擦角 φ、黏结力 c。

(5) 直线滑动面法验算的思路是:先通过坡脚或变坡点假设一直线滑动面,下滑土楔体沿假设的滑动面滑动,计算其稳定系数 K;然后通过坡脚点,继续假设不同的滑动面,求出相应的稳定系数 K_i 值,绘出 $K=f(\alpha)$ 曲线,在此曲线上找到最小稳定系数 K_{min},并要求不小于 1.25。

(6) 圆弧滑动面法验算的思路是:首先用 $4.5H$ 法作圆心辅助线,然后通过坡脚选一个可能的圆弧滑动面,将滑动土体分成若干个垂直土条,利用条分法计算稳定系数 K;再假设几个可能的滑动圆弧,分别计算相应的稳定系数,在圆心辅助线上绘出稳定系数关于圆心的关系曲线,找出最小的稳定系数 K_{min},并要求不小于 1.25。

(7) 陡坡路堤的稳定性验算的思路是:根据路堤可能滑动的方向,整块或逐块计算剩余下滑力,由最终剩余下滑力的正负来判断路堤的稳定性。当基底为单一坡面时,可用直线滑动面法进行整体稳定性验算。当滑动面为多个坡度的折线倾斜面时可用折线滑动面法进行整体稳定性验算。

(8) 当陡坡路堤的边坡稳定性验算不足时,可采用的改善措施有:改善基底,增加滑动面的抗滑力或减少滑动力;加强排水设施;设置支挡结构物。

思考题与习题

1. 什么情况下需要进行边坡稳定性分析和验算?
2. 常用边坡稳定性验算方法有哪两种?力学验算法中又可分为哪两种?

3. 如何正确地选用可能的滑动面？

4. 何谓汽车荷载当量高度？换算时以哪层土为基准？

5. 边坡稳定性验算时所需土的试验资料有哪些？

6. 何谓工程地质法？什么情况下适用？

7. 直线滑动面法适用于什么土？其验算思路及步骤如何？

8. 圆弧滑动面法适用于什么土？其验算思路及步骤如何？

9. 何谓陡坡路堤？其稳定性验算的思路是什么？

10. 当边坡稳定性验算不足时，可采用的改善措施有哪些？

11. 何谓浸水路堤？哪两种情况需要进行考虑渗透动水压力的稳定性验算？

12. 路堤断面如图 2-1-4-12 所示，路堤土为亚黏土，$\gamma = 1.764 \times 10^3 \text{kg/m}^3$，$\varphi = 27°$，$C = 9.8 \text{kN/m}^2$，设计荷载为汽车—15 级，试验算该路堤的稳定性。

13. 已知陡坡路堤的横断面如图 2-1-4-13 所示，路堤横断面面积 $A = 125 \text{m}^2$，填土密度 $\gamma = 1.8 \times 10^3 \text{kg/m}^3$，黏结力 $C = 9.8 \text{kN/m}^2$，基底接触面的内摩擦角 $\varphi = 20°52'$，试验算此路堤的整体稳定性，安全系数 $K = 1.25$。

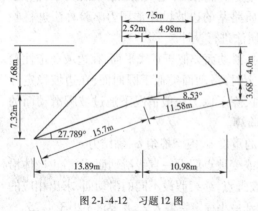

图 2-1-4-12　习题 12 图

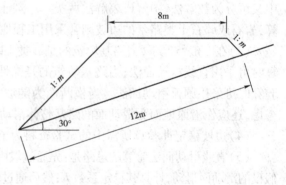

图 2-1-4-13　习题 13 图

第五章　路基防护与加固

教学要求

1. 描述路基防护与加固的分类及各自适用的场合和作用。
2. 描述坡面防护和冲刷防护的类型与构造。
3. 会进行湿软地基加固方法的选用。
4. 会根据当地的自然条件和具体情况,设计常用路基的加固与防护设施,并能进行指导与组织施工工作。

第一节　防护与加固的基本知识

一、路基防护与加固的意义

由岩土所筑成的路基,由于改变了原地面的天然平衡状态,并长期经受各种自然因素的侵蚀和行车作用的长期影响,路基可能会产生各种变形和破坏。如地表水流冲刷、地下水源浸入,使岩土表层失稳,易造成和加剧路基的水毁病害;沿河路堤在水流冲击、淘刷和侵蚀作用下,易遭破坏;湿软地基承载力不足,易导致路基沉陷。因此,为确保路基的强度与稳定性,有效地防治路基病害,对各类土、石质路基边坡及软弱地基进行必要的防护与加固,是不可缺少的工程技术措施。

实践证明,有效的路基防护与加固,对于确保行车安全、减少公路灾害、提高公路的使用品质、保护生态环境、美化路容,使公路与自然环境相协调等方面具有重要意义。

二、路基防护与加固的分类

路基防护与加固设施,主要有坡面防护、堤岸防护与加固以及湿软地基的加固。

1. 坡面防护

坡面防护主要是保护路基边坡坡面免受雨水冲刷,减缓温差及湿度变化的影响,防止和延缓软弱岩土表面风化、破碎、剥蚀的演变进程,从而保护路基边坡的整体稳定性,在一定程度上还可以兼顾路容,美化公路。

常用的坡面防护设施有植物防护(种草、铺草皮、植树等)、圬工防护(抹面、捶面、喷浆、喷射混凝土、石砌护坡、护面墙等)和骨架植物防护。植物防护可视为有"生命"(成活)防护,圬工防护属无机物防护,骨架植物防护可视为是前两种防护设施的综合使用。有"生命"防护以土质边坡为主,无机物防护以石质路堑边坡为主。

2. 堤岸防护与加固

堤岸防护与加固主要是对沿河滨海路堤、河滩路堤及水泽区路堤,亦包括桥头引道及防护堤岸等的防护与加固。

堤岸防护与加固设施有直接和间接两类。直接防护是为了防止水流直接危害路基或堤岸,防护重点在边坡和坡脚。直接防护包括植物防护和石砌防护或抛石与石笼防护,常用的有植树、铺石、抛石或石笼等。间接防护主要是指设置导治结构物,如丁坝、顺坝、防洪堤、拦水坝等,必要时进行疏浚河床、改变河道,以改变水流方向,消除和减缓水流对路基或堤岸的直接破坏,同时促使堤岸附近水流减速和泥沙淤积,起安全保护作用。

3. 湿软地基的加固

湿软地基的承载能力较差,如泥沼与软土、低洼的湖(海)相沉积土层、人为垃圾杂填土等,填筑路基前必须予以加固,以防路基沉陷、滑移或产生其他病害。

在湿软地区修筑路基时,地基加固关键在于治水和固结。各种加固方法,可归纳成换填土、辗压夯实、排水固结、振动挤密和化学加固5类。其中加筋土为土中加入某种能承受一定拉力的筋条或化学纤维,凭借筋条与填土之间的摩擦作用,提高土的抗剪强度,改善路基抵抗变形的条件。其他还有石灰桩、砂桩与砂井等,亦可采用强夯法,利用重锤的强大冲击力,以达到地基排水固结提高承载能力的目的。

第二节 坡面防护

坡面防护主要是用以防护易受自然因素影响而破坏的土质与岩质边坡。坡面防护的几种常用措施简要介绍如下。

一 植物防护

植物防护,可美化路容,协调环境,调节边坡土的湿温,起到固结和稳定边坡的作用。它对于坡高不大,边坡比较平缓的坡面是一种简易有效的防护设施,其方法有植被防护、三维植被网防护、湿法喷播、客土喷播。

1. 植被防护

1) 种草

种草适用于边坡坡度不陡于 1∶1,土质适宜种草,不浸水或短期浸水但地面径流速度不超过0.6m/s的边坡。对不利于草类生长的土质,应在坡面先铺一层厚度不小于100mm的种植土再栽种或播种;暴雨强度较大的地区,可在坡面上铺设植生袋,将草籽、肥料和土均匀拌和并裹于土工织物内。草种应适应当地自然条件,最好是根系发达、茎干低矮、枝叶茂盛、生长能力强的多年生草种,常用的有白茅草、毛鸭嘴、果圆、鼠尾草和小冠等,对生长在泥沼或砂砾土中的草不能选用。

2) 铺草皮

铺草皮适用于坡度不陡于1∶1的土质和强风化、全风化的岩石边坡。草皮可为天然草皮或人工培植的土工网草皮,应选用根系发达、茎矮叶茂的耐旱草种,如白茅草、假俭草等,干枯、腐朽及喜水草种不宜采用,严禁采用生长在泥沼地的草皮。当坡面冲刷比较严重,边坡较陡,径流速度大于 0.6m/s(容许最大速度为 1.8m/s)时,应根据具体条件(坡度与流速等),分别采用平铺(平行于坡面)、水平叠植、垂直坡面或与坡面成一半坡角的倾斜叠植草皮,还可采用片石铺砌成方格或拱式边框,方格或框内再铺草皮,如图 2-1-5-1 所示。经常性浸水和受流水影响的路堤边坡不宜采用铺草皮防护。

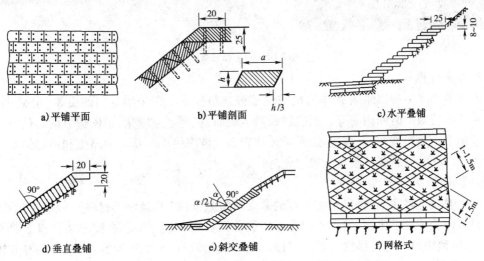

图 2-1-5-1 草皮防护示意图(除已注明尺寸外,其余单位为 cm)
图中 h 为草皮厚度,5~8cm,a 为草皮边长,20~25cm。

铺草皮需预先备料,草皮可就近培育,切成整齐块状,然后移铺在坡面上。铺时应自下而上,并用竹木小桩将草皮钉在坡面上[图 2-1-5-1b)],使之稳固。草皮根部土应随草切割,坡面要预先整平,必要时还应加铺种植土,草皮应随挖随铺,注意相互贴紧。

3)植树

植树适用于坡度不陡于 1:1.5 或更缓的土质和全风化的岩石边坡。树种应为根系发达、枝叶茂盛、适合当地迅速生长的低矮灌木。常用灌木树种有紫穗槐、夹竹桃、黄荆、野蔷薇、山楂等。在公路弯道内侧边坡严禁栽植高大树木。

2. 三维植被网防护

三维植被网防护适用于砂性土、土夹石及风化岩石,且坡率缓于 1:0.75 的边坡。三维植被网以热塑树脂为原料,采用科学配方,经挤出、拉伸、焊接、收缩等工序制成,其结构分为上下两层,下层为一个经双面拉伸的高模量基础层,强度足以防止植被网变形,上层由具有一定弹性的、规则的、凹凸不平的网包组成,如图 2-1-5-2 所示。网包能降低雨滴的冲蚀能量,并通过网包阻挡坡面雨水,同时网包能很好地固定充填物(土、营养土、草籽)使其不被雨水冲走,为植被生长创造良好条件。另外,三维网固定在坡面上,直接对坡面起固筋作用。当植物生长茂盛后,根系与三维网盘错、连接、纠缠在一起,坡面和土相接,形成一个坚固的绿色复合防护整体,起到复合护坡的作用。三维植被网中的回填土采用客土或土、肥料及含腐殖质土的混合物。

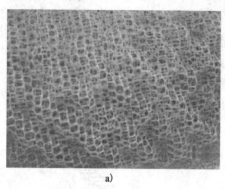 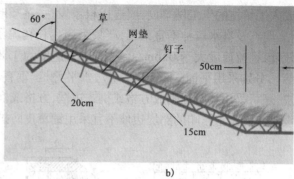

a)　　　　　　　　　　　　　　　b)

图 2-1-5-2　三维植被网

3. 湿法喷播

湿法喷播是一种以水为载体的机械化植被建植技术。它采用专门的设备（喷播机）施工。种子在较短的时间内萌芽、生长成株、覆盖坡面，达到迅速绿化、稳固边坡的目的。湿法喷播适用于土质边坡、土夹石边坡、严重风化岩石且坡率缓于1∶0.5的路堑和路堤边坡及中央分隔带、立交区、服务区及弃土堆绿化防护。

4. 客土喷播

客土喷播是将客土（提供植物生育的基盘材料）、纤维（基盘辅助材料）、侵蚀防止剂、缓效肥料和种子按一定比例，加入专用设备中充分混合后，喷射到坡面，使植物获得必要的生长基础，达到快速绿化的目的。客土喷播适用于风化岩石、土壤较少的软质岩石、养分较少的土壤、硬质土壤、植物立地条件差的高大陡坡面和受侵蚀显著的坡面。当坡率陡于1∶1时，宜设置挂网或混凝土框架，如图2-1-5-3所示。

a)　　　　　　　　　　　　　　　b)

图 2-1-5-3　客土喷播

二、圬工防护

当不宜使用植物防护或考虑就地取材时，采用砂石、水泥、石灰等矿质材料进行坡面防护是常用的防护形式。它主要有抹面、捶面、喷护、挂网喷护、砌石护坡、护面墙等形式，可根据不同条件选用。

1. 抹面

抹面防护适用于坡面较干燥、未经严重风化的各种易风化的软质岩石挖方边坡。抹面材料可采用石灰炉渣灰浆、石灰炉渣打三合土或水泥石灰砂浆，为防止表面开裂，增强抗冲蚀能力,可在表层涂软化点稍高于当地气温的沥青保护层,用量为 0.3kg/m³。抹面的厚度宜为30~70mm,抹面的边坡坡度不受限制,但不能担负荷载,亦不能承受土压力,故要求边坡必须是稳定的,坡面应该平整干燥,但要求边坡必须是稳定的,坡面应该平整干燥。抹面大面积布置时,应该每隔5~10m,设伸缩缝一道,缝宽10~20mm,用沥青麻筋或油毛毡填塞紧密。其周边必须严格封闭,坡顶设置小型截水沟,沟深及底宽约200mm,沟底与沟坡用抹面材料封面。抹面的正常使用年限为8~10年,高速公路路基边坡一般不宜采用。

2. 捶面

捶面防护适用于边坡坡率缓于1:0.5,易受雨水冲刷的土质边坡或易风化剥落的岩石边坡。当地石料缺乏而炉渣来源较多时,也宜用捶面。常用的材料有水泥炉渣混合土、石灰炉渣三合土或四合土。捶面厚度宜为100~150mm,一般采用等厚截面,当边坡较高时,可采用上薄下厚截面。捶面工程应经常检查维修,发现裂缝、开裂或脱落应及时灌浆修补。捶面的使用年限一般为10~15年,高速公路路基边坡不宜采用。

3. 喷护

常用的喷护方法有喷掺砂水泥土、喷浆、喷射混凝土等,如图2-1-5-4所示。对于易受冲刷的土质路堑边坡,坡度不陡于1:0.75,宜采用喷掺砂水泥土。其材料为砂、水泥、黏性土,厚度一般为60~100mm。喷浆适用于易风化但未遭强风化、全风化的岩石挖方边坡,坡度不陡于1:0.5。喷浆防护厚度不宜小于50mm,采用的砂浆强度不应低于M10。喷射混凝土适用于易风化但未遭强风化、全风化的岩石边坡,坡度不陡于1:0.5。喷射混凝土防护厚度不宜小于80mm,采用的混凝土强度不应低于C15,混凝土中集料最大粒径不宜超过15mm。喷浆防护和喷射混凝土防护均应设置伸缩缝,伸缩缝间距宜为15~20m,还应间隔2~3m交错设置孔径为100mm的泄水孔。

图 2-1-5-4 喷护

4. 挂网喷护

挂网喷护是在清挖出密实、稳定的新鲜坡面上钻孔、安装锚杆、灌浆,然后挂上钢丝网或纤维网,最后用高压泵喷射混凝土形成防护层,如图2-1-5-5所示。适用于风化破碎的岩石边坡防护。锚杆应采用精轧螺纹钢筋,其直径为14~22mm,间距为1.0~3.0m。锚杆应为全长黏结型锚杆,注浆材料根据设计确定,一般选用灰砂比为1:2~1:1,水灰比为0.38~0.45的水泥砂浆,注浆压力不低于0.2MPa。铁丝网宜采用直径为2mm的普通镀锌铁丝制成,网孔尺寸为200~250mm,也可用高强度聚合物土工格栅代替铁丝网。岩石破碎较为严重时,宜采用钢筋网,钢筋直径为4~12mm,间距为150~300mm。钢筋保护层厚度不应小于

20mm。钢筋网喷射混凝土支护厚度不应小于100mm,亦不应大于250mm。

图2-1-5-5 锚杆挂网喷护

5. 砌石护坡

砌石护坡分为干砌片石护坡和浆砌片石护坡两种。

干砌片石护坡适用于易受水流侵蚀的土质边坡、严重剥落的软质岩石边坡、周期性浸水及受水流冲刷较轻(流速小于4m/s)的河岸或水库岸坡的坡面防护。边坡坡度不陡于1:1.25。干砌片石护坡一般分为单层铺砌和双层铺砌,如图2-1-5-6所示。铺砌层厚度:单层为250~350mm,双层为400~600mm。铺砌层下应设置碎石或砂砾垫层,厚度为100~150mm,当坡面土的粒径分配曲线上通过率为85%的颗粒粒径大于或等于0.074mm时,可以用反滤效果等效于砂砾垫层的土工织物代替。干砌片石护坡坡脚应修筑墁石铺砌式基础,埋置深度一般为1.5倍护坡厚度。用于冲刷防护时,基础应埋置在冲刷线以下0.5~1.0m。干砌片石应逐块嵌紧且错缝,护面厚度一般不小于200mm,干砌要勾缝,必要时改用浆砌,护面顶部封闭,以防渗水。

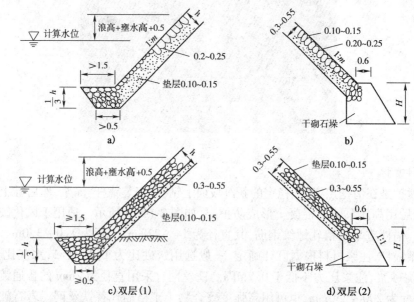

图2-1-5-6 片石护坡示意图(尺寸单位:m)

图中H为干砌石垛高度,20~30cm,h为护面厚度,大于20cm。

浆砌片石护坡适用于防护流速较大(3~6m/s)、波浪作用较强、有流冰、漂浮物等撞击的边坡。对过分潮湿或冻害严重的土质边坡应先采取排水措施再行铺筑。浆砌片石护坡采用的砂浆强度不得低于 M5,护坡厚度宜为 250~500mm,当用于冲刷防护时,应按流速及波浪大小确定,不应小于 350mm。护坡底面应设厚度为 100~150mm 的碎石或砂砾垫层,当坡面土的粒径分配曲线上通过率为 85% 的颗粒粒径大于或等于 0.074mm 时,可以用反滤效果等效于砂砾垫层的土工织物代替。浆砌片石护坡坡脚应修筑墁石基础,埋置深度一般为 1.5 倍护坡厚度。浆砌片石护坡还应设置 20mm 宽伸缩缝,伸缩缝间距宜为 10~15m。同时,还应间隔 2~3m 交错设置泄水孔,孔径为 100mm。在地基土质变化处还应设置沉降缝。

6. 护面墙

为了覆盖各种软质岩层和较破碎岩石的挖方边坡,免受大气因素影响而修建的墙,称为护面墙。护面墙多用于易风化的云母片岩、绿泥片岩、泥质面岩、千枚岩及其他风化严重的软质岩层和较破碎的岩石地段。护面墙除自重外,不承受其他荷重,亦不承受墙背土压力,故所防护的边坡应符合极限稳定边坡的要求,一般不宜陡于 1:0.5。墙面要求紧贴坡面,表面砌平,厚度可不一。护面墙石料应符合规格。每隔 10~15m 应设置 20mm 宽伸缩缝一道,并每隔 2~3m 交错设置泄水孔,孔径为 100mm,其构造与布置如图 2-1-5-7 所示。墙高与厚度及路堑边坡的关系,参见表 2-1-5-1。

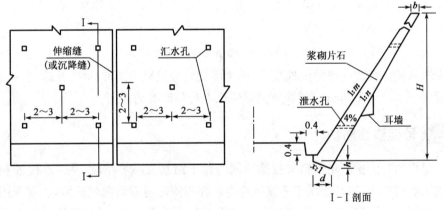

图 2-1-5-7　护面墙(尺寸单位:m)

护面墙的厚度　　　　　　　　　　　表 2-1-5-1

护面墙 H(m)	路堑边坡	护面墙厚度(m)	
		顶宽 b	底宽 d
≤2	1:0.5	0.40	0.40
≤6	陡于 1:0.5	0.40	$0.40+0.10H$
$6<H≤10$	1:0.5~1:0.75	0.40	$0.40+0.05H$
$10<H<15$	1:0.75~1:1	0.40	$0.60+0.05H$

实体护面墙常用于一般土质及破碎岩石边坡,有等截面和变截面两种形式。等截面厚度为 500mm,变截面顶宽 400mm,底宽视墙高而定。等截面护面墙高度不宜超过 6m,当坡度较缓时,不宜超过 10m。变截面护面墙,单级不宜超过 10m,超过时应设平台,分级砌筑,如

图 2-1-5-8 所示。

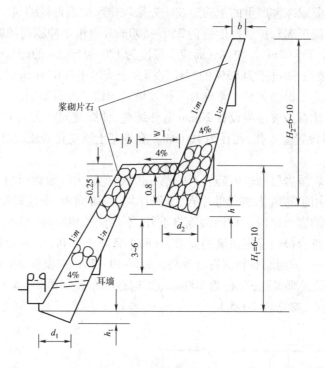

图 2-1-5-8　两级护面墙(尺寸单位：m)

护面墙基础应埋置在稳定的地基上,埋置深度应根据地质条件确定,冰冻地区应埋置在冰冻深度以下不小于 250mm。护面墙前趾应低于边沟铺砌的底面。

三　骨架植物防护

对于仅用植物防护不足以抵抗侵蚀冲刷的黏土路基或高填路段,受雨水侵蚀和风化严重易产生沟槽的路段,以及土质不适宜植物生长和周围环境需要绿化的路段,常采用骨架植物防护。骨架植物防护可分为浆砌片石或水泥混凝土骨架植草防护、多边形水泥混凝土空心块骨架植物防护和锚杆混凝土框架植物防护等形式。

1. 浆砌片石或水泥混凝土骨架植草护坡

浆砌片石或水泥混凝土骨架植草护坡适用于缓于 1:0.75 的土质和全风化的岩石边坡。当坡面受雨水冲刷严重或潮湿时,坡度不陡于 1:1,骨架宽度宜为 200~300mm,嵌入坡面深度应视边坡土质及当地气候条件确定,一般为 200~300mm。

框架可为方格形、拱形和人字形等(图 2-1-5-9),其大小应视边坡坡度、土质确定,并与周围景观相协调,主骨架间距一般为 2.0~4.0m。框架内铺种草皮或其他辅助防护措施。护坡四周需用与骨架部分相同的材料镶边加固,加固的宽度不小于 500mm,混凝土骨架视情况在节点处可加设锚杆,多雨地区骨架宜做成截水沟形式,如图 2-1-5-10 所示。

2. 多边形水泥混凝土空心块植物防护

多边形水泥混凝土空心块植物护坡适用于坡度缓于 1:0.75 的土质边坡和全风化、强风化的岩石路堑边坡,并视需要设置浆砌片石或混凝土骨架。当有景观要求时,应采用六边形空心预制块植物护坡,如图 2-1-5-11 所示。预制块的混凝土强度等级不应低于 C20,厚度不应小于 150mm,宽度宜为 50mm,其边长宜为 150~200mm。空心预制块内应填充种植土,喷播植草。

a) 方格形骨架护坡

b) 人字形骨架护坡

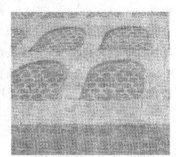
c) 拱形骨架护坡

图 2-1-5-9 骨架植草防护

图 2-1-5-10 截水骨架防护

图 2-1-5-11 六边形水泥混凝土空心块骨架植物防护

3. 锚杆混凝土框架植物防护

锚杆混凝土框架植物防护适用于土质边坡和坡体中无不良结构面、风化破碎的岩石路堑边坡。锚杆采用非预应力的全长黏结型锚杆,锚杆间距、长度应根据边坡地质情况确定。锚杆保护层厚度不应小于 20mm。框架应采用钢筋混凝土,混凝土强度等级不低于 C20,框架几何尺寸应根据边坡高度和地层情况等确定,框架内宜种草,如图 2-1-5-12 所示。

图 2-1-5-12 锚杆混凝土框架植草防护

上述防护方法,可以局部处治,综合使用,并与放缓边坡等方法加以比较,力求实用和经济。如果在坡面防护时着色或修饰,还有助于改善路容。

第三节 冲刷防护

沿河路基,直接承受水流的冲刷。为了保证路基坚固、稳定,必须采取措施予以防护。冲刷防护有两种类型:一种是直接防护,以加固岸坡为主要措施;另一种为间接防护,以改变水流方向、降低流速、减少冲刷为主要措施。根据河流情况、水流性质及岸坡具体冲刷情况,可单独使用一种,也可同时使用两种,综合治理。

一 直接防护

堤岸直接防护包括植物防护(图2-1-5-13)、砌石或混凝土护坡(图2-1-5-14)、护坦或抛石与石笼防护,以及必要时设置的支挡(驳岸等)。其中植物防护与石砌防护,同坡面防护所述基本类同,但堤岸的防冲刷主要原因是洪水急流,水位变迁不定,水流速度较大,故相应的要求更高。盛产石料的地区,当水流速度达到3.0m/s或更高时,植树与石砌防护无效时,可采用抛石防护。当水流速度达到或超过5.0m/s时,则改用石笼防护,也可就地取材,用竹笼或梢料防护,必要时可以采用土工织物软体沉排护坡等。

图2-1-5-13 堤岸植物防护

图2-1-5-14 堤岸砌石护坡

1. 抛石防护

抛石垛的边坡坡度和选用石料块径应根据水深、流速和波浪情况确定,石料粒径应大于300mm,坡度不应陡于所抛石料浸水后的天然休止角,边坡坡率 m_1 一般为 1.5~2.0,m_2 为 1.25~2.0,石料粒径一般为 15~50cm。抛石防护的顶宽不应小于所用最小石料粒径的两倍。在易冲刷的砂质土和淤泥质土坡面上进行抛石防护时,如水流通过缝隙使支承面发生冲蚀,则抛石防护将可能导致失败。因此,应在抛石背后设置反滤层,一般可采用粗砂、砾碎石反滤层,当地基条件较差时,也可以先铺设一层土工织物再设反滤层。抛石防护如图2-1-5-15 所示。

2. 石笼防护

石笼防护适用于受水流冲刷和风浪侵袭且防护工程基础不易或沿河挡土墙、护坡基础局部冲刷深度过大时的沿河路堤坡脚或河岸的防护,是用铁丝编织成框架,内填石料,设在坡脚处,以防急流和大风浪破坏堤岸,也可用来加固河床,防止淘刷。铁丝框架可以是箱形或圆形,如图 2-1-5-16a)和图 2-1-5-16b)所示。笼内填石的粒径,最小不小于 4.0cm,一般为 5~20cm,外层应用大且棱角突出的石料,内层可用较小石块填充。石笼在坡脚处排列,用于防止冲刷淘底时,应平铺并与坡脚线垂直,而且堤岸一端固定,另一端不必固定,淘刷后可以向下沉落贴于底面;用于防止堤岸边坡冲刷时,则垒码平铺成梯形,如图 2-1-5-16c)和图 2-1-5-16d)所示。单个石笼的大小,以不被相应速度的水流冲动为宜,铺设时须用碎(砾)石垫层铺平,底层各角可用铁棒固定于基底。

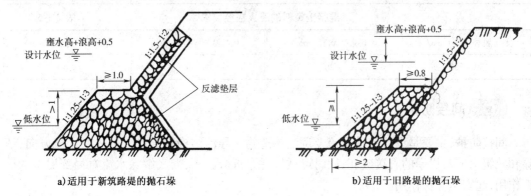

图 2-1-5-15 抛石防护(尺寸单位:m)

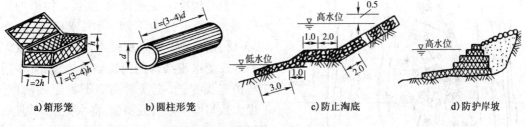

图 2-1-5-16 石笼防护示意图(尺寸单位:m)

3. 土工织物防护

土工织物防护是以块石或预制混凝土块体为压重的护坡结构。土工织物软体沉排一般适用于水下工程及预计可能发生冲刷的河床和岸坡土面上。

土工膜袋是一种双层织物袋,袋中充填流动性混凝土或水泥砂浆或稀石混凝土,凝固后形成高强度和高刚度的硬结板块,如图 2-1-5-17 所示。土工膜袋材料应满足表 2-1-5-2 的技术要求,袋内可充填混凝土或砂浆。充填混凝土时,粗集料最大粒径应符合表 2-1-5-3 的要求,坍落度不宜小于 20mm,其强度等级不低于 C10;充填砂浆时,其强度等级不低于 M2.5。

图 2-1-5-17 土工膜袋

采用土工膜袋护坡的坡度不得陡于1:1。如在水下施工,水流速度不宜大于1.5m/s。膜袋选型应根据工程要求和当地土质、地形、水文、经济与施工条件等确定。应根据水流量选定膜袋滤水点分布数量,当选用无滤水点膜袋时,应增设渗水滤管。膜袋应用尼龙绳缝制。

土工膜袋材料要求   表2-1-5-2

指标内容	指标要求	指标内容	指标要求
顶破强度(N)	≥1500	等效孔径o_{95}(mm)	0.07~0.15
渗透系数(10^{-3}cm/s)	0.86~10	延伸率(%)	≤15

混凝土集料的最大粒径要求   表2-1-5-3

土工膜袋厚度(mm)	集料最大料径(mm)	土工膜袋厚度(mm)	集料最大粒径(mm)
150~250	≤20	≥250	≤40

二 间接防护

间接防护,主要是设置各种导流及调治构造物。导治结构物的设置可改变水流方向,消除和减缓水流对堤岸的直接破坏,同时可减轻堤岸近旁淤积,彻底解除水流对局部堤岸的损害作用,起安全保护作用。

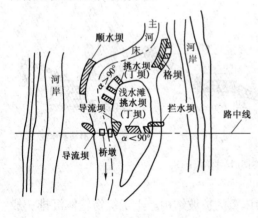

图2-1-5-18 导流结构物综合布置图例

1. 导流物结构

导治结构物主要是设坝,按其与河道的相对位置,一般可分为丁坝、顺坝或格坝,如图2-1-5-18所示。丁坝亦称挑水坝,是一种较为剧烈地改变水流结构的河道整治构造物,多用于防护宽浅变迁、宽浅游荡等不稳定的河段。丁坝大致与堤岸垂直或斜交,将水流挑离堤岸,束河归槽,改善流态。顺坝亦称导流坝,一般用于河床断面窄小,不允许过多侵占,或修建丁坝后河岸或边坡的防护工程量大,以及地质条件不宜于修筑丁坝等情况下的导流防护。顺坝大致与堤岸平行,主要作用为导流、束水、调整流水曲度、改善流态。格坝在平面上成网格状,设于顺坝与堤岸之间,与顺坝配合使用,可以促进泥沙淤积,防止边坡或河岸受冲刷。导治结构物的布置,应综合考虑河道宽窄、水流方向、地质条件、防护要求、材料来源、施工条件和工程经济等,全面治理,避免更多压缩河床,或因水位提高和水流改向,而危害河对岸或附近地段的农田水利、地面建筑及堤岸等。

导治结构物的布置是工程成败的关键。布置恰当能收到预期效果,布置不当反而恶化水流,造成水毁。关键在于合理设计导治线,符合预定的河轴线和河岸线要求,亦取决于选择导治水位,不致出现不利的冲刷情况。导治线与导治水位,应依据水流和河岸、河床地形、地质情况、水流对上下游对岸的影响等因素,综合分析和设计计算而定。

顺坝与丁坝一般采用石砌或混凝土结构修建成梯形横断面,坝体分为坝头、坝身和坝根三个组成部分,横断面尺寸主要依据构造要求、施工条件和使用需要等决定,并参考公路设计手册,通过稳定性计算确定。

2. 改移河道

公路工程中的改河,主要目的如下:将直接冲刷路基的水流引向旁处;路基占用河槽后,需要拓宽河道;挖滩改河,清除孤石,改移河道,以保护路基;裁弯取直,有利布置路线或桥涵。这些措施,应慎重对待,如经过技术、经济论证比较,确有必要且效果较好时,方可通过设计付诸实施。

导治结构物的构造与要求,以及结构物与改河工程的具体设计计算方法,在《公路设计手册》等文献中已有详细规定,可供查用。

第四节 湿软地基加固

湿软地基主要是指天然含水率过大,胀缩性高,具有湿陷性,承载能力低,在荷载作用下容易产生滑动或固结沉降的土质地基,如软土泥沼、湿陷性黄土、人为垃圾、松散杂填土、膨胀土等。在湿软土地基上填筑路堤有可能出现失稳,或者沉降量和沉降速率不能满足要求时,需对湿软土地基进行适当的处理,以增加其稳定性,减少沉降量或沉降速率。湿软地基处理大致可分为3种类型,一是地基土本身强度足够,但所处的位置不好,长期处于潮湿或过湿状态,致使强度降低,需要采用加速排水固结措施;二是地基土本身强度不够,需要采取增加地基强度的补强措施;三是地基土本身强度不足且又处于潮湿或过湿状态,这种情况需采取先治水、后补强的加速排水固结与增加地基强度相结合的措施。湿软土地基处理的方法很多,各种方法具有不同的特点,可得到不同的效果。

一 换填土层法

换填土层法是将基底下一定深度范围的湿软土层挖去,换以强度较大的砂、碎(砾)石、灰土或素土,以及其他性能稳定、无侵蚀性的土类,并予以分层压实至设计密实度。此法主要用于路基工程中低洼区域填筑、高填方路基以及挡土墙、涵洞地基处理等。换填材料不同时,其应力分布虽然有所差异,但其极限承载力比较接近,而且沉降特点亦基本相似,因此各种材料的垫层设计都近似地按砂垫层的计算方法进行设计,结果相差不大。

砂垫层的作用,可提高承载力,减少沉降量,加速软弱土层的排水固结,防止冻胀,消除膨胀土的胀缩作用,亦可处理暗穴。砂垫层的作用,因工程性质而有所不同,对路基而言,主要是排水固结,素土(或灰土)垫层,可以消除湿陷性黄土 3.0m 深度范围内的湿陷性。

砂垫层厚度,一般在 0.6~1.0m 之间,太厚施工困难,太薄效果差。砂料以中粗砂为宜,要求级配良好,颗粒的不匀系数不大于5,含泥量不超过 3%~5%。

二 加固土桩法

加固土桩是将石灰、水泥或其他可以将土固化的材料,通过带有回转、翻松、喷粉与搅拌的专用机械在地基深部将软土和固化剂强制拌和形成的具有较高强度的竖向加固体。它对提高软土地基承载能力,减小地基的沉降量有明显效果。从工艺上分为干法(粉体)搅拌桩和湿法(浆液)搅拌桩。

加固土桩是用某种专用机械将软土地基的局部范围内的软土,用加固材料改良加固而成,与桩间软土形成了复合地基。因此,改良后的加固土桩除考虑桩的置换作用、应力集中效应外,还应考虑加固土桩加快地基的排水固结速度和对地基的挤密作用。

加固土桩的直径及设置深度、间距,应经稳定验算确定,并应能满足工后沉降的要求。相邻桩的净距不应大于 4.0 倍的桩径,其桩径、桩深除受地质条件限制外,还受机械设备的制约,采用粉喷桩法加固软土地基时,深度不应超过 15m。一般深层拌和法加固软土地基的十字板抗剪强度不宜小于 10kPa。

加固土桩应进行配合比设计。固化材料的水泥用量与软土天然重之比宜大于 7% 且小于 15%。当为拌和桩时,水灰比宜选用 0.4 ~ 0.5。加固土桩与桩间土的应力比(n)宜用当地试验工程或类似工程的试验确定。无资料时,n 可取 3 ~ 6。当桩底土质好、桩间土质差取高值,否则取低值。设有加固土桩的路段,路堤底部应设置垫层。

三 粒料桩加固法

粒料桩是指用振动、冲击或水冲等方式在软弱地基中成孔后,再将碎石、砂砾、废渣、砂等散粒材料挤压入土孔中,形成的大直径密实桩体。设置粒料桩后桩体与桩间土形成复合地基。用粒料桩加固软土地基有置换、排水固结和应力集中等作用。常用振冲置换法和沉管法两种方法进行施工。

振冲粒料桩适用于十字板抗剪强度大于 15kPa 的地基土,沉管粒料桩适用于十字板抗剪强度大于 10kPa 的地基土。粒料桩的直径及设置深度、间距应经稳定、沉降验算确定,相邻桩净距不应大于 4 倍桩径。粒料桩长度以内的地基属于复合地基,复合地基理论的最基本假定为桩与土的协调变形,设计中一般不考虑桩的负摩阻力及群桩效应问题。粒料桩的承载能力不仅与桩身材料的性质和桩身密实度有关,而且还与桩周土体的侧限能力有关,当被加固的软土强度很低时,粒料桩很难成桩。一般认为,振冲置换法适用于不排水、抗剪强度 15kPa 以上的地基;由于沉管法施工时对土体扰动很大,又无法护壁,在强度低的软土地基中很难使用,要求该方法只适应于不排水、抗剪强度为 30 ~ 60kPa 的不会坍孔的低灵敏度黏性土。

粒料桩施工过程会对土体产生扰动,一般认为采用振冲置换法施工时土体强度可能降低 10% ~ 40%,20 ~ 30d 强度可以恢复。采用沉管法施工时淤泥质土的强度在 30d 以上才能恢复,在地基强度检验时要注意这种因素的影响。

四 排水固结法

排水固结法是软基处理的最基本方法之一。它是利用饱和软黏土在外荷载作用下排水压实且卸载后仍基本维持密度不变的特性,对软土地基进行预压加固处理的一种物理加固方法。此法在预压荷载作用下,使得饱和软弱黏性土固结,孔隙率减小,土体强度提高,以达到增强地基承载力和减少工后沉降的目的。为加速地基固结,常在地基中设置垂直排水通道——砂井或塑料排水板(图2-1-5-19)。这一方法广泛用于路基填筑工程、建筑工程以及机场跑道工程中,常用于加固软弱地基,包括天然沉积层和人工充填的土层,如沼泽土、淤泥及淤泥质土,水力冲积土等。

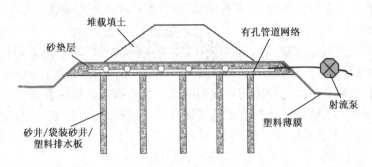

图2-1-5-19 砂井堆载预压法

排水固结法常用的有砂井堆载预压法(图2-1-5-19)和真空预压法等方法。砂井堆载预压法是在被加固的软基范围内打设砂井后,配合堆载预压,使地基在预压荷载下加速固结,从而加速地基强度的增长,减小建筑物建成后地基变形的方法。该法所用材料一般以散粒料为主,如石料、砂和砖等。砂井堆载预压,需进行地基固结计算,以确定加载以及砂井布置的有关数据。一般情况下,加载量大致与设计荷载接近,预压至80%固结度。砂井直径多为8~10cm,间距是井径的6~8倍。砂井长度应穿越地基可能的滑动面,井长如能穿越主要受压层,对沉降有利,如果软土层较浅,有透水性下卧层,则井长深入透水层,对排水固结更有利。为加速排水,缩短固结时间,在设置竖井的同时,可加设井顶砂垫层(图2-1-5-19)或纵横连通砂井的排水砂沟,砂垫层厚度为0.5~1.0m。

真空预压法是通过降低砂垫层和竖向排水体中的孔隙水压力至形成负压区,使被加固地基中的排水体和基体间形成压差,并在此压差作用下,迫使土中水排出,达到土体固结的方法。此法的工艺过程,首先是在地基中设置袋装砂井或塑料排水板,形成竖向排水通道,地表铺设砂垫层,形成地表平面的排水通道。再在砂垫层中埋设吸水管道,并与抽真空装置连接,形式抽气、抽水系统。在砂垫层上铺设不透气的封闭膜,薄膜四周埋入土中一定深度。最后通过抽气、抽水在砂垫层和竖向排水体中形成负压区。真空预压法的真空度一般可达80kPa。通过不断的抽气、抽水,被加固地基中的孔隙水在压差的作用下,排出土体而固结,直到加固区的土体和排水体间的压差趋于零,渗流停止,固结完成。

理论研究和实践表明,真空预压和堆载预压的效果可以叠加,联合预压后,加固效果更好。

五 强夯法

强夯法是一种软弱地基加固技术,该方法一般采用80~300kN的重锤,以8~20m的落距自由落下,对软弱地基瞬时施加巨大的冲击能,单击能量一般为500~8000kN·m,加固影响深度可达10~20m,甚至更深一些。落锤夯击时,冲击能产生的冲击波和动力应力,可以提高地基土的强度、降低土的压缩性、改善砂土抗液化能力以及提高湿陷性黄土的稳定性。同时强夯技术可显著减少地基土层的不均匀性,降低基础差异沉降。

实践证明,强夯法具有施工简单、加固效果好、使用经济、运用面较广等优点。国外资料说明,经强夯法处理的地基,其承载力可提高 2~5 倍,压缩性降低 2~10 倍,广泛用于杂填土(各种垃圾)、碎石土、砂土、黏性土、湿陷性黄土及泥炭和沼泽土,不但陆地上使用,亦可水下夯实。缺点是需要相应的机具设备,操作时噪声和振动较大,不宜在人口密集或附近防震要求高的地点使用。我国津、沪等地,不仅成功运用,而且在加固饱和软黏土地基方面,取得了新的成果与经验。

以上简要介绍了国内公路路基工程中常用的几种地基加固方法。由于湿软土地基各种各样的分布,单种处治的作用与效果总是有局限性的,为了同时解决沉降、稳定问题或使处治作用更为有效,可以考虑同时利用两种或两种以上处治措施进行综合处治。综合处治的一般原则是:加速排水固结的措施与增加地基强度的措施相结合;地上、地面处治与地下处治相结合。在进行方案选择时,应根据当地的地质、水文、材料、施工、环境条件等,用两个或两个以上可行的方案进行经济、技术比较,选择其最优方案。

本 章 小 结

(1)防护是指为防止路基边坡受冲刷和风化作用,在坡面上所做的各种铺砌和栽植;加固主要是指对天然含水率过大、承载力低的软弱地基或可能失稳的路基边坡所做的各种技术处理。

(2)坡面植物防护有传统的植被防护(如种草、铺草皮、植树等)和新型的三维植被网防护(三维网起加筋作用,网中种草)、湿法喷播草种、客土喷播草种等。

(3)当不宜使用植物防护或考虑就地取材时,坡面圬工防护可采用抹面、捶面、喷护、挂网喷护、砌石护坡、浆砌片石护面墙、骨架植物防护等形式,可根据不同条件选用,但造价较高,与周围环境协调性较差。

(4)沿河路基的直接防护设施包括植树、石砌护坡、抛石或石笼、浸水挡土墙等;间接防护主要指设置导治结构物,如丁坝、顺坝等,用来改变水流流速、流向和原来状态。

(5)在软土地基上填筑路堤出现失稳或者沉降量和沉降速率不能满足要求时,需对软土地基进行适当的处理,以增加其稳定性,减少沉降量或加速沉降。常用的方法有换填土层法、加固土桩法、粒料桩加固法、排水固结法和强夯法等。

思考题与习题

1.路基防护与加固的目的是什么?

2.直接防护与间接防护的本质区别有哪些?

3.路基防护与加固工程,按作用不同,可分为哪几种?各类的作用是什么?

4.路基常用的坡面防护措施有哪些?植物防护、骨架植物防护与圬工防护各自适用条件有哪些不同?

5.什么叫护面墙?其作用是什么?

6.冲刷防护常用哪些措施?

7.在公路工程中常采取哪些措施进行湿软地基处理?阐述各种措施的加固原理和适用范围。

第六章　挡土墙设计

> **教学要求**
> 1. 描述各种类型挡土墙的构造、特点和使用场合。
> 2. 描述重力式挡土墙的构造与布置的要求及方法。
> 3. 会进行墙背主动土压力计算和挡土墙稳定性的各项验算;若稳定性不足时,会分析和调整横断面尺寸,重新进行挡土墙的验算。
> 4. 知道其他形式挡土墙的构造特点。

第一节　挡土墙的基本认知

一　挡土墙的分类及用途

挡土墙是用来支撑路基填土或山坡土体,防止墙后土体坍塌和增加其稳定性的一种构筑物。在路基工程中,挡土墙可以稳定路堤和路堑边坡,减少土石方工程量和占地面积,防止水流冲刷路基,并经常用于整治塌方、滑坡等路基病害。在山区公路中,挡土墙的运用广泛。

公路上常用的挡土墙按其设置位置可分为路堑挡墙、路堤挡墙、路肩挡墙和山坡挡墙等类型,如图 2-1-6-1 所示。在路基工程中,挡土墙的建筑费用较高,故路基设计时,应与其他可能的工程方案进行经济比较,择优选定。

挡土墙各部分名称如图 2-6-1a) 所示。靠回填土或山体的一侧面称为墙背;外露的一侧面称为墙面,也称墙胸;墙的顶面部分称为墙顶;墙的底面部分称为基底或墙底;墙面与墙底的交线称为墙趾;墙背与墙底的交线称为墙踵;墙背与铅垂线的夹角称为墙背倾角 α。

二　挡土墙的特点及适用条件

挡土墙的结构类型很多,应综合考虑工程地质、水文地质、冲刷深度、荷载作用情况、环境条件、施工条件、工程造价等因素,综合比较后选用。各类挡土墙的特点及其适用条件,见表 2-1-6-1。

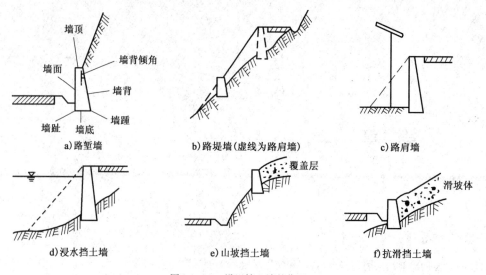

图 2-1-6-1 设置挡土墙的位置

挡土墙的特点及适用条件　　　　　表 2-1-6-1

类 型	结构示意图	特点及适用条件
重力式		依靠墙自重承受土压力,结构简单、施工简便,由于墙身重,对地基承载力的要求也较高。墙身一般用浆砌片石或块石砌筑。在墙身不高时,也可用干砌。 适用于一般地区、浸水地区和地震地区的路肩、路堤和路堑等支挡工程
衡重式		设置衡重台使墙身重心后移,并利用衡重台上的填土,增加墙身稳定。上墙背俯斜而下墙背仰斜,可降低墙身及减少基础开挖,以及节约墙身断面尺寸。 适用于陡山坡的路肩墙、路堤墙和路堑墙(兼有拦挡落石作用)
悬臂式		墙身及基础均采用钢筋混凝土浇筑,断面尺寸较小。由立壁、墙趾板和墙踵板三部分组成。立壁下部弯矩较大,特别在墙高时,需设置的钢筋较多。 适用于在石料缺乏、地基承载力较低的填方路段采用,墙高不宜超过 5m

续上表

类 型	结构示意图	特点及适用条件
扶壁式		相当于沿悬壁式墙的墙长,每隔一定距离设置一道扶壁,使墙面板(立壁)与墙踵板连接起来,以承受较大的弯矩作用。 适用于在石料缺乏、地基承载力较低的填方路段采用,墙高不宜超过15m
锚杆式		由肋柱、挡板和锚杆组成,靠锚杆锚固在山体内拉住肋柱。肋柱、挡板可预制。 宜用于墙高较大的岩质路堑地段,可用作抗滑挡土墙,可采用肋柱式或板壁式单级墙或多级墙,每级墙高不宜大于8m,多级墙的上、下级墙体之间应设置宽度不小于2m的平台
锚定板式		类似于锚杆式,使锚杆的固定端用锚定板固定在山体内。 适用于缺少石料地区的路肩墙或路堤式挡土墙,但不应建筑于滑坡、坍塌、软土及膨胀土地区。可采用单级墙或多级墙,单级墙高不宜超过10m,多级墙每级墙高不宜大于6m,上、下级墙体之间应设置宽度不小于2m的平台,上下两级墙的肋柱宜交错布置
加筋土式		加筋土挡土墙由面板、拉筋和填料三部分组成,依靠拉筋与填料之间的摩擦力来抵抗侧向土压力,面板可预制。 加筋土挡土墙属于柔性结构,对地基变形适应性强,建筑高度大,具有省工、省料、施工方便、快速等优点。适用于一般地区的路肩式挡土墙、路堤式挡土墙,但不应建筑于滑坡、水流冲刷、崩塌等不良地质地段

第二节 挡土墙设计的依据

一 挡土墙的作用(或荷载)

1. 施加于挡土墙的作用(或荷载)

施加于挡土墙的作用(或荷载),按荷载作用的时间变化分为永久作用(或荷载)、可变作用(或荷载)和偶然作用(或荷载)3类,见表2-1-6-2。

荷 载 分 类   表2-1-6-2

荷载分类		荷载名称
永久荷载		挡土墙结构重力
		填土(包括基础襟边以上土)重力
		填土侧压力
		墙顶上的有效永久荷载
		墙顶与第二破裂面之间的有效荷载
		计算水位的浮力及静水压力
		预加力
		混凝土收缩及徐变
		基础变位影响力
可变荷载	基本可变作用(或荷载)	车辆荷载引起的土侧压力
		人群荷载、人群荷载引起的土侧压力
	其他可变作用(或荷载)	水位退落时的动水压力
		流水压力
		波浪压力
		冻胀压力和冰压力
		温度影响力
	施工荷载	与各类挡土墙施工有关的临时荷载
偶然作用(或荷载)		地震作用力
		滑坡、泥石流作用力
		作用于墙顶护栏上的车辆碰撞力

2. 作用(或荷载)效应组合

作用在一般地区挡土墙上的力,可只计算永久作用(或荷载)和基本可变作用(或荷载),浸水地区、地震动峰值加速度值为0.2g及以上的地区、产生冻胀力的地区,尚应计算其他可变作用(或荷载)和偶然作用(或荷载),作用(或荷载)组合可按表2-1-6-3进行。

常用作用(或荷载)组合 表 2-1-6-3

组 合	作用(或荷载)名称
Ⅰ	挡土墙结构重力、墙顶上的有效永久荷载、填土重力、填土侧压力及其他永久荷载组合
Ⅱ	组合Ⅰ与基本可变荷载相组合
Ⅲ	组合Ⅱ与其他可变荷载、偶然荷载相组合

注:1. 洪水与地震力不同时考虑。
　　2. 冻胀力、冰压力与流水压力或波浪压力不同时考虑。
　　3. 车辆荷载与地震力不同时考虑。

二 墙后填料的计算参数

在挡土墙的土压力计算中,墙后填料的计算参数对土压力的影响很大,应进行墙后填料的土质试验,确定填料的物理力学指标。当缺乏可靠试验数据时,填料内摩擦角 φ 可参照表 2-1-6-4 选用。

填料内摩擦角或综合内摩擦角 表 2-1-6-4

填料种类		综合内摩擦角 φ_0(°)	内摩擦角 φ(°)	重度(kN/m³)
黏性土	墙高 $H\leqslant 6m$	35~40	—	17~18
	墙高 $H>6m$	30~35	—	17~18
碎石、不易风化的块石		35	45~50	18~19
大卵石、碎石类土、不易风化的岩石碎块		—	40~45	18~19
小卵石、砾石、粗砂、石屑		—	35~40	18~19
中砂、细砂、砂质土		—	30~35	17~18

注:填料重度可根据实测资料作适当修正,计算水位以下的填料重度采用浮重度。

对计算参数墙背与填料之间的摩擦角 δ,可根据墙背粗糙度和排水条件查有关规范计算确定或通过墙后填料的土质试验确定。

三 挡土墙的设计方法

挡土墙设计分承载能力极限状态和正常使用极限状态。
承载能力极限状态是当挡土墙出现以下任何一种状态,即认为超过了承载能力极限状态:
(1)整个挡土墙或挡土墙的一部分作为刚体失去平衡。
(2)挡土墙构件或连接部件因材料强度超过而破坏,或因过度塑性变形而不适于继续承载。
(3)挡土墙结构变为机动体系或局部失去平衡。
正常使用极限状态是当挡土墙出现下列状态之一时,即认为超过了正常使用极限状态:
(1)影响正常使用或外观变形。
(2)影响正常使用或耐久性的局部破坏(包括裂缝)。
(3)影响正常使用的其他特定状态。

《公路路基设计规范》(JTG D30—2004)中,挡土墙采用以极限状态设计的分项系数法为主的设计方法。挡土墙构件承载能力极限状态设计采用的一般表达式为:

$$\gamma_0 S \leq R(\bullet) \tag{2-1-6-1}$$

$$R(\bullet) = R\left(\frac{R_K}{\gamma_f}, \alpha_d\right) \tag{2-1-6-2}$$

式中:γ_0——结构重要性系数,按表 2-1-6-5 的规定选用;

S——作用(或荷载)效应的组合设计值;

$R(\bullet)$——挡土墙结构抗力函数;

R_K——抗力材料的强度标准值;

γ_f——结构材料、岩土性能的分项系数;

α_d——结构或构件几何参数的设计值,当无可靠数据时,可采用几何参数标准值。

结构重要性系数 γ_0 表 2-1-6-5

墙 高	公 路 等 级	
	高速公路、一级公路	二级及以下公路
≤5.0m	1.0	0.95
>5.0m	1.05	1.0

四 承载能力极限状态作用(或荷载)分项系数

根据我国的传统经验,作用于挡土墙墙背上的土压力一般都考虑主动土压力状态,并按库仑理论进行计算。通常挡土墙前的被动土压力可不计算,当基础埋置较深且地层稳定、不受水流冲刷和扰动破坏时,可计入被动土压力,但应按表 2-1-6-6 的规定计入作用分项系数。

承载能力有限状态作用(或荷载)分项系数   表 2-1-6-6

情况	荷载增大对挡土墙结构起有利作用时		荷载增大对挡土墙结构起不利作用时	
组合	Ⅰ,Ⅱ	Ⅲ	Ⅰ,Ⅱ	Ⅲ
垂直恒载 γ_G	0.90		1.20	
恒载或车辆荷载、人群荷载的主动土压力 γ_{Q1}	1.00	0.95	1.40	1.30
被动土压力 γ_{Q2}	0.30		0.50	
水浮力 γ_{Q3}	0.95		1.10	
静水压力 γ_{Q4}	0.95		1.05	
动水压力 γ_{Q5}	0.95		1.20	

五 等代均布土层厚度

车辆荷载作用在挡土墙墙背填土上所引起的附加土体侧压力,可按式(2-1-6-3)换算成等代均布土层厚度计算。

$$h_0 = \frac{q}{\gamma} \qquad (2\text{-}1\text{-}6\text{-}3)$$

式中：h_0——换算土层厚度，m；

q——车辆荷载附加荷载强度，墙高小于2m，取20kN/m²；墙高大于10m，取10kN/m²；墙高在2~10m之间时，附加荷载强度用直线内插法计算；作用于墙顶或墙后填土上的人群荷载强度规定为3kN/m²；作用于挡墙栏杆顶的水平推力采用0.75kN/m，作用于栏杆扶手上的竖向力采用1kN/m；

γ——墙背填土的重度，kN/m³。

《公路路基设计规范》(JTG D30—2015)规定，附加荷载强度以墙高作为取值参数，基本可变荷载既不再区分为计算荷载、验算荷载，也不划分车辆荷载等级。

第三节 重力式挡土墙的设计

一 重力式挡土墙的构造

挡土墙的构造必须满足强度和稳定性要求，同时考虑就地取材、结构合理、断面经济、施工养护方便和安全。常用的重力式挡土墙，一般由墙身、基础、排水设施和沉降、伸缩缝等几部分组成。

1. 墙身

挡土墙各部分名称如图2-1-6-2所示。靠回填土或山体的一侧面称为墙背；外露的一侧面称为墙面，也称墙胸；墙的顶面部分称为墙顶；墙的底面部分称为基底或墙底；墙面与墙底的交线称为墙趾；墙背与墙底的交线称为墙踵；墙背与铅垂线的夹角称为墙背倾角。

1）墙背

根据墙背倾斜方向的不同，墙身断面形式可分为仰斜、垂直、俯斜、凸形折线式和衡重式等几种，如图2-1-6-3所示。

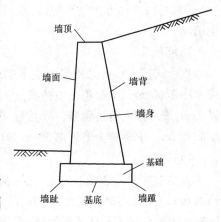

图2-1-6-2 挡土墙的组成示意图

以仰斜、垂直和俯斜3种不同的墙背所受的土压力分析，在墙高和墙后填料等条件相同时，仰斜墙背所受的土压力为最小，垂直墙背次之，俯斜墙背较大，因此仰斜式的墙身断面较经济。用于路堑墙时，墙背与开挖的临时边坡较贴合，开挖量与回填量均较小。但当墙趾处地面横坡较陡时，采用仰斜式墙背会增加墙高，断面增大，故仰斜墙背适用于路堑墙及墙趾处地面平坦的路肩墙或路堤墙。仰斜墙背的坡度越缓，所受的土压力越小，但施工越困难，故仰斜墙背的坡度不宜缓于1:0.3。

俯斜墙背所受的土压力较大，相对而言，俯斜墙背的断面比仰斜式要大。但当地面横坡较陡时，俯斜式挡土墙可采用陡直的墙面，从而减小墙高。俯斜墙背的坡度缓些固然对施工有利，但所受的土压力亦随之增加，致使断面增大，因此墙背坡度不宜过缓，通常控制 $\alpha < 21°48'$

(即 1:0.4)。

图 2-1-6-3　重力式挡土墙的断面形式

垂直墙背的特点介于仰斜和俯斜墙背之间。

凸形折线墙背系将仰斜式挡土墙的上部墙背改为俯斜,以减小上部断面尺寸,故其断面较为经济,多用于路堑墙,也可用于路肩墙。

衡重式墙背可视为在凸形折线式的上下墙之间设一衡重台,并采用陡直的墙面。上墙俯斜墙背的坡度通常为 1:0.45~1:0.25,下墙仰斜墙背的坡度一般在 1:0.25 左右,上下墙的墙高比一般为 2:3。适用于山区地形陡峻处的路肩墙和路堤墙,也可用于路堑墙。

2)墙面

墙面一般为平面,墙面坡度除应与墙背的坡度相协调外,还应考虑到墙趾处地面的横坡度(影响挡土墙的高度)。当地面横坡度较陡时,墙面可采用 1:0.20~1:0.05,也可采用直立(低墙时);当地面横坡平缓时,墙面可缓些,但一般采用不缓于 1:0.3 的墙面,以免过多增加墙高。

3)墙顶

重力式挡土墙可采用浆砌或干砌圬工。墙顶最小宽度,浆砌时应不小于 50cm,干砌时应不小于 60cm。干砌挡土墙的高度一般不宜大于 6m。浆砌挡土墙墙顶应用 M5 砂浆抹平,厚 2cm,或用较大石块砌筑,并勾缝。浆砌路肩墙墙顶宜采用粗料石或混凝土做成顶帽,厚度取 40cm。干砌挡土墙顶部 50cm 厚度内,宜用 M5 砂浆砌筑,以求稳定。

4)护栏

为增加驾驶员心理上的安全感,保证行车安全,在地形险峻地段的路肩墙,或墙顶高出地面 6m 以上且连续长度大于 20m 的路肩墙,或弯道处的路肩墙的墙顶应设置护栏等防护设施。护栏分墙式和柱式两种,所采用的材料,护栏高度、宽度,视实际需要而定。护栏内侧边缘距路面边缘的距离,一般不应小于 0.5m(四级路)或 0.75m(二、三级路),一级公路、高速公路防撞护栏设在土路肩宽度内。

2. 基础

挡土墙的破坏在很多情况下是由于地基不良所引起的。因此,应对地基情况作充分的调查,以进行详细的基础设计。必要时须做挖探或钻探,然后再来确定基础类型与埋置深度。

基础设计的主要内容包括基础形式的选择及基础埋置深度的确定。

1)基础类型

绝大多数挡土墙,都是直接修筑在天然地基上。

当地基承载力不足且墙趾处地形平坦,而墙身又超过一定高度时,为减少基底应力和增加抗倾覆稳定性,常常采用扩大基础[图2-1-6-4a],墙趾处伸出不少于20cm宽的台阶,台阶的高宽比,可采用3:2或2:1。如地基承载力不足,为避免台阶太大和过厚,可采用钢筋混凝土基座[图2-1-6-4b]。当地基为软弱土层,如淤泥、软黏土等,可采用砂砾、碎石、矿渣或石灰土等质量较好的材料予以换填,以扩散基底压应力,使之均匀地传递到下卧软弱土层中。当挡土墙修筑在陡坡上,而地基又为稳定、坚硬的岩石时,为节省圬工和基坑开挖数量,可采用台阶形基础[图2-1-6-4c]。台阶的尺寸,按具体的地形地质条件确定。台阶宽度不宜小于50cm,台阶的高宽比应不大于2:1。如地基有短段缺口(如深沟等)或挖基困难(如需水下施工等),可采用拱形基础[图2-1-6-4d],以石砌拱圈跨过,再在其上砌筑墙身。但应注意土压力不宜过大。以免横向推力导致拱圈开裂。设计时应对拱圈予以验算。

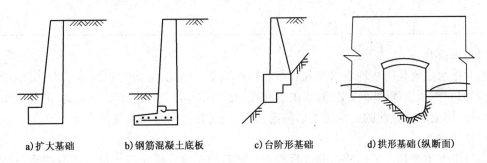

a)扩大基础　　b)钢筋混凝土底板　　c)台阶形基础　　d)拱形基础(纵断面)

图2-1-6-4　挡土墙基础形式

2)基础埋置深度

挡土墙的基础埋置深度应按地基的性质、承载力的要求、冻胀的影响、地形和水文地质等条件确定。为保证挡土墙的稳定,基底埋置深度应符合下列要求:

(1)当冻结深度小于或等于1m时,基底应在冻结线以下不小于0.25m,并应符合基础最小埋置深度不小于1m的要求。

(2)当冻结深度超过1m时,基底最小埋置深度不小于1.25m,还应将基底至冻结线以下0.25m深度范围内的地基土换填为弱冻胀材料。

(3)受水流冲刷时,应按路基设计洪水频率计算冲刷深度,基底应置于局部冲刷线以下不小于1m。

(4)路堑式挡土墙基础顶面应低于路堑边沟底面不小于0.5m。

(5)在风化层不厚的硬质岩石地基上,基底一般应置于基岩表面风化层以下;在软质岩石地基上,基底最小埋置深度不小于1m。

当基础位于横向斜坡地面上时,基础前趾埋入地面的深度和距地表的水平距离,不应小于表2-1-6-7的规定。

3.排水设施

挡土墙的排水处理是否得当,直接影响到挡土墙的安全及使用效果。因此,挡土墙应设置排水设施,以疏干墙后填料中的水分,防止地表水下渗造成墙后积水,从而使墙身免受额外的静水压力;消除黏性土填料因含水率增加产生的膨胀压力;减少季节性冰冻地区填料的冻胀压力。

挡土墙的排水设施通常由地面排水和墙身排水两部分组成。

斜坡地面基础埋置条件　　　　　表 2-1-6-7

土层类别	埋入深度 $h(m)$	距地表水平距离 $L(m)$	图　式
较完整的硬质岩石	0.25	0.25~0.50	
一般硬质岩石	0.60	0.60~1.50	
软质岩石	1.00	1.00~2.00	
土层	≥1.00	1.50~2.50	

1) 地面排水

地面排水主要是防止地表水渗入墙背填料或地基。因此,可设置地面排水沟,引排地面水;夯实回填土顶面和地面松土,防止雨水和地面水下渗,必要时可加设铺砌层,采取封闭处理;对路堑挡土墙墙趾前的边沟应予以铺砌加固,以防止边沟水渗入基础。

2) 墙身排水

墙身排水主要是为了迅速排除墙后积水。浆砌挡土墙应根据渗水量在墙身的适当高度处布置一排或数排泄水孔,如图 2-1-6-5 所示。泄水孔尺寸可视泄水量大小分别采用 5cm×10cm、10cm×10cm、15cm×20cm 的方孔,或直径为 5~20cm 的圆孔。泄水孔间距一般为 2~3m,上下交错设置。折线墙背可能积水处,也应设置。干砌挡土墙可不设泄水孔。为保证顺利泄水和避免墙外水流倒灌,泄水孔应向外倾斜,最下排泄水孔的出水口应高出地面或排水沟及积水地区常水位以上 0.3m。下排泄水孔进水口的底部应设置 30cm 厚的黏土隔水层,以防水分渗入地基。进水口周围还应用具有反滤作用的粗颗粒材料覆盖,以避免堵塞孔道。当墙背填土透水性不良或有冻胀可能时,应在墙后最低一排泄水孔到墙顶 0.5m 之间设置厚度不小于 0.3m 的砂、卵石排水层或采用土工布。有关排水设施的设置如图 2-1-6-5 所示。

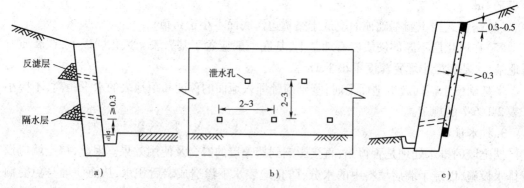

图 2-1-6-5　挡土墙排水设施示意图(尺寸单位:m)

4. 沉降缝和伸缩缝

为了防止因地基不均匀沉陷而引起墙身开裂,应根据地基的地质条件及墙高、墙身断面的变化情况设置沉降缝;为了防止圬工砌体因砂浆硬化收缩和温度变化作用而产生裂缝,须设置伸缩缝。通常把沉降缝与伸缩缝合并在一起,统称为沉降伸缩缝或变形缝。沉降伸缩缝的间距按实际情况而定,对于非岩石地基,宜每隔 10～15m 设置一道沉降伸缩缝;对于岩石地基,其沉降伸缩缝间距可适当增大,但不应大于 20m。沉降伸缩缝的缝宽一般为 2～3cm。浆砌挡土墙的沉降伸缩缝内可用胶泥填塞,但在渗水量大、冻害严重的地区,宜用沥青麻筋或沥青木板等材料,沿墙内、外、顶三边填塞,填深不宜小于 15cm,当墙背为填石且冻害不严重时,可仅留空隙,不嵌填料。对于干砌挡土墙,沉降伸缩缝两侧应选平整石料砌筑,使其形成垂直通缝。

二 挡土墙的布置

挡土墙的布置是挡土墙设计的一个重要内容,通常是在路基横断面图和墙趾纵断面图上进行,个别复杂的挡土墙应作平面布置。

1. 横向布置

横向布置主要是在路基横断面图上进行,其设计内容是:选择挡土墙的位置、确定断面形式、绘制挡土墙横断面图等。

1)挡土墙的位置选择

路堑挡土墙,大多设置在边沟的外侧。路肩墙应保证路基宽度布设。路堤墙应与路肩墙进行技术经济比较,以确定墙的合理位置。当路堤墙与路肩墙的墙高或圬工数量相近,其基础情况亦相仿时,宜做路肩墙,采用路肩墙可减少填方和占地;但当路堤墙的墙高或圬工数量比路肩墙显著降低,且基础可靠时,则宜做路堤墙。浸水挡土墙应结合河流情况布置,以保持水流顺畅,不致挤压河道而引起局部冲刷。山坡挡土墙应考虑设在基础可靠处,墙的高度应保证墙后墙顶以上边坡的稳定性。

2)确定断面形式,绘制挡土墙横断面图

不论是路堤墙,还是路肩墙,当地形陡峻时,可采用俯斜式或衡重式;地形平坦时,则可采用仰斜式。对路堑墙来说,宜采用仰斜式或折线式。

挡土墙横断面图的绘制,选择在起讫点、墙高最大处、墙身断面或基础形式变异处,以及其他必须桩号处的横断面图上进行。根据墙身形式、墙高和地基与填料的物理力学指标等设计资料,进行设计或套用标准图,确定墙身断面尺寸、基础形式和埋置深度,布置排水设施,指定墙背填料的类型等。

2. 纵向布置

纵向布置主要在墙趾纵断面图上进行,布置后绘成挡土墙正面图,如图 2-1-6-6 所示。纵向布置的内容如下:

(1)确定挡土墙的起讫点和墙长,选择挡土墙与路基或其他结构物的连接方式。

路肩挡墙端部可嵌入石质路堑中,或采用锥坡与路堤衔接。与桥台连接时,为了防止墙后回填土从桥台尾端与挡土墙连接处的空隙中溜出,应在台尾与挡土墙之间设置隔墙及接头墙。

路堑挡墙在隧道洞口应结合隧道洞门、翼墙的设置情况平顺衔接。与路堑边坡衔接时,一般将墙高逐渐降低至 2m 以下,使边坡坡脚不致伸入边沟内,有时也可用横向端墙连接。

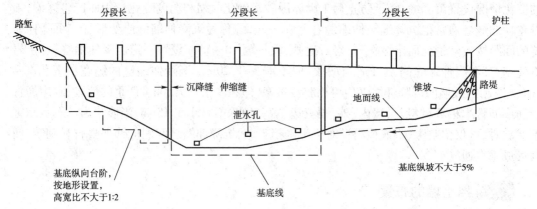

图 2-1-6-6　挡土墙正面图

(2)按地基、地形及墙身断面变化情况进行分段,确定沉降缝和伸缩缝的位置。

(3)布置各段挡土墙的基础。

沿挡土墙长度方向有纵坡时,挡土墙的纵向基底宜做成不大于 5% 的纵坡。若大于 5% 时,应在纵向挖成台阶,台阶的尺寸随地形而变化,但其高宽比不宜大于 1:2。地基为岩石时,纵坡不大于 5%,为减少开挖,也可在纵向做成台阶。

(4)布置泄水孔和护栏的位置,包括数量、尺寸和间距。

(5)标注各特征断面的桩号,墙顶、基础顶面、基底、冲刷线、冰冻线和设计洪水位的高程等。

3.平面布置

对于个别复杂的挡土墙,如高的、长的沿河挡土墙和曲线路段的挡土墙,除了横、纵向布置外,还应作平面布置,并绘制平面布置图。

在平面图上,应标示挡土墙与路线平面位置的关系,与挡土墙有关的地物、地貌等情况,沿河挡土墙还应标示河道及水流方向,以及其他防护、加固工程等。

在挡土墙设计图纸上,应附有简要说明,说明选用挡土墙设计参数的依据,主要工程数量,对材料和施工的要求及注意事项等,以利指导施工。

三 挡土墙的稳定性验算

为保证挡土墙在土压力及外荷载作用下,有足够的强度及稳定性,在设计挡土墙时,应验算挡土墙沿基底的抗滑动稳定性,绕墙趾的抗倾覆稳定性,基底应力和偏心距,以及墙身强度等。一般情况下,主要由基底承载力和滑动稳定性来控制设计,墙身应力可不必验算。挡土墙的力学计算取单位长度计算。

1.作用在挡土墙上的力系

挡土墙设计关键是确定作用于挡土墙上的力系,其中主要是确定土压力。作用于挡土墙上的力系,按力的作用性质分为主要力系、附加力和特殊力。

主要力系是指经常作用于挡土墙的各种力,包括以下几种:

(1)挡土墙自重 W 及位于墙上的恒载。
(2)墙后土体的主动土压力 E_a(包括作用在墙后填料破裂棱体上的荷载,简称超载)。
(3)基底法向反力 N 及摩擦力 T。
(4)墙前土体的被动土压力 E_p。

对浸水挡土墙而言,在主要力系中尚应包括常水位时的静水压力和浮力。

附加力是季节性作用于挡土墙的各种力,如洪水时的静水压力、浮力、动水压力、波浪冲击力、冻胀压力及冰压力等。

特殊力是偶然出现的力,如地震力、施工荷载、水流漂浮物的撞击力等。

在一般地区,挡土墙设计仅考虑主要力系,在浸水地区还应考虑附加力,而在地震区应考虑地震对挡土墙的影响。各种力的取舍,应根据挡土墙所处的具体工作条件,按最不利的组合作为设计的依据。

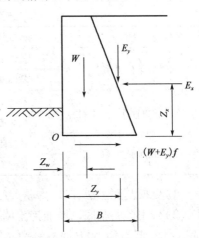

图 2-1-6-7 抗滑和倾覆稳定性验算图

2. 抗滑动稳定性验算

如图 2-1-6-7 所示,在主动土压力的水平分量 E_x 作用下,使挡土墙向外滑动,抵抗滑动的是基础底面与地基之间的摩阻力、墙前被动土压力的水平分量(一般不考虑)。

挡土墙的抗滑动稳定方程可表示为:

$$[1.1W + \gamma_{Q1}(E_y + E_x\tan\alpha_0) - \gamma_{Q2}E_P\tan\alpha_0]\mu + (1.1W + \gamma_{Q1}E_y)\tan\alpha_0 - \gamma_{Q1}E_x + \gamma_{Q2}E_P > 0 \quad (2\text{-}1\text{-}6\text{-}4)$$

式中:W——作用于基底以上的重力,kN,浸水挡土墙的浸水部分应计入浮力;
E_y——墙后主动土压力的竖向分量,kN;
E_x——墙后主动土压力的水平分量,kN;
E_p——墙前被动土压力的水平分量,kN,当为浸水挡土墙时,$E_p = 0$;
α_0——基底倾斜角,(°),基底为水平时,$\alpha_0 = 0$;
γ_{Q1},γ_{Q2}——主动土压力分项系数、墙前被动土压力分项系数,可按表 2-1-6-6 的规定选用。
μ——基底与地基间的摩擦系数,当缺乏可靠试验资料时,可按表 2-1-6-8 的规定选用。

基底与基底土间的摩擦系数 μ 表 2-1-6-8

地基土的分类	摩擦系数 μ	地基土的分类	摩擦系数 μ
软塑黏土	0.25	碎石类土	0.50
硬塑黏土	0.30	软质岩石	0.40 ~ 0.60
砂类土、黏砂土、半干硬的黏土	0.30 ~ 0.40	硬质岩石	0.60 ~ 0.70
砂类土	0.40		

抗滑动稳定系数 K_c 按式(2-1-6-7)计算。

$$K_c = \frac{[N + (E_x - E'_P)\tan\alpha_0]\mu + E'_P}{E_x - N\tan\alpha_0} \quad (2\text{-}1\text{-}6\text{-}5)$$

式中：N——作用于基底上合力的竖向分力，kN，浸水挡土墙应计浸水部分的浮力；

E'_P——墙前被动土压力水平分量的0.3倍，kN；

其余符号意义同前。

在验算挡土墙的抗滑动稳定性时，抗滑动稳定系数应满足表2-1-6-9的规定。若不满足，可考虑采用下列措施，以增加其抗滑稳定性。

抗滑动和抗倾覆的稳定系数　　　　　　　　　　　　　表2-1-6-9

荷载情况	验算项目	稳定系数	
荷载组合Ⅰ、Ⅱ	抗滑动	K_c	1.3
	抗倾覆	K_0	1.5
荷载组合Ⅲ	抗滑动	K_c	1.3
	抗倾覆	K_0	1.3
施工阶段验算	抗滑动	K_c	1.2
	抗倾覆	K_0	1.2

（1）更换基底土层，以增大基础底面与地基之间的摩擦系数。

（2）采用倾斜基底以增加挡土墙抗滑动稳定性。但当基底斜坡较大时，可能发生墙身与基底土体一起滑移，对基底的斜率应加以限制。一般土质地基基底的斜坡不宜大于1∶5，当为岩石地基时，基底的斜坡不宜大于1∶3。

（3）采用凸榫基础，在挡土墙基础底面设置混凝土凸榫，与基础连成整体，利用凸榫前土体所产生的被动土压力以增加挡土墙的抗滑稳定性。

（4）改变墙身断面形式和尺寸，以增大垂直力系。但单纯扩大断面尺寸，收效一般不明显，而且也不经济。

设置于不良土质地基、表土下为倾斜基岩地基及斜坡上的挡土墙，应对挡土墙地基及填土的整体稳定性进行验算，其稳定系数不应小于1.25。

3. 抗倾覆稳定性验算

如图2-1-6-7所示，为保证挡土墙抗倾覆稳定性，须验算它抵抗墙身绕墙趾向外转动倾覆的能力，用抗倾覆稳定系数数表示。

挡土墙的抗倾覆稳定方程可表示为：

$$0.8WZ_W + \gamma_{Q1}(E_y Z_y - E_x Z_x) + \gamma_{Q2} E_p Z_p \geq 0 \tag{2-1-6-6}$$

式中：Z_W——墙身重力、基础重力、基础上填土的重力及作用于墙顶的其他荷载的竖向力合力重心到墙趾的距离，m；

Z_x——墙后主动土压力的水平分量到墙趾的距离，m；

Z_y——墙后主动土压力的竖向分量到墙趾的距离，m；

Z_p——墙前被动土压力的水平分量到墙趾的距离，m；

其余符合意义同前。

抗倾覆稳定系数 K_0 按式（2-1-6-7）计算：

$$K_0 = \frac{\sum M_y}{\sum M_0} = \frac{WZ_W + E_y Z_y + E'_p Z_p}{E_x Z_x} \tag{2-1-6-7}$$

式中符号意义同前。

在验算挡土墙的抗倾覆稳定性时,抗倾覆稳定系数应满足表 2-1-6-9 的规定。若不满足,可考虑采用下列措施,以增加抗倾覆稳定性。

(1)加宽墙趾,即在墙趾处加宽基础,以增大力臂。
(2)减缓墙面坡度,以增加力臂。
(3)改陡墙背坡度,以减小主动土压力。
(4)墙背设置衡重台,以增加抗倾覆力矩。

4. 基底应力及合力偏心距验算

为了保证挡土墙基底应力不超过地基承载力,应进行基底应力验算。同时,为了避免挡土墙不均匀沉陷,应控制作用于挡土墙基底的合力偏心距。

1)计算基底合力偏心距 e_0

如图 2-1-6-8 所示,作用于基底上的垂直力组合设计值 $N_d = W + E_y$,基底合力的偏心距为 e_0,按力矩平衡原理可计算 N 对墙趾 O 的力臂 Z_N。

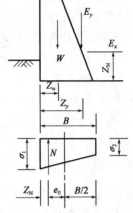

图 2-1-6-8 基底应力分布图

$$Z_N = \frac{WZ_W + E_y Z_y - E_x Z_x}{N} = \frac{WZ_W + E_y Z_y - E_x Z_x}{W + E_y} \qquad (2\text{-}1\text{-}6\text{-}8)$$

基底合力的偏心距 e_0 可按下式计算:

$$e_0 = \frac{M_d}{N_d} = \frac{B}{2} - Z_N = \frac{B}{2} - \frac{WZ_W + E_y Z_y - E_x Z_x}{W + E_y} \qquad (2\text{-}1\text{-}6\text{-}9)$$

式中:N_d——作用于基底上的垂直力组合设计值,kN/m;

M_d——作用于基底形心的弯矩组合设计值,MPa;

Z_N——作用于基底合力的竖向分力对墙趾的力臂,m;

B——基底宽度,m;

其余符号意义同前。

计算挡土墙地基时,各类作用(或荷载)组合下,作用效应组合设计值计算式中的作用分项系数,除被动土压力分项系数 $\gamma_{Q2} = 0.3$ 外,其余作用(或荷载)的分项系数规定均为 1。

基底合力偏心距 e_0 应满足:土质地基不应大于 $B/6$,岩石地基不应大于 $B/4$。

2)计算基底压应力 σ

在偏心荷载作用下,基底最大、最小压应力 σ 应按式(2-1-6-10)及式(2-1-6-11)计算。

$|e_0| \leq \dfrac{B}{6}$ 时,
$$\sigma_{1,2} = \frac{N_d}{A}\left(1 \pm \frac{6e_0}{B}\right) \qquad (2\text{-}1\text{-}6\text{-}10)$$

位于岩石地基上的挡土墙:

$e_0 > \dfrac{B}{6}$ 时,
$$\sigma_1 = \frac{2N_d}{3\left(\dfrac{B}{2} - e_0\right)}, \sigma_2 = 0 \qquad (2\text{-}1\text{-}6\text{-}11)$$

式中:A——基础底面的面积,m^2,对 1m 长挡土墙而言,$A = B$;

σ_1——挡土墙墙趾处的压应力,kPa;

σ_2——挡土墙墙踵处的压应力,kPa;

其余符号意义同前。

基底压应力不应大于基底的容许承载力$[\sigma_0]$,基底容许承载力值可按《公路桥涵地基与基础设计规范》(JTG D63—2007)的规定采用,当为作用(或荷载)组合Ⅲ及施工荷载,且地基容许承载力$[\sigma_0]$大于150kPa时,可提高25%。

基底应力及合力偏心距不满足要求时,采取以下措施可降低基底压应力及减少偏心距。

(1)宽墙趾或扩大基础,可加大承压面积、调整偏心距。

(2)加固地基或换土,以提高地基承载力。

(3)调整墙背坡度或断面形式以减小偏心距。

采用加宽墙趾的方法时,如地面横坡较陡,则会因此增加墙身高度,所以应与采用其他方法比较后再予确定。

5. 墙身截面强度验算

重力式挡土墙一般均属于偏心受压,故截面强度应按偏心受压构件进行验算。通常选择一两个控制性断面进行墙身应力和偏心距验算,如墙身底部、1/2 墙高和断面形状突变处。必要时应做墙身截面的剪应力验算。

重力式挡土墙按承载能力极限状态设计时,在某一类作用(或荷载)效应组合下,作用(或荷载)效应的组合设计值按式(2-1-6-12)计算。

$$S = \psi_{ZL}(\gamma_G \sum S_{Gik} + \sum \gamma_{Qi} S_{Qik}) \quad (2\text{-}1\text{-}6\text{-}12)$$

式中:S——作用(或荷载)效应的组合设计值;

ψ_{ZL}——荷载效应组合系数,按表2-1-6-10采用;

γ_G、γ_{Qi}——作用(或荷载)的分项系数,按表2-1-6-6采用;

S_{Gik}——第i个垂直恒载的标准值效应;

S_{Qik}——土侧压力、水浮力、静水压力、其他可变作用(或荷载)的标准值效应。

荷载效应组合系数 ψ_{ZL} 值　　　　　表 2-1-6-10

荷载组合	ψ_{ZL}	荷载组合	ψ_{ZL}	荷载组合	ψ_{ZL}
Ⅰ、Ⅱ	1.0	施工荷载	0.7	Ⅲ	0.8

1)截面合力偏心距验算

如图2-1-6-9所示,取截面1-1为验算截面。若截面以上墙背所受的主动土压力为E_1,其水平分量和竖直分量分别为E_{1x}、E_{1y},该截面以上的重力为W_1,截面宽度为B_1。则1-1截面的竖向合力偏心距e_1为:

$$e_1 = \left|\frac{M_1}{N_1}\right| = \frac{W_1\left(\frac{B_1}{2} - Z_{1W}\right) + E_{1y}\left(Z_{1y} - \frac{B_1}{2}\right) + E_{1x}Z_{1x}}{W_1 + E_{1y}} \quad (2\text{-}1\text{-}6\text{-}13)$$

式中:N_1——作用于1-1截面的轴向合力,kN;

M_1——作用于1-1截面形心的总力矩,kN·m。

验算截面轴向力合力偏心距应满足表2-1-6-11的规定。

圬工结构轴向力合力的容许偏心距 e_1 表2-1-6-11

作用(或荷载)组合	Ⅰ、Ⅱ	Ⅲ	施工荷载
容许偏心距	$0.25B_1$	$0.30B_1$	$0.33B_1$

注：B_1 为沿力矩转动方向的矩形计算截面宽度。

2）截面强度及稳定性验算

挡土墙构件轴心或偏心受压时，正截面强度和稳定性按下列公式计算。

计算强度时（图2-1-6-9）：

$$\gamma_0 N_d = N_j \leqslant \frac{\alpha_k A_1 R_a}{\gamma_f} \quad (2\text{-}1\text{-}6\text{-}14)$$

计算稳定时：$\gamma_0 N_d = N_j \leqslant \dfrac{\psi_k \alpha_k A_1 R_a}{\gamma_f}$ （2-1-6-15）

$$\alpha_k = \frac{1 - 256\left(\dfrac{e_1}{B_1}\right)^8}{1 + 12\left(\dfrac{e_1}{B_1}\right)^2} \quad (2\text{-}1\text{-}6\text{-}16)$$

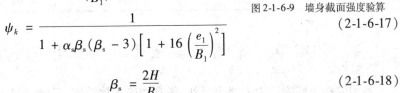

图2-1-6-9 墙身截面强度验算

$$\psi_k = \frac{1}{1 + \alpha_s \beta_s (\beta_s - 3)\left[1 + 16\left(\dfrac{e_1}{B_1}\right)^2\right]} \quad (2\text{-}1\text{-}6\text{-}17)$$

$$\beta_s = \frac{2H}{B} \quad (2\text{-}1\text{-}6\text{-}18)$$

式中：N_d——验算截面上的轴向力组合设计值，kN；

γ_0——结构重要性系数，按表2-1-6-5选用；

γ_f——结构或材料抗力分项系数，按表2-1-6-12选用；

N_j——设计轴向力，kN；

A_1、B_1、e_1——构件计算截面的面积（m²）、截面宽度（m）、截面合力偏心距（m）；

R_a——材料抗压极限强度，kPa；

α_k——轴向力偏心影响系数，按式（2-1-6-16）计算；

ψ_k——偏心受压构件在弯曲平面内的纵向弯曲系数，按式（2-1-6-17）计算确定；轴心受压构件纵向弯曲系数查表2-1-6-13；

α_s——与材料有关的系数，按表2-1-6-14选用；

H——墙高，m。

圬工构件或材料的抗力分项系数 γ_f 表2-1-6-12

圬工种类	受力情况		圬工种类	受力情况	
	受压	受弯、剪、拉		受压	受弯、剪、拉
石料	1.85	2.31	块石、粗料石、混凝土预制块、砖砌体	1.92	2.31
片石砌体、片石混凝土砌体	2.31	2.31	混凝土	1.54	2.31

轴心受压构件纵向弯曲系数 ψ_k 表2-1-6-13

$2H/B$	混凝土构件	砌体砂浆强度等级		$2H/B$	混凝土构件	砌体砂浆强度等级	
		M_{10}、$M_{7.5}$、M_5	$M_{2.5}$			M_{10}、$M_{7.5}$、M_5	$M_{2.5}$
≤3	1.00	1.00	1.00	18	0.65	0.65	0.60
4	0.99	0.99	0.99	20	0.60	0.60	0.54
6	0.96	0.96	0.96	22	0.54	0.54	0.49
8	0.93	0.93	0.91	24	0.50	0.50	0.44
10	0.88	0.88	0.85	26	0.46	0.46	0.40
12	0.82	0.82	0.79	28	0.42	0.42	0.36
14	0.76	0.76	0.72	30	0.38	0.38	0.33
16	0.71	0.71	0.66				

α_s 取值   表2-1-6-14

圬工名称	浆砌砌体采用以下砂浆强度等级			混凝土
	M_{10}、$M_{7.5}$、M_5	$M_{2.5}$	M_1	
α_s 值	0.002	0.0025	0.004	0.002

第四节 常用的其他形式挡土墙的构造特点

常用的挡土墙除重力式挡土墙外,还有加筋土挡土墙、悬臂式挡土墙、锚杆式挡土墙、锚定板式挡土墙等。以下主要对加筋土挡土墙及锚定板式挡土墙进行介绍。

一 加筋土挡土墙

加筋土挡土墙是利用加筋土技术修建的一种支挡结构物,加筋土是一种在土中加入拉筋的复合土,它利用拉筋与土之间的摩擦作用,改善土体的变形条件和提高土体的工程性能,从而达到稳定土体的目的。加筋土挡土墙由填料、在填料中布置的拉筋以及墙面板三部分组成,其基本结构如图2-1-6-10所示。

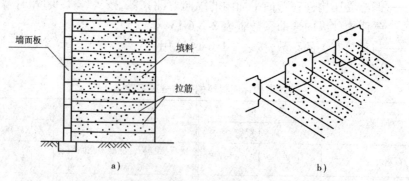

图2-1-6-10 加筋土挡土墙基本结构

1. 加筋土挡土墙的特点

加筋土挡土墙的特点如下：

(1)组成加筋土的面板和筋带可以预先制作，在现场用机械(或人工)分层填筑。这种装配式的方法，施工简便、快速，并且节省劳力和缩短工期。

(2)加筋土是柔性结构物，能够适应地基轻微的变形。

(3)加筋土挡土墙具有一定的柔性，抗振动性强，因此，它也是一种很好的抗振结构物。

(4)加筋土挡土墙节约占地，造型美观。加筋土挡土墙的墙面板可以垂直砌筑，可大量减少占地。挡土墙的总体布设和面板的形式图案可根据周围环境特点和需要进行设计。

(5)加筋土挡土墙造价比较低。加筋土挡土墙与钢筋混凝土挡土墙相比，可减少一半造价；与石砌重力式挡土墙比较，也可节约20%以上。同时，加筋土挡土墙的造价随墙高的增加节省效果越显著。因此它具有良好的经济效益。

2. 加筋土挡土墙的构造

加筋体是由填料、拉筋及墙面板组成。

1)填料

填料是加筋体的主体材料，由它与拉筋产生摩擦力。其基本要求是：易于填筑与压实，能与拉筋产生足够的摩擦力，满足化学和电化学标准，水稳定性好。为了使拉筋与填料之间能发挥较大的摩擦力，以确保结构的稳定，通常填料优先选择具有一定级配、透水性好的砂类土、碎(砾)石类土。粗粒料中不得含有尖锐的棱角，以免在压实过程中压坏拉筋。当采用黄土、黏性土及工业废渣时应做好防水、排水设施和确保压实质量等。从压实密度的需求出发，粒径$D = 60 \sim 200mm$的卵石含量不宜大于30%，最大粒径不宜超过200mm。填料的化学和电化学标准，主要为保证加筋的长期使用品质和填料本身的稳定，加筋体内严禁使用泥炭、淤泥、腐质土、冻土、盐渍土、白垩土、硅藻土及生活垃圾等，填料中不应含有大量有机物。对于采用聚丙烯土工带的填料中不宜含有两阶以上的铜、镁、铁离子及氯化钙、碳酸钠、硫化物等化学物质，因为它们会加速聚丙烯土工带的老化和溶解。

2)拉筋

拉筋(又称筋带)的作用是承受垂直荷载和水平拉力，并与填料产生摩擦力。拉筋为带状，国内以采用聚丙烯土工带和钢筋混凝土带为主，对于高速公路和一级公路应用钢带和钢筋混凝土筋带，国外广泛使用镀锌钢带。常用的拉筋有钢带、钢筋混凝土带和聚丙烯土工带。钢带一般用软钢轧制，分光面带和有肋带两种，带上设置横肋以增加摩擦力。它的横断面为扁矩形，宽度不小于30mm，厚度不小于3mm，常镀锌防锈。钢筋混凝土带表面粗糙，一般分节预制，每节长度小于3m，做成串联状，横断面为扁矩形，带宽10~25cm，厚6~10cm，混凝土强度等级不应低于C15，钢筋直径不小于8mm。聚丙烯土工带由专业工厂定型生产，表面应有均匀的粗糙压纹，宽度均匀一致，带宽18~22mm，厚0.8~1.4mm，断裂强度(在25℃±2℃的恒温下4h，以标距10cm，拉伸速度100mm/min 测定)不小于220MPa，断裂伸长率不宜大于10%，容许应力小于断裂强度的1/5，在含有硬质尖棱的碎石土中不得使用聚丙烯土工带以免带被割断。拉筋一般应水平放置，并垂直于墙面板。拉筋的横向间距一般为0.50~1.00m，最大不超过1.50m，竖向间距为0.25~0.75m。拉筋尺寸由加筋体内部稳定和外部稳定的计算确定，但其最小长度为3m，并满足0.4H(H为加筋体高度)的要求。墙面构件(面板)或与拉筋之间可通过连接件(如螺栓、锚头、销钉等)或其他方式(如咬口、焊接、胶合等)连接起来。此外,还可采用化纤无纺布(土工织物)作为墙面和拉筋材料,实现柔性联结一体化。

3)墙面板

加筋土挡墙的墙面板的作用是防止填土侧向挤出、传递土压力以及便于拉筋固定布设,并保证填料、拉筋和墙面构成具有一定形状的整体。墙面板可用金属板(如镀锌薄钢板)构件或混凝土预制板拼装而成。金属面板质轻、富有韧性、抗拉强度大,适用于运输困难或只有轻型吊装设备的场合,构件长度有 3m、6m、10m 多种,有效高度为 333mm 或 250mm,厚度为 3~5mm,断面大多呈半椭圆形。混凝土面板不易腐蚀,使用寿命长,一般有十字形、矩形、槽形、L 形、矩形和六角形等,其尺寸主要由起吊能力和受力情况决定,通常高与宽为 0.50~1.50m,厚为 8~22cm,面板混凝土强度等级不应低于 C20,它能较好地适应地形变化和曲线墙面,因而获得广泛使用。

此外,加筋体的横断面形式一般宜用矩形,如图 2-1-6-11a)所示,当受地形、地质条件限制时,也可采用图 2-1-6-11b)或图 2-1-6-11c)的形式。断面尺寸由验算确定。

加筋土挡土墙高度大于 12m 时,填料宜采用粗粒土、黄土或稳定土。墙高的中部宜设宽度不小于 1m 的错台。墙高大于 20m 时,应进行特殊设计。错台顶部设 2%~5% 的排水横坡,用混凝土板防护;当采用细粒填料时,上级墙的面板基础下宜设置宽不小于 1.0m,厚度不小于 0.5m 的砂砾或灰土垫层(图 2-1-6-12)。

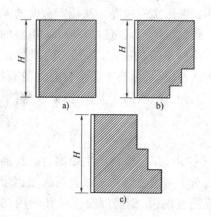
图 2-1-6-11 加筋体横断面形式

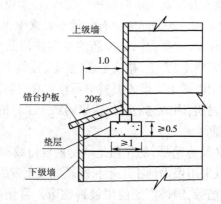
图 2-1-6-12 设错台的加筋土挡土墙(尺寸单位:m)

二 锚杆式挡土墙

锚杆式挡土墙是利用锚杆技术形成的一种挡土结构物。锚杆是一种新型的受拉杆件,它的一端与工程结构物连接,另一端通过钻孔、插入锚杆、灌浆、养护等工序被锚固在山坡深处的稳定岩层或土层中,以承受土压力对结构物所施加的推力,从而利用锚杆与稳定岩层或土层之间的锚固力,使墙获得稳定。

1. 锚杆式挡土墙的特点

锚杆式挡土墙的特点如下:

(1)结构质量轻,使挡土墙的结构轻型化,与重力式挡土墙相比,可以节约大量的圬工,节省工程投资。

(2)利于挡土墙的机械化、装配化施工,可以减轻笨重的体力劳动,提高劳动生产率。

(3)不需要开挖大量基坑,能克服不良地基挖基的困难,并利于施工安全。

(4)设计和施工受到一定的限制,如施工工艺要求较高,要有钻孔、灌浆等配套的专用机械设备,且要耗用一定的钢材。

(5)一般适用于墙高较大,缺乏石料或挖基困难地区,具有锚固条件的路堑挡土墙,还可应用于陡坡路堤。

2.锚杆式挡土墙的分类

锚杆式挡土墙主要有两种结构形式:板壁式锚杆挡土墙和肋板式锚杆挡土墙。目前多用柱板式锚杆挡土墙。

1)板壁式锚杆挡土墙

板壁式锚杆挡土墙:如图2-1-6-13所示,是由就地灌注的整体板壁和多排小锚杆组成。锚孔可采用普通风钻钻成,一般直径为35~50mm,深3~5m。这种结构形式施工较简单,但承担土压力的能力较小。

2)肋板式锚杆挡土墙

肋板式锚杆挡土墙是由挡土板、肋柱和锚杆组成,如图2-1-6-14所示。决定肋柱的间距应考虑工地的起吊能力和锚杆的抗拔能力,一般可选用2.5~3.5m。每根肋柱视其高度可布置2~3根或更多的锚杆,锚杆由一根或数根钢筋组成(也可用钢丝束)。锚孔直径在100mm以上,采用钻机钻孔,锚杆插入锚孔后再灌水泥砂浆。当用于土层时,由于土层与锚杆间的锚固能力较差,必要时可将钻孔端部扩大,以增加锚杆的抗拔力。这种挡土墙能承受较大的土压力。

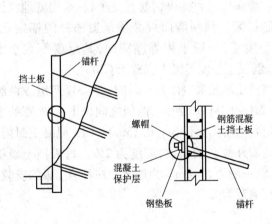

图2-1-6-13 板壁式锚杆挡土墙

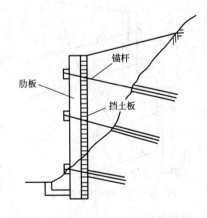

图2-1-6-14 肋板式锚杆挡土墙

3.锚杆式挡土墙的构造

锚杆挡土墙构件包括挡土板、肋柱和锚杆或墙面板和锚杆。

1)挡土板

挡土板一般采用钢筋混凝土槽形板、矩形板和空心板,有时也采用拱形板,大多为预制构件。混凝土强度等级不低于C20,挡土板厚度不得小于0.2m,宽度视吊装设备的能力而定,但不得小于0.3m,一般采用0.5m。预制挡土板的长度考虑到锚杆与肋柱的连接一般较肋柱间距短0.1~0.12m,或将锚杆处的挡土板留有缺口。挡土板与肋柱的搭接长度不小于0.1m。墙后应回填砂卵石等透水材料,由下部泄水孔将水排入边沟内。

2)肋柱

肋柱一般采用矩形或T形截面,沿墙长方向肋柱宽度不宜小于0.3m。肋柱的间距由工点的地形、地质、墙高以及施工条件等因素确定,考虑工地的起吊能力和锚杆的抗拔力等因素,一般可采用2.0~3.0m。肋柱可采用整体预制,亦可分段拼装或就地灌注,肋柱采用的混凝土强度等级不低于C20。

3)锚杆

锚杆一般沿水平方向向下倾斜10°~45°,倾角的大小视稳定岩层、施工机具的情况和肋柱的受力条件,并使锚杆长度尽可能最短等来保证。锚杆在岩层中的有效锚固长度,一般不小于4m;锚入稳定土层内,锚固长度不应小于9~10m。锚孔内灌以膨胀水泥砂浆。为保证孔内锚固周围有足够的砂浆保护层,沿锚杆长每隔2~3m应焊设支架(图2-1-6-15)。锚孔口至墙面间的一段锚杆,采用沥青麻丝包扎防锈。锚杆与墙面的连接,可采用把锚杆钢筋弯入肋柱内,或采用螺丝端杆、焊头联结等方式。锚杆可采用Ⅰ级或Ⅱ级钢筋或钢丝索,还可采用高强钢绞线或高强粗钢筋。钢筋锚杆宜采用螺纹钢,直径一般应为18~32mm。锚孔直径应与锚杆直径相配合,一般为锚杆直径的3倍。锚杆应尽量采用单根钢筋,如果单根不能满足拉力需要,也可采用两根钢筋共同组成1根锚杆,但每孔钢筋数不宜多于3根。

板壁式挡土墙的锚杆间距,按墙后填土的性质、壁面板受力合理及经济等综合确定。其水平间距一般为1~2m,竖向以布置2~3排锚杆为宜。采用预应力锚杆时,其间距要适当加大。墙面板宜为整块钢筋混凝土板,采用就地浇注或预制拼装。预制墙面板必须预留锚杆的锚定孔。为便于施工,一般采用等厚截面,其厚度不宜小于0.3m。混凝土强度等级不宜低于C20。

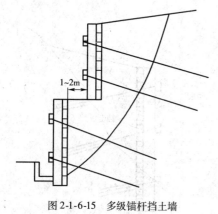

图2-1-6-15 多级锚杆挡土墙

当挡土墙较高(大于6m)时,应布置两级或两级以上,如图2-1-6-15所示,两级之间设1~2m宽的平台,平台应用厚度不小于0.15m的C15混凝土封闭,并设向墙外倾斜的横坡,坡度为2%。每级挡土墙不宜过高,一般为5~6m。为便于肋柱及挡土板的安装,以竖直墙背为多。

三 锚定板式挡土墙

锚定板式挡土墙是由钢筋混凝土墙面、钢拉杆、锚定板以及其间的填土共同形成的一种组合挡土结构,如图2-1-6-16所示。它借助于埋在填土内的锚定板的抗拔力来抵抗侧向土压力,保持墙的稳定。

1.锚定板式挡土墙的特点

(1)构件断面小、结构质量轻、柔性大、工程量省。

(2)不受地基承载力的限制。

(3)构件可预制,有利于实现结构轻型化和施工机械化。

(4)适用于承载力较低的软弱地基和缺乏石料地区的路肩墙或路堤墙,在滑坡、坍塌地段以及膨胀土地区不能使用。

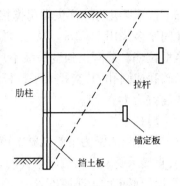

图 2-1-6-16 锚定板式挡土墙

锚定板式挡土墙的结构形式和受力状态与锚杆挡土墙基本相同,都是依靠钢拉杆的抗拔力来保持墙身的稳定。它们的主要区别是:锚杆挡土墙的锚杆系插入稳定地层的钻孔中,抗拔力来源于灌浆锚杆与孔壁地层之间的黏结强度,而锚定板挡土墙的钢拉杆及其端部的锚定板都埋设在人工填土当中,抗拔力主要来源于锚定板前的填土的被动抗力。

2.锚定板式挡土墙的分类

锚定板挡土墙可分为肋板式和壁板式两种,如图 2-1-6-17 所示。

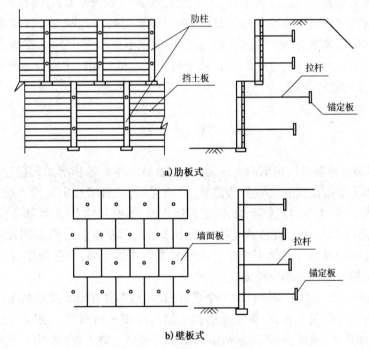

图 2-1-6-17 锚定板挡土墙类型

3.锚定板式挡土墙的构造

锚定板挡土墙的墙面是由挡土板和肋柱组成(肋板式)。

1)肋柱

肋柱间距视工地的起吊能力和锚定板的抗拔力而定,通常为 1.5~2.5m,截面多采用矩形、T 形、工字形等,截面宽度不小于 0.35m,厚度不小于 0.3m。每级肋柱高一般为 3~

5m,上下两级肋柱接头常用榫接,也可以做成平台并相互错开,如图 2-1-6-17a)所示。肋柱间距多采用 1~2m。根据肋柱的长度和土压力的大小,每根肋柱上可布置单根、双根或多根拉杆。混凝土强度等级不应低于 C20。肋柱应设置拉杆穿过的孔道,并将孔道做成椭圆孔或圆孔,其直径大于拉杆直径,空隙用砂浆填塞。肋柱严禁前倾,应适当后仰,其仰斜度宜为 1:0.05。

2) 挡土板

挡土板通常为钢筋混凝土矩形板或槽形板,有时也可为混凝土拱板。设置于肋柱的内侧,直接承受填土的侧压力并将侧压力传递给肋柱。其设计、构造要求与锚杆式挡土墙一样,但矩形板的最小厚度可采用 0.15m,板宽一般为 0.5m,挡土板上应留有泄水孔,板后应设置反滤层。

拉杆必须选用可焊性能较好的钢材,一般采用热轧螺纹钢筋。拉杆直径不小于 22mm,但亦不宜大于 32mm,拉杆的长度通过锚定板的稳定验算及结构的整体稳定性验算来确定。最下层拉杆的长度除满足稳定要求外,应使锚定板埋置于主动破裂面以外不小于 3.5h 处(h 为矩形锚定板的高度),最上层拉杆的长度应不小于 3m。考虑到上层锚定板的埋置深度对其抗拔力的影响,要求最上层拉杆至填土顶面的距离不能小于 1m。

锚定板一般采用方形钢筋混凝土板,混凝土强度等级不低于 C20,竖直埋置在填土中,拉杆与填土之间的摩擦阻力一般忽略不计,则锚定板承受的拉力即为拉杆拉力。锚定板尺寸还要满足下列构造要求:柱板拼装式墙的锚定板面积不应小于 $0.5m^2$,壁板式墙的锚定板面积不应小于 $0.2m^2$,一般采用 1m×1m 的锚定板。锚定板预制时中心应预留穿过拉杆的孔道,其要求同肋柱的预留孔道。

本 章 小 结

(1) 挡土墙是一种能够抵抗侧向土压力,防止墙后土体坍塌和增加其稳定性的建筑物。公路工程中的挡土墙按设置的位置分为路堑墙、路堤墙、路肩墙和山坡墙等类型;按结构形式分为重力式挡土墙、半重力式挡土墙、锚定式挡土墙、薄壁式挡土墙、加筋土挡土墙等。

(2) 重力式挡土墙依靠墙身自重支撑土压力来维持其稳定。一般多用片(块)石砌筑,在缺乏石料的地区有时也用混凝土修建。常用的重力式挡土墙,一般由墙身、基础、排水构造物和沉降缝与伸缩缝等几部分组成。

(3) 挡土墙的布置是挡土墙设计的一个重要内容,通常是在路基横断面图和墙趾纵断面图上进行横向布置与纵向布置,个别复杂的挡土墙尚应作平面布置。通过横向布置确定挡土墙的位置、断面形式、横断面图等,通过纵向布置完成挡土墙正面图,对于个别复杂的挡土墙,如高的、长的沿河挡土墙和曲线路段的挡土墙,除了横、纵向布置外,还应作平面布置,以指导施工。

(4) 重力式挡土墙的断面尺寸可通过试算的方法确定。试算的方法是根据工程实践经验或挡土墙标准图初步拟定其断面形式和尺寸,依据设计车辆荷载、墙后填料、地基及墙身材料等设计参数,通过土压力计算、稳定性验算确定挡土墙的断面形式和尺寸,直至满足要求为止。

(5)除重力式挡墙外,目前工程上常用的挡土墙还有加筋土挡墙、悬臂式挡墙、锚杆式挡墙、锚定板式挡土墙等。设计时可参考有关书籍。

思考题与习题

1. 按照挡土墙设置的位置,挡土墙分为哪几类?挡土墙有哪些用途?
2. 重力式挡土墙的基本组成部分有哪些?各有什么要求?
3. 挡土墙稳定性验算的内容有哪些?
4. 挡土墙与护面墙有何区别?
5. 挡土墙抗滑稳定性不满足要求时,应采用哪些措施?
6. 当挡土墙的抗倾覆稳定系数 $K<1.5$ 时,可采用哪些改进措施?什么措施较为有效?
7. 简述各种常用挡土墙的构造与特点。
8. 土中加筋可起什么作用?怎样才能使拉筋发挥最大效用?
8. 加筋土挡土墙的材料及加筋土挡土墙的构造有哪些要求?
9. 简述加筋土挡土墙稳定性验算的方法。
10. 某二级公路 K10+500~K10+560 段为直线路段,拟在右侧修建路肩挡土墙,墙址处纵断面地面线测量结果及设计高程见表 2-1-6-15,K10+502~K10+550 段横向地势平坦。

设计资料表 表 2-1-6-15

桩　　号	K10+480	K10+500	K10+502	K10+550	K10+560	K10+580
地面高程(m)	109.19	106.69	100.69	101.22	102.56	102.06
路肩边缘设计高程(m)	107.36	106.56	—	104.56	104.16	103.36

设计资料:墙身材料采用 M7.5 水泥砂浆砌片石,砌体的重度为 $22kN/m^3$,容许压应力为 1250kPa,容许剪应力为 175kPa;墙后填料选用砂土,经土工试验得到其重度为 $18kN/m^3$,内摩擦角为 35°;地基为中密砾石土,容许承载力为 500kPa,基底摩擦系数取 0.5;设计车辆荷载等级为公路—Ⅱ级。

建议墙顶宽 1.0~1.3m,墙背与墙面平行,墙背坡度取 1:0.25。试确定墙身断面尺寸,绘制挡土墙正面图、横断面图和平面图,并计算挡土墙工程数量。

第二篇　路基工程

第二分篇　路基施工

第一章 绪 论

教学要求

1. 描述路基施工的特点与基本方法。
2. 知道路基施工准备工作的内容,会进行开工前的组织准备、物质准备、技术准备和现场准备等工作的实施。
3. 会恢复公路中线及路基施工放样。

第一节 路基施工的特点与基本方法

一 路基施工的特点

路基是支承路面的土工构筑物。在挖方地段,路基是开挖天然地层形成的路堑;在填方地段,则是用压实的土石填筑而成的路堤。由于路基在使用过程中要承受由路面传递而来的行车荷载作用并抵御各种环境因素的影响,因此要求路基必须具有足够的强度、良好的水温稳定性和耐久性。所谓路基施工,就是以设计文件和施工技术规范为依据,以工程质量为中心,有组织、有计划地将设计图纸转化为工程实体的建筑活动。

路基施工的特点突出表现在对工程质量的高标准要求方面。强度高、稳定性和耐久性良好的路基将成为路面结构的良好支承体系,有利于提高路面整体强度和使用性能,延长路面使用寿命,同时,还可以降低路面工程造价和公路养护维修费用。反之,若路基工程质量低劣,将给路面和路基自身留下许多隐患,路面的使用品质和使用寿命会因此而降低,路基或路面破坏严重时甚至会中断交通,造成重大经济损失。尤其严重的是:若路基自身存在问题将后患无穷,难以根治,这会大大增加公路建成后的养护维修费用。由此可见,必须重视路基施工,切实保证路基工程质量,为提高公路建设的经济效益和社会效益提供切实的保障。

路基施工时工程质量受到多种因素的不利影响。虽然路基施工主要是开挖、运输、填筑、压实等比较简单的工序,但由于路基施工具有条件变化大、工程数量大、施工难度大、施工方法多样等特点,对于保证路基工程质量有相当的难度。特别是地质不良的特殊路段及隐蔽工程较多的路基,在施工时常会遇到复杂的技术问题和各种突发性事故需要处理,可以说路基施工技术是简单中蕴含着复杂。在与人工构造物的关系方面,路基自身的施工既与排水、防护及加固等工程的施工相互制约,又与桥梁、隧道、路面等分项工程的施工相互交叉、相互影响。在其他如气候、交通条件等方面,由于公路施工为野外作业,工程质量受气候条件影响很大,雨季时土质路基往往无法施工。交通运输不便时,会使物资、设备和施工队伍调遣困难。所有这些因素的影响都必须加以克服,才能保证路基工程的质量。

二 施工方法

路基一般为土石方工程,施工方法有人工施工、简易机械施工、机械化施工及爆破等。施工时应根据工程性质、岩土类别、工程量、施工期限、施工条件等选择一种或几种施工方法。

人工施工是传统的施工方法,施工时主要是工人用手工工具进行作业。这种方法劳动强度大、工效低、进度慢,且工程质量难以得到保证,已不适应现代公路工程施工的要求,只能作为其他施工方法的辅助和补充。

简易机械施工是在人工施工的基础上,对施工过程中劳动强度大和技术要求相对较高的工序用机具或简易机械完成,以利加快工程进度、提高施工效率和工程质量。但这种施工方法工效有限,只能用于工程量较小、工期要求不严的路基或构造物施工。

机械化施工是通过合理选用施工机械,将各种机械科学地组织,优质、高效地进行路基施工的方法。若选用专业机械按路基施工要求对施工的各工序进行既分工又联合的作业,则为综合机械化施工。实现机械化施工是我国路基施工的发展方向,特别是对于工程量大、技术要求高、工期紧的高速公路和一级公路路基工程,必须采用机械化施工。组织机械化施工时,应使机械合理配套、科学组织,最大限度地发挥各种机械的效能。

爆破法是石质路基开挖的基本方法,它可以利用炸药爆破的巨大能量炸松土石或将其移到预定位置。施工时采用钻岩机钻孔与机械清理,是岩石路基机械化施工的必备条件。除石质路堑开挖外,爆破法还可用于冻土、泥沼等特殊路基施工,以及清除路面、开石取料与石料加工等。

第二节 施工准备工作

路基施工需要消耗大量的人工、物资、机械和时间等资源,是一项历时时间长、技术要求高的工作。路基施工前,必须根据工程的实际情况做好组织准备、物质准备和技术准备工作,使各项施工活动能正常进行。在施工过程中,所有的施工活动都必须严格按有关施工规范进行,以确保工程质量,从而得到质量优良的路基实体。

一 组织准备

1. 建立施工组织机构

在工程项目施工之前,首先要建立一个能完成施工任务的工程项目管理部。项目部经理为工程项目的负责人,负责全面管理工作,项目部总工程师负责工程的质量与技术管理工作。项目部下设质检、工程技术、工程计划、机料、安全生产等管理部门。此外,按施工项目类别常分别设置路基土石方、排水及涵洞、防护工程等若干个专业作业班组(工区)。工程项目经理部人员的配置,以能实现施工项目所要求的工作任务为原则,尽量简化机构,做到高效精干。

2. 组建施工队伍

根据所承担的工程量的大小和工期要求,安排出总进度计划网络图,并进一步估算出全部工程的用工工日数、平均日出工人数、施工高峰期日出工人数,以及技术工种、机械操作工种、普通工种等用工比例,选择能够适应其工程质量、工期进度要求的施工作业队伍,并与施工劳动作业单位签订劳务合同,实行合同管理。

另外,根据工地所担负工程任务的性质、技术要求等情况,建立健全质量、环保、安全管理体系和质量检测体系,并结合施工队伍的施工特点、技术装备情况、技术熟练程度和施工能力,对各类施工人员进行岗位培训和技术、安全交底,以满足工程施工的要求。

二 物资准备

路基施工要消耗大量的人工、材料和机具,因此开工前应进行所需材料的购进、采集、加工、调运和储备等工作。同时要检修或购置施工机械,做好施工人员的生活、后勤保障准备,正所谓"兵马未动,粮草先行"。驻地建设、路基施工机械设备、试验设备和材料的准备工作是路基施工组织计划的重要组成部分。

1. 驻地建设

1) 工地供电、供水

工地供电包括施工期间的生活用电、施工设施用电、主体工程施工用电及其他临时设施用电,工地供水包括施工用水、生活用水及消防用水。

2) 施工用房

施工用房一般包括行政办公用房、食堂、职工宿舍、试验用房、文化生活设施、仓库、机械维修用房和材料物资堆放用房等。施工用房一般要求布置紧凑,便于管理,充分利用非耕地,以经济、实用为原则,尽量利用施工现场或附近已有的建筑物。

3) 预制场地

如果有预制工程的工地,应根据工程需要设置预制场、搅拌站和材料用房,并做好台座、锚具夹、钢筋加工、木加工等准备工作。

4) 临时交通道路与通信设施

为保证施工期间工地与外界的正常沟通,施工机具、材料、人员和给养能够顺利运送,在正式施工前,必须修筑临时交通道路。

2. 路基施工机械设备准备

路基施工机械包括土石方机械和压实机械,主要是指推土机、装载机、挖掘机、平地机、自卸车、压路机等施工机械、设备及工具,担负着开挖、铲装、运输、整平、压实的施工任务。路基施工机械设备的配备应根据工程需要、工程数量、工期、运距及施工进度等因素确定。机械设备要配套选择,充分发挥机械设备的性能,保证机械设备的正常使用。

3. 施工材料准备

根据工程需要编制材料预算,提出材料的需用量计划及加工计划;根据施工平面图安排,落实材料的堆放和临时仓库设施;组织材料的分批进场,同时做好材料的加工准备。特别是对水泥混凝土、沥青混合料的集中配料拌和等,通过集中加工,可以减少材料消耗,提高材料的利用率,保证材料质量,也可以减轻劳动强度,有利于实现文明施工。

4. 试验设备准备

工地试验室主要为施工现场提供服务,配合路基施工,担负着工地所用的各种原材料、加工材料及结构性材料的物理力学性能等试验和检测任务。工地试验室所购置的各种重要试验、检测设备,应通过计量部门标定、交通质量监督部门认证合格后才能投入使用。

三 技术准备

1. 熟悉和核对设计文件

设计文件是组织施工的主要依据,熟悉、审核施工图纸是领会设计意图、明确工程内容、掌握工程特点的重要环节。施工单位在接到施工设计文件后,应立即组织有关技术人员对施工设计文件进行审核,充分领会设计意图,核对地形和地质测量资料。核对设计文件应着重解决以下几个问题:

(1) 核对设计是否符合施工条件。
(2) 设计中提出的工程材料、工艺要求,施工单位能否实现和解决。
(3) 设计能否满足工程质量及安全要求,是否符合国家有关规范和标准。
(4) 设计图纸及说明是否齐全。
(5) 设计图纸上的尺寸、高程、工程数量的计算有无差、错、漏、碰现象。

2. 工程施工调查

路基施工准备阶段的施工调查,其目的是为优化和修改设计、做好土石方调配和编制实施性施工组织设计、因地制宜地布置施工场地等收集资料。调查的内容主要有:工程地点的地形、地质、水文、气候条件;自采加工材料场储量、地方生产材料情况、施工期间可供利用的房屋数量;当地劳动力资源、工业生产加工能力、运输条件和运输工具;施工场地的水源、水质、电源以及生活物质供应状况;当地民俗风情、生活习惯等。

3. 技术交底

在施工人员熟悉设计文件和充分准备的基础上,参加由业主召集由设计、监理、施工单位参加的设计交底和图纸会审。设计人员应向施工单位讲清设计意图和对施工的主要要求,施工人员应对图纸和有关问题提出质询,并由设计单位进行逐条答复,对合理化建议按程序进行变更设计或补充设计。

4. 编制实施性施工组织设计

实施性施工组织设计是指导施工的重要技术文件。公路施工系野外作业,又是线性工程,各地自然地理状况和施工条件差异很大,不可能采用一种定型的、一成不变的施工方案和施工方法,每项工程的施工都需要深入细致的研究,确定施工方案和施工组织方法。因此,必须认真做好实施性施工组织设计,并编制相应的施工预算。

四 现场准备

路基施工前的现场准备包括施工测量、施工前的复查与试验及施工现场的清理等工作。

对于高速公路和一级公路或采用新技术、新工艺及新材料的其他等级公路,除做好上述准备工作外,施工前还应大规模铺筑试验路,为正式施工提供技术指导。

1. 施工测量

开工前应做好施工测量工作,内容包括导线、中线、水准点复测,检查与补测横断面,校对和增加水准点等。应对业主及设计单位提供的现场红线控制桩等进行现场复核,确认无误后才能使用。

开工前应全面恢复路中线并固定路线的交点、平曲线主点等主要控制桩。若设计文件中公路路线主要由导线控制,施工测量时必须做好导线的复测工作以准确控制路线的平面位置。为满足施工要求,复测路中线时应对指标桩进行必要的加密和加固。

路基施工时,若使用设计单位设置的水准点,应进行校核并与国家水准点闭合,产生的闭合差应按有关规定处理,闭合差超出允许误差时应查明原因并报告有关部门。为方便施工可增设水准点,但应可靠固定。

施工前应对路基纵横断面进行检查核对,并适当补测。根据已经恢复的路中线,按设计文件、施工规定和技术要求等进行施工放样,标出路基用地界桩、路堤坡脚、路堑坡顶、边沟及路基附属设施的具体位置,并采取有效措施保护所有测量标志。

2. 施工前的复查与调查

路基施工前,施工技术人员应对路基施工范围内的地质、地形、水文情况进行详细调查。根据设计文件提供的资料,除对取自挖方、借土场、料场的路堤填料进行复查和取样试验外,还应进行环境保护分析并提出报告,经批准后方可使用。

3. 清理施工现场

路基施工前应先办好有关土地的征用、占用手续,依法使用土地。路基范围内的既有建筑物、道路、沟渠、通信及电力设施等,施工单位应协同有关部门事先拆除或迁建。对路基附近的危险建筑物应进行适当加固,对文物古迹应妥善保护。

4. 铺筑试验路

高速公路、一级公路和二级公路、特殊地区公路路堤或采用新技术、新工艺、新材料的路基,在正式施工前,应采用不同的施工方案和施工方法,铺筑试验路并进行相关试验分析,从中选出最佳施工方案和施工方法以指导大面积路基施工。所铺筑的试验路段应选择在地质条件、断面形式等工程特点具有代表性的地段,施工机械和工艺过程要与以后全面施工时相同,路段长度不宜小于100m。通过试验路铺筑可确定不同压实条件下各种填料的最佳含水率、适宜的松铺厚度、相应的碾压遍数、最佳机械配置和施工组织方法等。

五 施工注意事项

施工的注意事项包括以下几个方面:

(1)严格按照设计文件和施工规范进行路基施工,以试验及测试结果作为检查、评定路基施工质量是否符合要求的主要依据。

(2)加强排水,确保路基施工质量。施工排水有利于控制土的含水率,便于施工作业。路基施工前应先修筑截水沟、排水沟等排水设施。雨季施工时要加强工地临时排水,各施工作业面应及时整平、压实、封闭。填方地段路基应根据土质情况和气候条件做成2%~4%的排水横坡,挖方工作面应根据路堑纵横断面情况,采取有效措施把积水排除。当地下水位较高或有地下水渗流时,应根据地下水的位置和流量设置渗沟等适宜的地下排水设施。

(3)合理取土、弃土。施工时取土与弃土应从方便路基施工、节约用地、保护耕地和农田水利设施等角度考虑,并注意取土、弃土后的排水畅通,避免对路基造成不利影响。

(4)注意保护生态环境。公路施工必须遵守国家生态、环境保护、土地管理的有关法律法规。建成后的公路应有良好的路容和景观。路基施工时应尽量减少对自然植被及地形地貌的破坏,以免造成水土流失,不能避免时应适当进行绿地恢复。施工时清除的杂物应区别情况,予以妥善处理,不得倾倒于河流及水域中。

(5)因地制宜,合理利用当地材料和工业废料修筑路基,有效降低工程造价。

(6)公路路基施工,必须遵守国家安全生产法律法规,制定安全技术措施,加强安全管理和检查,严格执行安全操作规程,避免造成人员伤亡和财产损失,确保安全施工。

第三节 施工放样

一 放样的工作内容

路基开工前,应根据路基横断面设计图或路基设计表进行放样。路基放样的目的是在原地面上标定路基的轮廓,作为施工的依据。

放样工作的内容如下:

(1)在地面中线桩处标定填挖高度。

(2)按设计图纸定出横断面的各主要点,如路堤的边缘和坡脚、路堑的坡顶、半填半挖断面的坡脚和坡顶。

(3)边坡放样,按设计的路基边坡率放出边坡的位置桩。

(4)移桩移点,遇到在施工中难以保存的桩志,应沿横断面方向将桩点移设于施工范围以外。

二 放样需要的工具

对于低等级公路,在路基放样时,需要准备好以下工具:方向架、花杆、皮尺、红油漆、毛笔、小竹桩、铁锤、小竹竿、小麻绳等。

对于高等级公路,在路基放样时,需要准备好如下工具及仪器:全站仪(或测距仪)、棱镜及棱镜杆、钢尺、红油漆、毛笔、木桩等。

三 放样的方法

1. 低等级公路的放样方法

1)图解法

在有路基横断面设计图时,可根据设计图中所示的尺寸,直接在地面上沿横断面方向量出路肩、坡脚、排水沟等各特征点距中桩的距离,定出路肩桩、坡脚桩或坡顶桩。

2)计算法

在现场没有横断面设计图,只有中心桩填挖高度时,必须用计算法算出路肩、坡脚或坡顶的位置,然后再用皮尺量出。

以上两种方法在丈量距离时所使用的尺子一定要保持水平。每个横断面都必须放出路基宽度(路堑加边沟宽度)的边桩后,再分别放出两侧的路堤坡脚桩和路堑的坡顶桩,然后再将各个桩号的坡脚和坡顶用石灰线连接起来,该连接线就是路基填挖边界线(或在填方坡脚桩外挖1m宽的水沟作田、路分界线)。

2. 高等级公路的放样方法

高等级公路,特别对于高填深挖路段,在进行坡脚桩和坡顶桩放样,以及边坡的放样时应使用全站仪,采用坐标法或极坐标法放样,以保证放样的准确性。

四 路基边桩的放样

1. 平地上放路基边桩

路堤坡脚至中桩的距离:

$$L = \frac{b}{2} + mH \tag{2-2-1-1}$$

路堑坡顶至中桩的距离:

$$L = \frac{b_1}{2} + mH \tag{2-2-1-2}$$

式中:b——路基设计宽度,m;
　　　b_1——路基加两侧边沟宽度之和,m;
　　　m——边坡设计坡率;
　　　H——路基中心设计填挖高度,m。

2. 斜坡地上放路基边桩

如图2-2-1-1所示,当地面横向倾斜较大时,计算时应考虑横向坡度的影响。

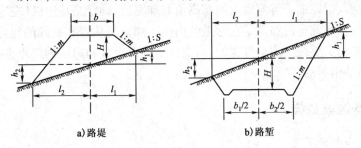

图 2-2-1-1　斜坡地上放样边桩

路堤坡脚至中桩的距离:
上侧坡脚:

$$L_1 = \frac{b}{2} + m(H - h_1) \tag{2-2-1-3}$$

下侧坡脚:

$$L_2 = \frac{b}{2} + m(H - h_2) \tag{2-2-1-4}$$

路堑坡顶至中桩的距离：

上侧坡顶：

$$L_1 = \frac{b_1}{2} + m(H - h_1) \qquad (2\text{-}2\text{-}1\text{-}5)$$

下侧坡顶：

$$L_2 = \frac{b_1}{2} + m(H - h_2) \qquad (2\text{-}2\text{-}1\text{-}6)$$

式中：h_1——上侧坡脚（坡顶）与中桩的高差，m；

h_2——下侧坡脚（坡顶）与中桩的高差，m。

应当指出，上列各式中的 h_1 及 h_2 都是未知数，因此还不能计算出路基边桩至中桩的距离，所以必须先量出路基设计宽度（$b/2$ 或 $b_1/2$）再用水平尺量出 $b/2$ 或 $b_1/2$ 处至中桩的高差，就可得到 $b/2$ 或 $b_1/2$ 处的填或挖的高度（h_1 或 h_2），再乘以坡度率（m）就可得到 $b/2$ 或 $b_1/2$ 处的坡脚或坡顶的距离。若仍有高差，则用同样的方法反复进行多次，就可得到坡脚桩或坡顶桩的正确位置，如图 2-2-1-2、图 2-2-1-3 所示。

即：

$$L_2 = (H + h_2)m + h_3 + h_4 + \cdots$$

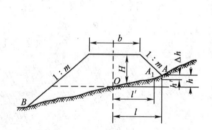
图 2-2-1-2 用渐进法放路堤坡脚

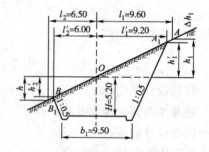
图 2-2-1-3 用渐进法放样路堑坡顶（尺寸单位：m）

3. 在弯道上的路基放样

要根据设计要求，详细了解弯道上的超高值和加宽值，确定路基边桩（左或右）的高程和至中心桩的距离，要注意弯道加宽是在弯道的内侧。加宽是从缓和曲线的起点开始的，是变数，直到圆曲线的起点至终点才是等宽的，圆曲线的终点至缓和曲线的终点亦是变数。缓和曲线两端的距离是相等的。

五 路基边坡放样

1. 用小麻绳和小竹竿

当路堤高度不大时，可如图 2-2-1-4a) 所示放样。当路堤填土较高时，可分层挂线，在每次挂线前，应当穿中线并用水准仪抄平，如图 2-2-1-4b) 所示。

2. 用坡度样板放边坡

首先按照边坡坡度做好边坡样板。样板的式样有活动边坡样板和固定边坡样板，活动边坡样板如图 2-2-1-5a) 所示，固定边坡样板用于路堑开挖，在坡顶外侧钉立固定边超级样板，施工时可瞄准样板进行开挖，如图 2-2-1-5b) 所示。

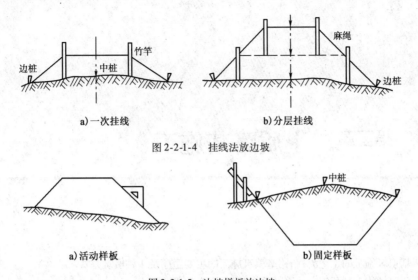

图 2-2-1-4 挂线法放边坡

图 2-2-1-5 边坡样板放边坡

本 章 小 结

（1）施工准备是工程顺利实施的基础和保证。施工准备工作的好坏，直接影响到工程的进度、质量和施工方的经济效益，因此必须高度重视，认真对待。施工准备工作的内容主要包括组织准备、物质准备、技术准备、现场准备及施工放样等。

（2）路基施工方法有人工施工、简易机械施工、机械化施工及爆破等。

（3）施工放样的内容包括：在地面中线桩处标定填挖高度、按设计图纸定出横断面的各主要点、边坡放样、移桩移点等。低等级公路放样的方法有图解法和计算法。对于高等级公路为了保证放样的准确性，特别对于高填深挖路段，在进行坡脚桩和坡顶桩放样，及边坡的放样时应使用全站仪，采用坐标法或极坐标法放样。

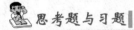 思考题与习题

1. 施工准备工作包括哪些内容？
2. 施工前熟悉设计文件有什么作用？
3. 制定施工组织设计包括哪些内容？
4. 施工现场有哪些准备工作？
5. 施工放样包括哪些内容？

第二章 土质路基施工

教学要求

1. 描述路基填筑施工的工艺流程,路基填筑施工的主要工序及4种填筑方式。
2. 描述土质路堑的3种开挖方法,分析影响路基压实效果的因素。
3. 描述常用的各种压实机具,会合理选择压实机具,叙述碾压的操作要领。
4. 解释压实度的概念,会进行压实度的控制与检测。

第一节 路基填筑

一 路基填筑施工的工艺流程图

路基填筑施工的工艺流程见图2-2-2-1。

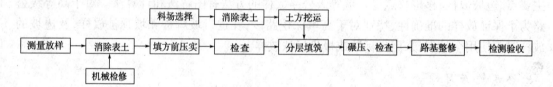

图 2-2-2-1 路基填筑施工的工艺流程图

二 路基填筑施工的主要工序

路基填筑施工的主要工序有填料选择、基底处理、路堤填筑、碾压和路基整修。现分述如下:

1. 填料选择

填筑路堤的材料(以下简称填料)以采用强度高,水稳定性好,压缩变形小,便于施工压实以及运距短的土、石为宜。在选择填料时,一方面要考虑料源和经济性,另一方面要顾及填料的性质是否合适。

一般来说,碎石、碎石土、卵石土、砾石土及砂性土等是良好的路基填料,应优先采用。黏性土干燥时较坚硬,亦不易被水浸湿,但浸湿后亦难使之干燥,如能充分压实并采取很好的排水措施,筑成的路堤也能获得稳定的效果。砂土无塑性,黏性小,易松散,压实困难,施工时可加入适量黏性大的土,以改善路用性能。粉性土含有较多的粉土颗粒,干时稍有黏性,但易被压碎、扬尘大,浸水时很快被湿成稀泥,是最差的路堤填料,必须使用时,宜掺配其他材料以改善其性质。一些特殊性质的土类,如膨胀土、泥炭、腐殖土或含有石膏等易溶盐的土等,均不宜作路堤填料。

为了节约投资和少占耕地良田,一般应利用附近路堑或附属工程(如排水沟等)的弃方作为填料,或者将取土坑布置在荒地、空地或劣地上。

2. 基底处理

路堤基底的处理是保证路堤稳定与坚固极为重要的措施。在路堤填筑前进行基底处理,能使填土与原来的表土密切结合;能使初期填土作业顺利进行;能使地基保持稳定,增加承载能力;能防止因草皮、树根腐烂而引起的路堤沉陷。对于一般的路堤基底处理,应按下列规定执行:

(1)基底土密实且地面横坡不陡于 1:10 时,经碾压符合要求后,可直接在地面上修筑路堤(但在不填不挖或路堤高度小于 1m 的地段,应清除草皮、树根等杂物)。在稳定的斜坡上,横坡为1:10~1:5时,基底应清除草皮。当横坡为1:5~1:2.5时,在清除草皮、树根等杂物后,原地面应挖成台阶,台阶宽度不小于 2m,高度为 0.2~0.3m,台阶顶面做成向内倾斜的斜坡(图2-2-2-2)。若地面横坡超过 1:2.5 时,外坡角应进行特殊处理,如修筑护墙和护脚等。

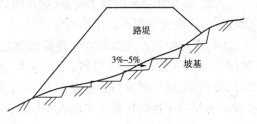

图 2-2-2-2　横坡较大时的台阶形基底

(2)当路基受到地下水影响时,应设置地下排水设施予以拦截或排除,引地下水至路堤基础之外,再进行填方压实。

(3)路堤基底为耕地土或松土时,应先清除种植有机土,平整后按规定要求压实。在深耕地段,必要时应将松土翻挖,土块打碎,然后回填、整平、压实。经过水田、池塘或洼地时,应根据具体情况采取排水疏干、挖除淤泥、打砂桩、抛填片石、砂砾石或石灰(水泥)处理土等措施,以保持基底的稳固。

(4)路堤修筑范围内,原地面的坑、洞、墓穴等应用原地的土或砂性土回填,并按规定进行压实。

3. 路堤填筑

路堤填筑必须考虑不同的土质,从原地面逐层填起并分层压实,每层厚度随压实方法而定,一般压实厚度为 20~40cm。

1)填筑方式

(1)水平分层填筑。填筑时按照横断面全宽分成水平层次,逐层向上填筑。如原地面凹凸不平时,应由最低处分层填起,每填一层,经压实合格后再填上一层。此法施工操作方便、安全、压实质量容易保证,是最常用的一种填筑方式。

(2)纵向分层填筑。依纵坡方向分层、逐层推土填筑。原地面纵坡小于 20° 的地段可用此法施工。适用于推土机或铲运机从路堑取土填筑较短的路堤,如图 2-2-2-3 所示,施工时可依次将路堑挖方 1、3、5 各分层的土逐层按顺序填筑于路堤需要填方(图中箭头下方 1、

3、5)处。

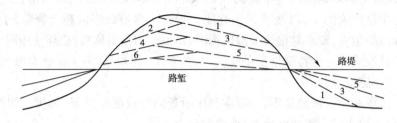

图 2-2-2-3　纵向分层填筑法

(3)横向填筑。从路基一端按各横断面的全部高度,逐步推进填筑。适用于无法自下而上,分层填土的陡坡、断岩或泥沼地区,如图 2-2-2-4 所示,施工时可依次将路堑挖方 1、2、3、4、5 各分层的土逐层按顺序填筑于路堤需要填方(见图中箭头所示)处。此法不易压实,且还有沉陷不均匀的缺点。

为此,应采用必要的技术措施,如选用高效能的压实机械(振动压路机)碾压,采用沉陷量较小的砂性土或废石方作填料等。

(4)混合填筑。当高等级公路路线穿过深谷陡坡,尤其是要求上部的压实度标准较高时,施工时下层采用横向填筑,上层采用水平分层填筑,此种方法称为混合填筑法,如图 2-2-2-5 所示,施工时对路堑挖方 1、2、3…上部各分层的土逐层按顺序采用横向填筑,对下部 7、8 各分层的土逐层按顺序采用水平填筑(见图中箭头所示)。

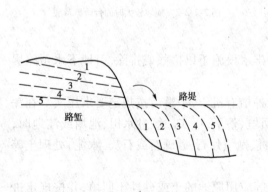

图 2-2-2-4　横向填筑法

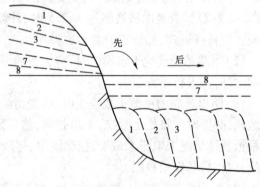

图 2-2-2-5　混合填筑法

2)沿横断面一侧填筑的方法

旧路拓宽改造需要加宽路堤时,所用填土应与原路堤用土尽量接近或为透水性好,并将原边坡挖成向内倾斜的台阶,分层填筑,碾压到规定的密实度。严禁将薄层新填土贴在原边坡的表面。

高速公路和一级公路处于横坡陡峻地段的半填半挖路基,必须沿山坡填方坡脚向里连续挖成向内倾斜的台阶,台阶宽度不应小于 1m。其中沿横断面挖方的一侧,在行车范围之内的即将填筑宽度不足一个行车道宽度时,应挖够一个行车道宽度,其上路床深度范围之内的原地面土应予以挖除换填,并按上路床填方的要求施工。

3)不同土质混填时的填筑方法

在施工中,沿线的土质经常发生变化,对于不同性质的土混合填筑时,应视土的透水能力的

大小,进行分类分层填筑压实,并采取有利于排水和路基稳定的方式。填筑时一般应遵循以下原则:

(1)以透水性较小的土填筑路堤下层时,其顶面应做成2%~4%的双向横坡,并采用相应的防水措施,以保证来自上层透水性填土的水分及时排出。如用以填筑上层时,除干旱地区外,不应覆盖在透水性较大的土所填的下层边坡上。

(2)不同性质的土应分别填筑,不得混填。每种填料累计总厚度不宜小于0.5m。

(3)凡不因潮湿及冻融而改变其体积的优良土应填在上层,强度(或形变模量)较小的土应填在下层。

不同土质填筑路堤的正确与错误填筑方式如图2-2-2-6和图2-2-2-7所示。

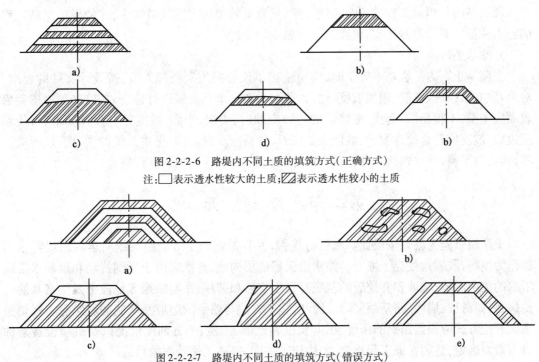

图2-2-2-6　路堤内不同土质的填筑方式(正确方式)
注:▫表示透水性较大的土质;▨表示透水性较小的土质

图2-2-2-7　路堤内不同土质的填筑方式(错误方式)
注:▫表示透水性较大的土质;▨表示透水性较小的土质

4)填石路堤的填筑方法

填石路堤是指用粒径大于37.5mm且含量超过总质量70%的石料填筑的路堤。填石路堤的填筑,其基底处理同填土路堤。石料的强度应不小于15MPa(用于护坡的不小于20MPa)。石料的最大粒径应不大于500mm,并不宜超过层厚的2/3,不均匀系数宜为15~20。路床底面以下400mm范围内应设置碎石过渡层,过渡层的填料粒径应小于150mm,其中小于0.05mm的细粒料含量不应小于30%,必要时宜设置土工布隔离层;路床范围应符合要求的土填筑,填料粒径应小于100mm。

5)土石路堤混填时的填筑方法

土石路堤混填是指用石料含量占总质量30%~70%的土石混合材料修筑路堤。土石路堤的填筑,其基底处理同填土路堤。土石混合料中石料强度大于20MPa时,石块最大尺寸不得超过压实层厚的2/3,否则应予剔除。当石料强度小于15MPa时,石块最大尺寸不得超过压实层厚,超过的应打碎。

土石路堤必须分层填筑,分层压实。压实机械宜采用自重不小于18t的振动型压路机。每层铺砌厚度应根据压实机械的类型和规格确定,但不宜超过40cm。

混合料中石料的含量大小将影响压实效果。因此,当石料含量大于70%时,应先铺大块石料,且大面向下安放平稳,然后铺小块石料、石屑等嵌缝找平,再碾压密实。当石料含量小于70%时,土石可混合铺填,但应消除硬质石块集中的现象。

填料由土石混合材料变为其他材料时,土石混合材料最后一层的压实厚度应小于30cm,该层填料最大粒径不大于15cm。压实后,该层表面应无孔洞。

4. 碾压

碾压是路基填筑工程的一个关键工序,只有有效地压实路基填筑土,才能保证路基工程的施工质量。有关路基压实,将在第三节做专门论述。

5. 路基整修

当路基土石方工程基本完工时,应由施工单位会同施工监理人员,按设计文件的要求,对路基中线、高程、宽度、边坡坡度、边沟、截水沟和排水系统等进行检查,如路基顶面压实后表面应平整,不得松散、起皮;整修后的边坡应顺适、美观、牢固,坡度符合设计要求;石质路基边坡,坡度应符合设计要求,坡面上的松石、危石应及时清除;排水系统的沟、槽,表明应整齐,沟底应平整,排水畅通。凡不符合设计及规定的,均应按规定进行整改。

第二节 路堑开挖

土质路堑施工就是按设计要求进行挖掘,并将挖掘的土方沿路线纵向运到路堤需土地段作为填料,或者运往弃土堆处。路堑由天然地层构成,开挖后由于受到扰动和地面水及地下水的集中影响,边坡和开挖后的基底易发生变形和破坏,在路堑挖方地段常发生路基的一些病害,如滑坡、崩塌、路基翻浆等。因此,施工方法与路堑的边坡及基底的稳定有着密切关系。开挖方式应根据路堑的深度、纵向长度和地形、土质、土方调配情况以及机械设备条件等因素而确定,达到保证工程质量,加快施工进度,提高工作效率的目的。

土质路堑可根据路堑深度、纵向长度及所处的地形选择不同的开挖方式。目前常用的开挖方法可分为全断面横挖法、纵挖法及混合开挖法三种。

1. 全断面横挖法

对路堑整个横断面的宽度和深度从一端或两端逐渐向前开挖的方法称为全断面法。此方法适用于较短的路堑。图2-2-2-8a)为一层全断面横挖法,适用于开挖深度小的路堑。图2-2-2-8b)为多层全断面横挖法,适用于开挖深且土方量大的路堑。施工时各层纵向前后拉开,多层出土,可安排较多的劳动力和机械,以加快施工进度。每层挖掘台阶深度:人工施工时,一般为1.5~2.0m;机械施工时,可大到3~4m。同时各层要有独立的临时排水沟。

2. 纵挖法

纵挖法适用于较长的路堑,如图2-2-2-9所示。纵挖法可分为分层纵挖法和分段纵挖法两种方法。分层纵挖法适用于施工机械能够到达路线上方的堑顶,并在堑顶能够展开推土施工;分段纵挖法适用于施工机械无法到达的堑顶,但通过先修临时施工便道,能够到达与路线设计高程基本一致,并且离路线一侧不远的(即向路线打横向通道增加挖方量不大)若干处,便于水平作业施工。

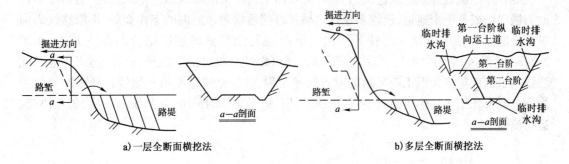

图 2-2-2-8 全断面横挖法

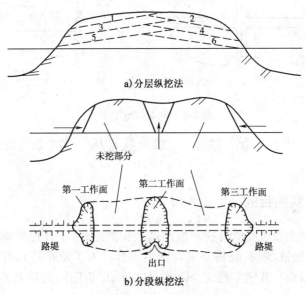

图 2-2-2-9 纵挖法

1) 分层纵挖法

施工机械到达路线上方的堑顶后,沿路堑全宽以深度不大的纵向分层挖掘前进的作业方法称为分层纵挖法[图 2-2-2-9a)]。当路堑长度不超过 100m,开挖深度不大于 3m,地面横坡度较陡时,宜采用推土机作业;当地面横坡度较缓时,表面宜横向铲土,下层的土宜纵向推运;当路堑横向宽度较大时,宜采用两台或多台推土机横向联合作业;当路堑前傍陡峻山坡时,宜采用斜铲推土。

2) 分段纵挖法

沿路堑纵向选择若干处,在山体较薄一侧横向朝着路线先挖穿(俗称打"马口"),提供通道便于横向出土,这样将路堑沿纵向分成若干段,待机械到达路线位置时,各段再纵向开挖,此种作业方法称为分段纵挖法[图 2-2-2-9b)]。此法适用于路堑过长、纵向弃土运距过远的傍山路堑。这种方法由于增加了许多工作面,使得施工进度大大加快。具体方案选择时,应根据山体一侧堑壁不厚的横向出土通道,与附近的弃土场及有利于废弃土方调配等条件综合考虑而定。

3. 混合开挖法

混合开挖法也称通道纵挖法,它是指先在路堑的中央沿路线纵向挖成通道,然后在堑内改为横向挖成若干个通道,使许多挖掘机械各自到达横向通道内的工作面后,再沿路线纵向进行全断面开挖的方法。此种开挖法是纵挖法与全断面横挖法结合的作业方法,如图2-2-2-10所示。由图中可见,当路堑较深时,还可以结合机械的功能进行分层施工作业。此法适用于工程量很大但工期又紧的重点快速工程,并以铲式挖掘机和运输自卸车配合使用为宜。混合开挖法具体实施时,各种机械尤其是运土车辆的进出,必须统一调度、相互协调、运行流畅。

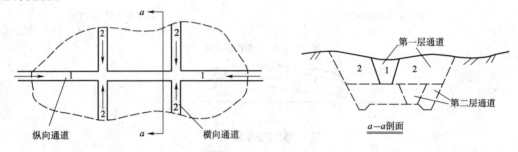

图 2-2-2-10 混合开挖法

第三节 路基压实

一 路基压实的目的

路堤填筑所用的土或者路堑开挖形成路基表面的土,由于开挖扰动破坏了土体原来紧密的状态,致使结构松散,颗粒间需要重新密实组合。为了使路基具有足够的强度与稳定性,必须予以压实,以提高其密实程度。因此,路基的压实工作,是路基施工过程中一项重要的工序。

土是三相体,土粒为骨架,颗粒之间的孔隙为水分和气体所占据。压实的目的在于使土粒重新组合,彼此挤紧,孔隙缩小,土的密度提高,形成密实整体,最终导致强度增加,稳定性提高。

大量的试验和工程实践已经证明:土基压实后,路基的塑性变形、渗透系数、毛细水上升及隔温性能等,均有明显改善。

二 影响压实效果的因素

对于细粒土的路基,影响压实效果的因素有内因和外因两个方面。内因指土质和湿度,外因指压实功能(如机械性能、压实时间与速度、土层厚度)及压实时外界自然和人为的其他因素等。下面就影响压实效果的主要因素进行讨论。

1. 含水率对压实的影响

1) 含水率 ω 与密实度(以干密度 γ 度量)的关系

以同一种土在同一贯入击实标准试验下,各个土样配以不同的含水率ω,测定各个干密度γ,作干密度γ随含水率ω而变的规律性曲线,得图2-2-2-11中γ与ω的关系曲线的驼峰曲线。图中表明同等条件下,在一定含水率之前,γ随ω增加而提高,主要原因在于水起润滑作用,土粒间阻力减小,施加外力后,孔隙减小,土粒易于被挤紧,γ得以提高。γ值至最大值后,ω再继续增大,土粒孔隙被水分占据,而水一般不为外力所压缩,水分互挤转移,因而ω增大,γ随之降低。通常在一定压实条件下干密度的最大值,称为最

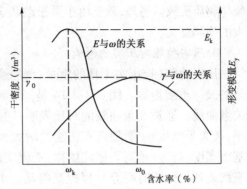

图2-2-2-11 土基的E、γ与ω关系示意图

大干密度γ_0(驼峰曲线的最高点),相应的含水率称为最佳含水率ω_0。由此可见,压实时若能控制土的最佳含水率ω_0,则压实效果为最好。

2)含水率ω与土的水稳定性的关系

如果以形变模量E_y代替γ,它与ω亦有类似的驼峰型曲线关系,而且最高点的E_k及其相应的ω_k值,与γ_0及ω_0有区别。图2-2-2-11中E与ω的关系曲线表明,土体含水率未达到最佳值w_0之前($\omega_k<\omega_0$),形变模量(间接反映强度)已达最高值E_k,而土中含水率在ω_k值前后增加或减少时,相应的E_y随之有所降低。

图2-2-2-12是饱水前后土基的压实试验结果对照曲线关系图,它可反映出含水率ω与土的水稳定性的关系。从图中饱水前曲线和饱水后曲线对比可见:饱水后,γ与E均有所降低,但在ω_0时,两曲线间的降低值($\gamma_0-\gamma_s$或$K'_k-E'_s$)均最小,这种状态称为水稳定性好。由此可见,控制最佳含水率ω_0压实的土基,其强度和稳定性最好。如果以ω_k为准,尽管相应的E_k最高,但饱水后的E_s却大大降低,表明水稳定性极差。通过比较可见最大干密度γ_0及相应的最佳含水率ω_0作为控制土基压实指标的原因。

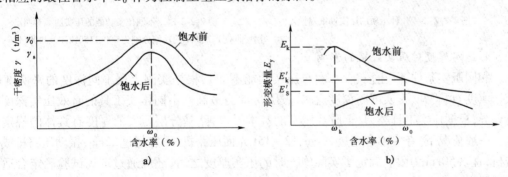

图2-2-2-12 饱水前后土基压实指标对照

2. 土质对压实效果的影响

在同样压实条件下,不同的土质其压实效果是不一样的。一般规律是不同的土质,有着不同的最佳含水率ω_0及最大干密度γ_0,见图2-2-2-13。颗粒分散性(液限、黏性)较高的土,其ω_0值较高,γ_0值较低。同时通过对比可见,砂性土的压实效果优于黏性土。其机理在于土粒越细,比表面积越大,土粒表面水膜所需的含水率就越多,加之黏土中含有亲水性较高

胶体物质所致。另外,砂土由于呈松散状态,水分极易散失,对其最佳含水率的概念没有多大的实际意义。

3. 压实功能对压实的影响

压实功能(指压实工具的重量、碾压遍数、作用时间等)对压实效果的影响,是上述之外的又一重要因素。图 2-2-2-14 是同一种土的不同压实条件下,压实功能与压实效果的关系曲线。通过几条曲线的对比表明:同一种土的最佳含水率 ω_0 随压实功能的增大而减小,最大干密度 γ_0 则随压实功能的增大而提高;在相同含水率条件下,压实功能越高,土基密实度(即 γ)越高。据此规律,工程实践中可以增加压实功能(如选用重碾,增加碾压遍数或延长作用时间等),以提高路基土的干密度或降低最佳含水率。但必须指出,用增加压实功能的方法来提高土基强度的效果,有一定的限度。压实功能增加到一定限度以上,其效果的提高就会越为缓慢,这样在经济效益和施工组织上不尽合理。当压实功能超过限度过大时,一是超过土的极限强度,造成土基结构的破坏;二是相对应压实时的含水率减少,获得的密实度经受不住水的影响,即水稳定性变差。相比之下,严格控制最佳含水率,要比增加压实功能收效大得多。当含水率不足,洒水有困难时,适当增加压实功能可以见效;但如果土的含水率过大,此时再增大压实功能,必将出现"弹簧"现象,即压实效果很差,造成返工浪费。

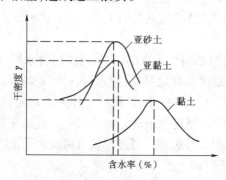

图 2-2-2-13　几种土质的压实曲线对照

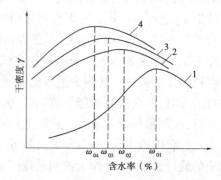

图 2-2-2-14　不同压实功能的压实曲线对照

图中:曲线 1、2、3、4 的功能分别为 600、1150、2300、3400(kN·m)

4. 压实厚度对压实效果的影响

相同压实条件下(土质、含水率与压实功能不变),根据实测土层不同深度的密实度(γ或压实度)可得知,密实度随深度递减,表层 5cm 为最高。不同压实工具的有效压实深度有所差异,根据压实工具类型、土质及压实的基本要求,路基分层压实的厚度有具体的规定数值。一般情况下,夯实不宜超过 20cm;12~15t 光面压路机,不宜超过 25cm;振动压路机或夯击机,宜以 50cm 为限。确定了实际施工时的压实厚度之后,还应通过现场试验确定合适的摊铺厚度。

三　压实机具的选择

土基压实机具的类型较多,大致上分为碾压式、夯击式和振动式 3 大类型。碾压式(又称静力碾压式),包括光面碾(普通的两轮和三轮压路机)、羊足碾和气胎碾等。夯击式中除了人工使用的人工夯、大夯外,机动设备中有夯锤、夯板、风动夯及蛙式夯机等。振动式中有振动器、振动压路机等。此外,运土工具中的汽车、拖拉机以及土方机械等,也可用于路基压实。

不同的压实机具,适用于不同土质及不同土层厚度等条件,这些都是压实机具的主要依据,表2-2-2-1所列的是几种常用机具的一般技术特性。正常条件下,对于砂性土的压实效果,振动式较好,夯击式次之,碾压式较差。对于黏性土,则宜选用碾压式或夯击式,振动式较差甚至无效。不同的压实机具采用通常的压实遍数,在最佳含水率条件下,适应于一定的最佳压实厚度。表2-2-2-2是各种土质适宜的碾压机械。

压实机具的技术性能　　　　　　　　　　　　　　　　　表2-2-2-1

机具名称	最大有效压实厚度(实厚)(m)	碾压行程遍数 黏性土	亚黏土	粉砂土	砂黏土	适宜的土类
人工夯实	0.10	3~4	3~4	2~3	2~3	黏性土与砂性土
牵引式光面碾	0.15	—	—	7	5	黏性土与砂性土
羊足碾(2个)	0.20	10	8	6	—	黏性土
自动式光面碾5t	0.15	12	10	7	—	黏性土与砂性土
自动式光面碾10t	0.25	10	8	6	—	黏性土与砂性土
气胎路碾25t	0.45	5~6	4~5	3~4	2~3	黏性土与砂性土
气胎路碾50t	0.70	5~6	4~5	3~4	2~3	黏性土与砂性土
夯击机0.5t	0.40	4	3	2	1	砂性土
夯击机1.0t	0.60	5	4	3	2	砂性土
夯板1.5t,落高2m	0.65	6	5	2	1	砂性土
履带式	0.25	6~8		6~8		黏性土与砂性土
振动式	0.40	—		2~3		砂性土

各种土质适宜的碾压机械　　　　　　　　　　　　　　　表2-2-2-2

机械名称＼土的分类	细粒土	砂类土	砾类土	巨粒土	备注
6~8t两轮光轮压路机	A	A	A	A	用于预压整平
12~18t两轮光轮压路机	A	A	A	B	最常使用
25~50t两轮光轮压路机	A	A	A	A	最常使用
羊足碾	A	C或B	C	C	粉黏土质砂可用
振动压路机	B	A	A	A	最常使用
凸块式振动压路机	A	A	A	A	最宜使用含水率较高的细粒土
手扶式振动压路机	B	A	A	C	用于狭窄地点
振动平板夯	B	A	A	B或C	用于狭窄地点,机械重量为8000kN的可用于巨粒土
夯锤(板)	A	A	A	B	用于狭窄地点
推土机,铲运机	A	A	A	A	夯击影响深度最大
	A	A	A	A	仅用于摊平土层和预压

注:1.表中符号:A代表适用;B代表无适当机械时可用;C代表不适用。
2.土的类别按《公路土工试验规程》(JTG E40—2007)的规定划分。
3.特殊土和黄土(CLY)、膨胀土(CHE)、盐渍土等的压实机械选择可按细粒土考虑。
4.自行式压路机宜用于一般路堤、路堑基底的换填等的压实,宜采用直线式进退运行。
5.羊足碾(包括凸块碾、条形碾)应有光轮压路机配合使用。

压实机具对土施加的外力,应有所控制,以防压实功太大,压实过度,不仅失效、浪费,甚至会有害。一般认为,压实时的单位压力不应超过土的强度极限。不同土的强度极限,还与压实机具的质量、相互接触的面积、施荷速度及作用时间(遍数)等因素有关。表2-2-2-3所列的是在最佳含水率条件下,土质由几类压实机具作用时的强度,可供选择机具和压实功能时参考。

压实时土的强度极限　　　　　　　　　　表2-2-2-3

土 类	土的极限强度(MPa)		
	光面碾	气胎碾	夯板(直径70~100cm)
低黏性土(砂土、亚砂土粉土)	0.3~0.6	0.3~0.6	0.3~0.7
中等黏性土(亚黏土)	0.6~1.0	0.4~0.6	0.7~1.2
高黏性土(重亚黏土)	1.0~1.5	0.6~0.8	1.2~2.0
极黏土(黏土)	1.5~1.8	0.8~1.0	2.0~2.3

实践经验证明:土基压实时,在机具类型、土层厚度及行程遍数已经选定的条件下,压实操作时宜先轻后重、先慢后快、先边缘后中间(匝道及弯道的超高路段需要时,从内侧至外侧宜先低后高)。压实时,相邻两次的轮迹应重叠轮宽的1/3,保持压实均匀,不漏压,对于压不到的边角,应辅以人力或小型机具夯实。压实全过程中,经常检查含水率和密实度,确保达到规定压实度的要求。

四 土基压实标准

土基野外施工,受到种种条件限制,不能达到室内标准击实试验所得的最大干密度 γ_0,应予以适当降低。令工地实测干密度为 γ,它与室内标准击实试验得到的 γ_0 值之比的相对值,称为压实度 K。

$$K = \frac{\gamma}{\gamma_0} \times 100\% \qquad (2\text{-}2\text{-}2\text{-}1)$$

压实度 K 就是现行规范规定的路基压实标准。表2-2-2-4所列的压实度是以交通部颁发的《公路土工试验规程》(JTG E40—2007)重型击实试验法为准。铺筑中级或低级路面的三、四级公路路基,以及南方多雨地区天然土的含水率较大时,允许采用轻型击实试验法的路基压实标准。

土质路堤压实度标准　　　　　　　　　　表2-2-2-4

填挖类型		路面底面以下深度(cm)	压实度(%)		
			高速公路、一级公路	二级公路	三、四级公路
填方路基	上路床	0~30	≥96	≥95	≥94
	下路床	30~80	≥96	≥95	≥94
	上路堤	80~150	≥94	≥94	≥93
	下路堤	150以下	≥93	≥92	≥90
零填及挖方路基		0~30	≥96	≥95	≥94
		30~80	≥96	≥95	—

填石路堤包括分层填筑和倾填爆破石块的路堤，不能用土质路基的压实度来判定路基的密实程度。其判定方法目前各国规范尚无统一规定。我国城市道路路基工程施工及验收规范规定，填石路堤需用重型压路机或振动压路机分层碾压，表面不得有波浪、松动现象，路床顶面压实度标准为：12~15t 压路机的碾压轮迹深度不应大于 5mm。我国《公路路基施工技术规范》(JTG F10—2006)参考了城市道路的方法，亦将碾压后的轮迹深度作为密实状态的判定条件。国外填石路堤采用在振动压路机驾驶台上装设的压实计反映的数值，来判定是否达到要求的紧密程度。但无定量值的规定，且只限于有此种装置的压路机。

五 碾压工序的控制

为了有效地压实路基填筑土，必须对碾压工序作以下的控制：

(1) 确定工地施工要求的密实度。路基要求的压实度根据填挖类型和公路等级及路堤填筑的高度而定，见表 2-2-2-4。通常，根据表中的规定，用标准击实试验，可得出最大干密度和相应的最佳含水率。

(2) 各种压实机具碾压不同土类的适宜厚度，所需压实遍数与填土的实际含水率（最佳含水率 ±2% 以内）等，均应根据要求的压实度，通过做试验路段加以确定。高等级公路路基填土压实宜采用振动压路机或 35~50t 轮胎压路机进行。采用振动压路机碾压时，第一遍应静压，第二遍开始用振动压实。

压实过程中应严格控制填土的含水率。含水率过大时，应将土翻晒至要求的含水率再碾压；含水率过小时，需均匀洒水后再进行碾压。通常，天然土的含水率接近最佳含水率时，在填土后应随即压实。

(3) 填石路堤在压实前，应先用大型推土机推铺平整，个别不平处，应用人工配合，用细石屑找平。压路机宜选用 18t 以上的重型振动压路机。碾压时要求均匀压实，不得漏压。每层的填铺厚度在 0.4m 左右，当采用重型振动压路机或夯锤压实时，可加厚至 1.0m。

填石路堤所要求的密实度、所需的碾压遍数（或夯压遍数）应经过试验确定。以 12t 以上的振动压路机进行压实试验，当压实层顶面稳定，不再下沉（无轮迹）时，可判为密实状态，即压实度合格。

(4) 土石混填路堤的压实要根据混合料中巨粒土含量的多少来确定。当巨粒土含量较少时，应按填土路堤的压实方法进行压实；当巨粒土含量较大时，应按填石路堤的压实方法压实。

不论何种路堤，碾压都必须确保均匀密实。

(5) 压实度的检测方法有环刀法、灌砂法、灌水法（水袋法）和核子密度湿度仪法。在使用核子密度仪时，事先应与规定试验方法作对比试验而进行标定。

本 章 小 结

(1) 路基填筑施工的主要工序有：填料选择、基底处理、路堤填筑、碾压和路基整修。

(2) 路基的填筑方式可分为水平分层填筑、纵向分层填筑、横向填筑、混合填筑 4 种。各种填筑方式都有其适用性。

(3)土质路堑常用的开挖方法可分为全断面横挖法、纵挖法及混合开挖法3种。各种填筑方式都有其适用性。

(4)影响压实效果的因素有内因和外因两个方面。内因指土质和湿度,外因指压实功能(如机械性能、压实时间与速度、土层厚度)及压实时外界自然和人为的其他因素等。

(5)土基的压实机具可分为碾压式、夯击式和振动式3种类型。某一类型中有各种常用的压实机具。

(6)土基碾压的操作要领是:在机具类型、土层厚度及行程遍数已经选定的条件下,压实操作时宜先轻后重、先慢后快,先边缘后中间(匝道及弯道的超高路段需要时,则从内侧至外侧宜先低后高)。压实时,相邻两次的轮迹应重叠轮宽的1/3,保持压实均匀,不漏压,对于压不到的边角,应辅以人力或小型机具夯实。压实全过程中,经常检查含水率和密实度,以达到符合规定压实度的要求。

(7)工地实测干密度与室内标准击实试验得到的最大干密度之比的相对值,称为压实度。

 思考题与习题

1. 路基填筑施工有哪些工艺流程?
2. 路基填筑施工的主要工序有哪些?
3. 路基的填筑方式可分为哪四种?各自的适用性如何?
4. 土质路堑常用的开挖方法可分为哪三种?其中的纵挖法又可分为哪两种?各自的适用性又如何?
5. 影响压实效果的因素有哪些?
6. 土基的压实机具可分为哪三类?对于不同的土质应如何正确选择?
7. 土基碾压的操作要领有哪些?
8. 何谓压实度?实际工程中如何检测?

第三章　石质路基施工

> **教学要求**
>
> 1. 描述爆破的作用原理,分析影响爆破的主要因素。
> 2. 叙述道路工程中常用的主要炸药、起爆器材和起爆方法。
> 3. 描述工程中选用各种爆破方法的基本原则,了解各种爆破技术在工程中的应用。

山区公路路基石方工程量大,而且集中,据统计一般占土石方总量的 45%~75%。爆破是石质路基施工最有效的施工方法,亦可用以爆松冻土、淤泥,开采石料等。在山区公路石质路基施工中采用爆破施工,不但能显著提高功效,缩短工期,节约劳动力,降低施工成本,而且可以改善线形,提高公路的使用质量。

第一节　爆破作用原理及爆破器材与方法

一　爆破作用原理

为了爆破某一岩体,在其中或表面放置的一定数量的炸药,称为药包。按药包的形状或集结程度不同,可以分为集中药包、延长药包和分集药包3种。

凡药包的形状接近球形或立方体,以及高度不超过直径4倍的圆柱体和最长边不超过最短边4倍的直角六面体,均属于集中药包。相反,药包的长度或高度超过上述情况者,属于延长药包。分集药包是将一个集中药包分为两个保持一定距离集中的子药包,是为提高炸药有效能量利用率的一种新型装药方式。

1. 药包在无限介质内的作用

药包在无限介质内爆炸时,炸药在瞬间内通过化学反应转化为气体状态的爆炸产物。由于膨胀作用,体积增加数百倍甚至数千倍,形成高温高压,产生的冲击波以每秒上千米的速度,自药包中心按球面等量向外扩散,传递给周围介质,使介质产生各种不同程度的破坏和振动现象。这种现象随着距药包中心的距离增大而逐渐消失,并按破坏程度的不同大致分为4个爆破作用区,如图2-2-3-1所示。

1) 压缩区

图2-2-3-1 中 $R_压$ 表示压缩圈半径,在这个作用圈范围内,介质直接承受药包爆炸所产生的极其巨大的作用力。如果介质是可塑性的土,便会遭到压缩形成空腔;如果是坚硬的脆性岩石,便会被粉碎。以 $R_压$ 为半径的球形区称为压缩区或破碎圈。

2)抛掷区

$R_压$ 至 $R_抛$ 的区间为抛掷区。该区介质的原有结构受到破坏而分裂成碎块,而且爆炸力尚有余力,足以使这些碎块获得运动速度。如果在有限介质内,这些碎块的一部分会向临空面方向抛掷出去。

3)松动区

$R_抛$ 至 $R_松$ 的区间为松动区。该区爆炸力大大减弱,能使介质结构受到不同程度的破坏,但没有较大的位移。

4)振动区

$R_松$ 至 $R_振$ 的区间为振动区。微弱的爆破作用力不能使该区介质产生破坏,只能产生振动现象。振动圈以外爆破作用能量将逐渐消失。

2.药包在有限介质内的爆破作用与爆破漏斗

药包在有限介质内爆炸时,在具有临空的表面上都会出现一个爆破坑,一部分炸碎的土石被抛至坑外,一部分仍落在坑底。由于爆破坑形状如同漏斗,称为爆破漏斗,如图2-2-3-2所示。爆破漏斗的形状和大小,不仅与药包量大小、炸药性能、介质的性能等有关,同时还与临空面的数量和所处的边界条件有关。爆破漏斗一般用以下几个要素表示:

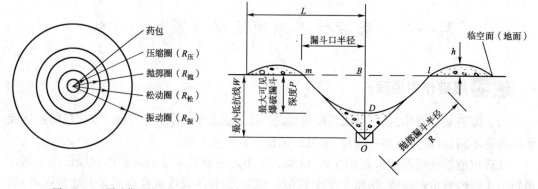

图2-2-3-1 爆破作用圈　　　　　　　　图2-2-3-2 平坦地形爆破漏斗示意图

(1)最小抵抗线 W。药包中心至临空面的最短距离。
(2)爆破漏斗口半径 r_0。最小抵抗线与临空面交点至漏斗口边缘的距离。
(3)抛掷漏斗半径 R。从药包中心沿漏斗边缘至坑口的距离。

爆破作用的性质通常用爆破作用指数 n 来表示。爆破作用指数是爆破漏斗口半径与最小抵抗线的比值,即 $n = r_0/W$。当 $n = 1$ 时,称为标准抛掷爆破,此时漏斗顶部夹角为 $90°$;当 $n > 1$ 时,称为加强抛掷爆破;当 $n < 1$ 时,称为减弱抛掷爆破。当 $n < 0.75$ 时,不会发生抛掷现象,岩石只能产生松动和隆起。通常将 $n = 0.75$ 时的爆破称为标准松动爆破,$n < 0.75$ 时的爆破称为减弱松动爆破。

二 影响爆破的主要因素

药包在介质中爆炸时,介质被抛掷和松动的体积或破碎的程度称为爆破效果。影响爆破效果的因素主要有以下几种:

(1)炸药的威力。一般在坚石中,宜用粉碎力大的炸药,如TNT、胶质炸药等,爆破后岩石破碎程度较大,但破坏范围一般较小;在次坚实、软石、裂缝大而多的岩石中,以及松动爆破中,宜用爆力大而粉碎力较小的炸药,如硝铵类炸药;开采料石,则宜用爆力和猛度都较小的炸药,如黑火药。

(2)炸药用量。药量少了,达不到预期的效果;药量多了,不但造成浪费,而且会出现飞石过远、裂缝增多、边坡坍塌等超爆现象。因此,药量应适中。

(3)地形条件。在爆破工程中,地形的陡坦程度及临空面数量,对爆破效果影响也很大。地形越陡,临空面数目越多,爆破效果越好;反之,爆破效果差。

(4)地质条件。地质条件是指岩石性质和岩层构造。岩石性质包括岩石的密度、韧性和整体性等,是确定岩石单位耗药量和能否采用大爆破的主要依据;岩石构造主要指岩石的层理产状等,往往会对爆破的范围、爆破漏斗的形状和大小产生重大影响。

(5)其他因素。装药的密实度、堵塞炮眼和导洞的质量、爆破技术的熟练与正确程度等对爆破效果均有影响。

三 炸药

1. 炸药的性质

炸药是一种化学性质不稳定的物质,在外力的作用下(如冲击、摩擦等)易发生爆炸。爆速高达每秒几千米,爆温高达1500~4500℃,压力超过10万个大气压,因此,具有非常大的破坏力。炸药的性质用以下指标描述:

1)炸药的威力

炸药的威力一般用爆力和猛度来衡量。爆力是指炸药破坏一定量介质的能力;猛度是指炸药爆炸时,将一定量岩石粉碎成细块的能力。

2)炸药的敏感度

炸药的敏感度是指炸药在外能作用下发生爆炸的难易程度,包括爆燃点、撞击敏感度、摩擦敏感度和起爆敏感度。炸药的敏感度受其密度、湿度、粒度和杂质含量的影响。

3)炸药的安定性

炸药的安全性是指炸药在长期存储时,保持其原有物理化学性质不变的能力。

2. 炸药的分类

炸药的种类繁多,爆破工程中常用的可分为如下两类:

1)起爆炸药

起爆炸药是一种爆炸速度极高的烈性炸药,爆速可达2000~8000m/s,用以制造雷管。起爆炸药又可分为正起炸药和副起炸药。正起炸药对热能和机械冲击能均具有强烈的敏感性,如雷汞、黑索金、泰安等;副起炸药须由正起炸药起爆,其爆速相当高,可加强雷管的起爆能量,如三硝基甲硝胺、四硝化戊四醇等。

2)主要炸药

用以对岩石或其他介质进行爆炸的炸药称为主要炸药。道路工程中常用的主要炸药有黑色炸药、TNT炸药、胶质炸药、硝铵炸药、铵油炸药和浆状炸药等。其中硝铵炸药是目前石方爆破中使用最多的一种炸药;黑色炸药对火星和碰击极其敏感,易燃烧爆炸,怕潮湿,威力小,适用于开采石料;TNT炸药敏感度低,安定性好,耐水性强,爆炸威力大,适用于爆破坚硬的岩石,但爆炸时产生有毒的一氧化碳,不宜用于地下作业;浆状炸药是一种浆糊状炸药,其威力大,抗水性强,适用于深水爆破(坚硬岩石)。

四 起爆器材

雷管是常用的起爆材料。按照引爆方式分为火雷管和电雷管两种。电雷管又分为即发、延期及毫秒雷管。雷管外壳有纸、铜、铁等几种。工业上依雷管内起爆药量多少,分成10种号码,通常使用6号和8号两种。6号雷管相当于1g雷汞的装药量,8号雷管相当于2g雷汞的装药量。

雷管由雷管壳、正副装药、加强帽3部分组成,如图2-2-3-3所示。

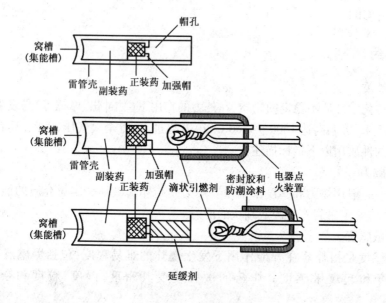

图2-2-3-3 雷管的构造

火雷管与电雷管的不同之处,是在管壳开口的一端,火雷管留出15mm左右的空隙端,以备导火索插入之用;而电雷管则有一个电气点火装置,并以防潮涂料密封端口。延期和毫秒电雷管的特殊点是在点火装置和正装药之间加了一段缓燃剂。

电气点火装置的构造,是在脚线(纱包绝缘铜线)的端部焊接一段高电阻的金属丝(一般为康铜丝,也有铬镍合金或铂铱合金丝),称为电桥丝。当在电桥上滴上一滴引燃剂通电时,灼热的电桥就能点燃引燃剂,使电雷管的正副起爆药发火起爆。

五 起爆方法

1. 导火索起爆

导火索起爆是先将导火索点燃,引爆火雷管,从而使全部炸药引起爆炸。雷管内装的都是烈性炸药,遇撞击、按压、摩擦、加热、火花都会爆炸。因此在运输、保管、使用中要特别注意,要轻拿轻放,不可随便乱扔。

2. 电力起爆

电力起爆是利用电雷管中电力引火剂的通电发热燃烧使雷管爆炸,从而引起药包爆炸。电力起爆的电源有放炮器、干电池、蓄电池、移动式发电站、照明电力线路或动力电力线等。电力起爆网中,电雷管的连接方式有串联、并联和混合联3种。电力起爆所用电线必须采用绝缘完好的导线。

3. 导爆索起爆

导爆索(又称传爆线)起爆就是利用导爆索的爆炸直接引起药包的爆炸。导爆索外形与导火索相似,直径为4.8~5.8mm,药芯系烈性炸药做成,有良好的防水性能,浸在水中12h仍能爆炸。导爆索爆速快(6800~7200m/s),主要用于深孔爆破和药室爆破,使几个药室能做到几乎同时起爆,可以提高爆破效果。由于导爆索着火较困难,使用时须在药室外的导爆索上捆扎一个8号雷管来起爆。

4. 塑料导爆管起爆

由内涂引爆炸药的塑料导爆管组成的起爆网络与药包连接,通过雷管、导火索、引火头等能产生冲击波的器材激发导爆管,从而起爆药包。导爆管本身很安全,可作为非危险品运输。一个8号雷管能激发30~50根导爆管,效率高,成本低,安全可靠。

第二节 工程中各种爆破的应用

一 爆破作业的一般规定

开挖岩石路基所采用的爆破方法,要根据石方的集中程度、地质、地形条件及路基断面形状等具体情况而定,一般可分为中小型爆破和大型爆破两大类。

1. 爆破作业的施工程序

(1)对爆破人员进行技术学习和安全教育。

(2)对爆破器材进行检查和试验。

(3)消除岩石表面的覆盖土及松散石层,确定炮型,选择炮位。

(4)钻眼或挖坑道、药室,装药及堵塞。

(5)敷设起爆网路。

(6)设置警戒。

(7)起爆。

(8)清理爆破现场(处理瞎炮,测定爆破效果等)。

2.炮眼位置选择应注意的事项

(1)选择炮眼时,必须注意石层、石质、石纹、石穴,以在无裂纹、无水湿之处设置为宜。当用铁锤敲击石面发生空响时,应避免打眼。

(2)应避免选择在两种岩石硬度相关很大的交界处。

(3)应尽量选择在抵抗线最小,临空面较多的地方,并应与各临空面的距离接近相等。

(4)炮眼选择时,应尽量为下一炮创造更多的临空面。

(5)群炮炮眼的间距,宜根据地形、岩石类别、炮型及炸药的种类计算确定。

(6)炮眼的方向,应与岩石侧面平行,并尽量与岩石走向垂直。一般按岩石外形、纹理裂隙等实际情况,分别选择正眼、斜眼、平眼、吊眼等方位。

此外,进行爆破作业时,应制定安全技术操作规程,爆破作业应严格执行《爆破安全规程》(GB 6722—2003)的规定,确保爆破安全。

二 常用爆破方法及选择

开挖岩石路基所采用的爆破方法,应根据石方的集中程度、地形、地质条件及路线横断面形状等具体情况而定。一般可分为中小型爆破和大型爆破两大类。中小型爆破主要包括钢钎炮、深孔爆破、钻孔爆破、药壶炮和猫洞炮等,大爆破则随着药包性质、断面形状和地形的变化而不同。用药量1000kg以下为中小炮,1000kg以上为大炮。常用爆破方法及适用条件如下。

1.钢钎炮(炮眼法)

在路基工程中,钢钎炮通常指炮眼直径和深度分别小于7mm和5m的爆破方法。由于其炮眼直径小,装药量不多,爆破的石方量不大,在路基石方工程集中且数量大时,单独使用钢钎炮爆破石方是不大经济的,应尽可能少用这种炮型。但由于此法操作简便,对设计边坡的岩体震动损害小,机动灵活,耗药量少,在工程分散、石方量少时(如整修边坡、开挖边沟、清除孤石),仍然是适用的炮型。此外,在综合爆破中也常用此法改造地形,是为其他炮型服务的辅助炮型。

2.深孔爆破

深孔爆破就是孔径大于75mm、深度5m以上、采用延长药包的一种爆破方法。炮孔需用大型的潜孔凿岩机或穿孔机钻孔,如用挖运机械清方可以实现石方施工全面机械化,是大量石方(1万 m^2 以上)快速施工的发展方向之一。其优点是劳动生产率高,一次爆破的方量多,施工进度快,爆破时对路基边坡的影响比大炮小。若配合预裂或光面爆破,则边坡平整稳定,爆破效果容易控制,爆破时比较安全。但由于需要用大型机械,故转移工地、开辟场地、修筑便道等准备工作都较复杂,且爆破后仍有10%~25%的大石块需经第二次爆破改小。

进行深孔爆破,要求先将地面修成台阶,称为梯段。梯段的倾角最好为60°~75°,高度应在5~15m之间。炮孔分垂直孔和斜孔两种。如图2-2-3-4和图2-2-3-5所示,炮孔直径 D 一般为80~300mm,公路工程中以100~150mm的炮孔直径为宜。超钻长度 h 是梯段高度的10%~15%。岩石坚硬者取大值。

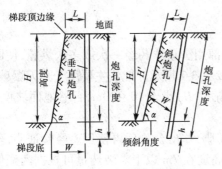
图 2-2-3-4 垂直和斜炮梯断面

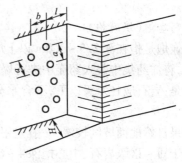
图 2-2-3-5 炮孔布置立面图

深孔爆破对装药、堵塞等操作技术要求也比较严格。随着石方施工机械化程度的提高，深孔爆破已开始在石方集中、地形较平缓的垭口或深路堑中使用，并获得较好的效果。单位耗药量为 $0.45\sim0.75\text{kg/m}^3$，平均每米钻孔爆落岩石 $11\sim20\text{m}^3$。因此，在有条件时应尽可能采用这种爆破方法。

3. 微差爆破

两相邻药包或前后排药包以毫秒的时间间隔（一般为 $15\sim75\text{ms}$）依次起爆，称为微差爆破，亦称毫秒爆破。多发一次爆破最好采用毫秒雷管。当装药量相等时其优点是：可减振 $1/3\sim2/3$；前发药包为后发药包开创了临空面，从而加强了岩石的破碎效果；降低多排孔一次爆破的堆积高度，有利于挖掘机作业；由于逐发或逐排依次爆破，减少了岩石夹制力，可节省炸药 20%，并可增大孔距，提高每米钻孔的炸落方量。炮孔排列和起爆顺序，根据断面形状和岩性，有如图 2-2-3-6 所示 4 种方法。多排孔微差爆破是浅孔深孔爆破发展的方向。

4. 光面爆破和预裂爆破

光面爆破是在开挖限界的周边，适当排列一定间隔的炮孔，在有侧向临空面的情况下，用控制抵抗线和药量的方法进行爆破，使之形成一个光滑平整的边坡。

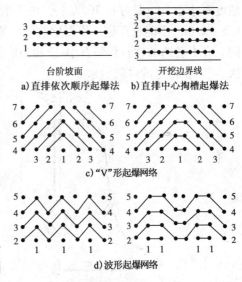
图 2-2-3-6 微差爆破各种起爆网络图（图中数字为起爆顺序）

预裂爆破是在开挖限界处按适当间隔排列炮孔，在没有侧向临空面和最小抵抗线的情况下，用控制药量的方法，预先炸出一条裂缝，使拟爆体与山体分开，作为隔振减振带，起保护和减弱开挖限界以外山体或建筑物的地震破坏作用，光面与预裂爆破后，在边坡壁上通常均留下半个炮孔的痕迹。

进行光面或预裂爆破时，应严格保持炮孔在同一平面内，炮孔间距 a 和抵抗线 W 之比应小于 0.8。装药量应控制适当，并采用合理的药包结构，通常使炮孔直径大于药卷直径的 $1\sim2$ 倍，或采用间隔药包、间隔钻孔装药。预裂炮的起爆时间在主炮之前，光面炮在主炮之后，其间隔时间可取 $25\sim50\text{ms}$。同一排孔必须同时起爆，最好用传爆线起爆，否则会影响爆破质量。

5. 药壶炮(烘膛炮)

药壶炮是指在深 2.5~3.0m 以上的炮眼底部用少量炸药经一次或多次烘膛,使眼底成葫芦形,将炸药集中装入药壶中进行爆破,如图 2-2-3-7 所示。此法主要用于露天爆破,其使用条件是:岩石应在Ⅺ级以下,不含水分,阶梯高度(H)小于 10~20m,自然地面坡度在 70°左右。

如果自然地面坡度较缓,一般先用钢钎炮切脚,炸出台阶后再使用。经验证明,药壶炮最好用于Ⅶ~Ⅸ级岩石,中心挖深 4~6m,阶梯高度在 7m 以下。装药量可根据药壶体积而定,一般介于 10~60kg 之间,最多可超过 100kg。每次可炸岩石数十方至数百方,是最省工、省药的一种方法。

6. 猫洞炮(蛇穴炮)

猫洞炮系指炮洞直径为 0.2~0.5m,洞穴成水平或略有倾斜(台眼),深度小于 5m,用集中药包在炮洞中进行爆破的一种方法,如图 2-2-3-8 所示。其特点是充分利用岩体本身的崩塌作用,能用较浅的炮眼爆破较高的岩体,一般爆破可炸松 15~150m³。其最佳使用条件是:岩石等级一般为Ⅸ级以下,最好是Ⅴ~Ⅶ级;阶梯高度最少应大于眼深的 2 倍,自然地面坡度不小于 50°,最好在 70°左右。由于炮眼直径较大,爆破利用率甚差,故炮眼深度应大于 1.5~2.0m,不能放孤炮。猫洞炮功效一般可达 4~10m³,单位耗药量在 0.13~0.3kg/m³ 之间。在有裂缝的软石和坚石中,阶梯高度大于 4m,药壶炮药壶不易形成时,采用这种爆破方法,可以获得好的爆破效果。

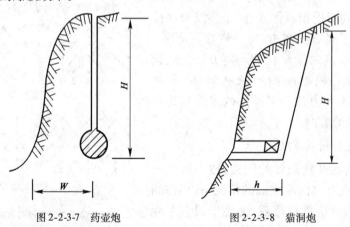

图 2-2-3-7 药壶炮　　　　图 2-2-3-8 猫洞炮

从以上介绍可知,根据不同的客观条件,可采用不同的综合爆破方法。为了充分发挥各种爆破方法的特点,提高爆破效果,在路基石方施工中,要利用地形和地质的客观条件,全面规划,重点设计,选用各种爆破方法,组织炮群,优先采用综合爆破,有计划有步骤地爆破拟开挖的石方。

三 综合爆破施工

为了充分发挥各种爆破方法的特点,利用微地形和地质的客观条件,在路基石方工程中采用综合爆破,选用各种爆破方法,组织炮群,有计划有步骤地爆破拟开挖的石方是十分重要的。为此,石方工程的施工方案应按以下原则与步骤进行。

(1) 全面规划,重点设计。对拟爆破的路基工程,应根据石方集中的程度、微地形的变化、路基设计断面的形状,以及地质条件所能允许的爆破规模,结合各种爆破方法的特点,进行全面规划,确定哪些地段采用洞室炮、深孔炮,哪些地段采用小炮群(一般,中心挖深大于6m时,可采用洞室炮,小于6m可采用小炮群),以及各段的开挖顺序。然后对石方集中的点进行重点设计。表2-2-3-1是在工程爆破中制订的爆破方案选择表。

爆破方案选择表　　　　　　表2-2-3-1

编号	起讫桩号	中心挖深(m)	爆破地段长度(m)	自然坡度(°)	断面石方量(m^3)	爆破类型	备注
1	K1+500~K1+600	3~5	100	39~45	3000	小炮群	软石
2	K3+700~K3+900	6~9	200	50~70	7000	抛坍爆破炮群	坚石
3	K4+100~K4+140	12	40	40	4000	多面临空面地形爆破	次坚石节理不发达

(2) 由路基面开挖,形成高阶梯。为了充分利用岩石的崩塌作用,开挖应从路基面开始,逐渐形成高阶梯,为深孔炮、药壶炮或猫洞炮创造有利条件。

(3) 综合利用小炮群,分段分批爆破。一般有以下几种方法:

① 在半挖半填的斜坡地形,采用一字排炮,对自然坡度较缓的地形,应先用钢钎炮切脚,改造地形后,再采用一字排炮。

② 路线横切小山包时,采用钢钎炮三面切脚,改造地形后,再在中间用药壶爆破。

③ 遇路基加宽,阶梯较高的地形,采用上下互相配合的小炮群,如图2-2-3-9所示。

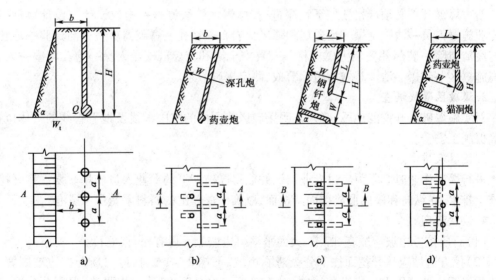

图2-2-3-9　上下互相配合的小炮群

④ 对拉沟地堑,采用两头开挖时,可以用竖眼揭盖,平眼搜底的梅花炮,如图2-2-3-10所示。

⑤ 机械化清方时,如遇坚石,可采用眼深2m以上的钢钎炮,组合成30~40个的多层炮群,或采用深孔炮。在坚硬岩石中,为使岩石破碎的程度满足清方的要求,除调整炮群设计参数外,还可

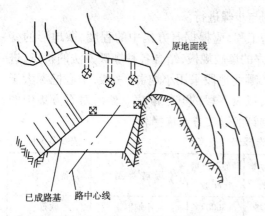

图 2-2-3-10　拉沟路堑使用的梅花形立眼和平眼的混合炮群(炮数可酌情增减)

以采用微差爆破和间隔药包。遇软石或节理发育的次坚石,可用松动爆破开挖。

由上面的介绍可知,根据不同的客观条件,采用不同的爆破方法,可以使工效提高 2~10 倍,劳动强度也可大大减轻。

虽然综合爆破具有不少优点,但是在快速施工方面仍很不够。目前,特别严重的是导洞掘进和清方这两道工序很慢,一般人工开挖导洞就需要 15~30d,爆破后虽有 65%左右的岩体被抛掷(抛坍)出路基,但剩下岩体若用人工清方,仍需较长时间。这种两头慢中间快的不协调现象,只有采用机械化打眼和机械化、半机械化清方的办法才能改变。

第三节　爆破施工中应注意的问题及爆炸药品处置

一 施工中应注意的问题

爆破法施工开挖时,应注意以下问题:

1. 爆破作业程序

石方爆破开挖必须严格按如下程序进行:施爆区管线调查→炮位设计与设计审批→配备专业施爆人员→清除施爆区覆盖层和强风化岩石→钻孔→爆破器材检查与试验→炮孔检查与废渣清除→装药并安装引爆器材→布置安全岗和施爆区安全人员→炮孔堵塞→人、畜撤离施爆区→起爆→清除瞎炮→解除警戒、测定爆破效果。

2. 爆破区管线调查

对实施爆破法开挖的地段,必须查明爆破区范围内的空中缆线及地下管线的具体位置,以确保施工安全。

3. 施爆及排水

进行爆破作业时必须由经过专业培训并取得爆破证书的专业人员施爆。要注意开挖区的施工排水,在纵向和横向形成坡面开挖面,以确保爆破出的石料不受积水浸泡。

4. 边坡清刷

(1)石质挖方边坡应顺直、圆滑、大面平整。边坡上不得有松石、危石。

(2)挖方边坡应从开挖面往下分级清刷边坡,下挖 2~3m 时,应对新开挖边坡刷坡,对于软质岩石边坡可用人工或机械清刷,对于坚石和次坚石,可使用炮眼法、裸露药包法爆破清刷边坡,同时清除危石、松石。清刷后的石质路堑边坡不应陡于设计规定。

(3)石质路堑边坡如因过量超挖而影响上部边坡岩体稳定时,应用浆砌片石补砌超挖的坑槽。

5. 路床整修

石质路堑路床底高程应符合设计要求,开挖后的路床基岩高程与设计高程之差应符合规范要求。如过高,应凿平;过低,应用开挖的石屑或灰土碎石填平并碾压密实。

二 爆炸药品的管理

爆破施工中为确保安全,除遵守有关规定外,对于工地的爆炸物品要妥善保管,管理要点如下:

(1)所有爆破器材、雷管、炸药要在指定地点分开存放,相距不得小于1km,距施工现场不小于3km,并不得露天存放,绝不允许个人保存。

(2)存放地点应有牢靠的固定仓库,库内通风良好,仓址四角应有正式的避雷设备,库址周围应有围墙和牢靠的门扉,并有排水沟道保证仓库干燥。

(3)仓库需有警卫人员日夜负责看守,并有良好的防火设备。

(4)存放炸药、雷管的仓库四周500m半径内,不得安置发电机、变压器、高压线、电焊机和瓦斯机等各类发电、导电、明火操作装置。

(5)爆破器材应有专人负责入库、发出,炸药、雷管的领用手续要严格、健全,库房内只准使用绝缘手电。

(6)在雷雨、浓雾及黑夜天气不办理爆炸物品的收领工作。

三 瞎炮处理

点火后未爆炸的炮为瞎炮。瞎炮不但浪费炸药和材料,影响施工进度,而且严重地影响安全生产。因此,必须采取一切有效的措施防止产生瞎炮。一旦出现瞎炮,应停止瞎炮附近的所有其他工作,由原施工人员参加处理,采取措施安全排除。

产生瞎炮的原因,一般有:雷管、导火索受潮失效;导火索与雷管接头脱开;堵塞炮眼时导火索被拉断;炮眼潮湿有水;点炮时漏点等。处理瞎炮的方法一般如下:

(1)对大爆破,应找出线头接上电源重新起爆,或沿导洞小心掏取堵塞物取出起爆体,或用水灌浸药室使炸药失效后清除。

(2)对中小炮,先找出瞎炮位置,在其附近重新打眼,使瞎炮同新炮一起爆炸。当炮眼或装药不深时,也可用裸露药包爆破。

本 章 小 结

(1)为了爆破某一岩体,在其中或表面放置的一定数量的炸药称为药包。按药包的形状或集结程度不同,可以分为集中药包、延长药包和分集药包3种。

(2)爆破按其破坏程度的不同可分为压缩区、抛掷区、松动区、振动区等4个爆破作用区,知道这些性质,有利于了解爆破原理及如何实现爆破。

(3)影响爆破效果的因素主要有炸药的威力、炸药用量、地形条件、地质条件和其他因素等,了解这些影响因素,有利于提高爆破效果。

(4)炸药的性质主要有炸药的威力、炸药的敏感度和炸药的安定性等指标,知道这些指标,有利于了解炸药的性质,在爆破施工中正确使用炸药。

(5)雷管按照引爆方式分为火雷管和电雷管两种。电雷管又分为即发、延期及毫秒雷管。雷管通常使用6号和8号两种。

(6)爆破方法可分为钢钎炮、深孔爆破、微差爆破、光面爆破和预裂爆破、药壶炮(烘膛炮)、猫洞炮(蛇穴炮)、洞室炮和大爆破等,具体使用时必须进行现场调查,摸清当地的工程地质条件及周围环境,根据需要爆破的工程量大小,通过技术经济比较来确定。

(7)爆破法施工作业开挖时,应注意爆破区管线调查、施爆及排水、边坡清刷、路床整修等问题。特别是爆破的实施必须严格按程序进行,严格遵守工地的爆炸物品管理的有关规定,特别注意对瞎炮的处理,这是确保爆破施工作业安全的基本保证。

思考题与习题

1. 爆破漏斗的形状和大小与哪些因素有关?
2. 道路工程中常用的主要炸药有哪些?
3. 炸药的起爆方法有哪几种?
4. 工程施工中选用各种爆破方法的适用条件有哪些?
5. 大爆破和大型洞室爆破有哪些优缺点?为什么说采用大爆破和大型洞室爆破施工一定要慎重?
6. 爆破法施工作业开挖时,应注意哪些问题?
7. 爆破作业的施工程序有哪些?
8. 瞎炮处理的方法有哪些?

第三篇 路面工程

第一分篇 路面设计

第一章 绪 论

教学要求

1. 按照《标准》中规定,描述路面工程的特点、面层类型以及各自的适用范围。
2. 描述在路面设计中,就路面结构力学特性划分的三种路面面层类型;描述路面结构分层的顺序。
3. 知道路面结构分层中各结构层的作用和功能要求。

第一节 路面工程特点及等级分类

一、路面工程的特点及基本要求

路面作为公路的重要组成部分,除了直接承受行车荷载外,还受到温度、水、阳光和空气等自然因素的影响。路面工程的施工工艺和施工质量,直接影响到公路的车行速度、行车安全和营运效益,是关系到公路整体服务水平的关键因素。

为了保证行车运输的安全性和舒适性,降低运输成本和延长道路寿命,要求路面具有下列基本要求:

1. 强度和刚度

行驶在公路上的车辆,通过车轮把垂直力、水平力以及车辆产生的振动力和冲击力传给路面,使路面结构内部产生应力、应变和位移。如果路面结构整体或某一组成部分的强度或抗变形能力不足,路面则会出现断裂、沉陷、波浪或车辙等病害,影响路面的正常使用,严重时还可能中断交通。因此要求路面结构整体及其各组成部分都必须具有与行车荷载相适应的强度和刚度。

路面结构应具有足够的强度,以抵抗车轮荷载引起的各个部位的各种应力,如压应力、拉应力、剪应力等,保证不发生压碎、拉断、剪切等各种破坏。路面整体结构或各个结构层应具有足够的刚度,使得在车轮荷载作用下不发生过量的变形,不发生沉陷、波浪或车辙等病害。

2. 稳定性

路面结构长期暴露在大自然环境中,直接受到高温、低温、水、太阳、空气和风等作用和影响,致使路面材料的力学性能和技术品质发生变化。例如,夏季高温时,沥青路面会变软而产生车辙、波浪和推挤,而水泥路面则可能拱起、开裂;冬季低温时,沥青路面可能因收缩或变脆而开裂。在雨水多的地区,如果路面材料和结构没有足够的抗水能力,则其强度就会下降,甚至出现剥离、松散等破坏,砂石路面将会大量出现坑洞、集料外露、松散等破坏,尤其是冬春季节,在水温因素的综合作用下,将会出现冻胀翻浆,造成严重后果。此外,太阳的照射,空气中氧气的氧化作用等都会对路面结构和材料产生作用,如果路面材料和结构没有足够的抵抗大气作用的能力,则沥青材料会出现老化而失去其原有技术品质,导致沥青路面开裂、剥落,甚至大面积松散破坏。

3. 耐久性

路面结构要承受车辆荷载和冷热、干湿等自然因素的多次重复作用,因此逐渐产生疲劳破坏和塑性变形的累积。另外,路面各结构组成材料还可能由于老化而导致破坏,这些都将缩短路面的使用年限,增加养护工作量和养护难度。因此,路面结构必须具有足够的抗疲劳强度以及抗老化和抗变形累积的能力。

4. 表面平整度

不平整的路表面会增大行车阻力,并使车辆产生附加的振动作用。这种振动作用会造成行车颠簸,影响行车的速度和安全以及驾驶的平稳性和乘客的舒适性。同时,振动作用还会对路面施加冲击力,从而加剧路面和汽车机件的损坏和轮胎的磨损,并增大油料的消耗。而且,不平整的路面还会积滞雨水,加速路面的破坏。

平整的路面表面,要依靠优良的施工机具、精细的施工工艺、严格的施工质量控制以及经常和及时的养护来保证。同时,路面的平整度还同整个路面结构和面层材料的强度和抗变形能力有关。强度和抗变形能力差的路面结构和面层混合料,经不起车轮荷载的反复作用,极易出现沉陷、车辙和推挤等破坏,从而形成不平整的路表面。

5. 表面抗滑性能

汽车在光滑的路面上行驶时,车轮与路面之间缺乏足够的附着力或摩擦阻力。在雨天高速行车,或紧急制动,或突然起动,或爬坡、转弯时,车轮易产生空转或打滑,致使车速降低,油料消耗增多,甚至引起严重的交通事故。

路表面的抗滑能力可以通过采用坚硬、耐磨、表面粗糙的骨料组成路面表层材料来实现,有时也可采用一些工艺性措施来实现,如水泥混凝土路面的刷毛或刻槽等。此外,路面上的积雪、浮冰或污泥等,也会降低路面的抗滑性,必须及时予以清除。

6. 少尘性及低噪声

汽车在砂石路面上行驶时,车身后面所产生的真空吸引力会将表层较细的材料吸出造成飞扬尘土,甚至于导致路面松散、脱落和坑洞等破坏。路面扬尘会加速汽车机件的损坏,影响行车视距,降低行车速度,而且对乘客和沿线居民的环境卫生以及货物和路旁农作物都带来不良影响。因此,要求路面在行车过程中尽量减少扬尘。

汽车在路面上行驶时,除发动机等噪声外,路面不平整引起车身的振动是噪声的又一来源。为降低噪声,应提高路面平整度的施工工艺。

二 路面工程的等级分类

1. 路面等级

路面面层的类型应与公路等级、使用要求、交通等级相适应。根据《公路工程技术标准》

(JTG B01—2014)的规定,各级公路的路面面层类型的选用应符合表3-1-1-1的要求。

路面面层类型及适用范围　　　　表3-1-1-1

面层类型	适用范围
沥青混凝土	高速公路、一级公路、二级公路、三级公路、四级公路
水泥混凝土	高速公路、一级公路、二级公路、三级公路、四级公路
沥青贯入、沥青碎石、沥青表面处治	三级公路、四级公路
砂石路面	四级公路

2.路面分类

在路面设计中,根据路面材料的类型,从路面结构的力学特性出发,可将路面面层分为下述3种类型:

1)柔性路面

柔性路面的整体结构刚度较小,在车轮荷载作用下产生较大的弯沉变形,路面结构本身的抗弯拉强度较低,它通过各结构层将荷载传递给路基,使路基承受较大的单位压力。柔性路面主要靠抗压、抗剪切强度来承受车轮荷载作用。它主要包括各类沥青面层、块石面层、砂石路面中的级配碎(砾)石、水结碎石、填隙碎石及其他粒料路面面层。

另外,各种未经处理的粒料基层(如天然砂砾)叫作柔性路面基层(简称柔性基层)。

2)刚性路面

刚性路面目前主要指用水泥混凝土作面层的路面结构。水泥混凝土的强度高,与其他筑路材料相比,它的抗弯拉强度高,并且有较高的弹性模量,所以呈现出较大的刚性。在车轮荷载作用下,水泥混凝土结构层处于板体工作状态,竖向弯沉较小,主要靠水泥混凝土板的抗弯拉强度承受车轮荷载,通过板体的扩散分布作用,传递给路基的单位压力较柔性路面小得多。另外,用水泥混凝土作面基层叫作刚性路面基层(简称刚性基层)。

3)半刚性路面

用水泥、石灰等无机结合料处治的土,或处治的碎(砾)石及含有水硬性结合料的工业废渣修筑成的路面基层,在前期具有柔性路面的力学特性,后期的强度和刚度均有较大幅度的增长,但最终的强度和刚度仍远小于水泥混凝土。由于这种材料的实际刚性介于柔性与刚性之间,因此把这种基层叫作半刚性路面基层(简称半刚性基层)。而把在半刚性基层上铺筑的沥青路面面层也统称为半刚性路面。

第二节　路面结构分层及功能

行车荷载和自然因素对路面的影响,随深度的增加而逐渐减弱。因此,对路面材料的强度、抗变形能力和稳定性的要求,也随深度的增加而逐渐降低。为了适应这一特点,路面结构通常是分层铺筑的,即按照使用的要求、受力状况、土基支承条件和自然因素影响程度的不同,分成若干层次。按照各个层位功能的不同,路面结构层一般可划分为面层、基层、底基层和垫层等多层。水泥混凝土路面结构层一般划分为面层、联结层、基层、底基层和垫层等5

个层次,如图 3-1-1-1 所示。

1. 面层

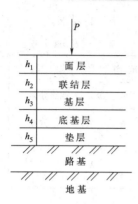

图 3-1-1-1 路面结构(分层)示意图

面层是直接承受车轮荷载反复作用和自然因素影响的结构层。它承受较大的行车荷载的垂直力、水平力和冲击振动力的作用,同时还受到降水的侵蚀、气温变化及风化的影响。因此,面层应具备较高的结构强度和抗变形能力,较好的水稳定性和温度稳定性,而且应当耐磨、不透水(目前我国高等级公路所采用的结构特点),其表面还应有良好的抗滑性和平整度。

修筑面层所用的材料主要有:沥青、水泥、碎(砾)石、块石、砂、石屑、矿粉、石灰、黏土及其他粒料等。根据公路的等级和对所用的路面功能要求,经济合理地选择具体的所用材料。修筑的路面面层类型见表 3-1-1-1。其中的砂石路面是以砂、石等为骨料,以土、水、灰为结合料,通过一定的配比铺筑而成的路面通称,包括级配碎(砾)石路面、泥结碎(砾)石路面、水结碎石路面、填隙碎石路面及其他粒料路面。

沥青混合料的面层有时分两层或三层铺筑,自上而下可分别称为表面层、下面层或表面层、中面层、下面层。如高速公路沥青面层总厚度达 18~20cm,可分成上、中、下 3 层铺筑,并根据各分层的要求采用不同的级配组成。水泥混凝土路面有时也可分为上下两层铺筑,分别采用不同强度等级的水泥等材料。在水泥混凝土路面上加铺 5cm 厚的沥青混凝土这样的复合式面层结构也是常见的。但是,砂石路面面层上所铺的 2~3cm 厚的磨耗层和 1cm 厚的保护层,以及厚度不超过 1cm 的简易沥青表面处治层,不能作为一个独立的层次,应看作是面层的一部分。

2. 基层与底基层

基层主要承受由面层传来的车轮荷载的垂直力,并将其扩散到下面的垫层或路基中去。对于沥青类路面结构而言,基层是路面结构中的主要承重层,它应具有稳定、耐久、较高的承载能力,并有良好的扩散应力的能力;对水泥混凝土路面结构而言,虽然基层承受的垂直力作用较小,但应具有足够的抗冲刷能力和一定的刚度。底基层是设置在基层之下,并与面层、基层一起承受车轮荷载反复作用的次要承重层,对底基层材料的质量要求可比基层材料略低。

基层、底基层遭受自然因素的影响虽然比面层小,但仍然有可能被地下水和通过面层渗入的雨水浸湿,所以基层结构应具有足够的水稳定性。基层表面虽不直接与车轮接触,但为了保证面层的平整性和面层铺筑厚度的均匀性,其表面应有较好的平整度。

修筑基层、底基层的材料主要有各种无机结合料(如石灰、水泥等)稳定土(包括细粒土、中和粗粒的碎砾石等)、无机结合料稳定的各种工业废渣(如煤渣、矿渣、石灰渣及粉煤灰等)、贫水泥混凝土、天然砂砾、各种碎石或砾石等,常用的基层结构见表 3-1-1-2。

基层或底基层可为单层或双层。当基层或底基层较厚需要分两层施工时,可分别称为上基层、下基层,或上底基层、下底基层。为了保护路面面层的边缘,铺筑时基层宽度每侧宜比面层宽出 25cm,底基层每侧宜比基层宽出 15cm。

各种常用的基层、底基层类型　　　　　　　　表 3-1-1-2

有机结合料稳定类		包括热拌沥青碎石或乳化沥青碎石混合料、沥青贯入碎石等
无机结合料稳定类半刚性基层	水泥稳定类	包括水泥稳定砂粒、碎石、砂砾土、碎石土、未筛碎石、石屑、石碴、高炉矿渣、钢渣等
	石灰稳定类	包括石灰稳定细粒土、天然砂砾土、天然碎石土以及石灰稳定级配砂砾、级配碎石和矿渣等
	工业废渣稳定类 石灰粉煤灰类	包括石灰粉煤灰(二灰)、石灰粉煤灰土(二灰土)、二灰砂、二灰砂砾、二灰碎石、二灰矿渣等
	石灰煤渣类	包括石灰煤渣、石灰煤渣土、石灰煤渣碎石、石灰煤渣砂砾等
	水泥煤渣类	包括水泥粉煤灰稳定砂砾、碎石及砂等
粒料类嵌锁型级配型	嵌锁型	包括泥结碎石、泥灰结碎石、填隙碎石等
	级配型	包括级配碎石、级配砾石、级配砂砾等

3. 垫层

在特殊需要的路段,设置在基层或底基层与路基之间,起着稳定加强路基、改善基层或底基层工作条件作用的结构层,总称为垫层。所谓特殊需要是指垫层往往是为隔水、排水、隔热、防冻等不同目的而设置的,通常设在路基处于潮湿和过湿以及有冰冻路基翻浆的路段。在地下水位较高地段铺设的能起隔水作用的垫层称为隔离层;在冰冻较深地段铺设的能起防冻作用的垫层称为防冻层。此外,垫层还能扩散由基层传下来的应力,以减小路基的应力和变形,而且它也能阻止路基土挤入基层中,从而保证了基层的结构稳定性。

修筑垫层所用的材料,强度不一定要求很高,但水稳定性和隔热性要好。常用材料有两类:一类是用松散粒料,如砂、砾石等粗粒料组成的透水性垫层;另一类是整体性材料,如石灰和水泥稳定粒料等组成的稳定性垫层。

高等级公路的排水垫层应铺至路基同宽,以利路面结构排水。一般情况下,垫层宽度应比底基层每侧至少宽出 25cm。

应当指出,不是任何路面结构都需要上述的 5 个层次,应根据具体情况设置必要的结构层。如地基良好路段的四级公路,可能只有面层和基层所组成的路面结构。而且,层次的划分也不是一成不变的,例如在道路改建中,旧路面的面层则可成为新路面的基层。

本 章 小 结

(1)《标准》中规定的路面面层类型分别有:沥青混凝土、水泥混凝土、沥青贯入、沥青碎石、沥青表面处治、砂石路面等,它们都有各自的适用范围。

(2)在路面设计中,根据路面材料的类型,就路面结构力学特性可划分为柔性路面、刚性路面和半刚性路面等 3 类。

(3)路面结构是多层体系,其结构分层从上而下的顺序分别为面层、基层、底基层和垫层,但基本层次为面层、基层和垫层,设计中应根据具体情况设定。

(4)路面结构的各结构层分别有各自的作用和功能,设计时应从满足技术和经济要求出发,选用与各结构层的作用和功能相适应的材料。

思考题与习题

1. 路面工程的特点有哪些?
2. 常用的公路路面面层有哪些?它们各自的适用范围是什么?
3. 就路面结构力学特性可将公路路面划分为哪3类?
4. 从路基向上路面结构分层的顺序是什么?
5. 目前常用的路面结构层中的基层、底基层有哪种类型?各自包括哪些范围?

第二章 路面设计有关资料和参数的确定

教学要求

1. 描述路面工程的特点及基本要求。
2. 描述路面面层类型以及各自的适用范围；叙述在路面设计中，从路面结构力学特性划分的3种路面面层类型。
3. 知道路面结构分层的顺序以及路面结构分层中各结构层的作用和功能要求。

第一节 行 车 荷 载

一、标准轴载和轴次换算方法

公路上行驶的车辆种类繁杂，不同车型和不同作用次数对路面的影响不同，为方便路面设计，需将不同车型组合而成的混合交通量，以某种统一轴载为准，换算成一定的当量轴次。这种统一的轴载，称为标准轴载。

《标准》规定：路面设计标准轴载为双轮组单轴100kN，用 BZZ—100 表示。

标准轴载的计算参数按表3-1-2-1确定。

标准轴次计算参数 表3-1-2-1

标准轴载	后轴载 P（kN）	轮胎接地压强 p（MPa）	单轮传压面当量圆直径 d（cm）	两轮中心距（cm）
BZZ—100	100	0.7	21.3	1.5d

1. 换算原则

当把混合交通量中的各级轴载换算成标准轴载时，为了保证换算前与换算后的轴载对路面的作用效果相同，应该遵循规定的等效原则。

等效原则是以某一种路面结构在不同轴载作用下达到相同的损坏程度为根据的。这是一个很复杂的关系，通常是通过试验路段的观测来确定。它包括两方面的含义：第一，对于同一种路面结构，若一种车轮荷载作用了 n_1 次，使路面达到极限破损状态，而另一种车轮荷载作用了 n_2 次，使路面达到了同样的极限破损状态，则这两种车轮荷载的作用次数 n_1 和 n_2 被称作是等效的；第二，对于同一交通组合（混合交通量），通过等效换算后，则不论按哪种车轮荷载进行路面厚度计算,得到的结果均是相同的。

目前公路沥青路面规定应遵循弯沉等效或拉应力等效原则进行换算。而公路水泥混凝土路面则规定应依据等效疲劳损坏原则进行换算。

2. 换算方法

(1)沥青路面设计中,当采用路表设计弯沉值作为指标及沥青层层底拉应力验算时,凡轴载小于或等于130kN 的各级轴载(包括车辆的前、后轴,一般宜大于25kN)的作用次数均应按下式换算成标准轴载 P 的当量作用次数 N。

$$N = \sum_{i=1}^{k} N_i = \sum_{i=1}^{k} C_1 \cdot C_2 \cdot n_i \left(\frac{P_i}{100}\right)^{4.35} \tag{3-1-2-1}$$

式中:k——被换算车型的轴载级别;

N——标准轴载的当量轴次,次/日;

n_i——各种被换算汽车的作用次数,次/日;

P_i——各种被换算车型的轴载,kN;

C_1——轮组系数,双轮组为1,单轮组为6.4,四轮组为0.38;

C_2——轴数系数,当轴间距大于3m 时,应按单独一个轴计算;当轴间距小于3m 时,按双轴或多轴计算,$C_1 = 1 + 1.2(m-1)$,m 为轴数。

(2)沥青路面设计中,当进行半刚性基层层底拉应力验算时,凡轴载小于或等于130kN 的各级轴载(包括车辆的前、后轴,一般宜大于50kN)P_i 的作用次数 n_i 均应按式(3-1-2-2)换算成标准轴载 P 的当量作用次数 N'。

$$N' = \sum_{i=1}^{k} C'_1 \cdot C'_2 \cdot n_i \left(\frac{P_i}{100}\right)^{8} \tag{3-1-2-2}$$

此时的轴载换算系数为:

$$K' = C'_1 C'_2 \left(\frac{P_i}{100}\right)^{8}$$

式中:C'_1——轮组系数,双轮组为1.0,单轮组为18.5,四轮组为0.09;

C'_2——轴数系数,当轴间距小于3m 时,双轴或多轴取 C'_1。

目前,在我国公路上行驶的货车后轴轴载,一般在60~130kN 之间,大部分在100kN 以下。轮在具体进行轴次换算时,各种主要汽车路面设计使用参数可参考有关规范。

(3)水泥混凝土路面设计中,水泥混凝土路面结构设计以100kN 的单轴—双轮组荷载作为标准轴载。不同轴—轮型和轴载的作用次数,按式(3-1-2-3)换算为标准轴载的作用次数。

$$N_s = \sum_{i=1}^{n} \delta_i N_i \left(\frac{P_i}{100}\right)^{16} \tag{3-1-2-3}$$

$$\delta_i = 2.22 \times 10^3 P_i^{-0.43} \tag{3-1-2-3a}$$

或

$$\delta_i = 1.07 \times 10^{-5} P_i^{-0.22} \tag{3-1-2-3b}$$

或 $$\delta_i = 2.24 \times 10^{-8} P_i^{-0.22} \tag{3-1-2-3c}$$

式中：N_s——100kN 的单轴—双轮组标准轴载的作用次数；

P_i——单轴—单轮、单轴—双轮组、双轴—双轮组或三轴—双轮组轴型 i 级轴载的总重，kN；

n——轴型和轴载级位数；

N_i——各类轴型 i 级轴载的作用次数；

δ_i——轴—轮型系数，单轴—双轮组时，$\delta_i = 1$；单轴—单轮时，按式(3-1-2-3a)计算；双轴—双轮组时，按式(3-1-2-3b)计算；三轴—双轮组时，按式(3-1-2-3c)计算。

二 累计当量轴次计算

设计年限内一个车道上的累计当量轴次 N_e 可用式(3-1-2-4)计算：

$$N_e = \frac{[(1+\gamma)^t - 1] \times 365}{\gamma} \cdot N_1 \cdot \eta \tag{3-1-2-4}$$

式中：N_e——设计年限内一个方向上一个车道的累计当量轴次，次；

t——设计年限，年；

N_1——路面营运第一年双向日平均当量轴次，次/日；

γ——设计年限内交通量的平均年增长率，%；

η——沥青路面设计中的车道系数，可按表3-1-2-2确定，若公路无分隔时，路面窄宜选高值；水泥混凝土路面设计中的车轮轮迹横向分布系数，可按表3-1-2-3确定。

车 道 系 数 η　　　　　　　　　　　表 3-1-2-2

车道特征	车道系数	车道特征	车道系数
双向单车道	1.0	双向六车道	0.3～0.4
双向两车道	0.6～0.7	双向八车道	0.25～0.35
双向四车道	0.4～0.5		

注：公路无分隔时，车道窄宜选高值，车道宽宜选低值。

车辆轮迹横向分布系数　　　　　　　　表 3-1-2-3

公 路 等 级		纵缝边缘处
高速公路、一级公路、收费站		0.17～0.22
二级及二级以下公路	行车道宽>7m	0.34～0.39
	行车道宽≤7m	0.54～0.62

注：车道或行车道宽或者交通量较大时，取高值；反之，则取低值。

[例1] 某一级公路，沥青路面竣工后第一年双向平均日交通量见表3-1-2-4，交通量年平均增长率 $\gamma = 7.5\%$，路面设计年限 $t = 15$ 年，求累积当量轴次 N_e。

汽车参数及交通量换算表　　　　　　　　　　表 3-1-2-4

车　　型	交通量（辆/日）	后轴重（kN）	后轴换算系数	后轴数	前轴换算系数	车辆（总）换算系数	当量轴次（次/日）
解放 CA10B	3000	60	0.18	1		0.108	324
黄河 JN—150	300	101.6	1.071	1	0.287	1.358	407
跃进 NJ—230	2000	30.4	0.005	1		0.005	10
交通 SH—140	1000	55.2	0.075	1	0.017	0.092	92
太脱拉 138	100	160	16.905	2	0.354	17.348	17.4
北京 BJ130	200	27.2	0.003	1		0.003	0.6
日野 K211	200	100	1	1	0.252	1.252	250

解　（1）求各类车型的轴载换算系数：

$$轴载换算系数 = C_1 \cdot C_2 \left(\frac{P_1}{P_2}\right)^{4.35}$$

根据表 3-1-2-4 中的汽车车型查有关规范，得各车型设计参数填入表内。
（2）当量轴次 = 交通量 × 轴载换算系数。
（3）日当量轴次总和 $N_1 = 1101$（次）。
（4）求累计当量轴次 N_e。
因为一级公路是四车道，故取 $\eta = 0.4$，则

$$N_e = \frac{[(1+\gamma)^t - 1] \times 365}{\gamma} \cdot N_1 \cdot \eta = \frac{[(1+0.075)^{15} - 1] \times 365 \times 1101 \times 0.4}{0.075} = 4.2 \times 10^6 （次）$$

第二节　路面设计参数的确定

一　路基（土基）回弹模量的确定

准确地说，路基（土基）是弹塑性材料做成的结构层，经压实后在路面结构层下，希望长期工作在近似弹性状态，回弹模量就是在这种状态下，路基（土基）在荷载作用下产生的压应力与其相应的回弹应变的比值。

路基（土基）回弹模量用 E_0 表示，是路面结构设计的重要参数，其取值的大小对路面结构厚度有较大影响。土基回弹模量值与土的性质、密实度、含水率、路基所处的干湿状态以及测试方法有密切的关系。当前，确定土基回弹模量 E_0 的常用方法有以下几种：对于原有路基的回弹模量应采用实测法确定；在新建公路初步设计时，路基的回弹模量值应根据查表法、室内试验法、换算法等，经综合分析、论证，确定沿线不同路基状况的路基回弹模量设计值。

1. 现场实测法
1）现场承载板法

目前采用的现场实测方法，是按照《公路路基路面现场测试规程》（JTG E60—2008）的规定，在现场土基表面采用圆形刚性承载板对土基逐级加载、卸载，测定土基在各级压强下

的回弹变形,绘制压力—回弹变形曲线,在曲线上选取回弹变形不超过 0.5mm 或 1mm 的各级压力和变形,按公式(3-1-2-5)计算路基的回弹模量。

$$E_{0b} = \frac{\sum P_i}{D \sum l_i}(1 - \mu_0^2) \times 10^5 \tag{3-1-2-5}$$

式中:E_{0b}——土基回弹模量,MPa;

　　　D——承载板直径,300mm;

　　　P_i、l_i——各级荷载,kN,及对应的回弹变形(0.01mm);

　　　μ_0——土基材料的泊松比,取 0.35。

某路段路基回弹模量设计值应按下式计算:

$$E_{0D} = \frac{\overline{E_{0b}} - z_a S}{K_1}$$

式中:E_{0D}——某路段土基回弹模量设计值,MPa;

　　　$\overline{E_{0b}}$、S——实测土基回弹模量的平均值及均方差,MPa;

　　　z_a——保证率系数,高速公路、一级公路取 2.0,二、三级公路取 1.645,四级公路取 1.5;

　　　K_1——不利季节影响系数,可根据当地经验确定。

2)现场轮隙弯沉法

因弯沉测定比承载板测定方法要简便快捷,可在已建成的路基上,选择典型路段,在不利季节用贝克曼梁(杠杆式弯沉仪)测定土基各测点在标准汽车(后轴重为100kN)的作用下轮隙中心的回弹弯沉值 l_i。某路段实测回弹弯沉的代表值 l_0 与土基回弹模量值 E_{0D} 之间的关系式为:

$$E_{0D} = \frac{2p\delta}{K_1 l_0}(1 - \mu_0^2)\alpha_0 \times 10^2 \tag{3-1-2-6}$$

式中:p、δ——测定标准车单轮轮胎接地压强,MPa,及当量圆半径,mm;

　　　l_0——某路段实测回弹弯沉的代表值,0.01mm,$l_0 = \overline{l_0} + z_a S$;

　　　$\overline{l_0}$、S——某路段实测回弹弯沉的平均值及均方差;

　　　z_a——保证率系数,高速公路、一级公路取 2.0,二、三级公路取 1.645,四级公路取 1.5;

　　　α_0——均质弹性体弯沉系数,取 0.712。

路基施工过程中,通常根据某路段土基回弹模量的设计值 E_{0D},由式(3-1-2-6)反算该路段土基的设计回弹弯沉值 l_{0D},以 l_{0D} 为路基强度的控制标准。路基完工后,实测每个路段路基顶面各测点的回弹弯沉值 l_i,计算其代表值 l_0,当 $l_0 \leqslant l_{0D}$ 时,则路基强度符合要求。

2. 查表法

在新建公路时,因无法现场测定土基的值,或不具备实测条件时,可按下述步骤通过查表预估土基回弹模量值。

1)判断各路段的干湿类型

根据路基高度和预估的路面厚度,确定路基的临界高度,按土类和公路自然区划,对照表 2-1-1-2 判定该路段的干湿类型。

2)确定各路段路基土的平均稠度

根据各路段土基的干湿类型和土的种类,经过内插由表 2-1-1-1 选定路基土的平均稠度建议值。

3)预估土基的回弹模量

根据土类和公路自然区划以及拟定的路基土的稠度,可参考表 3-1-2-5 估计土基的回弹模量值。当采用重型击实标准时,土基回弹模量值可较表列数值提高 25% ~ 35%。

二级自然区划各土组土基回弹模量值(单位:MPa)　　　　表 3-1-2-5

区划	稠度 土组	0.80	0.90	1.00	1.05	1.10	1.15	1.20	1.30	1.40	1.70	2.00
II₁	黏质土	19.0	22.0	25.0	26.5	28.0	29.5	31.0				
	粉质土	18.5	22.5	27.0	29.0	31.5	33.5					
II₂	黏质土	19.5	22.5	26.0	28.0	29.5	31.5	33.5				
	粉质土	20.0	24.0	29.0	31.5	34.0	36.5					
II₂ₐ	粉质土	19.0	22.5	26.0	27.5	29.5	31.0					
II₃	土质砂	21.0	23.5	26.0	27.5	29.0	30.0	31.5	34.5	37.0	45.5	
	黏质土	23.5	27.5	32.0	34.5	36.5	39.0	41.5				
	粉质土	22.5	27.0	32.0	34.5	37.0	40.0					
II₄	黏质土	23.5	30.0	35.5	39.0	42.0	45.5	50.5	57.0	65.0		
	粉质土	24.5	31.5	39.0	43.0	47.0	51.5	56.0	66.0			
II₅	土质砂	29.0	32.5	36.0	37.5	39.0	41.0	42.5	46.0	49.5	59.0	69.0
	黏质土	26.5	32.0	38.0	41.5	45.0	48.5	52.0				
	粉质土	27.0	34.5	42.5	46.5	51.0	56.0					
II₅ₐ	粉质土	33.5	37.5	42.5	44.5	46.5	49.0					
III₁	粉质土	27.0	36.5	48.0	54.0	61.0	68.5	76.5				
III₂	土质砂	35.0	38.0	41.5	43.0	44.5	46.0	47.5	50.5	53.5	62.0	70.0
	黏质土	27.0	31.5	36.0	39.0	41.5	44.0	46.5	52.0	57.5		
	粉质土	27.0	32.5	38.0	42.0	45.0	48.5	51.5	59.0			
III₂ₐ	土质砂	37.0	40.0	43.0	44.5	46.0	47.5	49.0	52.0	54.5	62.5	70.0
III₃	土质砂	36.0	39.0	42.5	44.0	45.5	47.0	48.5	51.5	54.5	63.0	71.0
	黏质土	26.0	30.0	34.5	36.5	38.5	41.0	46.0	47.5	52.0		
	粉质土	26.5	32.0	37.0	40.0	43.0	46.0	49.0	55.0			
III₄	粉质土	25.0	34.0	45.0	51.5	58.5	66.0	74.0				
IV₁	黏质土	21.5	25.5	30.0	32.5	35.0	37.5	40.5				
IV₁ₐ	粉质土	22.0	26.5	32.0	35.0	37.5	40.5					
IV₂	黏质土	19.5	23.0	27.0	29.0	31.0	33.0	35.0				
	粉质土	31.0	36.5	42.5	45.5	48.5	51.5					
IV₃	黏质土	24.0	28.0	32.5	35.0	37.5	39.5	42.0				
	粉质土	24.0	29.5	36.0	39.0	42.5	46.0					

续上表

区划	稠度 土组	0.80	0.90	1.00	1.05	1.10	1.15	1.20	1.30	1.40	1.70	2.00
IV_4	土质砂	28.0	30.5	33.5	35.0	36.5	38.0	39.5	42.0	45.0	53.0	61.0
	黏质土	25.0	29.5	34.0	36.5	38.5	41.0	43.5				
	粉质土	23.0	28.0	33.5	36.0	39.0	42.0					
IV_5	土质砂	24.0	26.0	28.0	29.0	30.0	30.5	31.5	33.5	35.0	40.0	44.5 皖、浙、赣
	黏质土	22.0	27.0	32.5	33.5	38.5	41.5	44.5				
	黏质土	28.5	34.0	39.5	42.5	45.5	48.5	51.5				
	粉质土	26.5	31.0	36.5	39.0	42.0	45.0					

注:表中查不到的区划内容请查《公路沥青路面设计规范》(JTG D50—2006)中附录F表F.0.3。

3. 室内试验法

取代表性土样,在室内按最佳含水率制备3组土样试件,测得不同压实度与相对应的回弹模量值,绘成压实度与回弹模量曲线,查图求得标准压实度条件下的回弹模量值。

4. 换算法

在新建土基上用承载板法测定 E_0 时,同时测定同点回弹弯沉 L_0、承载比 CBR 与土的其他指标,并在室内按相同状态的土进行测试,建立现场测定与室内试验的关系,得到 E_0 与 L_0、E_0 与 CBR 的相关换算关系式,以此为基础,就可以单独采用室内试验方法确定相关 E_0 值。

二 路面材料设计参数的确定

我国《公路沥青路面设计规范》(JTG D50—2006)规定,路面设计中,各结构层材料强度设计参数应根据公路等级和设计阶段的要求确定。

(1)高速公路、一级公路施工图设计时,在初步设计阶段应选用沿线筑路材料和外购材料,进行混合料配合比设计。在选定配合比的基础上,按有关规程的规定实测材料设计参数,并确定各层材料回弹模量和抗拉强度的设计值。

(2)《公路沥青路面设计规范》(JTG D50—2006)规定,以设计弯沉值计算路面厚度,并应对沥青类面层和半刚性材料的基层、底基层,验算层底拉应力。此时各层材料的计算模量均采用抗压回弹模量。由于弯沉值是以20℃为标准温度,因此,以路面设计弯沉值计算路面结构厚度时,采用的是20℃抗压回弹模量;验算层底拉应力是以15℃为标准温度,故用15℃的抗压模量。沥青类面层和半刚性材料的抗拉强度采用劈裂试验测得的劈裂强度。

在工程可行性研究阶段,基层、底基层材料设计参数见表3-1-2-6,沥青混合料强度设计参数见表3-1-2-7。

基层、底基层材料设计参数　　　　　　　　　　　　　　　　　　　　　表 3-1-2-6

材料名称	配合比或规格要求	抗压模量 E(MPa)（弯沉计算用）	抗压模量 E(MPa)（拉应力计算用）	劈裂强度 σ（MPa）
水泥砂砾	4%～6%	1100～1500	3000～4200	0.4～0.6
水泥碎石	4%～6%	1300～1700	3000～4200	0.4～0.6
二灰砂砾	7:13:80	1100～1500	3000～4200	0.6～0.8
二灰碎石	8:12:80	1300～1700	3000～4200	0.5～0.8
石灰水泥粉煤灰砂砾	6:3:16:75	1200～1600	2700～3700	0.4～0.55
水泥粉煤灰碎石	4:16:80	1300～1700	2400～3000	0.4～0.55
石灰土碎石	粒料占60%以上	700～1100	1600～2400	0.3～0.4
碎石灰土	粒料占40%～50%以上	600～900	1200～1800	0.25～0.35
水泥石灰砂砾土	4:3:25:68	800～1200	1500～2200	0.3～0.4
二灰土	10:30:60	600～900	2000～2800	0.2～0.3
石灰土	8%～12%	400～700	1200～1800	0.2～0.25
石灰土处理路基	4%～7%	200～350	—	—
级配碎石	基层连续级配型	300～350		
级配碎石	基层骨架密实型	300～350		
级配碎石	底基层、垫层	200～250		
填隙碎石	底基层	200～280	—	—
未筛分碎石	底基层	180～220		
级配砂砾、天然砂砾	底基层	150～200		
中、粗砂	垫层	80～100		

沥青混合料强度设计参数　　　　　　　　　　　　　　　　　　　　　表 3-1-2-7

材料名称		抗压模量 E(MPa) 20℃	抗压模量 E(MPa) 15℃	15℃劈裂强度（MPa）	备注
细粒式沥青混凝土	密级配	1200～1600	1800～2200	1.2～1.6	AC-10、AC-13
细粒式沥青混凝土	开级配	700～1000	1000～1400	0.6～1.0	OGFC
沥青玛蹄脂碎石		1200～1600	1600～2000	1.4～1.9	SMA
中粒式沥青混凝土		1000～1400	1600～2000	0.8～1.2	AC-16、AC-20
密级配粗粒式沥青混凝土		800～1200	1000～1400	0.6～1.0	AC-25
沥青碎石基层	密级配	1000～1400	1200～1600	0.6～1.0	ATB-25、ATB-35
沥青碎石基层	半开级配	600～800	—	—	AM-25、AM-40
沥青贯入式		400～600	—	—	—

　　(3)水泥混凝土路面面层在行车荷载和稳定变化等因素的作用下,将产生压应力和弯拉应力。混凝土面板所受的压应力与混凝土的抗压强度相比很小,一般不用验算;而所受的弯拉应力则很大,当超过抗弯拉强度时,可能导致混凝土面板开裂破坏。因此,在设计水泥混凝土面板厚度时,应以弯拉强度为其设计控制指标。

现行水泥混凝土路面设计规范中,水泥混凝土的设计强度以龄期 28d 的弯拉强度为标准。各级交通要求的混凝土设计弯拉强度不得低于表 3-1-2-8 的规定。当混凝土浇筑后 90d 内不开放交通时,可采用 90d 龄期强度。其值一般可按 28d 龄期强度的 1.15 倍计。

水泥混凝土弯拉弹性模量的测试工作,很费时而又不易准确,且其数值的变化对荷载应力计算结果的影响不大,因此,在无条件测试时,可直接采用表 3-1-2-8 所列数值。

水泥混凝土设计弯拉强度和回弹模量　　　　　　　　　　　表 3-1-2-8

交通等级	特重	重	中等	轻
设计弯拉强度 f_{cm}(MPa)	5.0	5.0	4.5	4.0
弯拉弹性模量 E_c(×10^3MPa)	30	30	28	27

本 章 小 结

（1）将公路上行驶的不同车型组合而成的混合交通量,以某种统一轴载为标准,换算成一定的当量轴次。这种统一的轴载,称为标准轴载。《标准》中规定：路面设计标准轴载为双轮组单轴 100kN。当把混合交通量中的各级轴载换算成标准轴载时,应该遵循以某一种路面结构在不同轴载作用下达到相同的损坏程度为根据的等效原则。

（2）土基回弹模量 E_0 是路面结构设计的重要参数。土基回弹模量值与土的性质、密实度、含水率、路基所处的干湿状态以及测试方法有密切的关系。确定的方法有现场实测法、查表法、室内试验法和换算法等。

（3）路面结构层设计中需确定各层材料回弹模量（一般为抗压,水泥混凝土为抗弯拉）和抗拉强度。

思考题与习题

1. 何谓标准轴载？《标准》中规定的路面设计标准轴载是什么？
2. 当量轴次换算的原则是什么？
3. 在一定的车轮荷载作用下,土基回弹模量 E_0 值的大小说明了什么？
4. 土基回弹模量 E_0 值的确定方法有哪几种？
5. 路面结构层材料需确定哪些主要参数？
6. 已知某二级公路上拟修筑水泥混凝土路面,BZZ—100 标准轴载日平均当量轴次 135（次/日）,$\eta=0.36$,$t=15$ 年,$\gamma=10\%$,$A_s=1.1$,$A_b=1.0$,$A_c=1.1$,试计算 N_e。

第三章　路面基（底基）层和垫层

教学要求

1. 分析碎石、砾石类路面基层、底基层和垫层结构强度形成的特点,描述其分别按嵌锁原则和级配原则施工而成结构层的种类。
2. 解释常用的泥结碎石、泥灰结碎石、水结碎石、填隙碎石、级配碎(砾)石结构的概念,描述各自的基本要求和适用性。
3. 描述无机结合料稳定类路面基层、底基层结构的种类和特点,分析石灰稳定土和水泥稳定土结构强度形成的原理。
4. 描述常用的石灰稳定土、水泥稳定土和石灰工业废渣结构层的概念、基本要求和适用性。
5. 描述常用的路面基层、底基层和垫层采用不同稳定类型的结构力学特性以及适用性。

第一节　碎石、砾石类结构层

一　碎石、砾石类结构层的特性

碎石、砾石类结构层是用粗、细碎(砾)石、黏土(或不含黏土)按照嵌锁原则或级配原则铺筑而成的结构层。嵌锁型的碎石结构层包括泥结碎石、泥灰结碎石、水结碎石和填隙碎石等;级配型的碎(砾)石结构层包括级配碎石、级配砾石、符合级配要求的天然砂砾,部分砾石经轧制掺配而成的级配碎砾石等。

嵌锁原则是采用分层撒铺矿料(同层矿料的粒径大小基本相同),并经严格碾压而成的结构层(或采用开级配矿料进行拌和)。用这种方法修筑的路面结构,其强度构成主要依靠矿料之间相互嵌挤锁结作用而产生的较大的内摩阻力。但黏结力较小,仅起着辅助作用,有时黏结力几乎为零。因此,采用嵌锁原则修筑的结构,必须使用强度比较高的石料(Ⅰ-Ⅱ级),摊铺时每层矿料的颗粒尺寸必须大小均匀,形状近似立方体并有棱角、表面粗糙。各层矿料的尺寸自下而上逐渐减小,上下层矿料的粒径比一般按1/2递减。粗料做主层料,细料作为嵌缝料。为了增加其联结强度,可在矿料中掺入不同的结合料,以使其产生一定的黏结力。级配原则是采用颗粒大小不同的矿料按一定比例(连续或间断级配)配合,并掺入一定数量的结合料,拌和制成混合料,经过摊铺、碾压而形成路面结构层。这种结构具有较大的密实度。按级配原则修筑的结构层,其强度来源于内摩阻力和黏结力,但由于矿料没有较强的嵌挤锁结作用,并受结合料的影响,一般来讲内摩阻力较小。

碎、砾石路面结构强度形成的特点是:矿料颗粒之间的联结强度,一般都要比矿料本身的强度小得多。在外力作用下,材料首先将在颗粒之间产生滑动和位移,使其失去承载能力而遭到破坏。因此,对于这种松散材料组成的路面结构强度,矿料颗粒本身强度固然重要,但是起决定作用的则是颗粒之间的联结强度。总之,由材料的黏结力和内摩阻角所表征的内摩擦力所决定的颗粒之间的联结强度,构成了松散材料组成的路面的结构强度。

碎、砾石类结构层既可做面层,也可做基层或底基层。由于碎、砾石类结构层做路面面层平整度较差,易扬尘,雨天泥泞,仅适用于四级公路的路面面层。其中级配碎石适用于各级公路的基层和底基层。级配砾石、级配碎砾石以及符号级配、塑性指数等技术要求的天然砂砾,可用做二级和二级以下公路的基层,也可用做各级公路的底基层。填隙碎石适用于各级公路的底基层和三、四级公路的基层。

二 泥结碎石

泥结碎石结构层是以碎石作为集料,黏土作为填充料,经压实修筑成的一种结构。泥结碎石结构层的厚度一般为8~20cm,当总厚度等于或超过15cm时,一般分两层铺筑,上层厚6~10cm,下层厚9~14cm。泥结碎石结构层的力学强度和稳定性不仅取决于碎石的相互嵌锁作用,同时也有赖于土的黏结作用。泥结碎石结构虽用同一尺寸石料修筑,但在使用过程中由于行车荷载的反复作用,石料会被压碎而向密实级配转化。

泥结碎石结构层所用的石料,其强度等级不宜低于Ⅳ级,细长、扁平状颗粒不宜超过15%。不产石料地区的次要道路,交通量少时,可采用礓石和碎石等材料。泥结碎石层所用的黏土,应具有较高的黏性,塑性指数以18~26为宜。黏土内不得含有腐殖质或其他杂物。黏土用量一般不超过混合料总量的15%~18%。

泥结碎石结构层用于四级公路的路面面层,并宜在其上设置砂土磨耗层和保护层。泥结碎石亦可做三、四级公路的基层,但由于泥结碎石是黏土做结合料,其水稳性较差,只能用于干燥路段,不能用于中湿和潮湿路段。

三 泥灰结碎石

泥灰结碎石结构层是以碎石为集料,用一定数量的石灰和土做填充料和结合料修筑的结构。泥灰结碎石结构所用的碎石和黏土质量规格要求与泥结碎石相同,石灰的质量不低于Ⅲ级。石灰与土的用量不应大于混合料总重的20%,其中石灰剂量为土重的8%~12%。泥灰结碎石结构因掺入石灰,其水稳性要比泥结碎石好,故可用于潮湿与中湿路段作为三、四级以下公路沥青路面的基层,亦可作为四级公路路面的面层。

四 填隙碎石结构层

用单一尺寸的粗碎石做主集料,形成嵌锁作用,用石屑填满碎石间的空隙,增加密实度和稳定性,这种结构称为填隙碎石。但是由于其抗磨耗能力较差,宜在其上设置砂土磨耗层和保护层。我国过去曾广泛采用的嵌锁型碎石基层,是用筛分成几种不同规格的大、中、小单一尺寸碎石分层摊铺、分层碾压而成的。通常首先铺大碎石,经碾压稳定后,撒铺嵌缝碎石,继续碾压稳定,然后再撒铺小碎石,并碾压成型。某些地区使用的干压碎石或"水结"碎石也属于这种类型。

填隙碎石层上不能直接通车,上面必须有面层。填隙碎石基层质量好坏的两个关键为:一是从上到下粗碎石间的空隙一定要填满,即达到规定的密实度;二是表面粗碎石间既要填满,但填隙料又不能覆盖粗碎石而自成一层,即表面应看得见粗碎石,其棱角可外露3~5mm。这样可保证薄沥青面层与基层黏结良好,避免沥青面层在基层顶面发生推移破坏。由于干法施工填隙碎石不需要用水,在缺水地区,采用这种基层结构,特别显示其优越性。填隙碎石适用于各级公路的底基层和三、四级公路的基层,其施工最小厚度为10cm,结构层适宜的厚度为10~12cm。

五 级配碎(砾)石结构层

由各种粒径大小不同的集料,按密实级配要求组成混合料,经摊铺、整形、碾压而成的结构称为级配碎(砾)石。级配型集料中,没有水泥、石灰等水硬性结合料,也没有沥青,所以在国外常称为无结合料粒料。级配型集料中常含有一定数量的粒径小于0.6mm的细土,细土中还有一定数量的粒径小于0.075mm的颗粒,因此具有或大或小的塑性指数。

混合料中,粗、细碎石集料和石屑各占一定比例,其颗粒组成符合规定的密实级配要求时,称为级配碎石。结构中的混合料中,粗、细集料和砂各占一定的比例,其颗粒组成符合规定的密实级配要求时,称为级配砾石。

级配碎(砾)石结构层的强度是由集料的摩擦力、黏结力和嵌锁作用构成,具有一定的水稳性和力学强度。就力学性质和稳定性而言,级配碎石是级配集料中最好的材料,级配砾石则是级配集料中最次的材料,而级配碎砾石则处于两者之间。

在实际工作中,对于级配集料,主要是控制颗粒的级配组成,特别是其中的最大粒径的颗粒含量,粒径在4.75mm以下、0.6mm以下和0.075mm以下的颗粒含量,以及塑性指数等。同时,在施工中要严格控制级配集料的均匀性和压实度。

级配碎石可用于各级公路的基层和底基层,级配碎砾石、级配砾石可用作轻交通的二级和二级以下公路的基层和各级公路的底基层。

第二节 无机结合料稳定类结构层

一 无机结合料稳定土结构层的特性

在广义的土中掺入一定量的无机结合料(包括水泥、石灰或工业废渣等)和水,经拌和得到的混合料再经压实与养生后,其抗压强度符合规定的要求时,称为无机结合料稳定土,以此修筑的路面结构层称为无机结合料稳定土结构层。

无机结合料稳定土结构层具有稳定性好、抗冻性能强、结构本身自成板体等特点,但其耐久性差,易产生干缩和冷缩裂缝,因此广泛用于修筑路面结构的基层和底基层。

稳定土中的广义土,按照土中单个颗粒(指碎石、砾石和砂颗粒)的粒径大小和组成,可将其分为下列 3 种：

（1）细粒土。颗粒的最大粒径小于 9.5mm，且其中粒径小于 2.36mm 的颗粒含量不少于 90%。

（2）中粒土。颗粒的最大粒径小于 26.5mm，且其中粒径小于 19mm 的颗粒含量不少于 90%。

（3）粗粒土。颗粒的最大粒径小于 37.5mm，且其中粒径小于 31.5mm 的颗粒含量不少于 90%。

无机结合料稳定细粒土（需粉碎或原来松散的土）中的石灰稳定细粒土可简称为石灰土，水泥稳定细粒土可简称为水泥土。无机结合料稳定中、粗粒土中的石灰稳定中、粗粒土可简称为石灰稳定粒料，水泥稳定中、粗粒土可简称为水泥稳定粒料。

无机结合料稳定土种类较多，其物理、力学性质各有特点，使用时应根据结构要求、掺加剂量和原材料的供应情况及施工条件进行综合技术、经济比较后选定。

由于无机结合料稳定土的刚度介于柔性路面材料和刚性路面材料之间，常称为半刚性材料。以此修筑的基层或底基层称为半刚性基层或半刚性底基层。

无机结合料稳定土结构层一般在高温季节修筑，成形初期的基层内部含水率大，且尚未被面层所封闭，基层内部的水分必然要蒸发，从而主要发生由表及里的干燥收缩。同时，环境温度也存在昼夜温度差，修筑初期的半刚性基层也受到温度收缩的作用，因此，必须注意养生保护。经过一定龄期的养生，特别是半刚性基层上铺筑面层之后，基层内相对湿度略有增大，使材料的含水率趋于平衡，这时半刚性基层的裂缝变形以温度收缩为主。

二 石灰稳定土

在广义的土中，掺入适量的石灰和水，拌和后得到的混合料，经摊铺、压实及养生后，当结构层的抗压强度符合规定要求时，称为石灰稳定土结构层。

石灰稳定土常用的种类有：石灰土（石灰稳定细粒土的简称，下同）、石灰砂砾土（石灰稳定天然砂砾土）、石灰碎石土、石灰砂砾（石灰稳定级配砂砾）、石灰碎石（石灰稳定级配碎石）等。

1. 石灰稳定土强度形成原理

石灰稳定土强度形成主要是在土中掺入适量的石灰，并在最佳含水率下拌匀压实，使石灰与土发生离子交换作用、结晶作用、碳酸化作用、火山灰作用等一系列的物理、化学作用，从而使土的性质发生根本性改变。在初期，主要表现为土的结团、塑性降低、最佳含水率增加和最大密度减小等，后期主要表现为结晶结构的形成，从而提高其板体性、强度和稳定性。

2. 影响石灰稳定土强度的因素

1）土质

生产实践表明，塑性指数高的土，其稳定效果显著，强度也高。但采用塑性指数过高的土时施工不易粉碎，而且会增加干缩裂缝；采用塑性指数偏小的土时容易拌和，但难以碾压成型，稳定效果不显著。因此，选用土质，既要考虑其强度，还要考虑到施工时易于粉碎，便于碾压成型。一般选用塑性指数为 15~20 的土。塑性指数偏大的黏性土，要加强粉碎，粉碎后土中 15~25mm 的土块不宜超过 5%。经验证明，塑性指数小于 12 的土不宜用石灰稳定。

对于硫酸盐类含量超过0.8%或腐殖质含量超过10%的土,对强度有显著不利影响,不宜直接采用。

2) 石灰质量

石灰的等级越高(即 CaO + MgO 的含量越高),稳定效果越好。石灰的细度越大,其比表面积越大,在相同剂量下与土粒的作用越充分,因而效果越好。

石灰应是消石灰粉或生石灰粉,对于高速公路或一级公路宜用磨细的生石灰粉。石灰质量应符合Ⅲ级以上的技术指标,并要尽量缩短石灰的存放时间,最好在生产后不迟于3个月内投入使用。

3) 石灰剂量

石灰剂量是指石灰质量占全部粗细土颗粒(即砾石、碎石、砂砾、粉粒和黏粒)干质量的百分率。

石灰剂量对石灰稳定土强度影响显著,石灰剂量较低(3%~4%)时,石灰主要起稳定作用,土的塑性、膨胀、吸水量减小,使土的密实度、强度得到改善。随着剂量的增加,强度和稳定性均提高,但剂量超过一定范围时,强度反而降低。生产实践中常用的最佳剂量范围,黏性土及粉性土为8%~14%,砂性土则为9%~16%。剂量的确定应根据结构层技术要求进行混合料组成设计。

4) 含水率

水促使石灰稳定土发生物理化学变化,形成强度,同时水也是便于土的粉碎、拌和与压实的必要条件。不同土质的石灰稳定土有不同的最佳含水率,需通过标准击实试验确定,并用以控制施工中的实际加水量。

5) 压实度

石灰稳定土的强度随压实度的增加而增长。实践证明,石灰稳定土的压实度每增减1%,强度约增减4%。而且密实的石灰稳定土,其抗冻性、水稳定性好,缩裂现象也少。

6) 龄期

石灰稳定土强度具有随龄期增长的特点。石灰稳定土初期强度低,随着时间的逐渐增长而趋于稳定。一般情况下石灰稳定土的强度在90d以前增长比较显著,以后就比较缓慢。石灰稳定土的这种特性对施工程序的衔接有相当的灵活性。但为了防止冰冻破坏作用,要求有一个冻前龄期。

7) 养生条件

养生条件主要指温度与湿度。养生条件不同,其强度也有差异。当温度高时,物理化学反应、硬化、强度增长快,反之强度增长慢,在负温条件下甚至不增长。因此,要求施工的最低温度应在5℃以上,并在第一次重冰冻(-5~-3℃)到来之前一个月至一个半月完成。多年的施工经验证明,夏季施工的石灰稳定土强度高,质量可以保证,一般在使用中很少损坏。

养生的湿度条件对石灰稳定土的强度也有很大影响。在一定温度、潮湿条件下养生时,强度的形成比在一般空气中养生要好。

3. 石灰稳定土的应用

由于但石灰稳定土的收缩裂缝多、水稳定性较差,石灰稳定土材料宜用于各级公路的底基层以及三级、四级公路的基层。

三 水泥稳定土

在广义的土中,掺入足量的水泥和水,通过拌和得到的混合料,经摊铺、压实及养生后,当其抗压强度符合规定的要求时,称为水泥稳定土。

水泥稳定土常用的种类有:水泥土、水泥砂、水泥碎石、水泥砂砾等。

1. 水泥稳定土强度形成原理

水泥稳定土的强度形成主要是在利用水泥来稳定土的过程中,水泥、土和水之间通过水泥的水化作用、离子交换作用、化学激发作用、碳酸化作用等发生了多种非常复杂的作用,使土的性能发生了明显的变化,从而使水泥稳定土具有较高强度和水稳定性。

水泥稳定土能适应不同的气候与水文条件,特别是在潮湿寒冷地区的适应性较其他稳定土更强。用水泥来稳定土可显著地改善土的物理力学性质,获得良好的整体性、足够的力学强度、水稳定性和抗冻性。其初期强度较高,且随龄期增长而增长,所以使用范围很广。

2. 影响水泥稳定土强度的因素

1) 土质

各类土均可用水泥稳定,但稳定效果不同。试验和生产实践表明,用水泥稳定级配良好的碎(砾)石和砂砾效果最好,不但强度高,而且水泥用量少,其次是细粒土质砂,再次是粉质土和黏质土。重黏土难以粉碎和拌和,不宜单独用水泥来稳定。因此,要求土的塑性指数不大于17,实际工程中应选用塑性指数小于12的土。有机质含量超过20%和硫酸盐含量超过0.25%的土不宜选用。

2) 水泥的品种和剂量

各种类型的水泥都可以用于稳定土。对于同一种土,通常情况下硅酸盐水泥的稳定效果好,而铝酸盐水泥较差。

水泥剂量是指水泥质量占全部粗细颗粒(即碎石、砾石、砂砾、粉粒、黏粒)干质量的百分率。

水泥稳定土的强度随水泥剂量的增加而增长,过多的水泥用量,虽能增加强度,在经济上却不一定合理,效果上也不一定显著,且容易开裂。试验和研究表明,水泥剂量为4%~8%时较为合理。合理的水泥剂量应根据结构层技术要求进行混合料组成设计确定。

3) 含水率

当含水率不足时,水泥不能在混合料中完全水化和水解,发挥不了水泥对土的稳定作用,影响其强度形成。含水率达不到最佳含水率时还会影响水泥稳定土的压实度。

水泥正常水化所需的水量约为水泥质量的20%,对于细粒土质砂,完全水化达到最高强度的含水率较最大密度的含水率小;对于黏质土则相反。

4) 施工工艺过程

水泥、土和水拌和均匀,且在最佳含水率下充分压实,使干密度最大,其强度和稳定性则高。水泥稳定土从开始加水拌和到完成压实的延迟时间要尽可能缩短,一般要在6h以内,若时间过长,则水泥凝结,碾压时不但达不到压实度要求,而且还会破坏已结硬水泥的胶凝作用,反而使水泥稳定土强度下降。在水泥终凝时间达不到规定要求时,可以使用一定剂量的缓凝剂,缓凝剂的品种和具体数量应根据试验确定。

水泥稳定土需湿法养生,以满足水化形成强度的需要。养生温度越高,强度增长得越快,在负温条件下甚至不增长。因此,应保证水泥稳定土养生的温度和湿度条件。施工最低气温及冻前龄期的要求与石灰稳定土相同。

3. 水泥稳定土的应用

水泥稳定土的强度、水稳定性、抗冲刷能力和抗冻性都较石灰稳定土好,但暴露的水泥稳定土因干缩和冷缩也易产生裂缝。水泥土与水泥稳定砂砾、水泥稳定碎石相比有下述3个不利的特征:一是水泥土容易产生严重的收缩裂缝,并影响面层;二是水泥土的强度没有充分形成时其表层遇水会发生软化;三是水泥土的抗冲刷能力小,表面水由面层裂缝渗入后易产生唧泥现象。

水泥稳定粗、中粒土可用于各级公路路面结构的基层和底基层。但水泥土只用于三级、四级公路的基层或二级及二级以上公路的底基层。在高等级公路的水泥混凝土面板下,也不应用水泥土做基层。水泥稳定土结构层的施工最小厚度为15cm,结构层适宜的厚度为16~20cm。

四 石灰工业废渣稳定土

工业废渣包括:粉煤灰、炉渣、煤渣、高炉矿渣(镁渣)、钢渣(已经过崩解达到稳定)、和其他粉状废渣等。目前最常用的工业废渣主要是粉煤灰。

一定数量的石灰和粉煤灰与其他集料(或土)相结合,加入适量的水(通常为最佳含水率),经拌和、摊铺、压实及养生后得到的混合料,当其抗压强度符合规定要求时,称为石灰粉煤灰稳定类材料,简称二灰稳定类材料。

石灰工业废渣材料可分两大类:石灰粉煤灰(简称二灰)类和石灰其他废渣类。用石灰和粉煤灰稳定细粒土(含砂)得到的混合料,简称二灰土;用石灰和粉煤灰稳定级配砂砾、天然砂砾所得到的混合料称为二灰稳定砂砾(简称二灰砂砾);用石灰和粉煤灰稳定粗粒土所得到的混合料称为二灰碎石土;用石灰和粉煤灰稳定中粒土所得到的混合料称为二灰砾石土。

1. 二灰稳定类结构层的强度形成原理

二灰稳定类材料的强度形成主要是在利用石灰粉煤灰来稳定土的过程中,石灰粉煤灰、土和水之间通过离子交换作用、结晶作用、化学激发作用、碳酸化作用等发生了多种非常复杂的作用,使二灰稳定类材料的性能发生了明显的变化,从而使其具有较强的胶结能力和稳定性以及初期强度较低、后期强度较高的特点。

2. 影响二灰稳定类材料强度的因素

影响二灰稳定类材料强度的主要因素有石灰质量与用量、粉煤灰质量与用量、土质(集料质量)、含水率、工艺过程和养生条件等。

1)土质

土的塑性指数大,则二灰土的收缩性大,反之则收缩性小。对土的要求是:易于粉碎、便于碾压成型,塑性指数为12~20,有机质含量不应超过10%,硫酸盐含量不应超过0.8%。

在二灰或二灰土中加入粒料可提高其早期强度,减少其收缩裂缝。试验表明,密实式二灰砂砾、二灰碎石比悬浮式的强度高、收缩变形小,因此,石灰粉煤灰稳定集料所用的碎、砾石应具有一定的级配。

2) 石灰粉煤灰

石灰的质量和用量对混合料的强度均有较大的影响。石灰质量应符合Ⅲ级以上的生石灰或消石灰的技术指标,石灰的用量应通过试验确定。实际使用时,要尽量缩短石灰的存放时间。粉煤灰的主要成分是 SiO_2、Al_2O_3、Fe_2O_3、CaO,前两种成分的总含量应大于70%。粉煤灰的烧失量不宜大于20%,烧失量过大时,将明显降低混合料的强度,有的甚至难以成型。粉煤灰的用量应通过试验确定。

其他影响因素,如含水率、工艺过程、养生条件等与石灰稳定类、水泥稳定类基本相同。

3. 二灰稳定类结构层的应用

二灰稳定类结构层适用于各级公路的基层和底基层,但二灰土用于三级、四级公路的基层或二级及二级以上公路的底基层。

本 章 小 结

(1) 常用的路面基层、底基层和垫层主要有碎、砾石类和无机结合料稳定类两大类。

(2) 碎石、砾石类结构层是用粗、细碎(砾)石以及黏土(或不含黏土)按照嵌锁原则或级配原则铺筑而成的结构层。

(3) 无机结合料稳定土结构层是在广义的土中掺入一定量的无机结合料(包括水泥、石灰或工业废渣等)和水,经拌和得到的混合料,经压实与养生后,使其抗压强度符合规定要求的结构层。

(4) 石灰稳定土强度是靠离子交换、结晶、碳酸化、火山灰等4种作用形成的。水泥稳定土强度是靠水泥的水化、离子交换、化学激发、碳酸化等4种作用形成的。

(5) 路面基层、底基层和垫层中的各类结构层都有各自的基本要求和适用性。

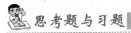
思考题与习题

1. 用嵌锁原则或级配原则做碎石和砾石路面的基层、底基层结构层有什么不同?
2. 试述泥结碎石、泥灰结碎石、水结碎石、填隙碎石、级配碎(砾)石结构的基本概念。
3. 试述无机结合料稳定土结构层的优点与缺点?
4. 无机结合料稳定土结构中的用土与路基中用土的分类有什么不同?
5. 试述石灰稳定土、水泥稳定土、石灰工业废渣稳定土的基本概念。
6. 试述石灰稳定土的强度形成原理。影响石灰稳定土强度的因素是什么?
7. 试述水泥稳定土的强度形成原理。影响水泥稳定土强度的因素是什么?
8. 试述二灰稳定土的强度形成原理。影响石灰工业废渣稳定类结构层强度的因素是什么?

第四章　沥青路面设计

教学要求

1. 知道沥青路面的分类及基本特性。
2. 会描述沥青路面常见破坏模式及形成机理。
3. 能描述沥青路面的设计理论、设计内容和设计指标。
4. 会计算沥青路面设计指标,会确定有关参数和交通等级。
5. 会根据材料特点及设计原则进行沥青路面结构组合设计。
6. 会运用设计规范应用软件进行沥青路面的设计计算。

第一节　沥青路面基本认知

沥青路面是指在柔性基层、半刚性基层上铺筑一定厚度的沥青混合料作面层的路面结构的总称,也称黑色路面。沥青路面抗弯拉强度较低,其承载力与稳定性在很大程度上取决于土基和基层的特性。因而要求土基和基层应具有足够的强度和稳定性。对软弱土基或翻浆路段,必须预先加以处理。在低温时,沥青路面的抗变形能力很低,在寒冷地区为了防止土基的不均匀冻胀而使沥青路面开裂,需设置防冻层。对交通量较大的路段,为使沥青路面具有一定的抗弯拉和抗疲劳开裂的能力,宜在沥青面层下设置沥青混合料封层。

一、沥青路面的基本特性

1. 沥青路面的高温稳定性

沥青路面的高温稳定性主要是指沥青混合料于高温季节在车辆荷载作用下抵抗变形的能力。如沥青路面在夏季出现的推挤、车辙、拥包等病害基本上属于高温稳定性的范畴,造成的原因主要是在高温时沥青混合料的抗剪切能力不足。

一般来讲,选用稠度较大和黏结力较强的沥青时,沥青混合料的抗剪切强度也较高。另外,矿料的级配组成、矿料颗粒形状和表面性质也影响沥青混合料的内摩擦角,矿料的颗粒尺寸增加、针片状颗粒含量减少都可使混合料的内摩擦角增大。因此,使用形状接近立方体、有棱角和表面粗糙的碎石,以及增加碎石用量等都可以提高沥青混合料的高温稳定性。

2. 沥青路面的低温抗裂性

沥青路面的低温开裂主要有两种形式:一种是由于气温骤降使面层产生温度收缩变形,

在有约束的条件下沥青面层内产生的温度拉应力超过沥青混合料的抗拉强度而形成的低温开裂;另一种形式是由于一年四季气候的变化,使沥青面层产生的温度疲劳裂缝。无论哪种裂缝,从内因看是由沥青混合料的性质决定,从外因看主要是由外界环境温度的变化所诱发,车辆荷载的作用起次要作用。由于温度的下降,沥青混合料的刚度大大增加,在气温差较大或路表结构层产生较大的温度梯度时,较易在沥青路面表层先产生开裂,继而发展到面层深部,其裂缝形式一般为从上到下,而且裂缝一般为等间距。

使用稠度较低、温度敏感性低的沥青,可以减少或延缓路面的开裂。路面所在地区的温度越低,开裂一般越严重。沥青材料的老化,致使混合料变硬、变脆,因此对低温更为敏感,使路面产生开裂的可能性增大。

3. 沥青路面的水稳定性

沥青路面的水稳定性通常是指沥青混合料在水的作用下保持强度(黏结强度、整体强度)的能力。高速公路、一级公路、二级公路的沥青混合料面层应具有良好的水稳定性。沥青混凝土的水稳定性指标,除通常采用的浸水马歇尔试验和沥青与矿料的黏附性试验,以检验沥青混合料受水损害时的抗剥落性能外,对年最低气温低于 $-21.5℃$ 的寒冷地区,还应增加沥青混合料冻融劈裂残留强度试验。

改善沥青混合料水稳定性的措施主要有:使用水泥或消石灰处理集料表面,也可掺加抗剥落剂来提高沥青结合料与矿料之间的黏附性。国内外的经验证明,使用消石灰处理集料表面的效果较好,而且比较经济。

4. 沥青路面的疲劳特性

同其他路面材料一样,沥青混合料的变形和破坏,不仅与荷载应力大小有关,而且与荷载的重复作用次数有很大的关系。路面材料受重复荷载的作用在低于极限抗拉强度下的破坏,称为疲劳破坏,导致疲劳破坏最终的荷载作用次数称为材料的疲劳寿命。

影响沥青路面疲劳特性的因素很多,除了材料的性质(种类、组成等)、环境因素(温度、湿度等),还取决于沥青混合料的劲度。沥青混合料的压实度直接决定着沥青混合料的稳定度和劲度,也决定着混合料中的孔隙率。当沥青混合料结构层中的孔隙率较大时会增加沥青的氧化速度,增大与水的接触面积,因而减少其疲劳寿命。因此,保证沥青混合料具有较高的压实度,对增加沥青混合料的使用寿命意义重大。

5. 沥青路面的老化特性

沥青材料在沥青混合料的拌和、摊铺、碾压以及运营使用中,都存在老化问题。从大的方面看,主要是施工过程中超过规范规定的高温加热老化和使用过程中的空气及紫外线照射等长期作用的老化。

对于沥青材料来说,评价其抗热老化的能力一般用蒸发损失、薄膜烘箱及旋转薄膜烘箱试验,而评价长期老化的性能则用压力老化试验等。

二 沥青路面的分类

1. 按沥青面层的结构组成分类

按沥青面层的结构组成可分为密实型、嵌挤型和嵌挤密实型3大类。

密实型沥青结构层的集料级配按最大密实原则设计,颗粒尺寸连续多样,其强度和稳定性主要取决于沥青混合料的黏聚力和内摩阻力。此类路面的主要特点是空隙率较小（小于10%），沥青混合料致密耐久，但热稳性较差。如沥青混凝土 AC、密级配沥青碎石混合料 ATB。

嵌挤型沥青结构层要求采用颗粒尺寸较为均一的集料与沥青分层铺筑或采用开级配（半开级配）沥青碎石混合料铺筑，结构层的强度和稳定性主要依靠集料之间相互嵌挤产生的内摩阻力，而黏结力起次要作用。此类路面的主要特点是热稳性较好，但空隙较大（大于10%）、易渗水，因而耐久性较差。如开级配沥青碎石 ATPB、半开级配沥青碎石 AM。

嵌挤密实型沥青结构层的粗集料嵌挤作用较好，设计空隙率较小（小于10%），其强度和稳定性主要取决于沥青混合料的内摩阻力和黏聚力。此类路面的主要特点是沥青混合料致密耐久，热稳性也较好。如沥青玛蹄脂碎石混合料 SMA。

2. 按沥青面层的成型方法分类

按沥青面层的成型方法可分为层铺法、路拌法和厂拌法 3 类。

层铺法是用分层洒布沥青、分层铺撒矿料和碾压的方法修筑沥青路面。其主要优点是工艺和设备简便、功效较高、施工进度快、造价较低；缺点是路面成型期较长，需要经过炎热季节行车碾压反油之后路面方能成型。用这种方法修筑的沥青路面有沥青表面处治和沥青贯入式两种。

路拌法是在路上用机械将矿料和沥青材料就地拌和摊铺经碾压密实而成的沥青面层。此类面层所用的矿料为碎（砾）石者称为路拌沥青碎（砾）石；所用的矿料为土者则称为路拌沥青稳定土。路拌沥青面层，通过就地拌和，沥青材料在矿料中分布比层铺法均匀，可以缩短路面的成型期。但因所用的矿料为冷料，需使用黏稠度较低的沥青材料，故沥青混合料的强度较低。用这种方法修筑的沥青路面有乳化沥青碎石或冷拌沥青混合料。

厂拌法是将规定级配的矿料和沥青材料在工厂用专用设备加热拌和，然后送到工地摊铺碾压而成的沥青路面。厂拌法按沥青混合料铺筑时温度的不同，又可分为热拌热铺和热拌冷铺两种。热拌热铺沥青混合料是在专用设备中加热拌和后立即趁热运到路上摊铺压实。如果沥青混合料加热拌和后储存一段时间再在常温下运到路上摊铺压实，即为热拌冷铺。厂拌法使用较黏稠的沥青材料，且矿料经过精选，因而沥青混合料质量高，使用寿命长，但修建费用也较高。用这种方法修筑的沥青路面有热拌沥青碎石、沥青玛蹄脂碎石混合料 SMA、沥青混凝土 AC、开级配排水式抗滑磨耗层 OGFC、Superpave 沥青混合料等。

3. 按沥青面层的使用品质分类

按沥青面层的使用品质可分为沥青混凝土（AC）路面、沥青碎石（AM）路面、沥青玛蹄脂碎石（SMA）路面、沥青贯入式、沥青表面处治、开级配排水式抗滑磨耗层（OGFC）、Superpave 沥青混合料等类型。

三 沥青路面的设计理论

由不同材料的结构层及土基组成的路面结构，在荷载作用下其应力形变关系一般呈非线性特性，且应变随应力作用时间而变化，同时应力卸除后常有一部分变形不能恢复。因此，严格地说，沥青路面在力学性质上属于非线性的弹—黏—塑性体。但是考虑到行驶车轮作用的瞬时性（百分之几秒），在路面结构中产生的黏—塑性变形数量很小，所以对于厚度较大、强度较高的高等级路面,将其视作线性弹性体,并应用弹性层状体系理论进行分析计算。

弹性层状体系是由若干个弹性层组成,上面各层具有一定厚度,最下一层为弹性半空间体,如图3-1-4-1所示,其中 $h_1, h_2, \cdots, h_i, \cdots, h_{n-1}$ 为各层厚度,$E_1, E_2, \cdots, E_i, \cdots, E_{n-1}$ 及 $\mu_1, \mu_2, \cdots, \mu_i, \cdots, \mu_{n-1}$ 为各层弹性模量及泊松比,E_n 和 μ_n 分别为土基的弹性模量和泊松比。

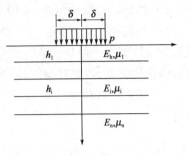

图3-1-4-1　弹性层状体系示意图

我国在应用弹性力学方法求解弹性层状体系的应力、变形和位移等分量时,引入如下一些假设:

(1)各层是连续的、完全弹性的、均匀的、各向同性的,以及位移和形变是微小的。

(2)最下一层在水平方向和垂直向下方向为无限大,其上各层厚度为有限、水平方向为无限大。

(3)各层在水平方向无限远处及最下一层向下无限深处,其应力、形变和位移为零。

(4)层间接触情况,或者位移完全连续(称连续体系),或者层间仅竖向应力和位移连续而无摩阻力(称滑动体系)。

(5)不计自重。

我国《公路沥青路面设计规范》(JTG D50—2006)采用弹性层状体系理论为基础,以双圆垂直均布荷载作用下的路面整体沉降(弯沉)和结构层的层底拉应力作为设计指标,以疲劳效应为基础,处理轴载标准化转换和轴载多次重复作用效应。

四　沥青路面的设计内容

沥青路面设计是根据使用要求及气候、水文、土质等自然条件,密切结合当地实践经验,设计确定经济合理的路面结构,使之能承受交通荷载和环境因素的作用,在预定的使用期限满足各级公路相应的承载能力、耐久性、舒适性和安全性要求。

路面设计的主要内容应包括交通量实测、分析与预测,原材料选择,混合料配合比设计,设计参数的测试与确定,路面结构层组合设计与厚度计算,以及路面结构的方案比选等内容。路面设计除行车道部分的路面外,对高速公路、一级公路还应包括路缘带、硬路肩、加减速车道、紧急停车带、收费站和服务区的场面设计以及路面排水系统的设计,对其他各级公路应包括路肩加固、路缘石和路面排水设计。

路面设计工作是一个系统工程,它不是单纯的厚度计算。设计人员应重视材料调查,选用符合技术要求、经济合理的材料,防止简单地套用路面结构。设计工作包括以下具体内容:

(1)调查与收集有关交通量及其组成资料,积极开展轴载谱分布的调查、测试工作。

(2)收集当地气候、水文资料,了解沿线地质、路基填挖及干湿状况,通过试验或论证确定路基回弹模量。

(3)设计人员应认真做好路用各种材料的调查,并取样试验,根据试验结果选定路面各结构层所需的材料。

(4)施工图设计阶段应进行混合料的目标配合比设计,并测试、确定材料设计参数。

(5)拟定路面结构组合,采用专用程序计算厚度。

(6)对路面结构方案进行概算、技术经济比较,进行初期投资或长期成本寿命分析,提出推荐的设计方案。但是目前我国尚未建立初期投资、营运中的维修、养护费用等全过程的技术经济预估模型,希望有条件的设计、科研单位开展这方面的工作,积累资料。

(7)认真做好路面排水、路面结构内部排水和中央分隔带排水系统设计,使路面排水通畅,路面结构内部无积水滞留。

五 沥青路面的设计原则

沥青路面设计应遵循下列原则:

(1)开展现场资料调查和收集工作,做好交通荷载分析与预测,按照全寿命周期成本的理念进行路面设计。

(2)调查掌握沿线路基特点,查明土质、路基干湿类型,在对不良地质路段处理的基础上,进行路基路面综合设计。

(3)遵循因地制宜、合理选材、节约资源的原则,选择技术先进、经济合理、安全可靠、方便施工的路面结构方案。

(4)结合当地条件,积极、慎重地推广新技术、新结构、新材料、新工艺,并认真铺筑试验路段,总结经验,不断完善,逐步推广。

(5)符合国家环境保护的有关规定,保护相关人员的安全和健康,重视材料的再生利用与废弃料的处理。

(6)高速公路、一级公路的沥青路面不宜采用分期修建,软土地区或高填方路基、黄土湿陷地区等可能产生较大沉降的路段,以及初期交通量较小的公路可"一次设计、分期修建"。

六 沥青路面的设计指标

鉴于路面结构破坏模式的多样化,欲控制或限制路面结构性能在预定的使用年限内不恶化到某一程度,应制定出相应的多种设计指标来控制路面设计。

我国《公路沥青路面设计规范》(JTG D50—2006)规定:高速公路、一级公路、二级公路的路面结构,以路表面回弹弯沉值、沥青混凝土层的层底拉应力及半刚性材料层的层底拉应力为设计指标。三级公路、四级公路的路面结构以路表面设计弯沉值为设计指标。有条件时,对重载交通路面宜检验沥青混合料的抗剪切强度。

1. 弯沉设计指标

为了控制路基路面的总变形,防止网裂、沉陷、车辙等整体强度不足的损坏,采用弯沉设计指标——路基路面结构表面在双圆均布垂直荷载作用下轮隙中心处(A点)的路表计算弯沉值l_s小于或等于设计弯沉值l_d,即:

$$l_s \leqslant l_d \tag{3-1-4-1}$$

2. 拉应力指标

为了防止沥青混凝土或半刚性基层、底基层的疲劳开裂,采用拉应力指标——沥青混凝土面层或半刚性材料基层、底基层轮隙中心(C点)或单圆荷载中心处(B点)的层底拉应力

σ_m 应小于或等于该层材料的容许拉应力 σ_R,即:

$$\sigma_m \leqslant \sigma_R \tag{3-1-4-2}$$

3. 剪应力指标

为了防止高温季节道路交叉口、停车场等车辆频繁起动、制动地段的沥青面层表面产生推移和拥起等破坏现象,采用剪应力指标——沥青路面面层在车轮的垂直力和水平力的共同作用下,可能产生的最大剪应力 τ_{max}(由弹性层状体系理论计算的各应力分量求得),应不超过材料的容许剪应力 τ_R,即:

$$\tau_{max} \leqslant \tau_R \tag{3-1-4-3}$$

七 沥青路面的交通等级

路面结构在设计年限内承担交通荷载的繁重程度以交通等级来划分。我国沥青路面根据交通荷载的轻重划分为四个等级(表 3-1-4-1),即轻交通、中等交通、重交通、特重交通。路面结构选型、结构组织设计、结构层位的确定、路面材料的选定都应充分考虑沥青路面的交通等级。设计时可根据累计当量轴次 N_e(次/车道)或每车道、每日平均大型客车及中型以上的各种货车交通量[辆/(d·车道)],选择一个较高的交通等级作为设计交通等级。

交 通 等 级   表 3-1-4-1

交 通 等 级	BZZ-100 累计标准轴次 N_e (次/车道)	大客车及中型以上的各种货车交通量 [辆/(d·车道)]
轻交通	$< 3 \times 10^6$	<600
中等交通	$3 \times 10^6 \sim 1.2 \times 10^7$	600~1500
重交通	$1.2 \times 10^7 \sim 2.5 \times 10^7$	1500~3000
特重交通	$> 2.5 \times 10^7$	>3000

第二节 沥青路面结构设计

路面结构设计包括各结构层设计和结构层组合设计。

一 沥青路面各分层结构设计

沥青路面结构层可由面层、基层、底基层、垫层等多层结构组成。

1. 面层类型的选择

路面面层因直接承受行车和自然因素的反复作用,要求强度高(抗拉和抗剪切)、耐磨耗、抗滑、热稳性好和不透水,因而通常选用黏结力较强的结合料和强度高的集料作为面层材料。

交通量越大,公路等级越高,则路面厚度也越大,相应的面层层次一般也越多。面层可为单层、双层或三层。双层结构分为表面层、下面层。三层结构分为表面层、中面层、下面层。表面层应具有平整密实、抗滑耐磨、稳定耐久的服务功能,同时应具有高温抗车辙、低温抗开裂、抗老化等性能。中、下面层应密实、基本不透水,并具有高温抗车辙、抗剪切、抗疲劳开裂的力学性能。抗滑面层宜选用沥青玛蹄脂碎石 SMA、密级配粗型沥青混合料 AC-C,有条件时可用开级配抗滑面层 OGFC。在各沥青层中至少有一层应为密级配沥青混合料。

面层类型的选择应与公路等级、使用要求、交通等级相适应,见表 3-1-4-2。在选择面层类型时,还应特别考虑当地的气候特征。如在气候干旱地区,不宜采用砂砾路面,以免产生严重的搓板现象;在多雨地区,要特别重视路面结构层的水稳性和面层透水性问题;对沥青路面,还要考虑寒冷地区的低温抗裂性和高温地区的热稳性问题,同时还要考虑抗滑性能等问题。

公路沥青面层类型的选择　　　　　　表 3-1-4-2

面层类型	适用范围
沥青混凝土	高速公路、一级公路、二级公路、三级公路、四级公路
沥青玛蹄脂碎石混合料 SMA、排水式沥青混合料 OGFC、Superpave 沥青混合料	高速公路、一级公路
贯入式沥青碎石(上拌下贯沥青碎石)、沥青碎石、沥青表面处治、稀浆封层	三级公路、四级公路
冷拌沥青混合料	交通量小的三级公路、四级公路

高速公路、一级公路一般选用表面层、中面层、下面层的三层沥青面层结构;二级、三级公路一般采用双层式沥青面层,即表面层与下面层;三级、四级公路一般采用双层沥青表面处治结构。

2. 基层类型的选择

对沥青路面,基层是主要的承重层,应具有稳定、耐久、较高的承载力,可为单层或双层。双层基层中底基层是设置在基层之下,并与面层、基层一起承受车轮荷载反复作用的次承重层。基层、底基层设计应贯彻就地取材的原则,认真做好当地材料的调查,根据交通量及其组成、气候条件、筑路材料以及路基水文状况等因素,选择技术可靠、经济合理的结构层。

目前常用的路面基层、底基层材料按力学性质可划分为半刚性类、柔性类和刚性类。半刚性种类包含水泥稳定类、石灰工业废渣类(石灰粉煤灰、石灰钢渣等)、石灰稳定类及综合稳定类(水泥粉煤灰、水泥石灰稳定类等);柔性种类可分为有机结合料稳定类(沥青碎石、沥青贯入等)和无黏结粒料类(级配碎石、级配砾石、填隙碎石、级配砾碎石类等);刚性类型包括贫混凝土、水泥混凝土等。

每一类型的基层都有各自的特点,其适用的场合也有所不同。沥青混合料类、水泥或二灰稳定集料类、贫混凝土及级配碎石可用于交通量繁重的公路基层,其他类型的材料可适用于较小交通量的公路基层。底基层应充分利用沿线成本较低、来源较广、性能稍差的地方材料,可采用无机结合料稳定细粒土或粒料类等。

3. 垫层类型的选择

垫层是设置在底基层与土基之间的结构层,直接与土基接触,具有排水、隔水、防冻、防污等作用,通常设在路基处于潮湿和过湿以及有冰冻翻浆的路段。常用的垫层材料可选用粗砂、砂砾、碎石、煤渣、矿渣等粒料组成的透水性垫层以及水泥或石灰煤渣稳定类、石灰粉煤灰等修筑的稳定类垫层。季节性冰冻地区地下水位较高、粉性土路堤,毛细管水上升高度较大的潮湿、过湿路基段,年降雨量较大的潮湿多雨地区路基两侧可能滞水或有泉眼的路段,当路面结构采用或不便采用渗透排水基层时,应在路基与(底)基层之间,设置开级配碎石、开级配卵石、砂砾、粗砂排水垫层,排水垫层的级配应满足排水和反滤的要求,并具有一定的强度和较好的水稳性。

二 结构层组合设计

沥青路面结构层的合理选择和组合,是整个路面结构是否能在设计使用年限里承受行车荷载和自然因素的共同作用,同时又能发挥各结构层的最大效能,使整个路面结构经济合理的关键。根据理论分析和多年的使用经验,在路面结构组合设计中要遵循下列原则。

1. 适应行车荷载作用的要求

作用在路面上的行车荷载,通常包括垂直力和水平力。路面在垂直力作用下,内部产生的应力和应变随深度向下而递减。水平力作用产生的应力、应变,随深度递减的速率更快。路面表面还同时承受车轮的磨耗作用,因此,要求路面面层具有足够的强度和抗变形能力,在其下各层材料的强度和抗变形能力也可随深度的增大自上而下逐渐减小,如图3-1-4-2所示。这样,在进行路面结构组合时,各结构层应按强度和刚度自上而下递减的规律安排,以使各结构层材料的效能得到充分发挥。

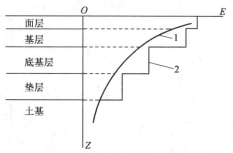

图 3-1-4-2 应力与强度随深度的变化
1-荷载应力分布曲线;2-材料强度 E 布置曲线

按照这种原则组合路面时,结构层的层数愈多愈能体现强度和刚度沿深度递减的规律。但就施工工艺、材料规格和强度形成原理而言,层数又不宜过多,也就是不能使结构层的厚度过小。适宜的结构层厚度需结合材料供应、施工工艺确定,从强度要求和造价考虑,宜自上而下、由薄到厚。

路面设计时,沥青面层厚度应根据公路等级、交通量大小、重车所占的比例、选用沥青的质量等因素,综合考虑确定沥青面层厚度。基层、底基层厚度应根据交通量大小、材料力学性能和扩散应力的效果、发挥压实机具的功能以及是否有利于施工等因素选择各结构层适宜的厚度。《公路沥青路面设计规范》(JTG D50—2006)规定了各类结构层最小厚度和适宜厚度,如表3-1-4-3所示。

沥青路面相邻结构层材料的模量比对路面结构的应力分布有显著影响,是合理确定结构层层数、选定适宜结构层材料应的考虑重要因素。根据经验分析,对半刚性基层沥青路面的结构层组合设计,基层与沥青面层的模量比宜在1.5~3之间;基层与底基层的模量比不宜大于3.0;底基层与土基模量比宜在2.5~12.5之间。当然,上述比例只是一个大致的参考值,在实际使用中,也有模量上小下大的倒装结构,如在模量较高的沥青混凝土面层与半刚性基层之间设置级配碎石过渡层等。

各类结构层压实最小厚度与适宜厚度　　　　　　表 3-1-4-3

沥青混合料类型		最大粒径（mm）	公称最大粒径（mm）	符号	压实最小厚度（mm）	适宜厚度（mm）
密级配沥青混合料（AC）	砂粒式	9.5	4.75	AC-5	15	15~30
	细粒式	13.2	9.5	AC-10	20	25~40
		16	13.2	AC-13	35	40~60
	中粒式	19	16	AC-16	40	50~80
		26.5	19	AC-20	50	60~100
	粗粒式	31.5	26.5	AC-25	70	80~120
密级配沥青碎石（ATB）	粗粒式	31.5	26.5	ATB-25	70	80~120
		37.5	31.5	ATB-30	90	90~150
	特粗式	53	37.5	ATB-40	120	120~150
开级配沥青碎石（ATPB）	粗粒式	31.5	26.5	ATPB-25	80	80~120
		37.5	31.5	ATPB-30	90	90~150
	特粗式	53	37.5	ATPB-40	120	120~150
半开级配沥青碎石（AM）	细粒式	16	13.2	AM-13	35	40~60
	中粒式	19	16	AM-16	40	50~70
		26.5	19	AM-20	50	60~80
	粗粒式	31.5	26.5	AM-25	80	80~120
	特粗式	53	37.5	AM-40	120	120~150
沥青玛蹄脂碎石混合料（SMA）	细粒式	13.2	9.5	SMA-10	25	25~50
		16	13.2	SMA-13	30	35~60
	中粒式	19	16	SMA-16	40	40~70
		26.5	19	SMA-20	50	50~80
开级配沥青磨耗层（OGFC）	细粒式	13.2	9.5	OGFC-10	20	20~30
		16	13.2	OGFC-13	30	30~40
贯入式沥青碎石					40	40~80
上拌下贯沥青碎石					60	60~80
沥青表面处治					10	10~30
贫混凝土					150	180~240
水泥稳定类					150	180~200
石灰稳定类					150	180~200
石灰粉煤灰稳定类					150	180~200
级配碎石					80	100~200
级配砾石					80	100~200
泥结碎石					80	100~150
填隙碎石					100	100~120

2. 在各种自然因素作用下稳定性好

如何保证沥青路面的水稳性,是路面结构层选择与组合需要解决的重要问题。在潮湿和某些中湿路段上修筑沥青路面时,由于沥青层不透气,使路基和基层中水分蒸发的通路被隔断,因而向基层积聚。如果基层材料中含土量多(如泥结碎石、级配砾石),尤其是土的塑性指数较大时,遇水变软,强度和刚度急剧下降,结果导致路面开裂破坏。所以沥青路面的基层一般应选择水稳性好的材料,在潮湿路段及中湿路段尤应如此。

在季节性冰冻地区,当冻深较大,路基土为易冻胀土时,常常产生冻胀和翻浆。在这种路段上,路面结构中应设置防止冻胀和翻浆的垫层。路面总厚度的确定,除满足强度要求外,还应满足防冻厚度的要求,以避免在路基内出现较厚的聚冰带,防止产生导致路面开裂的不均匀冻胀。防冻的厚度与路基潮湿类型、路基土类型、道路冻深以及路面结构层材料热物理性有关。根据经验及试验观测,表3-1-4-4给出路面最小防冻厚度推荐值,可供设计生产使用。如按强度计算的路面总厚度小于表列厚度规定时,应增设或加厚垫层使路面总厚度达到表列要求。

路面最小防冻厚度(单位:cm)　　　　　　　表3-1-4-4

土质基层、垫层类型 道路冻深(cm)	黏性土、细亚黏土			粉性土			路基类型
	砂石类	稳定土类	工业废料类	砂石类	稳定土类	工业废料类	
50~100	40~45	35~40	30~35	45~50	40~45	30~40	中湿
100~150	45~50	40~45	35~40	50~60	45~50	40~45	中湿
150~200	50~60	45~55	40~50	60~70	50~60	45~50	中湿
大于200	60~70	55~65	50~55	70~75	60~70	50~65	中湿
60~100	45~55	40~50	35~45	50~60	45~55	40~50	潮湿
100~150	55~60	50~55	45~50	60~70	55~65	50~60	潮湿
150~200	60~70	55~65	50~55	70~80	65~70	60~65	潮湿
大于200	70~80	65~75	55~70	80~100	70~90	65~80	潮湿

注:1. 在《公路自然区划标准》(JTJ 003—1986)中,对潮湿系数小于0.5的地区,Ⅱ、Ⅲ、Ⅳ等干旱地区防冻厚度应比表中值减少15%~20%。

2. 对Ⅱ区砂性土路基防冻厚度应相应减少5%~10%。

在冰冻地区和气候干燥地区,半刚性基层沥青路面常常产生收缩裂缝和反射裂缝,宜采取以下措施减少裂缝的产生。

(1)选用骨架密实型半刚性基层,严格控制细料含量、结合料剂量、含水率,及时养生。

(2)适当增加沥青层的厚度,在半刚性材料层上设置沥青碎石或级配碎石等柔性基层。

(3)在半刚性基层上设置改性沥青应力吸收膜、应力吸引层或铺设经实践证明有效的土工合成材料等。

3. 考虑结构层的特点

路面结构层通常是用密实级配、嵌挤以及形成板体等方式构成的,因而如何构成具有要求强度和刚度并且稳定的结构层是设计和施工都必须注意的问题。影响结构层构成的因素,除材料选择、施工工艺之外,路面结构组合也是十分重要的。如沥青面层不能直接铺筑在铺砌片石基层上,而应在其间加设碎石过渡层,否则铺砌片石不平稳或片石可能的松动都会反映到沥青面层上,造成面层不平整甚至沉陷开裂。这类片石也不能直接铺在软弱的路基上,而应在其间铺粒料层。又如混凝土或热拌沥青碎石之类的面层与无机结合料稳定类基层之间应设沥青碎石,并保证有一定的厚度,以提高其抗疲劳性能。

为了保证路面结构的整体性和结构层之间应力传递的连续性,应尽量使结构层之间结合紧密、稳定。设计时应采取技术措施,加强路面各结构层之间的结合,提高路面结构的整体性,避免产生层间滑移。如在沥青层之间应设黏层,在各种基层上宜设置透层,在半刚性基层上应设下封层,在双层式半刚性材料基层宜采取连续摊、碾压工艺,增强层间结合,以形成整层。

在进行路面结构层组合设计时,要按照面层耐久、基层坚实、土基稳定的要求,贯彻因地制宜、合理选材、方便施工、利于养护的原则以及上述结构组合原则,结合当地经验拟定几种路面结构方案,进行分析比较,并优先选用便于机械化施工和质量管理的方案,做到技术先进,经济合理。

第三节 新建沥青路面结构层厚度计算

一 沥青路面结构设计程序

路面结构设计工作不是简单地套用路面结构,也不是单纯的厚度计算,而是一个系统工程。设计时应重视原材料选择、混合料配合比设计和设计参数的测试与确定,通过对路面结构层组合设计、厚度计算以及路面结构的方案比选,选用符合技术要求,经济合理的路面结构方案。设计工作主要包括以下内容:

(1)根据设计要求,按弯沉或弯拉指标分别计算设计年限内一个车道的累计标准当量轴次,确定设计交通量与交通等级,拟定面层、基层类型,并计算设计弯沉值或容许拉应力。

(2)按路基土类型与干湿类型及路基横断面形式,将路基划分为若干路段,确定各个路段土基回弹模量设计值。

(3)参考本地区的经验拟定几种可能的路面结构组合与厚度方案,根据工程选用的材料进行配合比试验,测定各结构层材料的抗压回弹模量、劈裂强度,确定各结构层的设计参数。

(4)根据设计弯沉值指标计算路面厚度。路面厚度根据弹性多层体系理论、层间接触状态为完全连续,在双圆均布荷载作用下,轮隙中心处路表计算弯沉值 l_s 等于设计弯沉值 l_d 的原则进行计算,即 $l_s = l_d$,若已知某车道累计轴次或设计弯沉值、各结构层的回弹模量与劈裂强度、土基回弹模量以及已知结构层的厚度,利用专用设计程度即可求得某一结构层的厚度。但在不具备电算条件时可以利用 $l_s = l_d$ 的原则,按弯沉等效原理将多层转化为三层体系后(若是多层体系),通过查弯沉系数诺谟图进行路面厚度的计算。

(5)根据结构层层底拉应力设计指标验算路面厚度。对高速公路、一级公路、二级公路沥青混凝土面层和半刚性基层材料的基层、底基层,应计算层底拉应力,要求其满足容许拉应力的要求,即要求结构层底面计算点的最大弯拉应力 σ_m 不大于该结构层材料的容许拉应力 σ_R,表达式为:$\sigma_m \leq \sigma_R$。如不满足要求,或调整路面结构层厚度,或变更路面结构组合,或调整材料配合比,提高材料极限抗拉强度,再重新计算。该计算应采用弹性多层体系理论编制的程序进行,无电算条件,也可通过查层底拉应力系数诺谟图进行计算。

(6)对于季节性冰冻地区应验算防冻厚度是否符合要求,具体见表3-1-4-4。

(7)进行技术经济比较,确定路面结构方案。

上述设计程序可用设计框图表示,如图3-1-4-3所示。

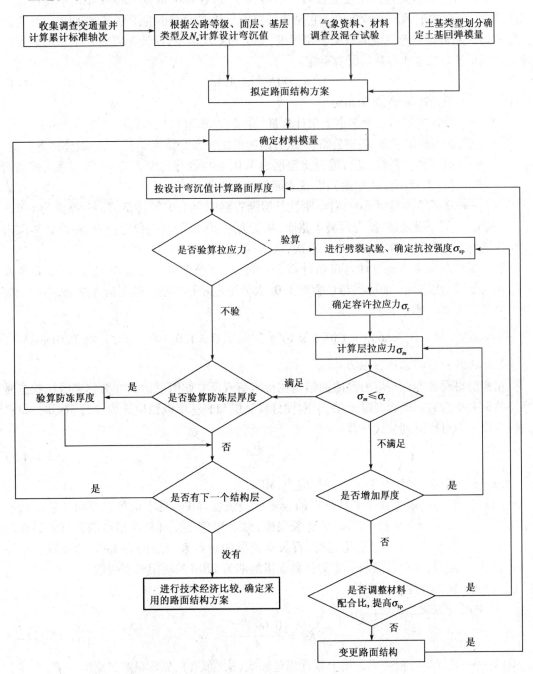

图 3-1-4-3　路面结构设计程序框图

二、沥青路面设计指标计算

沥青路面设计指标主要是指设计弯沉值和结构层材料容许拉应力。

1. 路面设计弯沉值

路面设计弯沉值是指路面竣工后第一年不利季节,在标准轴载100kN作用下路面温度为20℃时,测得的最大回弹弯沉值。它是表征路面整体刚度大小的指标,是路面厚度计算的主要依据。路面设计弯沉值应根据公路等级、面层和基层类型、设计年限内一个车道通过的累计当量轴次,按式(3-1-4-4)计算确定:

$$l_d = 600 N_e^{-0.2} A_c A_s A_b \qquad (3-1-4-4)$$

式中:l_d——设计弯沉值,0.01mm;

N_e——设计年限内一个车道上累计当量轴次(次/车道),见本篇第二章第一节;

A_c——公路等级系数,高速公路、一级公路为1.0,二级公路为1.1,三、四级公路为1.2;

A_s——面层类型系数,沥青混凝土面层为1.0;热拌和冷拌沥青碎石、沥青贯入式路面(含上拌下贯式路面)、沥青表面处治为1.1;

A_b——路面结构类型系数,对半刚性基层沥青路面为1.0,柔性基层沥青路面为1.6。

[例1] 某一级公路,沥青混凝土路面,基层为厚20cm的水泥稳定碎石,在设计年限内一个车道的累计当量轴次为10.9×10^6次,求其设计弯沉值。

解 根据题意及路面设计弯沉值计算公式可知:该公路为一级公路,公路等级系数取1.0,面层是沥青混凝土,面层类型系数取1.0,水泥稳定碎石半刚性基层沥青路面,路面结构类型系数取1.0。则设计弯沉值为:

$$l_d = 600 N_e^{-0.2} A_c A_s A_b = 600 \times (10.9 \times 10^6)^{-0.2} \times 1.0 \times 1.0 \times 1.0 = 23.48(0.01\text{mm})$$

2. 结构层材料的容许拉应力

结构层材料的容许拉应力是路面结构在行车荷载反复作用下达到疲劳临界破坏状态时容许的最大拉应力。沥青混凝土层、半刚性材料基层和底基层以拉应力为设计指标时,材料的容许拉应力可按下列公式计算:

$$\sigma_R = \frac{\sigma_S}{K_S} \qquad (3-1-4-5)$$

式中:σ_R——路面结构层材料的容许拉应力,MPa;

σ_S——沥青混凝土或半刚性材料的极限劈裂强度,MPa,见本篇第二章第二节。对沥青混凝土系指15℃时的劈裂强度;对水泥稳定类材料系指龄期为90d的极限劈裂强度;对二灰稳定类、石灰稳定类的材料系指龄期为180d的极限劈裂强度;对水泥粉煤灰稳定类材料系指龄期为120d的极限劈裂强度;

K_S——抗拉强度结构系数。

(1)对沥青混凝土面层:

$$K_S = \frac{0.09 N_e^{0.22}}{A_c} \qquad (3-1-4-6)$$

式中:N_e——设计年限内一个车道上累计当量轴次(次/车道),见本篇第二章第一节;

A_c——公路等级系数,见公式(3-1-4-4)。

(2)对无机结合料稳定集料类：

$$K_S = \frac{0.35 N_e^{0.11}}{A_c} \quad (3\text{-}1\text{-}4\text{-}7)$$

(3)对无机结合料稳定细粒土类：

$$K_S = \frac{0.45 N_e^{0.11}}{A_c} \quad (3\text{-}1\text{-}4\text{-}8)$$

[**例 2**] 已知某一级公路，路面结构组合与各层厚度为：4cm 细粒式沥青混凝土 +6cm 中粒式沥青混凝土 +8cm 粗粒式沥青混凝土 +20cm 水泥稳定碎石基层 +20cm 二灰土底基层。各结构层的劈裂强度分别为 1.4MPa、1.0MPa、0.8MPa、0.5MPa、0.25MPa，以弯沉和沥青层底拉应力为指标时，在设计年限内一个车道的累计当量轴次为 10.9×10^6 次，以半刚性材料层底拉应力为指标时，在设计年限内一个车道的累计当量轴次为 9.5×10^6 次，求各结构层材料的容许拉应力。

解 根据题意可知公路等级系数取 1.0，则沥青混凝土抗拉强度结构系数为：

$$K_S = \frac{0.09 N_e^{0.22}}{A_c} = \frac{0.09 \times (10.9 \times 10^6)^{0.22}}{1.0} = 3.18$$

水泥稳定碎石抗拉强度结构系数为：

$$K_S = \frac{0.35 N_e^{0.11}}{A_c} = \frac{0.35 \times (9.5 \times 10^6)^{0.11}}{1.0} = 2.05$$

二灰土抗拉强度结构系数为：

$$K_S = \frac{0.45 N_e^{0.11}}{A_c} = \frac{0.45 \times (9.5 \times 10^6)^{0.11}}{1.0} = 2.63$$

则细粒式密级配沥青混凝土的容许拉应力为：

$$\sigma_R = \frac{\sigma_S}{K_S} = \frac{1.4}{3.18} = 0.44 (\text{MPa})$$

中粒式密级配沥青混凝土的容许拉应力为：

$$\sigma_R = \frac{\sigma_S}{K_S} = \frac{1.0}{3.18} = 0.31 (\text{MPa})$$

粗粒式密级配沥青混凝土的容许拉应力为：

$$\sigma_R = \frac{\sigma_S}{K_S} = \frac{0.8}{3.18} = 0.25 (\text{MPa})$$

水泥稳定碎石的容许拉应力为：

$$\sigma_R = \frac{\sigma_S}{K_S} = \frac{0.5}{2.05} = 0.24 (\text{MPa})$$

二灰土的容许拉应力为：

$$\sigma_R = \frac{\sigma_S}{K_S} = \frac{0.25}{2.63} = 0.095 (\text{MPa})$$

三 轮隙中心路表回弹弯沉和结构层层底拉应力计算

1. 轮隙中心路表回弹弯沉计算

我国《公路沥青路面设计规范》(JTG D50—2006)规定:沥青路面结构设计采用双圆垂直均布荷载作用下的弹性层状连续体系理论进行计算,路基路面结构表面在双圆均布垂直荷载作用下轮隙中心处(A点)的路表计算弯沉值l_s小于或等于设计弯沉值l_d(弯沉值计算图式如图3-1-4-4所示),即$l_s \leq l_d$。

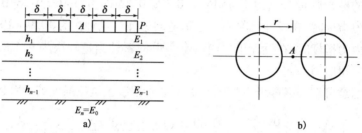

图3-1-4-4 路表弯沉值计算图式

其中轮隙中心路表回弹弯沉l_s由弹性层状体系的计算机程序计算求得,应按式(3-1-4-9)计算。

$$l_s = 1000 \cdot \frac{2p\delta}{E_1}\alpha_c F \quad (3\text{-}1\text{-}4\text{-}9)$$

$$F = 1.63\left(\frac{l_s}{2000\delta}\right)^{0.38}\left(\frac{E_0}{p}\right)^{0.36} \quad (3\text{-}1\text{-}4\text{-}10)$$

式中:l_s——路表计算弯沉值,0.01mm;

p、δ——标准车型的轮胎接地压强,MPa和当量圆半径,cm,见本篇第二章第一节;

F——弯沉综合修正系数;

α_c——理论弯沉系数;$\alpha_c = f\left(\frac{h_1}{\delta},\frac{h_2}{\delta},\cdots,\frac{h_{n-1}}{\delta};\frac{E_2}{E_1},\frac{E_3}{E_2},\cdots,\frac{E_0}{E_{n-1}}\right)$,其中$E_0$为土基抗压回弹模量值,MPa,$E_1,E_2,\cdots,E_{n-1}$为各层材料抗压回弹模量值,MPa(见本篇第二章第二节),$h_1,h_2,\cdots,h_{n-1}$为各结构层厚度,cm。

2. 路面结构层层底拉应力计算

我国《公路沥青路面设计规范》(JTG D50—2006)规定:沥青混凝土面层或半刚性材料基层、底基层轮隙中心(C点)或单圆荷载中心处(B点)的层底拉应力σ_m应小于或等于该层材料的容许拉应力σ_R(沥青混凝土层和半刚性材料层的层底拉应力计算图式如图3-1-4-5所示),即$\sigma_m \leq \sigma_R$。

其中结构层底面的最大拉应力σ_m的确定,仍由弹性层状体系的计算机程序计算求得,应按式(3-1-4-11)计算。

$$\sigma_m = p\bar{\sigma}_m \quad (3\text{-}1\text{-}4\text{-}11)$$

$$\bar{\sigma}_m = f\left(\frac{h_1}{\delta},\frac{h_2}{\delta},\cdots,\frac{h_{n-1}}{\delta};\frac{E_2}{E_1},\frac{E_3}{E_2},\cdots,\frac{E_0}{E_{n-1}}\right) \quad (3\text{-}1\text{-}4\text{-}12)$$

式中：p——标准轴载车型轮胎接地压强，MPa；

$\bar{\sigma}_m$——理论最大拉应力系数。

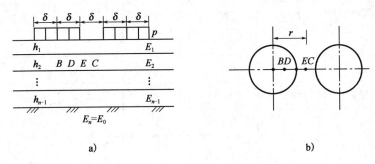

图 3-1-4-5　沥青混凝土层和半刚性材料层的层底拉应力计算图式

第四节　新建沥青路面结构设计案例

一　基本资料

1. 自然地理条件

新建高速公路地处 II_2 区，为双向 4 车道，拟采用沥青路面结构进行施工图设计，沿线土质为中液限黏性土，填方路基高 1.8m，地下水位距路床顶 2.4m，属中湿状态。年降雨量为 620mm，最高气温 35℃，最低气温 -31℃，多年最大道路冻深为 175cm，平均冻结指数为 882℃，最大冻结指数为 1225℃。

2. 路基回弹模量的确定

设计路段路基处于中湿状态，路基土为中液限黏土，根据室内试验法确定路基回弹模量设计值为 40MPa。

3. 交通组成与交通量

根据工程可行性研究报告可知路段所在地区近期交通组成与交通量，见表 3-1-4-5。预测交通量增长率前 5 年为 8.0%，之后 5 年为 7.0%，最后 5 年为 5.0%。沥青路面累计标准轴次按 15 年计。

近期交通组成与交通量　　　　　　　　　　　　　　表 3-1-4-5

车型分类	代表车型	数量(辆/d)	车型分类	代表车型	数量(辆/d)
小客车	桑塔纳2000	2280	中型货车	东风 EQ140	660
中客车	江淮 AL6600	220	重型货车	黄河 JN163	868
大客车	黄海 DD680	450	铰接挂车	东风 SP9250	330
轻型货车	北京 BJ130	260			

4. 设计轴载

累计轴次计算结果见表 3-1-4-6，属于重交通等级。

轴载换算与累计轴载 表3-1-4-6

车型分类	前轴重（kN）	后轴重（kN）	后轴数	后轴轮组数	后轴距（m）	日交通量（辆/d）
北京 BJ130 型轻型货车	13.4	27.4	1	2	0	260
东风 EQ140 型	23.6	69.3	1	2	0	660
东风 SP9250 型	50.7	113.3	3	2	4	330
黄海 DD680 型长途客车	49.0	91.5	1	2	0	450
黄河 JN163 型	58.6	114.0	1	2	0	868
江淮 AL6600 型	17.0	26.5	1	2	0	220
换算方法	弯沉及沥青层拉应力指标			半刚性层拉应力指标		
累计交通轴次	2098 万次			2673 万次		

二 初拟路面结构

根据本地区的路用材料,结合已有工程经验与典型结构,拟定了三个结构组合方案。按计算法确定方案一、方案二的路面厚度,按验算法验算方案三的结构厚度。根据结构层的最小施工厚度、材料、水文、交通量以及施工机具的功能等因素,初步确定路面结构组合与各层厚度如下:

方案一:4cm 细粒式沥青混凝土+6cm 中粒式沥青混凝土+8cm 粗粒式沥青混凝土+38cm 水泥稳定碎石基层+水泥石灰砂砾土层,以水泥石灰砂砾土为设计层。

方案二:4cm 细粒式沥青混凝土+8cm 中粒式沥青混凝土+15cm 密级配沥青碎石+水泥稳定砂砾+18cm 级配砂砾垫层,以水泥稳定砂砾为设计层。

方案三:4cm 细粒式沥青混凝土+8cm 中粒式沥青混凝土+2×10cm 密级配沥青碎石+35cm 级配碎石。

三 路面材料配合比设计与设计参数确定

1. 试验材料的确定

半刚性基层所用集料取自沿线料场,结合料沥青选用 A 级 90 号,上面层采用 SBS 改性沥青,技术指标均符合《公路沥青路面施工技术规范》(JTG F40—2004)相关规定。

2. 路面材料配合比设计(略)

3. 路面材料抗压回弹模量的确定

1)根据设计配合比,选取工程用各种原材料制作,测定设计参数

按照《公路工程无机结合料稳定材料试验规程》(JTG E51—2009)中规定的顶面法测定半刚性材料的抗压回弹模量。

2)按照规范测定设计参数

按照《公路工程沥青及沥青混合料试验规程》(JTG E20—2011)中规定的方法测定沥青

混合料的抗压回弹模量,测定20℃、15℃的抗压回弹模量,各种材料的试验结果与设计参数见表3-1-4-7和表3-1-4-8。

沥青混凝土抗压回弹模量测定与参数取值　　　　表3-1-4-7

材料名称	20℃抗压回弹模量(MPa)			15℃抗压回弹模量(MPa)			
	$\overline{E}$	标准差 S	$\overline{E}-2S$ E	$\overline{E}$	标准差 S	$\overline{E}-2S$ E	$\overline{E}+2S$ E
细粒式沥青混凝土	1991	201	1589	2680	344	1992	3368
中粒式沥青混凝土	1425	105	1215	2175	187	1801	2549
粗粒式沥青混凝土	978	55	868	1320	60	1200	1440
密级配沥青碎石	1248	116	1016	1715	156	1403	2027

半刚性材料抗压回弹模量测定与参数取值　　　　表3-1-4-8

材料名称	抗压模量(MPa)			
	$\overline{E}$	标准差 S	$\overline{E}-2S$ E	$\overline{E}+2S$ E
水泥稳定碎石	3188	782	1624	4752
水泥石灰砂砾土	1591	250	1091	2091
级配碎石	400	—	—	—
级配砂砾	250	—	—	—

3) 路面材料劈裂强度测定

根据设计配合比,选取工程用各种原材料,测定规定温度和龄期的材料劈裂强度。按照《公路工程沥青及沥青混合料试验规程》(JTG E20—2011)与《公路工程无机结合料稳定材料试验规程》(JTG E51—2009)中规定的方法进行测定,结果见表3-1-4-9。

路面材料劈裂强度　　　　表3-1-4-9

材料名称	细粒式沥青混凝土	中粒式沥青混凝土	粗粒式沥青混凝土	密级配沥青碎石	水泥稳定碎石	水泥石灰砂砾土	二灰稳定砂砾
劈裂强度(MPa)	1.2	1.0	0.8	0.6	0.6	0.4	0.6

四 路面结构层厚度确定

1. 方案一的结构厚度确定

该结构为半刚性基层,沥青路面的基层类型系数为1.0,设计弯沉值为20.60(0.01mm)。利用设计程序计算出满足设计弯沉指标要求的水泥石灰砂砾土层厚度为11.1cm,满足层底拉应力要求的水泥石灰砂砾土层厚度为16.5cm。设计厚度取水泥石灰砂砾土层为17cm。路表计算弯沉为18.57(0.01mm)。各结构层的验算结果见表3-1-4-10。

结构厚度计算结果 表3-1-4-10

序号	结构层材料名称	20℃抗压回弹模量(MPa)		15℃抗压回弹模量(MPa)		劈裂强度(MPa)	厚度(cm)	层底拉应力(MPa)	容许拉应力(MPa)
		$\overline{E}$	标准差	$\overline{E}$	标准差				
1	细粒式沥青混凝土	1991	201	2680	344	1.2	4	-0.19	0.46
2	中粒式沥青混凝土	1425	105	2175	187	1.0	6	0.06	0.38
3	粗粒式沥青混凝土	978	55	1320	60	0.8	8	-0.06	0.31
4	水泥稳定碎石	3188	782	3188	782	0.6	38	0.15	0.26
5	水泥石灰砂砾土	1591	250	1591	250	0.4	17	0.13	0.14
6	土基	40	0	—	—	—	—	—	—

2. 方案二的结构厚度确定

该结构为柔性基层与半刚性基层组合,沥青层较厚。《公路沥青路面设计规范》(JTG D50—2006)条文说明,半刚性基层或底基层上柔性结构层总厚度小于180mm时为半刚性基层结构,取$A_b = 1.0$;柔性结构层大于300mm时,路面结构系数$A_b = 1.6$;柔性结构层为180~300mm时,可线性内插求A_b。本方案中,柔性结构层厚度为4+8+15=27cm,按内插法确定基层类型系数为1.45,设计弯沉值为29.87(0.01mm)。利用设计程序计算出满足设计弯沉指标要求的水泥稳定砂砾层厚度为16.4cm,满足层底拉应力要求的水泥稳定砂砾层厚度为19.5cm。设计厚度取水泥稳定砂砾层20cm。路表计算弯沉为27.0(0.01mm)。各结构层的验算结果见表3-1-4-11。

结构厚度计算结果 表3-1-4-11

序号	结构层材料名称	20℃抗压回弹模量(MPa)		15℃抗压回弹模量(MPa)		劈裂强度(MPa)	厚度(cm)	层底拉应力(MPa)	容许拉应力(MPa)
		$\overline{E}$	标准差	$\overline{E}$	标准差				
1	细粒式沥青混凝土	1991	201	2680	344	1.2	4	-0.28	0.46
2	中粒式沥青混凝土	1425	105	2175	187	1.0	8	0.04	0.38
3	密级配沥青碎石	1248	116	1715	156	0.6	15	0.04	0.23
4	水泥稳定砂砾	2617	234	2617	234	0.5	20	0.26	0.26
5	级配砂砾	250	0	—	—	—	18	—	—
6	土基	40	0	—	—	—	—	—	—

3. 方案三的结构厚度确定

该结构为柔性基层,沥青路面的基层类型系数为1.6,设计弯沉值为32.96(0.01mm)。利用设计程序验算结构是否满足设计弯沉与容许拉应力的要求。验算结果见表3-1-4-12。该结构路表计算弯沉为31.47(0.01mm),小于设计弯沉,符合要求;各结构层层底拉应力验算结果均满足要求。该结构为比较方案。

结构厚度计算结果　　　　　　　　　　　　　　表3-1-4-12

序号	结构层材料名称	20℃抗压回弹模量(MPa)		15℃抗压回弹模量(MPa)		劈裂强度(MPa)	厚度(cm)	层底拉应力(MPa)	容许拉应力(MPa)
		$\overline{E}$	标准差	$\overline{E}$	标准差				
1	细粒式沥青混凝土	1991	201	2680	344	1.2	4	−0.31	0.46
2	中粒式沥青混凝土	1425	105	2175	187	1.0	8	0.08	0.38
3	密级配沥青碎石	1248	116	1715	156	0.6	20	0.23	0.23
4	级配碎石	350	0	—	—	—	35	—	—
5	土基	40	0	—	—	—		—	—

五　验算防冻厚度

方案一沥青层厚度为18cm,总厚度为73cm。根据规范规定,最小防冻厚度为45～55cm。
方案二沥青层厚度为27cm,总厚度为65cm。根据规范规定,最小防冻厚度为50～60cm。
沥青层厚度为32cm,总厚度为67cm。根据规范规定,最小防冻厚度为50～60cm。
以上路面结构厚度均满足最小防冻厚度要求。

六　确定路面结构层设计方案

以上三种方案均满足设计要求。三种方案中具体选用哪一种作为最终的方案,经过技术经济综合比较,确定方案一为最终推荐方案,如图3-1-4-6所示。

不具备电算条件时,需将多层体系转化为三层体系,通过查弯沉和弯拉应力的诺谟图方法进行路面结构层厚度和结构层层底拉应力的计算,并验证结构层层底拉应力是否满足要求。

细粒式沥青混凝土	4cm
中粒式沥青混凝土	6cm
粗粒式沥青混凝土	8cm
水泥稳定碎石	38cm
水泥石灰砂砾土	17cm
土基	E_0=40MPa

图3-1-4-6　最终推荐方案

本章小结

(1)沥青路面设计采用双圆垂直均布荷载作用下的弹性层状体系理论为基础,并以累计当量轴次来反映路面结构和材料的疲劳特征。高速公路、一级公路、二级公路的路面结构,以路表面回弹弯沉值、沥青混凝土层的层底拉应力及半刚性材料层的层底拉应力为设计指标。三级公路、四级公路的路面结构以路表面设计弯沉值为设计指标。有条件时,对重载交通路面宜检验沥青混合料的抗剪切强度。

(2)沥青路面设计的基本依据有标准轴载、累计当量作用次数和交通等级。设计参数包括路基抗压回弹模量、路面各结构层材料的抗压回弹模量和劈裂强度。

(3)沥青路面结构组合设计主要是各结构层的强度组合、层数和厚度的组合以及层间组合。

(4)新建沥青路面厚度设计根据设计车道累计当量作用次数、设计弯沉值、容许拉应力值,各结构层的抗压回弹模量、劈裂强度以及已知结构层的厚度,利用专用设计程序即可求得设计层的厚度。

思考题与习题

1. 沥青路面常见的破坏现象有哪些?各自产生的原因有哪些?
2. 沥青路面设计指标有哪些?说明各设计指标的意义?
3. 路面各结构层次的组合要遵循哪些原则?应注意哪几方面问题?
4. 简述新建路面结构层设计步骤。
5. 当整体性材料结构层底面弯拉应力验算不满足要求时,可采取的主要措施有哪些?
6. 三级公路为双车道混合交通,面层为沥青表处,基层为厚25cm的石灰土,据调查该段路竣工后第一年日平均交通量换算成BZZ-100为200次/日,年平均增长率为10%,设计年限为5年,试计算设计弯沉值。
7. II_5某二级公路,沥青混凝土面层为4cm厚AC-13和5cm厚AC-16,基层为18cm厚的二灰碎石。路面竣工后第一年BZZ-100标准轴载日平均当量轴次为135次/d,交通量年平均增长率为10%,试确定:

(1)设计车道上的累计当量轴次。
(2)交通等级。
(3)设计弯沉值。
(4)沥青混凝土面层的容许拉应力。
(5)二灰碎石基层的容许拉应力。

8. IV_2某二级公路某路段,原路面结构为4.5cm厚的沥青碎石和30cm厚的石灰土。在不利季节用额定重量的黄河JN162汽车测试原路面的弯沉,测试结果见表3-1-4-13,设计弯沉值为27.2(0.01mm)。试决定该路段是否符合要求?

JN162汽车测试原路面的弯沉值 表3-1-4-13

测点编号	1	2	3	4	5	6	7	8	9	10
弯沉(0.01mm)	30.2	29.4	29.8	28.6	30.5	28.2	32.4	30.2	29.2	31.6
测点编号	11	12	13	14	15	16	17	18	19	20
弯沉(0.01mm)	30.6	29.4	30.0	29.8	29.0	31.2	28.4	29.6	30.8	29.6

9. 现有一条一级公路,在季节性冰冻地区(冻深为1m)的潮湿路基上修筑路面,今拟定如图3-1-4-7所示的结构,分析其合理性,并说明理由。
10. 甲乙两地之间计划修建一条4车道的一级公路,在使用期内交通量的年平均增长率为10%。该路段处于IV_7区,为粉质土,稠度为1.00,沿途有大量碎石集料,并有石灰供给。预测该路竣工后第一年的交通组成如表3-1-4-14所示,试进行沥青路面结构设计。
11. 甲乙两种路面结构如图3-1-4-8所示,甲种是在某重冰冻地区使用,地下水位深80cm,经多年使用路面仍保持良好状态;而乙种在某中冰冻地区使用,地下水位深大于2m,通车数月后,面层出现大量较宽网裂,继而出现坎坷不平,最后全部松散,试分析原因。

沥青贯入式	8cm
水泥土	30cm
二灰稳定碎石	30cm
石灰土	20cm
土基	

图 3-1-4-7　路面结构图

竣工后第一年的交通组成　　　　　　　　　　　　　表 3-1-4-14

车 型 分 类	前轴重(kN)	后轴重(kN)	后轴数	后轴轮组数	后轴距(m)	日交通量(辆/d)
三菱 T653B	29.3	48.0	1	双轮组	—	300
黄河 JN163	58.6	114.0	1	双轮组	—	400
江淮 HF150	45.1	101.5	1	双轮组	—	400
解放 SP9200	31.3	78.0	3	双轮组	>3m	300
湘江 HQP40	23.1	73.2	2	双轮组	>3m	400
东风 EQ155	26.5	56.7	2	双轮组	<3m	400

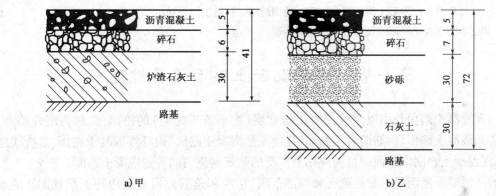

a) 甲　　　　　　　　　　　　b) 乙

图 3-1-4-8　路面结构组合设计比较示例(尺寸单位:cm)

第五章 水泥混凝土路面设计

> **教学要求**
> 1. 知道水泥混凝土路面设计的基本原理和特点。
> 2. 能正确选用水泥混凝土路面的面层、基层、底基层和垫层的类型。
> 3. 叙述水泥混凝土路面构造、板块划分和各种接缝的适用性。
> 4. 知道公路水泥混凝土路面设计应收集的资料及分析、处理的方法。
> 5. 知道水泥混凝土路面设计的依据、内容和方法。
> 6. 会进行普通水泥混凝土路面纵向与横向的缩缝、胀缝、施工缝设计。
> 7. 知道水泥混凝土路面的设计方法和计算步骤。

第一节 水泥混凝土路面设计综述

水泥混凝土路面是指以水泥混凝土做面层(配筋或不配筋)的路面,亦称为刚性路面。包括普通混凝土路面、钢筋混凝土路面、连续配筋混凝土路面、钢纤维混凝土路面、复合式路面、水泥混凝土预制块路面。目前应用最广泛的是就地浇筑的普通混凝土路面。

普通混凝土路面是指除接缝区和局部范围(边缘和角隅)外,面层内均不配置钢筋的水泥混凝土路面,也称素混凝土路面。

一 水泥混凝土路面力学特性

水泥混凝土属脆性材料,其抗弯拉强度比抗压强度低得多,水泥混凝土面层在车轮荷载作用下当弯拉应力超过混凝土的极限弯拉强度时,水泥混凝土板便产生断裂破坏。而且在车轮荷载的反复作用下,水泥混凝土面层会在低于其极限抗弯拉强度时出现疲劳破坏。此外,由于面层顶面和底面的温差,会产生温度翘曲应力,面层的平面尺寸越大,翘曲应力也越大。因此,水泥混凝土面层的平面尺寸不宜过大。为使水泥混凝土路面能够经受车轮荷载的多次重复作用和抵抗温度翘曲反复作用,并对地基变形有较强的适应能力,水泥混凝土面层应有足够的弯拉强度和厚度。

1. 水泥混凝土面层的强度特性

水泥混凝土的强度是其硬化后的主要力学性能,按照我国《普通混凝土力学性能试验方法标准》(GB/T 50081—2002)规定,水泥混凝土强度有:立方体抗压强度、棱柱体抗压强度、劈裂抗拉强度、弯拉强度、剪切强度和黏结强度等。与一般工程结构不同,水泥混凝土路面以弯拉强度作为主要强度指标,抗压强度作为参考或辅助指标。

1) 弯拉强度

水泥混凝土路面设计中,弯拉试验采用梁式试件,试件的标准尺寸为150mm×150mm×550mm。试件尺寸减小为100mm×100mm×400mm时,其弯拉强度测定值乘以0.85的转化系数作为标准试件的强度。标准弯拉试验采用三分点加荷方式。以往采用的中点加荷,其测定值比三分点加荷大15%~20%。

《公路水泥混凝土路面设计规范》(JTG D40—2011)中规定,水泥混凝土的设计弯拉强度采用28d龄期的弯拉强度。各交通荷载等级要求的水泥混凝土弯拉强度标准值不得低于表3-1-5-1的规定。

水泥混凝土弯拉强度标准值　　　　表3-1-5-1

交通荷载等级	极重、特重	重	中等	轻
水泥混凝土的弯拉强度标准值(MPa)	≥5.0	≥5.0	4.5	4.0
钢纤维混凝土的弯拉强度标准值(MPa)	≥6.0	≥6.0	5.5	5.0

2) 抗压强度

一般工程结构中采用抗压强度作为评价水泥混凝土力学性能的指标。由于抗压试件尺寸较小、抗压强度试验方法简单,路面工程中通常将其作为设计、施工的参考指标。此外,水泥混凝土的抗压强度是影响混凝土耐磨性的重要因素,随着抗压强度的提高,混凝土的耐磨性增强,如图3-1-5-1所示。试验结果表明,抗压强度为34.5MPa的水泥混凝土的耐磨性是抗压强度为20.7MPa的2倍。因此,可以将抗压强度作为间接评价混凝土耐磨性的指标。

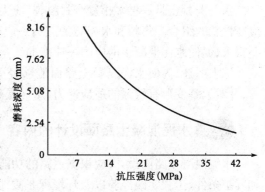

图3-1-5-1　水泥混凝土抗压强度与耐磨性的关系

水泥混凝土的抗压强度试验:我国和欧洲等国家采用立方体试件,其标准尺寸为150mm×150mm×150mm;美国等国家采用圆柱体试件,其标准尺寸为直径150mm×高300mm。立方体试件的抗压强度一般比圆柱体试件大10%~15%。立方体试件的尺寸增大时,强度值增大,反之亦然。

3) 劈裂强度

在水泥混凝土面层施工质量检验和现有水泥混凝土面层评定时,直接进行弯拉强度试验有一定的困难,通常采用钻芯方式取出圆柱形试件,进行劈裂试验,确定其劈裂强度,根据所建立的劈裂强度与弯拉强度的经验关系式,由劈裂强度换算得到弯拉强度。

劈裂强度试验采用圆柱体试件。试件直径随钻芯直径而定,一般为100mm或150mm,试件高度为面层厚度。

4) 抗拉强度

水泥混凝土的抗拉强度通常采用直接拉伸和间接拉伸试验测得。直接拉伸试验时,棱柱体试件在两端固定,施加拉力至试件破坏,破坏荷载除以截面面积即得抗拉强度。但目前水泥混凝土的抗拉强度在普通混凝土路面中未予应用,而在连续配筋混凝土路面的设计时,采用水泥混凝土的极限抗拉强度指标确定面层内纵向钢筋的配筋率。

2. 水泥混凝土面层的疲劳特性

水泥混凝土面层承受行车荷载及温度和湿度变化所产生的应力的反复作用。材料在承受反复应力作用时,会在低于静载极限强度值时出现破坏。材料强度随荷载反复作用而降低的现象称为疲劳。水泥混凝土出现疲劳损坏时所能经受的反复应力重复作用次数,称为水泥混凝土的疲劳寿命。疲劳寿命随反复应力的增大而减小,不同疲劳寿命时水泥混凝土能承受的反复应力的大小,称作水泥混凝土的疲劳强度。

我国《公路水泥混凝土路面设计规范》(JTG D40—2011)规定,水泥混凝土路面结构设计以面层板在设计基准期内,在行车荷载疲劳应力和温度疲劳应力综合作用下,不产生疲劳断裂作为设计标准,即行车荷载产生的荷载疲劳应力和温度翘曲疲劳应力之和不超过水泥混凝土弯拉强度的设计值,并以最重轴载和最大温度梯度综合作用下不产生极限断裂作为验算标准。因此,预估水泥混凝土面层的疲劳寿命,应当以水泥混凝土面层的弯拉疲劳强度作为水泥混凝土路面结构设计的依据之一。

3. 水泥混凝土面层的应力—应变特性

水泥混凝土是一种多相复合材料,其应力—应变特性是各组成相(集料、水泥石)应力—应变性状的组合。集料和水泥石的应力—应变关系虽然都是线性的,但其弹性模量值却相差很大,促使水泥混凝土的应力—应变曲线呈现非线性。

综上所述,为使水泥混凝土路面能够经受车轮荷载的多次重复作用、抵抗温度翘曲应力,并对地基变形有较强的适应能力,水泥混凝土面板必须具有足够的抗弯拉强度和厚度。

二 水泥混凝土路面设计的内容

水泥混凝土路面设计,应根据道路的功能和等级,结合当地气候、水文、地质、材料、建设和养护条件、工程实践经验以及环境保护要求等,通过技术经济分析,以最低的寿命周期费用提供一种合适的路面结构。该结构在设计使用期内,按规定满足预期的使用性能要求,并同所处的自然环境相适应。

水泥混凝土路面是一种复合结构,其设计内容包括结构组合设计、结构层厚度设计、材料组成设计、接缝构造设计、钢筋配置设计等。

1. 路面结构组合设计

根据道路的交通繁重程度,结合当地环境条件和材料供应情况,选择安排水泥混凝土路面的结构层次,包括路基、垫层、基层、底基层、面层,及各层结构类型、弹性模量和厚度。从而组合成能够提供均匀、稳定支撑,防止或减轻唧泥、错台病害,承受预期车辆荷载作用,满足使用性能要求的路面结构。

2. 混凝土面层厚度设计

根据选定的设计参数,按设计标准的要求,确定满足设计基准期内使用要求所需的厚度,某些特定条件下还应在混凝土面层内设置配置钢筋。此外,面层还需提供抗滑、耐磨、平整及减轻车辆轮胎噪声等表面特性。

3. 各结构层材料组成设计

针对各结构层在路面结构中所起的作用，依据当地材料供应情况，选择满足结构层性能要求的混合材料，进行配合比设计。混合材料的各项性质参数，应按有关试验规程规定的试验方法经过试验确定。

通过材料组成设计，使面层水泥混凝土具有足够的弯拉强度及抗疲劳性能，基层具有良好的抗冲刷性能和一定的刚度，垫层达到要求的稳定性及一定的刚度。

4. 面层接缝设计

根据水泥混凝土面层内产生的荷载应力和温度应力进行面层的平面尺寸设计。依据接缝的作用，选择缩缝、胀缝或施工缝等类型，确定接缝的间距，布设接缝的位置，设计接缝的构造，包括传力杆、拉杆的布置及填缝材料的确定。

5. 路面排水设计

根据路面排水要求及表面排水或内部排水设施的作用与设置条件，选择路面结构排水系统的布设方案，确定排水设施的构造尺寸和材料要求。

6. 路肩设计

确定路肩铺面的结构层次、各结构层的类型和厚度。

三 水泥混凝土路面的特点

水泥混凝土路面具有以下特点：

(1) 强度高。混凝土路面具有很高的抗压强度和较高的抗弯拉强度以及抗磨耗能力。

(2) 稳定性好。混凝土路面的水稳性、热稳性均较好，特别是它的强度能随着时间的延长而逐渐提高，不存在沥青路面的那种"老化"现象。

(3) 耐久性好。由于混凝土路面的强度和稳定性好，所以它经久耐用，一般能使用 20～40 年，而且它能通行包括履带式车辆等在内的各种运输工具。

(4) 有利于夜间行车。混凝土路面色泽鲜明，能见度好，对夜间行车有利。

但是，混凝土路面也存在一些缺点，主要有以下几方面：

(1) 对水泥和水的需要量大。修筑 0.2m 厚、7m 宽的混凝土路面，每 1000m 要耗费水泥 400～500t 和水约 250t，尚不包括养生用的水在内，这给水泥供应不足和缺水地区带来较大困难。

(2) 有接缝。一般混凝土路面要建造许多接缝，这些接缝不但会增加施工和养护的复杂性，而且容易引起行车跳动，影响行车的舒适性。接缝又是路面的薄弱点，如处理不当，将导致路面板边和板角处破坏。

(3) 开放交通较迟。一般混凝土路面完工后，要经过 28d 的湿治养护，才能开放交通，如需提早开放交通，则需采取特殊措施。

(4) 修复困难。混凝土路面损坏后，开挖很困难，修补工作量也大，且影响交通。

第二节 水泥混凝土路面结构组合设计

路面结构层由面层、基层、底基层和垫层等结构层次组成，对各个结构层次有不同的功能要求。选择和组合结构层时，应考虑结构层上下层次的相互作用，以及层间结合条件和要求,如:上下层的刚度(模量)比,是否会引起上层底面产生过大的拉应力;无结合料的上层和下层的集料粒径和级配,是否会引起水或细粒土的渗漏;下面层的透水性,是否会引起渗入水的积滞和下层表面的冲刷等。

一 路基

路基是路面结构的基础。水泥混凝土的弹性模量为 $25\times10^3\sim40\times10^3$ MPa,水泥混凝土面层板具有很高的刚度和扩散荷载的能力,通过面层板和基层传到路床顶面的荷载应力值很小,一般不超过 0.05MPa。因此,对路基承载能力的要求并不高。但是,路基在温、湿度变化和荷载作用下出现不均匀变形时,水泥混凝土面层与下卧层之间会出现局部脱空,面层应力会由此增加而导致面层板的断裂。实践也证明,由于土基不均匀支承,使面板在受荷时底部产生过大的弯拉应力,导致水泥混凝土路面产生破坏。因此,对路基的基本要求是提供均匀的支承,即路基在环境和荷载作用下产生的不均匀变形小。

路基对路面结构所能提供的支承条件或水平,可采用路床顶面的综合回弹模量来表征。路床顶面的综合回弹模量值要求:轻交通荷载等级时不得低于40MPa,中等或重交通荷载等级时不得低于60MPa,特重或极重交通荷载等级时不得低于80MPa。

当路床顶面的综合回弹模量值不能满足要求时,应选用粗粒土或低剂量无机结合料稳定土作路床或上路床填料。当路基工作区底面接近或低于地下水位时,可采取更换填料、设置排水渗沟等措施。

二 垫层、基层和底基层

垫层主要设置在温度和湿度不良的路段上,以改善路面结构的使用性能。在季节性冰冻地区,当路面结构厚度小于最小防冻厚度要求时,设置防冻垫层可以使路面结构免除或减轻冻胀和翻浆病害。在路床土湿度较大的挖方路段上,设置排水垫层可以疏干路床土,改善路面结构的支承条件。

水泥混凝土路面的基层所承受的车辆荷载应力较小,设置基层和底基层的目的是为了防止冲刷、唧泥、板底脱空和错台等病害。

基层和底基层的材料可依据交通荷载等级、结构层组合要求和材料供应条件,参照表3-1-5-2选用。

各交通荷载等级的基层/底基层材料类型 表3-1-5-2

交通荷载等级	基层材料类型/底基层材料类型
极重、特重	贫混凝土、碾压混凝土、沥青混凝土/级配碎石、水泥稳定碎石、二灰稳定碎石
重	密级配沥青稳定碎石、水泥稳定碎石/级配碎石、水泥稳定碎石、二灰稳定碎石
中等、轻	水泥稳定碎石、二灰稳定碎石、未筛分碎石、级配砾石或不设

各类基层和底基层的厚度应依据结构层成型、施工方便(单层摊铺碾压)或排水要求等因素选择,一般适宜的压实厚度参见表3-1-5-3。

各类材料基层和底基层的结构层适宜施工厚度　　　表3-1-5-3

材料种类	适宜施工厚度（mm）	材料种类	适宜施工厚度（mm）
贫混凝土、碾压混凝土	120~200	多孔隙水泥稳定碎石（排水基层）	100~150
水泥或石灰粉煤灰稳定粒料	150~200	级配碎石、级配砾石	100~200
沥青混凝土（与集料公称最大粒径有关）	25~75	未筛分碎石、碎砾石	100~200
沥青稳定碎石（与集料公称最大粒径有关）	50~100		

基层宽度应比水泥混凝土面层每侧宽出 300mm（采用小型机具施工时）或 500mm（采用轨模式摊铺机施工时）或 650mm（采用滑模式摊铺机施工时）。硬路肩采用水泥混凝土做面层时，基层的结构与厚度和行车道相同。碾压混凝土基层应设置与混凝土面层相对应的接缝。

在季节性冰冻地区，为防止路基可能产生的不均匀冻胀对水泥混凝土面层的不利影响，路面结构应有足够的总厚度，以便将路基的冰冻深度约束在有限的范围内。路面结构层的总厚度不应小于表3-1-5-4规定的最小防冻厚度。

水泥混凝土路面结构层最小防冻厚度　　　表3-1-5-4

路基干湿类型	路基土类别	当地最大冰冻深度(m)			
		0.50~1.00	1.00~1.50	1.50~2.00	>2.00
中湿路基	易冻胀土	0.30~0.50	0.40~0.60	0.50~0.70	0.60~0.95
	很易冻胀土	0.40~0.60	0.50~0.70	0.60~0.85	0.70~1.10
潮湿路基	易冻胀土	0.40~0.60	0.50~0.70	0.60~0.90	0.75~1.20
	很易冻胀土	0.45~0.70	0.55~0.80	0.70~1.00	0.80~1.30

注：1. 易冻胀土指细粒土质砾、细粒土质砂、塑性指数小于12的黏质土。
　　2. 很易冻胀土指粉质土、极细粉土质砂、塑性指数为12~22的黏质土。
　　3. 冻深小或填方路段，或者基、垫层为隔温性能良好的材料，可采用低值；冻深大或挖方及地下水位高的路段，或者基、垫层位隔温性能稍差的材料，应采用高值。
　　4. 冻深小于0.50m的地区，一般不考虑结构层防冻厚度。

三　面层

理论分析表明，混凝土面板的横断面宜采用中间薄两边厚的形式（厚边式），但是厚边式混凝土面层给基层和土基的施工带来不便，而且使用经验也表明，在厚度变化转折处，易引起板的折裂。因此，目前国内外常采用等厚式断面。

行车道水泥混凝土面层宜宽出外侧车道边缘线0.6m，所需的厚度通过计算确定，各种混凝土面层的设计厚度应依据计算厚度加6mm磨耗层后，按10mm向上取整。面层厚度的参考范围见表3-1-5-5。

水泥混凝土面层厚度的参考范围　　　表3-1-5-5

交通荷载等级	特　重				重			
公路等级	高速		一级		二级	高速	一级	二级
变异水平等级	低	中	低	中	低	中	低	中
面层厚度(mm)	320~280	300~260	280~240		280~240	270~230	260~220	

续上表

交通荷载等级	中	等			轻	
公路等级	二级	三、四级		三、四级	三、四级	
变异水平等级	高	中	高	中	高	中
面层厚度(mm)	250~220	240~210		230~200	220~190	210~180

水泥混凝土面板表面必须采用拉毛、拉槽、压槽或刻槽等方法筑做表面构造,以提高其抗滑性能。

四 路肩和路面排水

路肩为行车道路面结构提供侧向支撑,也供车辆临时或紧急停靠,并在路面改建或维修时作为便道使用,因此,路肩铺面结构应具有一定的承载能力,其结构层组合和材料选用应与行车道路面相协调,并保证渗入路面结构中的水尽快排除。

通过水泥混凝土面层接缝、裂缝和外侧边缘下渗的水量(特别在降水量大而接缝填封料失效的情况下)比人们预料的要多。路面修建往往采用槽式结构,因而下渗到基层或底基层内的水常积滞在路槽内,从而侵蚀基层、底基层和路基,造成唧泥和错台病害的出现。为迅速排除渗入路槽内的水分,路面排水和路肩排水应考虑以下两点。

(1)行车道路面横坡度宜为1%~2%,路肩铺面的横坡度宜为2%~3%。

(2)行车道路面结构设置排水基层或垫层时,应在排水基层或垫层外侧边缘设置纵向集水沟和带孔集水管,并间隔50~100m设置横向排水管。

第三节 水泥混凝土路面接缝设计

水泥混凝土面层板具有热胀冷缩的性质。由于一年四季气温的变化,水泥混凝土板会产生不同程度的膨胀和收缩,从而引起混凝土板的轴向变形。而在一昼夜中,白天气温升高,混凝土板顶面温度较底面温度高,这种温度坡差会形成板的中部隆起的趋势。夜间气温降低,板顶面温度较底面温度低,会使板的周边和角隅发生翘起的趋势,从而发生翘曲变形,如图3-1-5-2a)所示。这些变形会受到板与基础之间的摩阻力和黏结力以及板的自重、车轮荷载等的约束,致使板内产生过大的应力,造成混凝土板的断裂[图3-1-5-2b)]或拱胀等破坏。板体温度均匀下降引起收缩,则会将两块板体拉开[图3-1-5-2c)],从而失去荷载传递作用。

为避免这些缺陷,混凝土路面不得不在纵横两个方向设置许多接缝,把整个路面分割成许多板块,如图3-1-5-3所示。

水泥混凝土面层的接缝可分为横向接缝和纵向接缝。横向接缝是垂直于行车方向的接缝,共有三种:缩缝、胀缝和施工缝。缩缝保证板因温度和湿度的降低而收缩时沿该薄弱断面缩裂,从而避免产生不规则的裂缝。胀缝保证板在温度升高时能部分伸张,从而避免产生路面板在热天的拱胀和折断破坏,同时胀缝也能起到缩缝的作用。每日施工结束或因临时原因中断施工时,必须设置横向施工缝,其位置应尽可能选在缩缝或胀缝处。

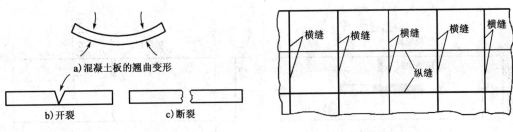

图 3-1-5-2　混凝土板的破坏

图 3-1-5-3　路面接缝设置

一　横向接缝的构造

1. 胀缝的构造

水泥混凝土面板在邻近桥梁或其他固定构造物处，或与其他道路相交处，应设置横向胀缝。设置胀缝的条数应根据膨胀量大小而定。低温浇筑水泥混凝土面层或选用膨胀性高的集料时，宜根据实际情况确定是否设置胀缝。胀缝宽宜为 20～25mm，缝内应设置填缝板和可滑动的传力杆。胀缝的构造如图 3-1-5-4 所示。

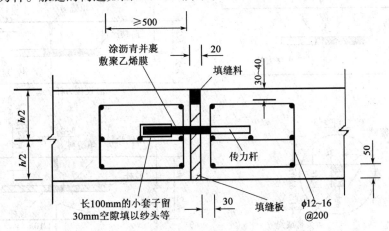

图 3-1-5-4　胀缝构造(尺寸单位：mm)

2. 横向缩缝的构造

横向缩缝可等间距或变间距布置，应采用假缝形式。极重、特重和重交通荷载公路的横向缩缝，中等和轻交通荷载公路邻近胀缝或自由端部的 3 条横向缩缝，收费广场的横向缩缝，应采用设传力杆假缝形式，其构造如图3-1-5-5a) 所示。其他情况可采用不设传力杆假缝形式，其构造如图 3-1-5-5b) 所示。传力杆的设置不应妨碍相邻混凝土板的自由伸缩，钢筋表面应作防锈处理。

横向缩缝顶部应锯切槽口，设置传力杆时的槽口深度宜为面层厚度的 1/4～1/3，不设置传力杆时的槽口深度宜为面层厚度的 1/5～1/4。槽口宽度根据施工条件、填缝料性能等因素而定，宽度宜为 3～8mm，槽内应填塞填缝料。

二级及二级以下公路的槽口可一次锯切成型。高速公路和一级公路横向缩缝的槽口宜二次锯切成型，在第一次锯切缝的上部宜增设宽 7～10mm、深 20～30mm 的浅槽口，其构造如图 3-1-5-6 所示。

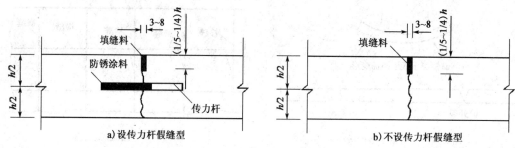

图 3-1-5-5　横向缩缝构造(尺寸单位:mm)

3. 横向施工缝的构造

每日施工结束或因临时原因中断施工时,必须设置横向施工缝,其位置应尽可能选在缩缝或胀缝处。设在缩缝处的施工缝,应采用加传力杆的平缝形式,其构造如图 3-1-5-7a)所示;设在胀缝处的施工缝,其构造与胀缝相同。遇有因难需设在缩缝之间时,施工缝可用设拉杆的企口缝形式,其构造如图 3-1-5-7b)所示。

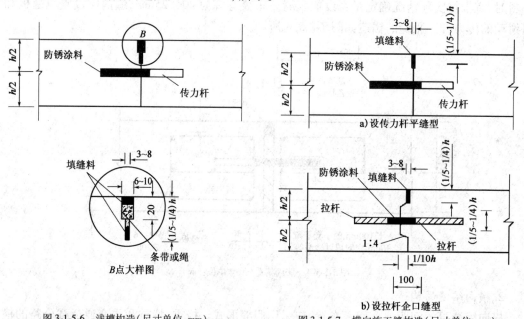

图 3-1-5-6　浅槽构造(尺寸单位:mm)　　　图 3-1-5-7　横向施工缝构造(尺寸单位:mm)

4. 传力杆

传力杆应采用光面钢筋。横向缩缝传力杆的尺寸、间距和要求与胀缝相同,可按表 3-1-5-6 选用。最外侧传力杆距纵向接缝或自由边的距离为 150~250mm。

传力杆尺寸和间距(单位:mm)　　　　　　　　　　　　　　表 3-1-5-6

面层厚度	传力杆直径	传力杆最小长度	传力杆最大间距
220	28	400	300
240	30	400	300
260	32	450	300
280	32~34	450	300
≥300	34~36	500	300

二 纵向接缝的构造

纵向接缝是指平行于混凝土路面行车方向的接缝。纵向接缝的布设应视路面总宽度、行车道及硬路肩宽度和施工铺筑宽度而定。

1. 纵向施工缝

一次铺筑宽度小于路面宽度时,应设置纵向施工缝。纵向施工缝采用设拉杆平缝形式,上部应锯切槽口,深度宜为 30~40mm,宽度宜为 3~8mm,槽内灌塞填缝料。纵向施工缝构造如图 3-1-5-8a)所示。

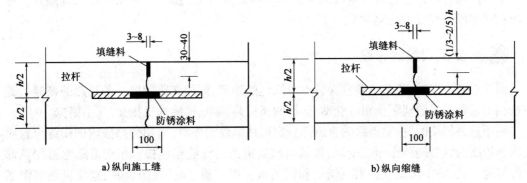

图 3-1-5-8 纵缝构造(尺寸单位:mm)

2. 纵向缩缝

普通水泥混凝土路面一次铺筑宽度大于 4.5m 时,碾压混凝土面层一次铺筑宽度大于 7.5m 时,应设置纵向缩缝。纵向缩缝采用设拉杆假缝形式,锯切的槽口深度应大于施工缝的槽口深度。采用粒料基层时,槽口深度应为板厚的 1/3;采用半刚性基层时,槽口深度应为板厚的 2/5。纵向缩缝构造如图 3-1-5-8b)所示。

3. 拉杆

拉杆应采用螺纹钢筋,设在板厚中央,并应对拉杆中部 100mm 范围内进行防锈处理。拉杆的直径、长度和间距可参照表 3-1-5-7 选用。施工布设时,拉杆间距应按横向接缝的实际位置予以调整,最外侧的拉杆距横向接缝的距离不得小于 100mm。

拉杆直径、长度和间距(单位:mm)　　　表 3-1-5-7

面层厚度 (mm)	到自由边或未设拉杆纵缝的距离					
	3.00m	3.50m	3.75m	4.50m	6.00m	7.50m
200~250	14×700×900	14×700×800	14×700×700	14×700×600	14×700×500	14×700×400
≥260	16×800×800	16×800×700	16×800×600	16×800×500	16×800×400	16×800×300

注:拉杆直径、长度和间距的数字为直径×长度×间距。

三 纵横向接缝的布设

普通水泥混凝土、钢筋混凝土、碾压混凝土和钢纤维混凝土面层的平面布局宜采用矩形分块,其纵向和横向接缝应垂直相交,纵缝两侧的横缝不得相互错位。

横向接缝的间距(即板长)应按面层类型和厚度选定：普通水泥混凝土面层板长宜为4~6m，面层板的长宽比不宜超过1.35，平面面积不宜大于25m²；碾压混凝土或钢纤维混凝土面层板长宜为6~10m；钢筋混凝土面层板长宜为6~15m，面层板的长宽比不宜超过2.5，平面面积不宜大于45m²。在昼夜气温变化较大的地区，或地基水文情况不良路段，应取低限值，反之取高限。

纵向接缝的间距(即板宽)宜在3.0~4.5m范围内选用，这对行车和施工都较方便。当双车道路面按全幅宽度施工时，纵缝可做成设拉杆假缝形式。

纵缝应与路线中线平行。在路面等宽的路段内或路面变宽路段的等宽部分，纵缝的间距和形式应保持一致。路面变宽段的加宽部分与等宽部分之间，应以纵向施工缝隔开。加宽板在变宽段起终点处的宽度不应小于1m。

四 交叉口接缝布设

两条道路正交时，各条道路宜保持本身纵缝的连贯，而相交路段内各条道路的横缝位置应按相对道路的纵缝间距作相应变动，保证两条道路的纵、横缝垂直相交，互不错位。

两条道路斜交时，主要道路的直道部分宜保持纵缝的连贯，而相交路段内的横缝位置应按次要道路的纵缝间距作相应变动，保证与次要道路的纵缝相连接。相交道路弯道加宽部分的接缝布置，应不出现或少出现错缝和锐角板。当出现错缝、锐角板时，宜加设防裂钢筋和角隅补强钢筋。

在次要道路弯道加宽段起终点断面处的横向接缝，应采用胀缝形式。膨胀量大时，应在直线段连续布置2~3条胀缝。

五 混凝土路面的端部处理

1. 普通混凝土面层的边缘钢筋

普通混凝土面层基础薄弱的自由边缘，或接缝为未设传力杆的平缝时，或主线与匝道相接处等，可在面层边缘的下部配置钢筋。通常选用两根直径为12~16mm的螺纹钢筋，置于面层底面之上1/4厚度处，并不小于50mm，间距为100mm，钢筋两端向上弯起，如图3-1-5-9所示。

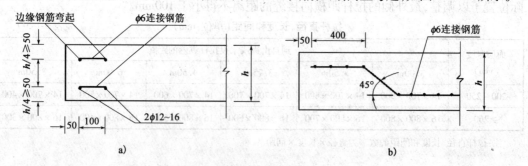

图3-1-5-9 边缘钢筋布置(尺寸单位：mm)

纵向边缘钢筋一般只做在一块板内，不得穿过缩缝，以免妨碍板的翘曲，但有时亦可将其穿过缩缝，但不得穿过胀缝。为加强锚固能力，钢筋两端应向上弯起。在横向胀缝两侧板边缘以及混凝土路面的起终端处，为加强板的横向边缘，亦可设置横向边缘钢筋。

2. 普通混凝土面层的角隅钢筋

承受极重、特重或重交通的水泥混凝土面层的胀缝、施工缝和自由边的角隅,以及承受极重交通的水泥混凝土面层缩缝的角隅,宜配置角隅钢筋。通常选用两根直径为12～16mm的螺纹钢筋,置于面层上部,距顶面不小于50mm,距边缘为100mm,如图3-1-5-10所示。

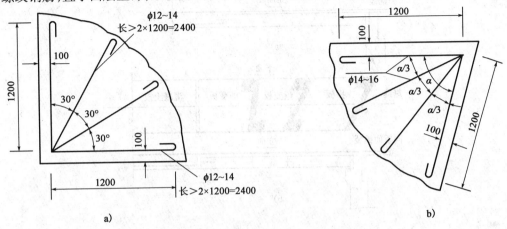

图3-1-5-10 角隅钢筋布置(尺寸单位:mm)

在交叉口处,对无法避免形成的锐角,宜设置双层钢筋网补强,以避免板角断裂。钢筋布置在板的上下部,距板顶(底)50～70mm为宜。

3. 混凝土面层与固定构造物相接

混凝土路面与桥涵、通道和隧道等固定构造物相衔接的胀缝无法设置传力杆时,可在毗邻构造物的板端部内配置双层钢筋网,或在长度为6～10倍板厚的范围内逐渐将板厚增加20%。

混凝土路面同桥梁相接处,宜设置钢筋混凝土搭板。当桥头设有搭板时,应在搭板与混凝土面层之间设置长6～10m的钢筋混凝土过渡板。过渡板与搭板间的横缝采用设拉杆平缝形式或设传力杆胀缝形式。当桥头未设有搭板时,宜在混凝土面层与桥台之间设置长10～15m的钢筋混凝土面层板,或设置由水泥混凝土预制块面层(或沥青面层)铺筑的过渡段,其长度不应小于8m。

如为斜交桥梁,尚应设置钢筋混凝土渐变板。渐变板的块数,当桥梁斜角大于70°时设1块;70°～45°时设2块;小于45°至少设3块。混凝土路面与斜交桥梁相接时的构造示意图如图3-1-5-11所示。渐变板的短边最小为5m,长边最大为10m。搭板和渐变板的配筋量需经计算确定,角隅部分另加钢筋网补强。

4. 混凝土面层与沥青路面相接

混凝土路面同沥青路面相接处,由于沥青面层难以抵御混凝土面层的膨胀推力,易于出现沥青面层的推移拥起,形成接头处的不平整,引起跳车。

混凝土路面与沥青路面相接时,应设置不少于3m长的过渡段。过渡段的路面采用两种路面呈阶梯状叠合布置,其下面铺设的变厚混凝土过渡板的厚度不得小于200mm,如图3-1-5-12所示。过渡板顶面应设置拉槽,沥青层与过渡板之间应黏结良好。过渡板与混凝土面层相接处的接缝内宜设置直径25mm、长700mm、间距400mm的拉杆。混凝土面层毗邻该接缝的1～2条横向接缝应设置胀缝。

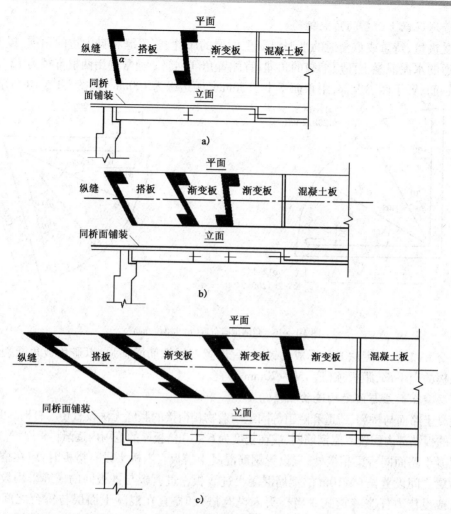

图 3-1-5-11 混凝土路面与斜交桥梁相接时的构造示意图

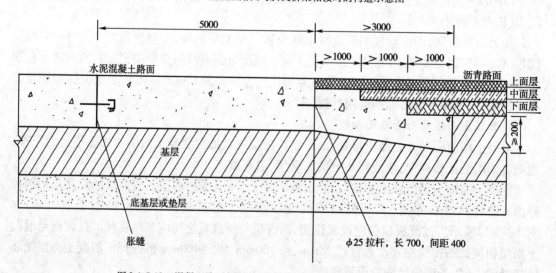

图 3-1-5-12 混凝土路面与沥青路面相接段的构造布置(尺寸单位:mm)

第四节　普通水泥混凝土路面板厚设计

一　普通水泥混凝土路面设计方法

我国《公路水泥混凝土路面设计规范》（JTG D40—2011）中，对混凝土路面设计引入了目标可靠度、材料性能和结构尺寸参数的变异水平等级等指标来进行设计。

路面结构可靠度是指在规定的时间内，在规定的条件下，路面使用性能满足预定水平要求的概率，即在规定的设计基准期内和规定的交通、环境条件下，路面结构完成预定功能（行车荷载疲劳应力和温度梯度疲劳应力的总和不超过混凝土弯拉强度）的概率。

材料性能和结构尺寸参数的变异水平等级，按施工技术、施工质量控制和管理水平分为低、中、高三级。由滑模或轨道施工机械施工，并进行认真、严格的施工质量控制和管理的工程，可选用低变异水平等级。由滑模或轨道施工机械施工，但施工质量控制和管理水平较弱的工程，或者采用小型机具施工，而施工质量控制和管理得到认真、严格的执行的工程，可选用中低变异水平等级。采用小型机具施工，施工质量控制和管理水平较弱的工程，可选用高变异水平等级。选定了变异等级，施工时就应采取相应的技术和管理措施，以保证主要设计参数的变异系数控制在相应等级的规定范围内。

水泥混凝土路面结构设计是以水泥混凝土面层板在设计基准期内，在行车荷载疲劳应力和温度疲劳应力综合作用下，不产生疲劳断裂作为设计标准，并以最重轴载和最大温度梯度综合作用下，不产生极限断裂作为验算标准。其设计参数主要有交通量、设计基准期、设计轴载、设计轴载累计作用次数、交通荷载等级、最大温度梯度标准值、混凝土路面板底地基当量回弹模量等。有关普通水泥混凝土路面板厚设计理论及方法的相关内容可参见《公路水泥混凝土路面设计规范》（JTG D40—2011）。

二　普通水泥混凝土路面板厚设计步骤

1. 交通分析

根据设计公路的等级、公路自然区划、初期交通量及交通量年平均增长率等，确定设计基准期、安全等级、设计基准期内设计车道设计荷载累计作用次数。

2. 初拟路面结构

根据路基干湿类型和土质等相关的设计资料，进行路面结构的组合设计，初拟路面结构，包括路床、垫层、基层和面层的材料类型和厚度，并按水泥混凝土面层厚度建议范围，根据交通等级、公路等级和所选定的变异水平等级，初选混凝土面板的厚度及平面尺寸。

3. 路面材料参数确定

根据上述已知条件，确定混凝土面层的弯拉强度标准值、相应弯拉弹性模量标准值、路基回弹模量、路床顶面综合回弹模量及基层回弹模量等，最后计算出混凝土板底地基当量回弹模量和混凝土面层板的截面弯曲刚度。

4. 计算荷载疲劳应力和温度疲劳应力

水泥混凝土路面结构按疲劳断裂设计标准进行结构分析时，以100kN的单轴—双轮组荷载作为设计标准轴载,并选取混凝土板的纵向边缘中部作为产生最大荷载和温度梯度综合疲劳损坏的临界位置,分别计算出混凝土面层的荷载疲劳应力、温度疲劳应力和最大荷载应力等。

5. 板厚验算

当荷载疲劳应力与温度疲劳应力之和与可靠度系数的乘积小于且接近于混凝土弯拉强度标准值,同时,最大荷载应力与最大温度应力之和与可靠度系数的乘积小于混凝土弯拉强度标准值时,则初选厚度可作为混凝土板的计算厚度。如不能满足要求时,应调整混凝土板厚度或基层类型或厚度等,重新计算,直到满足要求为止。

6. 设计厚度确定

计算厚度加 6mm 磨耗厚度后,应按 10mm 向上取整,作为混凝土面层的设计厚度。

以上有关普通水泥混凝土路面板厚设计的相关参数及计算方法可详见《公路水泥混凝土路面设计规范》(JTG D40—2011)。混凝土路面板厚度计算流程图如图 3-1-5-13 所示。

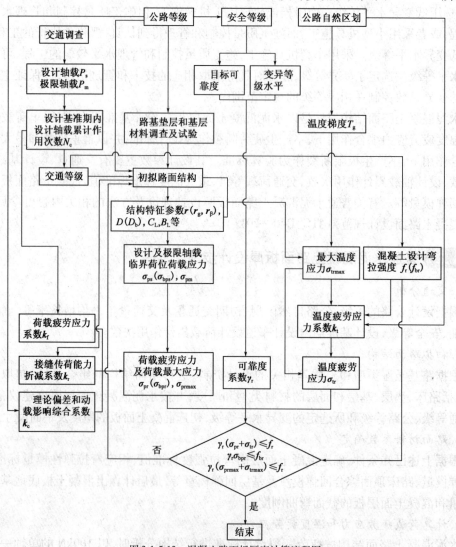

图 3-1-5-13　混凝土路面板厚度计算流程图

第五节 其他类型的水泥混凝土路面简介

一 钢筋混凝土路面

钢筋混凝土路面指面层板内配置纵、横向钢筋或钢筋网并设接缝的水泥混凝土路面。

当水泥混凝土板的平面尺寸较大,或者预计路基或基层有可能产生不均匀沉降,或者板下埋设有地下设施等情况时,宜采用钢筋混凝土路面。

设置钢筋网的主要目的是控制裂缝缝隙的张开量,把开裂的板拉在一起,使板依靠断裂面上的集料嵌锁作用而保证结构强度,并非增加板的抗弯强度。因而,钢筋混凝土面层所需的厚度与素(无筋)混凝土面层厚度相同。

钢筋混凝土面层的配筋量,主要依据平衡混凝土面层收缩受阻时产生的拉力的需要。当混凝土面层自两端向中央收缩时,层底的摩阻力为混凝土的重力乘以它与基层的摩阻系数,这一摩阻力即为作用于混凝土面层中央的拉力。为使板内应力尽可能分散,宜采用小直径钢筋。纵、横向钢筋宜采用相同或相近直径,直径差不应大于 4mm。钢筋网的最小间距宜为集料最大粒径的 2 倍。

由于钢筋的主要作用是使裂缝密闭,它在板内的竖向位置并不太重要,只要有足够的保护层以防锈蚀即可。纵向钢筋应设在面层顶面下 1/3~1/2 板厚范围内,横向钢筋应位于纵向钢筋之下。纵向钢筋的搭接长度,根据经验,宜为直径的 35 倍以上,搭接位置应错开。外侧钢筋中心到接缝或自由边的距离为 100~150mm。

钢筋混凝土板的缩缝间距(即板长)一般为 13~22m,最大不宜超过 30m。缩缝内必须设置传力杆。其他接缝构造与素混凝土路面相同。

二 连续配筋混凝土路面

连续配筋混凝土路面指面层内配置纵向连续钢筋和横向钢筋,横向不设缩缝的水泥混凝土路面。

连续配筋混凝土路面的特点是一般不设横缝(施工缝和特定情况下必设的胀缝除外)且配筋量很大。这种面层会在温度和湿度变化引起的内应力作用下产生许多横向裂缝,裂缝的间距为 1.0~3.0m,缝隙的平均宽度为 0.2~0.5mm。但是,由于配置了许多纵向连续钢筋,这些横向裂缝不至于张开而使杂物侵入或使混凝土剥落,因而不会影响行车的使用品质。

面层纵向钢筋配筋率设计,主要考虑对横向裂缝缝隙宽度、横向裂缝间距、裂缝传荷能力、钢筋所承受的拉应力,以及混凝土出现由纵向裂缝产生的断裂块进行控制,其中最主要的是对裂缝缝隙宽度的控制。增加配筋量,可以减小缝隙宽度和缝隙间距,提高裂缝传荷能力和使用寿命。由于缝隙间距同缝隙宽度有直接关联,钢筋用量可按规定的裂缝间距来确定,一般认为保持裂缝完整无损所需配筋量为混凝土板断面积的 0.6%~0.8%。

横向钢筋的用量很小,其配筋率为纵向钢筋的 1/10~1/5,主要目的是保持纵向钢筋的间距,纵、横向钢筋均需采用螺纹钢筋,以保证混凝土和钢筋之间具有足够的握裹力。

连续配筋混凝土板内的钢筋并非按承受荷载应力进行设计的。因此,它的厚度仍可采用无筋混凝土路面板的计算方法确定。由于不考虑温度应力的组合,可适当降低厚度,例如,按无筋混凝土面板计算厚度的85%~90%取用。

连续配筋混凝土面层在浇筑中断时需设置施工缝。施工缝采取平缝形式,并用长度为1m的拉杆增强。拉杆的直径与间距同纵向钢筋,以使施工缝两侧的混凝土板块加固成连续的整体。

由于连续配筋的混凝土路面没有接缝(施工缝除外),所以,在长板的端部、桥头连接处,或者与其他路面纵向接头处都要设置胀缝,以便为混凝土的膨胀留有余地。

三 钢纤维混凝土路面

钢纤维混凝土路面指在混凝土面层中掺入钢纤维的水泥混凝土路面。

试验表明,钢纤维与混凝土的握裹力高达4MPa。施工时,一般在混凝土中掺入1.5%~2.0%(体积比)的钢纤维,过多则混凝土和易性不好。钢纤维长度宜为25~60mm,直径为0.25~1.25mm,过长则与混凝土拌和易成团,过短则混凝土强度增高不多,长度与直径的最佳比值为50~70。

钢纤维混凝土路面的抗疲劳强度、抗冲击能力和防止裂缝的能力比普通混凝土路面要好得多。同时,钢纤维混凝土路面厚度可以减薄30%~50%,而缩缝间距可以增至15~30m,胀缝和纵缝可以不设。

作为一种新型的路面材料,钢纤维混凝土路面具有广泛的发展前途,它具有薄板、少缝、使用寿命长、养护费用少等特点,特别是作为旧混凝土路面的罩面尤为适宜。

四 复合式混凝土路面

复合式混凝土路面指面层由两层不同材料类型和力学性质的结构层复合而成的水泥混凝土路面。

新建道路的混凝土面板一般按单层式建造,只有当缺乏品质良好的材料时,才考虑采用双层式混凝土路面板,即利用当地品质较差的材料修筑板的下层,用品质较好的材料铺筑板的上层,以降低造价。在改建旧混凝土路面时,有时在其上加铺一层新混凝土面层,这样也形成双层式混凝土路面结构。根据双层混凝土路面上下层板之间结合程度的不同,有结合式、分离式和部分结合式三种形式。

1. 结合式

结合式混凝土路面上下层混凝土板牢固结合成为一整体。新建路面时,上下层混凝土连续施工,即可做成结合式。改建路面时,将下层板表面凿毛、洗净晾干,并喷刷高强度等级水泥浆(水灰比为0.4~0.5)或环氧树脂等黏结剂,随即浇筑新混凝土面层。对于这种结合形式,下层板的裂缝和接缝将会反射到上层板内,因此要求上下层板的接缝必须对齐,并采用同样的接缝形式和缝隙宽度,这种结合形式适用于下层板完整无裂缝或虽有一些裂缝但不再发展的情况。支立模板时,可采用混凝土块顶撑或利用旧路面板的接缝钻孔插入钢钎固定的方法。

2. 分离式

分离式混凝土路面在上下层混凝土板之间铺以沥青混凝土、沥青砂或双层油毡作为隔离层材料，以达到分离的目的。沥青混合料隔离层的厚度不宜小于25mm。这种分离措施，可防止下层板的裂缝和接缝反射到上层板内。因此，分离式双层混凝土路面板不要求上下层板的接缝对齐。当下层板严重破碎时，也可采用这种形式。新铺混凝土面层的厚度不宜小于12cm。施工立模时，可采用穿孔插钎固定模板，也可采用预制混凝土块顶撑模板的方法固定模板。

3. 部分结合式

改建路面时，先对原有混凝土板表面进行清理后再浇筑上层板。由于上下层板之间存在部分结合，下层板上的裂缝与接缝通常仍会反射到上层板内，所以上下层板的接缝位置应相同，但其形式和宽度不要求完全相同。旧面层的结构损坏不太严重并已经修复时，可采用这种结合形式。

五 水泥混凝土预制块铺砌路面

水泥混凝土预制块铺砌路面指面层由水泥混凝土预制块铺砌成的路面。水泥混凝土预制块的抗压强度约为60MPa，水泥含量为350~380kg/m³，水灰比为0.35，最大集料尺寸为8~16mm，块料承受磨耗的面积一般小于0.03m²，厚度至少为6cm，形状有矩形、嵌锁形（不规则形状）两类。这种路面结构由面层、砂整平层和基层组成，基层类型同普通混凝土路面。

混凝土预制块铺砌的路面具有结构简单，价格低廉，能承受较大的单位压力，出现较大变形也不会破坏块料，便于修复等优点，因此，比较广泛地用于铺筑人行道、停车场、堆场（特别是集装箱码头堆场）、街区道路、次要道路、一般公路的路面等。

六 碾压混凝土路面

碾压混凝土是一种含水率低，通过振动碾压施工工艺达到高密度、高强度的水泥混凝土。碾压混凝土路面与普通水泥混凝土路面相比能节省大量的水泥，且施工速度快，养生时间短，强度高，具有很好的社会经济效益。

根据我国碾压混凝土路面的施工水平，全厚式碾压混凝土路面的平整度难以达到规定的要求。国外也没有直接用作车辆高速行驶的路面面层。因此，碾压混凝土路面一般适用于二级及其以下等级的公路。

碾压混凝土的集料最大粒径以19mm为宜。当碾压混凝土分两层摊铺时，其下层集料最大粒径可采用37.5mm。

本 章 小 结

（1）在路面设计之前，应进行专门的外业调查，需收集的资料有：交通量及交通组成情况；工程地质和水文地质条件；天然土的湿度和水文资料；气象资料；路面材料产地和供应情况；当地路面使用经验和其他情况；工程投资情况；施工单位的技术力量、机具设备、劳动力组成情况;原有路基路面状况。

(2)水泥混凝土路面在力学模式上可视为弹性地基上的弹性板,简称弹性地基板。将水泥混凝土面层下的基层(有时还有底基层或垫层)及路基作为弹性层状地基,可用弹性层状体系理论求解基层顶面的当量回弹模量。

(3)水泥混凝土面层厚度计算的基本依据有:路面结构可靠度设计标准、标准轴载大小及作用位置、设计车道标准轴载累计作用次数、交通荷载等级、混凝土弯拉强度标准值、基层顶面的当量回弹模量、温度梯度等。

(4)水泥混凝土路面对路基的基本要求是稳定、密实、均质,对路面结构提供均匀的支承,即路基在环境和荷载作用下产生的不均匀变形很小。面层下设置基层与垫层的用途是:防唧泥、防冰冻、降低路基不均匀变形、防水、方便施工和延长路面寿命。

(5)水泥混凝土面层的接缝可分为横向接缝和纵向接缝。横向接缝包括横向缩缝、胀缝、施工缝,纵向接缝包括纵向缩缝、施工缝。

(6)水泥混凝土路面面层厚度设计,以水泥混凝土面层板在设计基准期内,在行车荷载疲劳应力和温度疲劳应力综合作用下,不产生疲劳断裂作为设计标准,并以最重轴载和最大温度梯度综合作用下,不产生极限断裂作为验算标准。

思考题与习题

1. 解释各类水泥混凝土路面的含义。
2. 水泥混凝土面层厚度计算的基本依据有哪些?
3. 水泥混凝土路面为何在纵、横两个方向设置许多接缝?如何设置?
4. 水泥混凝土路面的基层和底基层、路基与沥青路面的基层和底基层、路基有什么区别?
5. 水泥混凝土路面的设计内容包括哪些?
6. 拉杆和传力杆有何不同?
7. 简述水泥混凝土板厚计算流程。
8. 钢筋混凝土路面层、连续配筋混凝土路面层与普通混凝土路面层有何异同?

第三篇　路面工程

第二分篇　路面施工

第一章 路面施工准备工作

> **教学要求**
>
> 1. 描述对路面的基本要求、影响路面施工质量的因素及对路面施工的基本要求。
> 2. 说明组织准备、技术准备、现场准备、物资准备等前期准备工作中的基本内容和要求。
> 3. 会进行路面工程施工的前期准备工作。

第一节 路面施工特点与要求

路面是在路基顶面的行车道部分,用各种筑路材料或混合料铺筑而成的层状结构物。路基是路面结构的基础,而路面结构层的存在又保护了路基,使之避免了直接经受车辆荷载和大气的破坏作用,从而长期处于稳定状态。路基和路面相辅相成,实际上是不可分离的整体。

现代化公路运输,不仅要求公路能全天候通行车辆,而且要求车辆能以一定的速度,安全、舒适、经济地运行,这就要求路面具有良好的使用性能,提供良好的行驶条件和服务。因此,精心设计,精心施工,使路面能长期具备良好的使用性能,这对节约投资,提高运输效益,具有十分重要的意义。

一、影响路面施工质量的因素

1. 自然因素

我国由于地域面积广,人口众多,公路建设范围线长面广,涉及地形复杂多样,所以在施工中路面的质量受到自然因素的影响比较大。首先是受到温度的影响,比如我国目前的公路路面都是使用沥青铺设,所以在高温的作用下,沥青受到高温作用容易融化,这就必然会导致路面被破坏,无法正常运行;此外长时间的高温作用,路面会受热膨胀,容易导致路面的拉长和拱起,影响公路整体的平整度,进而严重影响到整个路面的施工。其次在施工中还容易受到雨水的影响,在公路路面施工中,需要做好路面防水措施才能保证整个路面的施工质量,如果防护措施不到位,则路面受到雨水侵蚀,其平整度就会受到严重破坏,路面的整体质量就会下降。此外,平原地区地势平坦,一般来说地面水容易积聚,地下水水位较高,这些都会影响路面的稳定性,如处理不当,往往会导致路基路面产生各种病害。

2. 人为因素

在现代公路路面施工中，拥有一支素质过硬的施工队伍是极为关键的，施工企业只有在技术上精湛，人员的素质高，拥有先进的施工设备，先进的管理理念和完善的规章制度，采用现代化的施工管理方法，才能确保路面的施工质量。

公路路面施工是野外操作，自然条件差，运输不便，物资设备保障供应相对困难，而且路面施工工地分散，工作面狭窄，易遇特殊水文与水文地质等情况。面对这种复杂情况，如果施工人员在施工中不能按照施工规范操作要求进行施工，就不能保证路面的整体质量，此外，施工现场监督管理人员监管不严格及公路路面质量的监测不严格，也会影响路面整体施工质量。为确保工程施工质量，实现快速、高效、安全地施工，就必须重视施工人员的技术培训和管理。

3. 设备操作

随着科学技术的不断进步，大量新型路面施工机械已运用到路面建设之中，在路面施工中机械设备的操作是否严格按照操作规范进行、是否有违规情况发生都将直接影响公路路面的施工进度及施工质量，因此施工机械设备的操作也是影响路面施工质量的重要因素。如在进行路面沥青摊铺前，确保摊铺机系统的正常运行，加热板能否铺设均匀、摊铺机是否正常运行及自动调表仪器是否正常等，这些都是影响路面铺设质量的关键。所以施工中要在注重设备养护的同时，还要注重机械设备的管理，通过选择适宜的机械设备、严格按规范与技术要求的操作机械设备，才不会使路面出现波浪、铺设不均匀、路面不平整等情况的发生。

4. 施工材料

公路路面质量不仅受到施工技术的影响，还受到施工原材料的影响，只有保证原材料质量合格，严格控制施工原材料质量，具备完善的原材料存放机制，并进行科学管理，才能减少原材料对路面质量的影响。路面在施工前，不能仅依靠供应商的检测报告作为原材料最终检测标准，必须要对施工原材料进行抽样检查，只有经过质量检测评估合格后才能进行使用，并且还要对不同规格、品种以及料源的原材料分开存放，不能混杂。在施工过程中，要参照相关规范规定的检查项目与频度，对各种原材料进行抽样试验，质量应符合现行施工技术规范规定的技术要求。只有严格控制施工原材料质量，具备完善的原材料存放机制，并进行科学管理，才能减少原材料对路面质量的影响。

二 对路面施工的要求

1. 采用科学合理的施工技术

路面施工技术的实施是保证路面工程施工质量的关键。在路面施工之前，要组织施工技术人员领会设计文件的意图，熟悉设计文件中的各项技术指标，仔细考虑其技术经济的合理性和施工的可行性。对设计文件中有疑问、错误或设计不妥之处，应及时与建设单位、设计单位和工程监理联系，到实地现场调查了解，选择合理的解决方案。对于一些不确定因素如阴雨、交通干扰等，技术人员应有一定地了解，以便对相应的施工环节，作充分的考虑，采取科学合理的施工技术。

2.加强施工现场管理工作

公路施工前,应对统计表格、测试报告、检测记录表以及原始数据表进行科学分析,并及时向监理单位报送;全面贯彻落实公路路面施工管理责任制,制定相应的安全管理制度及管理操作流程,建立完善的管理机制,加大对施工的管理力度,将管理责任层层落实,遵循责任到人,本着奖惩分明的管理理念,做到分工明确,权责分明,确保出现问题后有章可循、有责可追;在施工过程中要及时收集现场反馈信息,根据现场的数据报告以及质量数据,及时做出质量分析报告,并制定科学的应急措施,同时实时跟踪施工状态,实行动态控制和管理机制。

3.加强施工原材料的管理

公路施工原材料是保证公路路面质量的关键因素。因此在实际工程中要严格控制施工原材料质量,并进行科学管理。完善的原材料存放机制,做好施工原材料的入库工作,及时记录原材料的入库量、生产日期、生产质量规格;对原材料进行严格规范的质量检验,对生产厂家以及生产流程都要做仔细的审查,必要时要将材料送至安全检验部门,来保证施工原材料的质量合格,为提高路面质量奠定基础。

4.提高施工人员的整体素质

路面施工人员的整体素质直接决定了路面施工质量,所以要提升施工人员的素质,就要对他们加强施工规范培训,提升施工人员自身的操作技能熟练程度,减少施工中安全问题的出现。此外还要增强施工人员的自主学习意识,伴随飞速发展的经济及日新月异的科学技术,施工机器的更新速度也在不断加快,其技术含量决定了操作过程的复杂性和严谨性,所以,为保证施工人员能够正确进行施工操作,不断适应新技术,就需要他们不断进行新技术技能的学习,来满足路面施工质量的要求。

第二节　路面施工的前期准备工作

一　组织准备

组织准备包括路面工程项目的施工组织机构和施工劳动组织两方面。

1.建立施工组织机构

根据路面工程及项目的特点,组建技术配备精良、设备先进齐全、生产快速高效的施工组织管理机构,建立工程项目分工责任制,完善工程质量分级管理体系。

2.建立劳动组织体系

根据确定的工程施工进度、工期计划安排及劳动力的调配,合理地组织安排施工环节和施工过程,严格劳动纪律,严把工程质量关,实施奖惩制度,最大限度地创造最佳效益。

二　技术准备

1.熟悉设计文件

组织技术人员领会设计文件的意图,熟悉设计文件中的各项技术指标,仔细考虑其技术经济的合理性和施工的可行性。对设计文件中有疑问、错误或设计不妥之处,应及时与建设单位、设计单位和工程监理联系,到实地现场调查了解,选择合理的解决方案。对于一些不确定因素如阴雨、交通干扰等,技术人员应心中有数,以便对相应的施工环节,作充分的考虑。

2. 编制施工方案

根据设计文件中的施工组织设计和建设业主在承包合同中的具体要求,结合工程项目特点、具体施工条件及工程承包单位的情况,编制具体、可行的实施性组织计划,并报工程监理和建设业主批准。

3. 技术咨询

施工前,应对技术人员统一施工技术规范和操作规程的认识,对于采用的新技术、新工艺应组织专家(包括工程监理和建设业主)进行充分论证,以免施工时出现工程事故。

4. 施工放样

路面施工前,应根据路线导线点或控制点,恢复路中线,设置中心桩和边线桩。一般直线段桩距为 20~25m,曲线段为 10~15m,并在两侧路肩边缘外 0.3~0.5m 处设置指示桩。此外,还应测量原有路基顶面的断面高程,在两侧的指示桩上标记路面基层(底基层)的顶面高程位置线。

三 现场准备

施工现场的准备,直接影响到工程质量和工程进度,应做好以下工作:

1. "三通一平"

根据施工方向、运输路线、生活场所、料场及水电供应等临时设施,做好相应区域的通电、通水、通路及场地平整的工作。

2. 原有路基的检查

路面施工前,应根据《公路路面基层施工技术规范》(JTJ 034—2000)对原有路基进行严格的检查,测定其顶面的强度。若不合格,则必须采取措施进行处理,并应及时向工程监理和建设业主作书面汇报。

3. 交通管理

对施工范围内的公路交叉口、部分设施设置施工标志,进行交通管制,对于附近人群应进行施工安全宣传。

四 物资准备

1. 机械设备准备

根据实施性施工组织计划,一次或分批配齐足够的施工机械和工具。机械设备的放置,应考虑到施工的要求。

2. 材料准备

路面用自采材料和外运材料,经检验和选择,按需要的规格和数量运到现场,堆放位置应根据实施性组织计划合理的设计。

3. 生活设施准备

生活设施准备包括工地人员的食宿位置、办公地点、房舍区域和生活必需设备、安全及劳动防护用品等的准备。

本 章 小 结

(1)路面是用各种筑路材料或混合料分层铺筑在公路路基上供车辆行驶的层状构造物,主要承受行车和各种自然因素如风、霜、雨、雪、日照等的共同作用,路面施工质量的好坏将直接影响行车的安全性、舒适性及经济性。因此,对路面的基本要求是应具有足够的强度和刚度稳定性、耐久性、表面平整性、表面抗滑性以及低噪声和少尘性。

(2)影响路面施工质量的主要因素是自然因素、人为因素、对施工机械设备的操作及施工原材料的质量等。因此,保证路面施工质量的主要措施是:在施工中采用科学合理的施工技术,加强对施工现场、施工原材料的管理,同时要对施工队伍进行施工培训,以提高施工队伍的整体素质,满足路面施工质量的要求。

(3)路面施工是一项历时时间长、技术要求高的工作。路面施工前,必须根据工程的特点、基本要求和施工现场的实际情况,认真做好组织准备、技术准备、现场准备、物资准备等前期准备工作,以确保各项施工活动能正常进行。

思考题与习题

1. 叙述路面工程的特点、影响路面施工的主要因素以及对路面施工的基本要求。
2. 路面施工的前期准备工作包括哪些内容?
3. 施工前的熟悉设计文件有什么作用?
4. 如何做好施工现场的准备工作?

第二章 路面基层（底基层）施工

教学要求

1. 描述半刚性、粒料类等常用路面基层、底基层、垫层常用材料的质量要求。
2. 能正确叙述半刚性、粒料类等常用路面基层（底基层）的施工工艺流程；会进行半刚性基层路拌法与厂拌法以及级配碎（砾）石基层、填隙碎石基层现场施工。
3. 会进行路面基层、底基层施工质量控制和竣工检查验收。

第一节 路面基层和垫层常用材料的要求

一 半刚性材料质量要求

路面基层施工所用材料要求的目的，就是要保证路面在交付使用后不致因基层质量不符合要求而提早破坏。科学研究和工程实践证明：要铺筑满足质量要求的路面基层，必须使用质量符合要求的原材料，采用性能优良的施工机械和先进的施工工艺，在施工过程中实行科学的施工组织管理。使用质量符合要求的原材料及合理、正确的混合料组成设计是铺筑高质量路面基层的重要物质保证。因此，施工前应对组成半刚性基层的所有原材料进行质量检验，通过试验选择符合要求的原材料，然后进行配合比设计，在证明混合料强度和稳定性均符合要求后才能用于铺筑基层。

1. 原材料试验项目

进行混合料配比设计前，抽取有代表性的原材料样品进行试验，以试验结果作为判定是否选用该种材料的主要技术依据。主要的试验项目如下：

（1）含水率测定。确定土及砂砾、碎石等集料的原始含水率。

（2）颗粒筛析。用筛分法分析砂砾、碎石等集料的颗粒组成情况，检验所用材料的级配是否符合要求，为集料配合比设计提供依据。

（3）液限和塑限试验。计算土的塑性指数并判定该种土是否适用。

（4）相对密度、吸水率试验。测定砂砾、碎石等粒料的相对密度与吸水率，评定其质量，计算固体体积率。

（5）压碎值试验。评定碎石、砂砾等的抗压碎能力是否符合要求。

（6）有机质和硫酸盐含量试验。对土有怀疑时做该项试验,判断土是否适宜用石灰和水泥稳定。

（7）石灰有效氧化钙和氧化镁含量测定。确定石灰有效成分含量,评定石灰的质量,以便确定结合料剂量。

（8）水泥强度等级和终凝时间测定。确定水泥质量是否满足设计强度和施工时间要求。

（9）烧失量测定。确定粉煤灰、煤渣等是否适用。

（10）粉煤灰化学成分及细度测定。评定粉煤灰的质量。

2. 原材料质量要求

1）集料和土

对集料和土的一般要求是能被经济地粉碎,满足一定级配要求,便于碾压成型,并应满足以下指标要求。

（1）液限和塑限。结合料为水泥时,土的液限和塑性指数应符合表3-2-2-1 的要求。结合料为石灰时,应选用塑性指数为 15～20 的黏性土或含有一定量黏性土的中粒土、粗粒土;塑性指数在 10 以下的亚砂土和砂土用石灰稳定时,应采取适当的措施或采用水泥稳定。塑性指数大于 15 以上的黏性土更适宜于用石灰和水泥综合稳定。用工业废渣稳定土时,宜采用塑性指数为 12～20 的黏性土(亚黏土),中、粗粒土应少含或不含高塑性的土。

（2）颗粒组成范围。集料粒径对半刚性基层(底基层)的路用性能影响很大。如果集料粒径过大,则在拌和、摊铺混合料时难以达到均匀,容易出现集料离析现象,密实度、平整度不易达到要求。如果集料粒径过小,则基层(底基层)刚度不足,而且集料比表面积的增加会使结合料用量增加,使工程投资增大。用半刚性材料作底基层时,集料颗粒最大粒径不应超过 53mm(指方孔筛),如为圆孔筛,则最大粒径可为所列数值的 1.2～1.25 倍,作基层时,最大粒径不应超过 37.5mm。

用水泥稳定类混合料作底基层时,土的均匀系数(集料通过率为 60% 的筛孔与通过率为 10% 的筛孔尺寸的比值)应大于 5。细粒土的液限不应超过 40,塑性指数不应超过 17。对于中粒土和粗料土,如土中小于 0.6mm 的颗粒含量在 30% 以下时,塑性指数可稍大。实际工作中,宜选用均匀系数大于 10、塑性指数小于 12 的土。用水泥稳定类混合料做二级和二级以下公路的基层时,集料中不宜含有塑性指数的土。水泥稳定类混合料的集料颗粒组成应符合表3-2-2-1 的要求。

水泥稳定的集料颗粒组成范围　　　　表3-2-2-1

二级及二级以下公路			高速公路及一级公路		
筛孔尺寸(mm)	通过质量百分率(%)		筛孔尺寸(mm)	通过质量百分率(%)	
	底基层	基层		底基层	基层
53	100				
37.5		90～100	37.5	100	100
26.5	66～100		31.5	90～100	100
19		54～100	26.5		90～100

续上表

二级及二级以下公路			高速公路及一级公路		
筛孔尺寸(mm)	通过质量百分率(%)		筛孔尺寸(mm)	通过质量百分率(%)	
	底基层	基层		底基层	基层
9.5		39~100	19	67~90	72~89
4.75	50~100	28~84	9.5	45~68	47~67
2.36		20~70	4.75	50~100	29~50	29~49
1.18		14~57	2.36	18~38	17~35
0.6	17~100	8~47	0.6	17~100	8~22	8~22
0.075	0~50	0~30	0.075	0~30	0~7	0~7
0.002	0~30				

工业废渣稳定土可分为石灰粉煤灰类、石灰其他废渣类两大类。二灰稳定土用于二级及二级以下公路的底基层时,石料颗粒的最大粒径不应超过53mm,用作基层时,石料颗粒的最大粒径不应超过37.5mm,并应符合表3-2-2-2的级配范围。二灰稳定土用于高速公路和一级公路的底基层时,土中碎石、砾石颗粒的最大粒径不应超过37.5mm,用作基层时,石料颗粒的最大粒径不应超过31.5mm,其颗粒组成宜符合表3-2-2-2的级配范围。

二灰级配砂砾中集料的颗粒组成范围　　　　　表3-2-2-2

二级及二级以下公路		高速公路及一级公路	
筛孔尺寸(mm)	通过质量百分率(%)	筛孔尺寸(mm)	通过质量百分率(%)
	基层		基层
37.5	100		
31.5	85~100	31.5	100
19.0	65~85	19.0	85~100
9.50	50~70	9.50	55~75
4.75	35~55	4.75	39~59
2.36	25~45	2.36	27~47
1.18	17~35	1.18	17~35
0.60	10~27	0.60	10~25
0.075	0~15	0.075	0~10

(3)压碎值。用于半刚性基层的碎石、砾石应具有足够的抗压碎能力,其压碎值应符合以下要求:用做高速公路和一级公路的半刚性基层、底基层集料的压碎值不应大于30%;二级和二级以下公路的半刚性基层集料压碎值不应大于35%;二级和二级以下公路的半刚性底基层集料压碎值不应大于40%。

(4)硫酸盐及腐殖质。用水泥稳定作结合料时,土中硫酸盐含量不应超过0.25%,有机质含量不应超过2%。超过上述规定时,不应单纯用水泥稳定,可先用石灰与土混合均匀,闷料一昼夜后再用水泥稳定。用工业废渣稳定土时,土中硫酸盐含量不应超过0.8%,有机质含量不应超过10%。

2)水泥

普通硅酸盐水泥、矿渣硅酸盐水泥和火山灰质硅酸盐水泥均可用于稳定集料和土。为了有充裕的时间组织施工,不应使用快硬水泥、早强水泥或受潮变质的水泥,应选用终凝时间较长(6h以上)的水泥,如32.5级水泥或42.5级水泥。

3)石灰

石灰质量应符合三级以上消石灰或生石灰的质量要求。准备使用的石灰应尽量缩短存放时间,以免有效成分损失过多,若存放时间过长则应采取措施妥善保管。

4)粉煤灰

粉煤灰的主要成分是 SiO_2、Al_2O_3、Fe_2O_3,三者总含量应超过70%,烧失量不应超过20%,若烧失量过大,则混合料强度将明显降低,甚至难以成型。粉煤灰比表面积宜大于 $2500cm^2/g$,粒径变化范围为0.001~0.3mm。干湿粉煤灰均可使用,但湿粉煤灰含水率不宜超过35%;干粉煤灰露天堆放时应洒水湿润,防止随风飞扬造成污染。使用时结团的灰块应打碎或过筛,并清除有害杂质。

5)煤渣

煤渣是煤燃烧后的残留物,主要成分是 SiO_2 和 Al_2O_3,松干密度为 $700 \sim 100 kg/m^3$,最大粒径不应大于30mm,颗粒组成以有一定级配为佳。

6)水

无有害物质的一般人、畜饮用的水均可使用。

二 粒料类基层及其材料质量要求

1.级配碎石基层

级配碎石基层由粗、细碎石和石屑各占一定比例、级配符合要求的碎石的混合料铺筑而成。级配碎石基层适用于各级公路的基层和底基层,还用作较薄沥青面层与半刚性基层之间的中间层,以减轻和消除半刚性基层开裂对沥青面层的影响,避免出现反射裂缝。

1)最大粒径

当级配碎石用作二级和二级以下公路的基层时,其最大粒径应控制在37.5mm以内;当级配碎石用作高速公路和一级公路的基层时,其最大粒径宜控制在31.5mm以下。

2)颗粒组成范围

采用级配碎石或级配碎砾石用作二级和二级以下公路的基层,及高速公路和一级公路的基层时,其颗粒组成和塑性指数应满足表3-2-2-3的级配范围。同时,级配曲线宜为光滑曲线。

采用未筛分碎石用作二级和二级以下公路的底基层及高速公路和一级公路的底基层时,其颗粒组成和塑性指数应符合表3-2-2-4中级配的规定。

级配碎石或级配碎砾石基层的颗粒组成范围　　　　　　　　　　　表3-2-2-3

二级及二级以下公路		高速公路及一级公路	
筛孔尺寸(mm)	基层通过质量百分率(%)	筛孔尺寸(mm)	基层通过质量百分率(%)
37.5	100		
31.5	90~100	31.5	100
19.0	73~88	19.0	85~100
9.5	49~69	9.5	52~74
4.75	29~54	4.75	29~54
2.36	17~37	2.36	17~37
0.6	8~20	0.6	8~20
0.075	0~7	0.075	0~7
液限(%)	<28	液限(%)	<28
塑性指数	<6(或9)	塑性指数	<6(或9)

未筛分碎石底基层颗粒组成范围　　　　　　　　　　　表3-2-2-4

二级及二级以下公路		高速公路及一级公路	
筛孔尺寸(mm)	底基层通过质量百分率(%)	筛孔尺寸(mm)	底基层通过质量百分率(%)
53	100		
37.5	85~100	37.5	100
31.5	69~88	31.5	83~100
19.0	40~65	19.0	54~84
9.5	19~43	9.5	29~59
4.75	10~30	4.75	17~45
2.36	8~25	2.36	11~35
0.6	6~18	0.6	6~21
0.075	0~10	0.075	0~10
液限(%)	<28	液限(%)	<28
塑性指数	<6(或9)	塑性指数	<6(或9)

3)压碎值

级配碎石基层的强度主要由碎石颗粒间的密实、填充作用形成,对碎石颗粒的强度要求很高。碎石的压碎值应符合以下要求:高速公路和一级公路基层不大于26%;高速公路和一级公路底基层、二级公路基层不大于30%;二级公路底基层及二级以下公路基层不大于35%;二级以下公路底基层不大于40%。石屑和其他细集料可以用碎石场的筛余细料、专门轧制的细碎石集料、天然砂砾等。若级配碎石中所含细料的塑性指数偏大,则塑性指数与0.5mm以下细土含量的乘积应符合下列规定:在年降雨量小于600mm的地区,地下水位对土基没有影响时,乘积不应大于120;在潮湿多雨地区,乘积不应大于100。

2. 级配砾石基层

级配砾石基层是用粗、细砾石和砂按一定比例配制的混合料铺筑的具有规定强度的路面结构层,适用于轻交通的二级及二级以下公路的基层及各级公路的底基层。

1)最大粒径

级配砾石用作基层时,砾石的最大粒径不应超过37.5mm;用作底基层时,砾石的最大粒径不应超过53mm。

2)颗粒组成范围

级配砾石基层的颗粒组成和塑性指数应符合表3-2-2-5规定的级配要求,砾石颗粒中细长及扁平颗粒的含量不应超过20%。级配不符合要求的可用其他粒料掺配,达到规定的级配后同样可作为级配砾石基层,塑性指数在6(潮湿多雨地区)或9(其他地区)以下的天然砂砾可直接用作基层。对于细料含量较多的砾石,可先筛除部分细料后再使用。塑性指数偏大的砂砾,可加少量石灰降低其塑性指数,也可以用无塑性的砂或石屑进行掺配,使其塑性指数降低到符合要求。

级配砾石的颗粒组成范围 表3-2-2-5

二级及二级以下公路			其他各级公路	
筛孔尺寸(mm)	基层通过质量百分率(%)		筛孔尺寸(mm)	底基层通过质量百分率(%)
			53	100
37.5	100		37.5	90~100
31.5	90~100	100	31.5	81~94
19.0	73~88	85~100	19.0	63~81
9.5	49~69	52~74	9.5	45~66
4.75	29~54	29~54	4.75	27~51
2.36	17~37	17~37	2.36	16~35
0.6	8~20	8~20	0.6	8~20
0.075	0~7	0~7	0.075	0~7
液限(%)	<28	<28	液限(%)	<28
塑性指数	<6(或9)	<6(或9)	塑性指数	<6(或9)

级配砾石颗粒的级配曲线应连续圆滑。当塑性指数偏大时,塑性指数与0.5mm以下细土含量的乘积应符合下列规定:在年降雨量小于600mm的中干和干旱地区,地下水位对土基没有影响时,乘积不应大于120;在潮湿多雨地区,乘积不应大于100。

3)压碎值

级配砾石的压碎值应符合下列要求:高速公路及一级公路底基层或二级公路基层不大于30%;二级公路底基层或二级以下公路基层不大于35%;二级以下公路底基层不大于40%。

3. 填隙碎石基层

填隙碎石基层是用单一尺寸的粗碎石作主骨料,用石屑作填隙料铺筑而成的结构层,可用于各级公路的底基层和二级以下公路的基层。粗碎石可以用具有一定强度的各种岩石或漂石轧制,但漂石的粒径应为粗碎石最大粒径的3倍以上,也可以用稳定的矿渣轧制,矿渣的干密度和质量应比较均匀,且其干密度不小于960kg/m³。材料中的扁平、长条和软弱颗粒的含量不应超过15%。粗碎石的压碎值应符合下列规定:用作基层时,不大于26%,用作底基层时,不大于30%。当缺乏石屑时,可用细砂砾或粗砂替代。

1)最大粒径

当填隙碎石用作基层时,碎石的最大粒径不应超过53mm;用作底基层时,碎石的最大粒径不应超过63mm。

2)颗粒组成范围

填隙碎石、粗碎石的颗粒组成等技术指标应符合表3-2-2-6的要求。填隙料宜具有表3-2-2-7的颗粒组成。

填隙碎石、粗碎石的颗粒组成范围　　　　　　　　　　表3-2-2-6

编号	标称尺寸(mm)	通过下列筛孔(mm)的质量百分率(%)							
		63	53	37.5	31.5	26.5	19	16	9.5
1	30~60	100	25~60		0~15		0~5		
2	25~50		100		25~50	0~15		0~5	
3	20~40			100	35~70		0~15		0~5

填隙料的颗粒组成范围　　　　　　　　　　表3-2-2-7

筛孔尺寸(mm)	9.5	4.75	2.36	0.6	0.075	塑性指数
通过质量百分率(%)	100	85~100	50~70	30~50	0~10	<6

3)压碎值

粗碎石的压碎值应符合下列规定:用作基层不大于26%,用作底基层不大于30%。

第二节　半刚性基层施工

半刚性基层的混合料可在拌和厂(场)集中拌和,也可沿路拌和,故施工方法有厂拌法和路拌法之分。高速公路和一级公路的半刚性基层对强度、平整度等技术性能有很高的要求,应采用施工质量好、进度快的厂拌法施工,其他公路的半刚性基层可用路拌法施工。

一　铺筑试验路

根据《公路路面基层施工技术规范》(JTJ 034—2000)规定,高速公路及一级公路或使用新技术、新材料及新工艺的半刚性基层,在大面积施工前,应先铺筑一定长度的试验路,主要解决以下问题:

(1)确定用于施工的集料配合比例是否合适。

(2)确定用于施工基层材料的松铺系数。

(3)确定用于施工的标准施工方法,即集料数量的控制;集料摊铺方法和适用机具;合适的拌和机械、拌和方法、拌和深度和拌和遍数;集料含水率的增加和控制方法;整平和整形的合适机具和方法;压实机械的选择和组合,压实的顺序、速度和遍数;拌和、运输、摊铺和碾压机械的协调和配合;密实度的检查方法及每一作业段的最小检查数量。

(4)确定每一作业段的合适长度。
(5)确定一次铺筑的合适厚度。

通过以上试验路的铺筑,施工单位可进行施工工艺的优化,找出施工过程中存在的主要问题,取得实现成功施工的经验,为大面积基层的铺筑确定合适的施工方法。同时还可检验拌和、运输、碾压、养生等施工设备的可靠性。根据试验路铺筑的具体情况,制定合理可行的施工组织计划,检验铺筑的水泥稳定土基层质量是否符合设计和规范要求,并提出质量控制措施,此外,设计和建设单位也可对试验路的实际使用效果进行分析,对所设计的路面结构形式、混合料组成设计、基层的路用性能等一系列指标进行再次论证,从而优选出经济、适用的路面结构方案,并确定最终采用的基层类型及混合料配合比。

应该指出的是,根据规范规定,高速公路和一级公路的沥青路面工程,以及二级及二级以上公路水泥混凝土路面工程,使用滑模、轨道、碾压、三辊轴机组机械施工时,在正式修筑路面之前必须铺筑试验路段。试验路段长度不宜小于300m。

二 半刚性基层厂拌法施工

厂拌法施工是在中心拌和厂(场)用强制式拌和机、双转轴桨叶式拌和机等拌和设备将原材料拌和成混合料,然后运至施工现场进行摊铺、碾压、养生等工序作业的施工方法。无拌和设备时,也可用路拌机械或人工在现场分批集中拌和,之后,再进行其他工序的作业。厂拌法施工前,应先调试用于拌和、摊铺、碾压等工序的设备,使之处于良好的工作状态。拌和前应进行适当的试拌,使大批量拌和的混合料组成符合设计要求。半刚性基层厂拌法施工工艺流程如图3-2-2-1所示,其中与施工质量有关的重要工序是混合料拌和、摊铺及碾压。

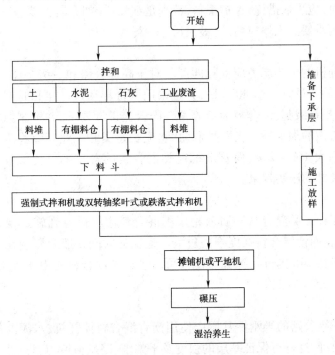

图3-2-2-1 半刚性基层厂拌法施工工艺流程

1. 准备下承层

半刚性基层施工前应对下承层(底基层或土基)按施工质量验收标准进行检查验收,验收合格后方可进行基层施工。下承层应平整、密实,无松散、"弹簧"等不良现象,并符合设计高程、横断面宽度等几何尺寸。注意采取措施搞好基层施工的临时排水工作。如在槽式断面的路段,两侧路肩上每隔一定距离应交错开挖泄水沟(或做盲沟)。

2. 施工放样

施工放样主要任务是在底基层或老路面或土基上恢复路中线。在直线段每隔15～20m,曲线段每隔10～15m设一中桩,并在两侧路肩边缘外设置指示桩。进行水准测量,在指示桩上明显标出水泥稳定土层的边缘设计高程及松铺厚度的位置。

施工过程中,如果指示桩有丢失或移动,应及时补桩抄平。如果水泥稳定土层铺筑在符合要求的新建的下承层上,可以不需要再进行施工放样。

3. 备料

半刚性基层的原材料应符合质量要求。因此,在厂拌法施工前,首先应进行料场选择。要查明沿线所需的天然筑路材料的分布、种类、质量、开采条件和运输条件,选定备用料场。然后从备用料场取有代表性的原材料土样,送试验室进行试验,只有原材料符合质量要求后才能用于铺筑基层。根据试验结果,选定准备使用的开采料场。

从料场中开采或外购的各种原材料(水泥、石灰、粉煤灰、土、碎石或砾石、石屑、砂、外掺剂等)送到堆料场时应分别堆放,不得混杂。运到料场的水泥应防雨防潮,准备使用的石灰应提前洒水,使石灰充分消解。石灰和粉煤灰过干会随风飞扬而造成污染,过湿又会成团而不便于施工,因此,应适时洒水或设遮雨棚,使之含有适宜的水分。在潮湿多雨地区或其他地区的雨季施工时,应采取措施,保护集料,特别是细集料(如石屑和砂等)应有覆盖,防止雨淋。水泥防潮更为重要。土块应粉碎,最大尺寸不得大于15mm。

4. 拌和

拌和机与摊铺机的生产能力应互相匹配。对于高速公路和一级公路,为了保持摊铺机连续摊铺,拌和机的产量宜大于400t/h,并宜采用两台拌和机。拌和时应按混合料配合比要求准确配料,使集料级配、结合料剂量等符合配合比设计要求,并根据原材料实际含水率及时调整向拌和机内的加水量。实际拌和时,水泥稳定类和工业废渣稳定类混合料的含水率可比最佳含水率大1%～2%,而石灰稳定类混合料的含水率可比最佳含水率小1%～2%,这样可获得较好的压实效果。

5. 运输

拌和好的水泥稳定类混合料和石灰稳定类混合料应尽快运到施工现场摊铺并碾压成型,以免因时间过长而使混合料强度损失过大。运输的时间一般要限制在30min内。工业废渣稳定类混合料在24h内进行摊铺碾压即可。当运送混合料的距离较长时,应用篷布等覆盖混合料以免水分损失过大。

6. 摊铺

高速公路及一级公路的半刚性基层应使用沥青混合料摊铺机、水泥混凝土摊铺机或专用稳定土摊铺机摊铺,这样可保证基层的强度及平整度、路拱横坡、高程、几何外形等质量指标符合设计和施工规范要求。摊铺过程中应设专人跟随摊铺机行进,以便随时消除粗、细集料严重离析的现象。应严格控制基层的厚度和高程,禁止用薄层贴补的办法找平,确保基层的整体承载能力。拌和机与摊铺机的生产能力应相互协调,避免出现机械停工待料和生产能力不足的问题。

7. 整形

混合料摊铺完成后,立即用平地机初平、整形。在直线段,平地机由两侧向路中心刮平,在曲线段,平地机由内侧向外侧刮平。初平后,用拖拉机、平地机或轮胎式压路机快速碾压1～2遍,使可能的不平整部位暴露出来,再用平地机整形,如此反复1～2遍。每次整平都要按照要求的坡度和路拱进行,要注意接缝处的整平,务必使接缝顺适平整。整形过程中要及时消除集料离析现象,特别是粗集料集中的部位。低洼处应用齿耙将距表面5cm深度范围内的混合料耙松,再用新拌和的混合料找平。初步整形后,应检查混合料松铺厚度,并进行必要的补料和减料。

8. 碾压

碾压是使半刚性基层获得强度和稳定性的关键工序。当半刚性基层整平到需要的断面和坡度后,混合料的含水率等于或略大于最佳含水率时,应立即用12t以上的振动压路机、三轮压路机或轮胎压路机碾压。混合料压实厚度与压路机吨位的关系宜符合表3-2-2-8的要求。必须分层碾压时,最小分层厚度不应小于10cm。碾压时应遵循先轻后重的次序安排各型压路机,以先慢后快的方法逐步碾压密实。在直线段由两侧向路中心碾压,在平曲线范围内由弯道内侧逐步向外侧碾压。碾压时,应重叠1/2轮宽,后轮必须超过两段的接缝处,后轮压完路面全宽时,即为一遍。一般需要碾压6～8遍。碾压过程中若局部出现"弹簧"、松散、起皮等不良现象时,应将这些部位的混合料翻松,重新拌和均匀后再碾压密实。半刚性基层的压实质量应符合表3-2-2-9规定的压实度要求。

半刚性基层压实厚度与压路机吨位的关系　　　　　　　　　　表3-2-2-8

压路机类型与吨位(t)	适宜的压实厚度(cm)	最小分层厚度(cm)
三轮压路机12～15	15	10
三轮压路机18～20	20	
质量更大的振动压路机、三轮压路机	根据试验确定	

半刚性基层压实度要求　　　　　　　　　　表3-2-2-9

公路等级			高级公路和一级公路		二级及二级以下公路	
层位			基层	底基层	基层	底基层
材料类型	水泥稳定	细粒土		95%	93%	93%
		中、粗粒土	98%	97%	97%	95%
	石灰稳定	细粒土		95%	93%	93%
		中、粗粒土	97%	97%	97%	95%
	工业废渣稳定	细粒土		95%	93%	93%
		中、粗粒土	98%	97%	97%	95%

水泥稳定类混合料从加水拌和开始到碾压完毕的时间称为延迟时间。混合料从开始拌和到碾压完毕的所有作业必须在允许延迟时间内完成,以免混合料的强度达不到设计要求。

厂拌法施工的允许延迟时间为 2~3h。

9. 接缝及"掉头"处的处理

无论用厂拌法还是路拌法施工，均应尽量减少横向接缝和纵向接缝，必须设置接缝时，应妥善处理。对于水泥稳定类基层，同一天施工的两个作业段衔接处应搭接拌和，即前一段拌和后留下 5~8m 长的混合料不碾压，待后一段施工时，在前一段未碾压的混合料中加入水泥，并拌和均匀。每一工作日的最后一段水泥稳定类基层完工后，应将末端设置成垂直端面，以保证接缝处有良好的传荷能力。对于石灰稳定类和工业废渣稳定类基层，同一天施工的两作业段衔接处可按前述方法处理，但不再添加结合料。施工过程中出现的纵向接缝应设置垂直接缝，接缝区的混合料应充分碾压密实。

拌和机等施工机械不应在已碾压成型的稳定类基层上"掉头"、制动或突然起动，若必须进行这些操作时，应采取有效的措施保护基层。

10. 养生与交通管制

半刚性基层碾压完毕，应进行保湿养生，养生期不少于 7d。水泥稳定类混合料在碾压完成后立即开始养生，石灰或工业废渣稳定类混合料可在碾压完成后 3d 内开始养生，养生期内应使基层表面保持湿润或潮湿，一般可洒水或用湿砂、湿麻布、湿草帘、低黏质土覆盖，基层表面还可采用沥青乳液做下封层进行养生。水泥稳定类混合料需分层铺筑时，在铺筑上层之前，应始终保持下层表面湿润；在铺筑上层稳定土时，宜将下层表面清扫干净后撒少量水泥或水泥浆，待养生 7d 后，方可铺筑上层水泥稳定土。石灰或工业废渣稳定类混合料需分层铺筑时，下层碾压完即可进行铺筑，下层无须经过 7d 养生。

在养生期间除洒水车外应封闭交通，若必须开放交通时，应限制重型车辆通行并控制其他非重型车辆的车速不应超过 30km/h，以减少行车对基层的扰动。

三　半刚性基层路拌法施工

路拌法施工是将集料或土、结合料按一定顺序均匀平铺在施工作业面上，用路拌机械拌和均匀并使混合料含水率接近最佳含水率，随后进行碾压等工序的作业。路拌法施工的流程为：下承层准备→施工放样→备料→摊铺→拌和→整形→碾压→养生。其中，下承层准备、施工放样、碾压、整形及养生的施工方法和要求与路拌法施工基本相同。

1. 准备下承层

半刚性基层施工前应对下承层（底基层或土基或老路面）按施工质量验收标准进行检查验收，验收合格后方可进行基层施工。下承层表面应平整、密实，无松散、"弹簧"等不良现象，具有规定的路拱，并符合设计高程、横断面宽度等几何尺寸要求。注意采取措施搞好基层施工的临时排水工作，如在槽式断面的路段，两侧路肩上每隔一定距离应交错开挖泄水沟（或做盲沟）。

2. 施工放样

施工放样主要任务是在底基层或老路面或土基上恢复路中线。在直线段每隔 15~20m，曲线段每隔 10~15m 设一中桩，并在两侧路肩边缘外设置指示桩。进行水准测量，在指示桩上明显标出水泥稳定土层的边缘设计高程及松铺厚度的位置。

施工过程中，如果指示桩有丢失或移动，应及时补桩抄平。如果水泥稳定土层铺筑在符合要求的新建的下承层上,可以不需要再进行施工放样。

3. 备料

准备开采的料场选择与厂拌法施工相同。备料应在准备完毕的下承层上进行。首先根据铺筑层的宽度、厚度及预定达到的干密度计算各施工段所需干集料的数量。其次是根据混合料的配合比、原材料含水率及运输车辆的吨位计算各种原材料每车的堆放距离,对于水泥、石灰等结合料,当以袋(或小翻斗车)为计量单位时,应计算每计量单位结合料的堆放距离,这样分层堆放的原材料经摊平、拌和后得到的混合料更容易符合规定的配合比要求。最后根据各路段需要的备料数量和卸料距离,在该料场供应的路段范围内,由远到近将土料堆放在路的一侧。卸料时应该严格掌握卸料的距离,避免备料不够或过多。

生石灰块应在使用前 7~10d 充分消解。消解后的石灰应保持一定的湿度,不得产生扬尘,也不可过湿成团。消石灰宜过孔径 10mm 的筛,并尽快使用。

4. 摊铺集料

摊铺集料应在摊铺水泥、石灰的前一天进行。铺料长度应以日进度的需要量控制,满足次日完成掺加水泥、石灰的拌和、碾压成型即可。摊铺集料时可根据预先堆放的集料或土,用自动平地机等适合的机械或人工按铺筑试验路确定的松铺系数(表 3-2-2-10)摊铺均匀,整形成表面平整并具有规定的路拱和坡度。在摊铺集料的过程中,应随时将土块、超尺寸颗粒及其他杂物拣除,有较多土块时,应及时进行粉碎。摊铺完成后,应及时检查松铺材料层的厚度是否符合预计要求。若已整平的集料含水率过小,应在土层上洒水闷料。洒水应均匀,防止出现局部水分过多的现象。

混合料松铺系数参考表   表 3-2-2-10

材料名称	松铺系数	备注
水泥稳定沙砾	1.3~1.35	
水泥土	1.53~1.58	现场人工摊铺土和水泥,机械拌和,人工整平
石灰土	1.53~1.58	现场人工摊铺土和水泥,机械拌和,人工整平
	1.65~1.70	路外集中拌和,运到现场人工摊铺
石灰土砂砾	1.52~1.56	路外集中拌和,运到现场人工摊铺

如果采用人工摊铺,需要在土层整平后用 6~8t 两轮压路机碾压 1~2 遍,使其表面平整,并有一定的压实度。

5. 摆放和摊铺水泥、石灰等结合料

在松铺集料层的厚度符合预计要求并进行闷料后,可根据备料中以袋(或小翻斗车)为计量单位时计算的水泥、石灰堆放距离,将水泥、石灰直接送到摊铺路段,然后将水泥、石灰倒在集料层上,并用刮板将水泥、石灰均匀摊开。水泥、石灰摊铺完毕后,表面应没有空白位置,也没有水泥、石灰过分集中的地方。在大的施工工地,应采用散装水泥撒布车撒铺水泥,以提高功效和质量。

6. 拌和

拌和的目的是使水泥、石灰等结合料完全均匀地分布到土中。在进行拌和时,通常是先进行"干拌",即使用稳定土拌和机、农用旋耕机或多铧犁等机械不洒水进行 1~2 遍的拌和,然后再进行边洒水边拌和,即进行"湿拌"。在洒水"湿拌"时,应及时检查混合料的含水率。含水率宜略大于最佳值。对于稳定粗粒土和中粒土,宜较最佳含水率大 0.5%~1.0%;对于稳定细粒土,宜较最佳含水率大 1%~2%。

在拌和过程中,应设专人跟随拌和机行进,以便随时调整拌和深度并检查拌和质量。混合料应充分拌和均匀,严禁在拌和层底留有"素土"或夹层,否则会严重影响稳定层的强度和稳定性。拌和时应适时检查混合料的含水率,若含水率不符合设计要求,应通过自然蒸发或补充洒水使之处于最佳值,并再次拌和均匀。

路拌法施工的其他工序如整形、碾压、养生等与厂拌法施工基本相同,在此不再叙述。

四 施工应注意的问题

1. 施工季节

半刚性基层宜在春末或夏季组织施工。施工期间的最低气温应在 5℃ 以上,在冰冻地区,应保证在结冻前有一定成型时间,即在第一次重冰冻(-3~-5℃)到来之前的半个月到一个月(水泥稳定类)或一个月到一个半月(石灰、工业废渣稳定类)完成。若不能达到上述要求,则碾压成型的半刚性基层应采取覆盖措施以防冻融破坏。多雨地区应避免在雨季施工石灰土结构层。雨季施工水泥稳定土或石灰稳定中、粗粒土时,应特别注意气候变化,采取措施避免结合料或混合料遭雨淋。降雨时应停止施工,及时排除地表水,使运到路上的材料不过分潮湿。已经摊铺的混合料应尽快碾压密实。

2. 水泥稳定类混合料基层施工作业段长度的确定

确定水泥稳定类混合料基层的施工作业段长度应考虑水泥的终凝时间、延迟时间、工程质量要求、施工机械效率及气候条件等因素。延迟时间宜控制在 3~4h 内,不得超过水泥的终凝时间。在保证混合料强度符合要求的前提下,尽可能增长施工作业段长度。为此,水泥稳定类基层应采用流水作业法组织施工,使各工序紧密衔接,尽可能缩短延迟时间以增加施工流水段长度。一般条件下,每作业段长度以 200m 为宜。

第三节　粒料类基层施工

粒料类基层是由一定级配的矿质集料经拌和、摊铺、碾压,当强度符合规定时得到的基层。按强度形成原理的不同,矿质集料分为嵌锁型和密实型两种类型。嵌挤型粒料包括泥结碎石、泥灰结碎石、填隙碎石等,强度靠颗粒之间的摩擦和嵌挤锁结作用形成。密实型粒料具有连续级配,故也称级配型基层,材料包括级配碎(砾)石、符合级配要求的天然砂砾等。本节主要介绍级配碎石、级配砾石和填隙碎石基层的施工技术。

一 级配碎(砾)石基层施工

级配碎(砾)石基层大都采用路拌法施工,施工次序为:准备下承层→施工放样→运输和摊铺主集料→运输和摊铺掺配集料→洒水拌和→整形→碾压→做封层。采用集中厂拌法施工,施工次序为:准备下承层→施工放样→混合料拌和与摊铺→整形→碾压→做封层。

1. 下承层准备、施工放样与备料

级配碎(砾)石基层的下承层准备、施工放样与备料基本可按半刚性基层施工的方法和要求进行,但下承层不宜做成槽式断面。

2. 运输和摊铺

运输和摊铺集料是确保级配碎(砾)石基层施工质量的关键工序之一,通过准确配料、均匀摊铺可使碎(砾)石混合料具有规定的级配,从而达到规定的强度等技术要求。施工时根据拟定的混合料配合比、基层宽度与厚度及预定达到的干密度等计算确定各规格集料的用量,以先粗后细的顺序将集料分层平铺在下承层上,然后用人工或平地机进行摊平。

3. 拌和与整平

集料摊平后,级配碎(砾)石混合料可用稳定土拌和机、自动平地机、多铧犁与缺口圆盘耙相配合拌和,拌和应均匀,避免出现集料离析现象,确保级配碎(砾)石基层具有良好的整体强度。应边拌和边洒水,使混合料达到最佳含水率。混合料拌和均匀即可按松铺厚度摊平,级配碎石的松铺系数为 1.4~1.5,级配砾石的松铺系数为 1.25~1.35。表面整理成规定的路拱横坡,随后用拖拉机、平地机或轮胎压路机在初平的混合料上快速碾压 1~2 遍,使潜在的不平整部位暴露出来,再用平地机整平。

4. 整形与碾压

混合料整形完毕,含水率等于或略大于最佳含水率时,用 12t 以上三轮压路机或振动压路机碾压。在直线段,由路肩开始向路中心碾压;在平曲线段,由弯道内侧向外侧碾压,碾压轮重叠 1/2 轮宽,后轮超过施工段接缝。后轮压完路面全宽即为一遍,一般应碾压 6~8 遍,直到符合规定的密实度,表面无轮迹为止。压路机碾压头两遍的速度为 1.5~1.7km/h,之后为 2.0~2.5km/h。路面外侧应多压 2~3 遍。对于含细土的级配碎(砾)石,应进行滚浆碾压,一直到碎(砾)石基层中无多余细土泛到表面为止,泛到表面的泥浆应清除干净。用级配碎石作基层时,压实度不应小于 98%;作底基层时,压实度不应小于 96%。用级配砾石作基层时,压实度不应小于 98%,CBR 值不应小于 60%;作底基层时,压实度不应小于 96%,中等交通条件下 CBR 值不应小于 60%,轻交通条件下 CBR 值不应小于 40%。

5. 横缝、纵缝的处理

两作业段的横缝衔接处,应搭接拌和。第一段拌和后,留 5~8m 不进行碾压,第二段施工时,前段留下未压部分与第二段一起拌和整平后进行碾压。施工时应避免纵向接缝,必须分两幅铺筑时,纵缝应搭接拌和,即在后一幅拌和时,应将相邻的前幅边部约 30cm 搭接拌和,整平后一起碾压密实。

级配碎石用作薄沥青面层与半刚性基层间的中间层时,主要起防治反射裂缝的作用。碎石混合料应采用强制式拌和机、卧式双转轴浆叶式拌和机或普通水泥混凝土拌和机等集中拌和,用沥青混凝土摊铺机、水泥混凝土摊铺机或稳定土摊铺机摊铺,这样可使其具有良好的强度和稳定性,表面平整,质量明显高于路拌法施工的基层。

二 填隙碎石基层施工

用单一粒径的粗碎石和石屑组成的填隙碎石可用干法施工,也可用湿法施工。干法施工的填隙碎石特别适宜于干旱缺水地区。填隙碎石基层施工的顺序为:准备下承层→施工放样→运输和摊铺粗集料→稳压→撒布石屑→振动压实→第二次撒布石屑→振动压实→局部补撒石屑并扫匀→振动压实,填满空隙→洒水饱和(湿法)或洒少量水(干法)→碾压。其中,运输和摊铺粗集料及振动压实是确保施工质量的关键。

1. 下承层准备与施工放样

填隙碎石基层的下承层准备与施工放样可按半刚性基层施工的方法和要求进行。

2. 备料

根据各路段基层或底基层的宽度、厚度及松铺系数,计算各段需要的粗碎石数量。根据运料车辆的车厢体积,计算每车料的堆放距离。填隙料的用量为粗碎石质量的30%~40%。

3. 运输和摊铺粗碎石

运输和摊铺粗碎石是施工的主要工序之一,在同一料场供料的路段内,由远到近将粗碎石按计算的每车料的堆放距离,卸置于下承层上。用平地机或其他合适的机具将粗碎石均匀地摊铺在预定的宽度上,表面应力求平整,并有规定的路拱。检查松铺材料层的厚度是否符合预计要求,必要时,应进行减料或补料工作。

4. 撒铺填隙料和碾压

1) 干法施工

(1) 初压。用8t两轮压路机碾压3~4遍,使粗碎石稳定就位。在直线和不设超高的平曲线段上,碾压从两侧路肩开始,逐渐错轮向路中心进行;在设超高的平曲线段上,碾压从内侧路肩开始,逐渐错轮向外侧路肩进行。错轮时,每次重叠1/3轮宽。在第一遍碾压后,应再次找平。初压终了时,表面应平整,并具有要求的路拱和纵坡。

(2) 撒铺填隙料。用石屑撒布机或类似的设备将干填隙料均匀地撒铺在已压稳的粗碎石层上,松铺厚度为2.5~3.0cm。必要时,用人工或机械扫匀。

(3) 碾压。用振动压路机慢速碾压,将全部填隙料振入粗碎石间的孔隙中。如没有振动压路机,可用重型振动板。碾压方法同本款(1)项,但路面两侧应多压2~3遍。

(4) 再次撒布填隙料。用石屑撒布机或类似的设备将干填隙料再次撒铺在粗碎石层上,松铺厚度为2.0~2.5cm。用人工或机械扫匀。

(5) 再次碾压。用振动压路机再进行碾压。在碾压过程中,对局部填隙料不足之处,人工进行找补,直到全部孔隙被填满为止。最后应扫除局部的多余填隙料,使其表面能看得见粗碎石。

(6) 当需分层铺筑时,应将已压成的填隙碎石层表面粗碎石外露5~10mm,然后在上摊铺第二层粗碎石,重复以上第(1)项到第(5)项要求施工。

(7) 填隙碎石表面孔隙全部填满后,用12~15t三轮压路机再碾压1~2遍。在碾压过程中,不应有任何蠕动现象。在碾压之前,宜在表面先洒少量水,洒水量宜为3kg/m²以上。

2) 湿法施工

(1)开始工序与干法施工的第(1)项到第(5)项要求相同。

(2)粗碎石层表面孔隙全部填满后,立即用洒水车洒水,直到饱和,但应注意避免多余水浸泡下承层。

(3)用12~15t三轮压路机跟在洒水车后进行碾压。在碾压过程中,将湿填隙料继续扫入所出现的孔隙中。需要时,再添加新的填隙料。洒水和碾压应一直进行到填隙料和水形成粉砂浆为止。粉砂浆应填塞全部孔隙,并在压路机轮前形成微波纹状。

(4)干燥。碾压完成的路段应让水分蒸发一段时间。结构层变干后,表面多余的细料以及细料覆盖层都应扫除干净。

(5)当需分层铺筑时,应待结构层变干后,将已压成的填隙碎石层表面的填隙料扫除一些,使表面粗碎石外露5~10mm,然后在上摊铺第二层粗碎石,重复以上第(1)项到第(4)项要求施工。

填隙碎石施工时,细集料应干燥,采用振动压路机充分碾压,尽量使粗碎石集料的空隙被细集料填充密实,而填隙料又不覆盖粗碎石表面自成一层,粗碎石应"露子"。填隙碎石的压实度用固体体积率来表示,用作基层时,不应小于83%,用作底基层时,不应小于85%。

填隙碎石基层碾压完毕,铺封层前禁止开放交通。

第四节 路面基层、底基层施工的质量控制及检查验收

一 基层(底基层)施工质量控制

确保基层(底基层)的施工质量符合设计文件和技术规范要求是基层(底基层)施工的首要任务,施工过程中应采取有效措施控制施工质量,如建立健全工地现场试验、质量检查与工序间的交接验收制度。各工序完成后应进行相应指标的检查验收,上一道工序完成且质量符合要求方可进入下一道工序的施工。施工质量控制的内容包括原材料与混合料技术指标的检验、试验路铺筑及施工过程中的质量控制与外形管理三大部分。

1. 原材料与混合料质量技术指标试验

基层(底基层)施工前及施工过程中原材料出现变化时,应对所采用的原材料进行规定项目的质量技术指标试验,以试验结果作为判定材料是否适用于基层(底基层)的主要依据。原材料技术指标试验项目及试验方法参见前述有关的内容。

2. 铺筑试验路

为了有一个标准的施工方法作指导,在正式施工前应铺筑一定长度的试验路,以便考查混合料的配合比是否适宜,确定混合料的松铺系数、标准施工方法及作业段的长度等,并根据铺筑试验路的实际过程优化基层的施工组织设计。

3. 质量控制与外形管理

基层(底基层)施工质量控制是在施工过程中对混合料的含水率、集料级配、结合料剂量、混合料抗压强度、拌和均匀性、压实度、表面回弹弯沉值等项目进行检查,表3-2-2-11列出了其中一些主要项目的检测频率及质量标准。外形管理包括基层的宽度、厚度、路拱横坡、平整度等,施工时应按规定的频率和质量标准进行检查。

施工质量控制主要项目的检查频率和标准

表 3-2-2-11

工程类别	项目		频率	质量标准	达不到要求时的参考处理措施	备注
水泥或石灰稳定土及综合稳定土	级配		每 2000m² 检查1次	在规定范围内	调整材料,修正配合比	摊铺现场取样
	集料压碎值		据观察,异常时随时试验	不超过规定值	换合格的材料	现场取样
	水泥或石灰剂量		每 2000m² 检查1次,至少6个样品,用滴定法或用直读式测钙仪试验,并与实际水泥或石灰用量校核	不小于设计值−1.0%	检查原因,进行调整	摊铺时取样
	含水率	水泥稳定土	据观察,异常时随时试验	在规定范围内		
		石灰稳定土				
	拌和均匀性		随时观察	无灰条、灰团,色泽均匀,无离析现象	补充拌和,处理粗集料窝和粗集料带	
	压实度	稳定细粒土	每一作业段或不大于2000m²检查6次以上	二级及二级以下公路93%以上,高速公路和一级公路95%以上	继续碾压,局部含水率过大或材料不良地点,挖除并换填混合料	以灌砂法为准,每个点受压路机碾压次数相同
		稳定中粒土和粗粒土		二级及二级以下公路的底基层95%,基层97%;高速公路和一级公路的底基层96%,基层98%		
	抗压强度		稳定细粒土,每一作业段或每2000m²检查6个试件;稳定中粒土和粗粒土,每一作业段或每2000m²检查6个或9个试件	符合规定要求	调查原材料,按需要增加结合料剂量,改善集料级配	试件密度与现场密度一致
	延迟时间		每个作业段1次	不超过规定要求	适当处理,改进施工方法	仅指水泥稳定类
	配合比		每 2000m² 检查1次	石灰剂量不小于设计值−1%(当石灰剂量少于4%时,为不小于设计值−0.5%)以内		按用量控制
	级配		每2000m²检查1次	符合规定要求		全过程取样
	含水率		据观察,异常时随时试验	最佳含水率±1%(二灰土为±2%)		

续上表

工程类别	项 目		频 率	质量标准	达不到要求时的参考处理措施	备 注
水泥或石灰稳定土及综合稳定土	拌和均匀性		随时观察	无粗细集料离析现象	补充拌和,处理粗集料窝和粗集料带	
	压实度	二灰土	每一作业段或不大于2000m²检查6次以上	二级及二级以下公路93%以上,高速公路和一级公路95%以上	继续碾压,局部含水率过大或材料不良地点,挖除并换填混合料	以灌砂法为准,每个点受压路机碾压次数相同
		其他含粒料的石灰工业废渣		二级及二级以下公路底基层95%或93%,基层97%以上;高速公路和一级底基层97%或95%,基层98%以上		
	抗压强度		稳定细粒土,每一作业段或每2000m² 6个试件;稳定中粒土和粗粒土,每一作业段或每2000m²检查6个或9个试件	符合规定要求	调查原材料,按需要增加结合料剂量,调整配合比,提高压实度等	试件密度与现场密度一致

二 基层(底基层)竣工检查验收

基层施工完毕应进行竣工检查验收,内容包括竣工基层的外形、施工质量和材料质量三个方面。检查验收过程中的试验、检验应做到原始记录齐全、数据真实可靠,为质量评定提供客观、准确的依据。检查验收应随机抽样进行,不能带有任何倾向性,通常以1km长的路段为一个评定单位。表3-2-2-11列出了竣工外形检查的内容和合格标准。竣工质量检查的内容和合格标准列于表3-2-2-12中。

检查验收的另一项重要工作是对有关宽度、厚度等项目的测试数据进行处理。如厚度检查后,应计算厚度测试数据的平均值$\overline{K}$和标准差s,再计算平均值的下信界限$\overline{K}_1$:

$$\overline{K}_1 = \overline{K} - t_\alpha \frac{s}{\sqrt{n}} \qquad (3\text{-}2\text{-}2\text{-}1)$$

式中:t_α——t分布表中随自由度和保证率(或置信度)而变的系数,高速公路及一级公路应取保证率99%,其他公路可取保证率95%;

n——检查样本数量。

厚度平均值的下信界限($\overline{K}_1$)应不小于设计厚度减去均值允许误差。

在检查施工质量时,测量弯沉值后,考虑一定保证率的测量值上波动界限不应大于计算得到的弯沉值。弯沉测量值的上波动界限用下式计算:

竣工外形检查的数量和合格标准　　　　　　　　　　　　　　　　　表 3-2-2-12

工程类别	项目		频度	质量标准	
				高速公路和一级公路	二级和二级以下公路
底基层	高程(mm)		每200m检查4点	+5, -15	+5, -20
	厚度(mm)	均值	每200m每车道检查1点	-10	-12
		单个值		-25	-30
	宽度(mm)		每200m检查4个断面	+0 以上	+0 以上
	横坡度(%)		每200m检查4个断面	±0.3	±0.5
	平整度(mm)		每200m检查2处, 每处连续检查10尺	12	15
基层	高程(mm)		每200m检查4点	+5, -10	+5, -15
	厚度(mm)	均值	每200m每车道检查1点	-8	-10
		单个值		-15	-20
	宽度(mm)		每200m检查4个断面	+0 以上	+0 以上
	横坡度(%)		每200m检查4个断面	±0.3	±0.5
	平整度(mm)		每200m检查2处, 每处连续检查10尺	8	12
			连续式平整度仪的标准差(mm)	3.0	

施工质量合格标准值　　　　　　　　　　　　　　　　　表 3-2-2-13

工程类别	检查项目	检查数量	标准值	极限低值
无结合料底基层	压实度	200m检查6~10处	96%	92%
	弯沉值	每车道检查40~50个测点		设计计数值
级配碎石(或砾石)	压实度	200m检查6~10处	基层98%	94%
			底基层96%	92%
	颗粒组成	2~3		规定级配范围
	弯沉值	每车道检查40~50个测点		设计计数值
填隙碎石	压实度	200m检查6~10处	基层85%	82%
			底基层83%	80%
	弯沉值	每车道检查40~50个测点		设计计数值
水泥土、石灰土、二灰土	压实度	200m检查6~10处	93%(95%)	89%(91%)
	水泥或石灰剂量(%)	200m检查3~6处	设计值	水泥1.0%石灰2.0%
水泥稳定土、石灰稳定土、石灰工业废渣稳定土	压实度	200m检查6~10处	基层98%(97%)	94%(93%)
			底基层96%(95%)	92%(91%)
	颗粒组成	2~3		规定级配范围
	水泥或石灰剂量(%)	200m检查3~6处	设计值	设计值-1.0%

$$l_u = l + Z_a s \tag{3-2-2-2}$$

式中：l_u——测量值的上波动界限（即代表弯沉值）；

l——测量弯沉值的平均值；

s——测得弯沉值的标准差；

Z_a——与要求保证率有关的系数，高速公路和一级公路，取 $Z_a = 2.0$，二级公路，取 $Z_a = 1.645$；二级以下公路取 $Z_a = 1.5$。

在计算观测值的平均值和标准差时，可将超出 $[1 \pm (2 \sim 3)s]$ 的弯沉特异值舍弃，这样计算得到的代表弯沉值不应大于要求的弯沉值。因弯沉值过大而舍弃的点，应找出其周围界限，并进行局部处理。压实度检查后，其下置信限 $\overline{K}_1$ 不应小于标准值 $\overline{K}_d$ [参见式 (3-2-2-1)]。水泥和石灰的测定剂量，其下置信限不应小于设计剂量。在检查施工质量过程中，个别测定指标超出极限值的点，特别是弯沉值大而压实度过小的点，应找出其范围并进行局部处理。

本 章 小 结

(1) 使用质量符合要求的原材料是铺筑高质量路面基层的重要保证。因此，在施工之前应对组成半刚性基层、粒料类基层的所有原材料进行质量检验，通过试验选择符合要求的原材料，然后进行配合比设计，在证明混合料强度和稳定性均符合要求后才能用于铺筑基层。

(2) 以水硬性材料作为结合料在压实后形成强度，从而抵抗车辆荷载的材料称为半刚性材料。半刚性基层（底基层）材料的显著特点是：整体性强、承载力高、刚度大、水稳性好，而且较为经济。因此，半刚性材料已广泛用于修建高等级公路路面基层或底基层。

(3) 半刚性基层的混合料的施工方法有厂（场）集中拌和与沿路拌和之分。高速公路和一级公路应采用施工质量好、进度快的厂拌法施工，其他公路的半刚性基层可用路拌法施工。随着施工机械化水平的不断提高，对路面基层（底基层）施工质量的要求越来越高，在同等条件下，应优先考虑厂拌机铺的施工方法。

(4) 粒料类基层（底基层）分为嵌锁型与级配型。嵌锁型包括泥结碎石、泥灰结碎石、填隙碎石等。级配型包括级配碎石、级配砾石、符合级配的天然砂砾、部分砾石经轧制掺配而形成的级配砾、碎石等，这些基层（底基层）常用于低等级公路。

(5) 施工过程中的质量管理包括外形尺寸的控制和检查以及质量控制和检查。基层（底基层）施工质量控制是在施工过程中对混合料的含水率、集料级配、结合料剂量、混合料抗压强度、拌和均匀性、压实度、表面回弹弯沉值等项目进行检查。外形尺寸的控制和检查包括基层的宽度、厚度、路拱横坡、平整度等，施工时应按规定的频率和质量标准进行检查。

(6) 基层施工完毕应进行竣工检查验收，其目的是判定完成的路面结构层是否满足设计文件与施工规范的要求。检查验收应随机抽样进行，不能带有任何倾向性。判定路面结构层质量是否合格（即满足要求）时，通常以 1km 长的路段为评定单位。采用大流水作业法施工时，也可以每天完成的段落为评定单位。

思考题与习题

1. 半刚性基层的原材料试验项目及质量要求有哪些?为什么有这些要求?
2. 级配碎石基层与级配砾石基层有何不同?它们的原材料的质量要求有哪些?
3. 水泥稳定类材料、石灰稳定类材料、二灰稳定类材料作路面基层、底基层时,它们的适用范围如何?
4. 简述二灰土作为底基层对原材料的要求。
5. 简述二灰碎石采用厂拌机铺的施工工艺及注意事项。
6. 简述对路面基层质量评定的要求。
7. 简述基层施工完毕后应进行的竣工检查验收项目。
8. 简述水泥稳定砂砾基层施工的工艺流程及施工技术要点。

第三章　沥青路面施工

教学要求

1. 描述沥青类路面对沥青、粗集料、细集料和填料等常用材料的技术要求。
2. 能正确叙述热拌沥青混合料结构层、沥青贯入式结构层及沥青表面处治的施工工艺流程。
3. 会进行热拌沥青混合料结构层、沥青贯入式结构层及沥青表面处治的施工。
4. 会进行沥青路面施工质量控制及检查验收。

第一节　沥青类路面对常用材料的要求

一、沥青路面使用的沥青

沥青路面所用的沥青材料有石油沥青、煤沥青、液体石油沥青和沥青乳液等。各类沥青路面所用沥青材料的标号，应根据路面的类型、施工条件、地区气候条件、施工季节和矿料性质与尺寸等因素而定。煤沥青不宜作沥青面层用，一般仅作为透层沥青使用。选用乳化沥青时，对于酸性石料、潮湿的石料，以及低温季节施工时宜选用阳离子乳化沥青；对于碱性石料或与掺入的水泥、石灰、粉煤灰共同使用时，宜选用阴离子乳化沥青。

对于热拌热铺沥青路面，由于沥青材料和矿料均须加热拌和，并在热态下铺压，故可采用稠度较高的沥青材料。而热拌冷铺沥青路面，所用沥青材料的稠度可较低。对浇灌类沥青路面，若采用的沥青材料过稠，难以贯入碎石中，过稀又易流入路面底部。因此，这类路面宜采用中等稠度的沥青材料。当地气候寒冷、施工气温较低、矿料粒径偏细时，宜采用稠度较低的沥青材料。但炎热季节施工时，由于沥青材料的温度散失较慢，则可用稠度较高的沥青材料。对于路拌类沥青路面，一般仅采用稠度较低的沥青材料。道路石油沥青的适用范围如表 3-2-3-1 所示。

道路石油沥青的适用范围　　　　　　　　　表 3-2-3-1

沥青等级	适用范围
A 级沥青	各个等级的公路，适用于任何场合和层次
B 级沥青	1. 高速公路、一级公路沥青下面层及以下的层次，二级及二级以下公路的各个层次； 2. 用作改性沥青、乳化沥青、改性乳化沥青、稀释沥青的基质沥青
C 级沥青	三级及三级以下公路的各个层次

沥青路面采用的沥青标号，应根据公路等级、气候条件、交通条件、路面类型及在结构层中的层位和受力特点，结合当地的使用经验，经技术经济论证后确定。

二 沥青路面使用的粗集料

沥青路面所用的粗集料有碎石、筛选砾石、破碎砾石、矿渣等。

碎石系由各种坚硬岩石轧制而成。沥青路面所用的碎石应具有足够的强度和耐磨性能，根据路面的类型和使用条件选定石料的等级。

碎石应是均质、洁净、坚硬、无风化、无杂质的，并应不含过量小于 0.075mm 的颗粒（小于 2%），吸水率小于 2%~3%。颗粒形状接近立方体并有多棱角，细长或扁平的颗粒（长边与短边或长边与厚度比大于 3）含量应小于 15%，压碎值应不大于 20%~30%。

碎石与沥青材料的黏附性大小，对沥青混合料的强度和耐久性有极大影响，应优先选用与沥青材料有良好黏附性的碱性碎石。碎石与沥青材料的黏附性用水煮法测定时，一般公路不小于 3 级，高等级公路应不小于 4 级。

筛选砾石由天然砾石筛选而得。由于天然砾石是各种岩石经自然风化而成不同尺寸的粒料，强度极不均匀，而且多是圆滑形状，因此，筛选砾石仅适用于交通量较小的路面面层下层、基层或联结层的沥青混合料中使用，不宜用于防滑面层。在交通量大的沥青路面面层，若使用砾石拌制沥青混合料，则在砾石中至少应掺有 50%（按重量计算）大于 5mm 的碎石或经轧制的砾石。沥青贯入式路面用砾石时，主层矿料中亦应掺有 30%~40% 以上的碎石或轧制砾石。

轧制砾石系由天然砾石轧制并经筛选而得，要求大于 5mm 颗粒中 40%（按质量计）以上至少有一个破碎面。用于沥青贯入式面层时，主层矿料中要有 30%~40%（按质量计）以上颗粒至少有两个破碎面。

路面抗滑表层粗集料应选用坚硬、耐磨、抗冲击性好的碎石，不得使用筛选砾石、矿渣及软质集料。用于高速公路、一级公路沥青路面表面层及各类抗滑表层的粗集料应符合规定的石料磨光值要求。为了保证石料与沥青之间有较好的黏结性能，经检验属于酸性岩石的石料，用于高速公路、一级公路和城市快速路、主干路时，宜使用针入度较小的沥青，必要时可在沥青中掺加抗剥离剂，或用干燥的磨细消石灰或生石灰粉、水泥作为填料的一部分，其用量宜为矿料总量的 1%~2%。将粗集料用石灰浆处理后使用也可以有效地提高石料与沥青之间的黏结力。各种沥青路面对粗集料质量技术要求见表 3-2-3-2。

三 沥青路面使用的细集料

粗细集料通常以 2.36mm 作为分界。沥青面层的细集料可采用天然砂、机制砂及石屑。表 3-2-3-3 是沥青面层用天然砂规格。细集料应洁净、干燥、无风化、无杂质，并由适当的颗粒组成。热拌沥青混合料的细集料宜采用优质的天然砂或机制砂，在缺砂地区也可以用石屑。但由于一般情况下石屑的含泥量高，强度不高，因此用于高速公路、一级公路沥青混凝土面层及抗滑表层的石屑用量不宜超过天然砂及机制砂的用量。细集料应与沥青有良好的黏结能力，与沥青黏结性能很差的天然砂及用花岗岩、石英岩等酸性石料破碎的机制砂或石屑不宜用于高速公路、一级公路沥青面层。必须使用时,应有抗剥落措施。沥青混合料用细集料质量要求见表3-2-3-4。

沥青路面对粗集料质量技术要求 表3-2-3-2

指标	高速公路、一级公路		其他等级公路
	表面层	其他层次	
石料压碎值,不大于(%)	26	28	30
洛杉矶磨耗损失,不大于(%)	28	30	35
表观相对密度,不小于	2.60	2.50	2.45
吸水率,不大于(%)	2.0	3.0	3.0
坚固性,不大于(%)	12	12	—
针片状颗粒含量(混合料),不大于(%)	15	18	20
其中粒径大于9.5mm,不大于(%)	12	15	—
其中粒径小于9.5mm,不大于(%)	18	20	—
水洗法粒径小于0.075mm颗粒含量,不大于(%)	1	1	1
软石含量,不大于(%)	3	5	5

沥青面层用天然砂规格 表3-2-3-3

筛孔尺寸(mm)	通过各筛孔的质量百分率(%)		
	粗砂	中砂	细砂
9.5	100	100	100
4.75	90~100	90~100	90~100
2.36	65~95	75~100	85~100
1.18	35~65	50~90	75~100
0.6	15~29	30~59	60~84
0.3	5~20	8~30	15~45
0.15	0~10	0~10	0~10
0.075	0~5	0~5	0~5

沥青混合料用细集料质量要求 表3-2-3-4

项目	高速公路、一级公路	其他等级公路
表观相对密度,不小于	2.50	2.45
坚固性(>0.3mm部分),不小于(%)	12	—
含泥量(<0.075mm的含量),不大于(%)	3	5
砂当量,不小于(%)	60	50
亚甲蓝值,不大于(g/kg)	25	—
棱角性(流动时间),不小于(%)	30	—

四 沥青路面使用的填料

沥青混合料的填料必须采用石灰石等碱性石料经磨细得到的矿粉，对于原石料中的泥土杂质应清除干净，矿粉要求干燥、洁净，其质量应符合表3-2-3-5的技术要求。粉煤灰作为填料时，烧失量应小于12%，与矿粉混合后的塑性指数应小于4，粉煤灰的用量不宜超过填料总量的50%，并与沥青有良好的黏结力，满足表3-2-3-5水稳性要求。对于高速公路、一级公路的沥青混凝土面层不宜采用粉煤灰作填料。

沥青面层用矿粉质量技术要求　　　　　　　　　表3-2-3-5

指　　标		高速公路、一级公路	其他等级公路
表观密度，不小于(t/m³)		2.50	2.45
含水率，不大于(%)		1	1
粒度范围	<0.6mm(%)	100	100
	<0.15mm(%)	90~100	90~100
	<0.075mm(%)	75~100	70~100
外观		无团粒结块	—
亲水系数		<1	T 0353
塑性指数(%)		<4	T 0354
加热安定性		实测记录	T 0355

第二节　沥青表面处治施工

一 沥青表面处治的一般要求

沥青表面处治是用沥青裹覆矿料，铺筑厚度小于3cm的适用于三级及三级以下公路的薄层沥青面层。其主要作用是防水、抗磨耗、防滑和改善碎(砾)石路面的使用品质，改善行车条件。在计算路面厚度时，不作为单独受力结构层。沥青表面处治层在施工完毕后，须经过一段时间的行车碾压，特别是一定高温下的行车碾压，使矿料取得最稳定的嵌紧位置，并同沥青黏结牢固，这一过程称为"成型"阶段。因此，沥青表面处治宜选择在干燥和较热的季节施工，并在雨季及日最高温度低于15℃到来以前半个月结束，使表面处治层通过开放交通压实，成型稳定。

沥青表面处治可采用拌和法或层铺法施工，采用层铺法施工时按照洒布沥青及铺撒矿料的层次多少。单层式为洒布一次沥青，铺撒一次矿料，厚度为1.0~1.5cm；双层式为洒布二次沥青，铺撒二次矿料，厚度为2.0~2.5cm；三层式为洒布三次沥青，铺撒三次矿料，厚度为2.5~3.0cm。

沥青表面处治所用的矿料，其最大粒径应与所处治的层次厚度相当。矿料的最大与最小粒径比例应不大于2，介于两个筛孔之间颗粒的含量应不小于70%~80%。沥青表面处治材料用量要求如表3-2-3-6所示。

当采用乳化沥青时,应减少乳液流失,可在主层集料中掺加20%以上较小粒径的集料。沥青表面处治施工后,应在路侧另备碎石或石屑、粗砂或小砾石作为初期养护用料,其中,碎石的规格为S12(5～10mm),粗砂或小砾石的规格为S14(3～5mm),用量为2～3m³/1000m²。城市道路的初期养护料,在施工时应与最后一遍料一起撒布。

沥青表面处治面层材料规格和用量　　　　　　表 3-2-3-6

沥青种类	类型	厚度(cm)	集料(m³/1000m²)						沥青或乳液用量(kg/m²)			
			第一层		第二层		第三层		第一次	第二次	第三次	合计用量
			粒径规格	用量	粒径规格	用量	粒径规格	用量				
石油沥青	单层	1.0	S12	7～9					1.0～1.2			1.0～1.2
		1.5	S10	12～14					1.4～1.6			1.4～1.6
	双层	1.5	S10	12～14	S12	7～8			1.4～1.6	1.0～1.2		2.4～2.8
		2.0	S9	16～18	S12	7～8			1.6～1.8	1.0～1.2		2.6～3.0
		2.5	S8	18～20	S12	7～8			1.8～2.0	1.0～1.2		2.8～3.2
	三层	2.5	S8	18～20	S12	12～14	S12	7～8	1.6～1.8	1.2～1.4	1.0～1.2	3.8～4.4
		3.0	S6	20～22	S12	12～14	S12	7～8	1.8～2.0	1.4～1.6	1.0～1.2	4.0～4.6
乳化沥青	单层	0.5	S14	7～9					0.9～1.0			0.9～1.0
	双层	1.0	S12	9～11	S14	4～6			1.8～2.0	1.0～1.2		2.8～3.2
	三层	3.0	S6	20～22	S10	9～11	S12 / S14	4～6 / 3.5～4.5	2.0～2.2	1.8～2.0	1.0～1.2	4.8～5.4

注:1.煤沥青表面处治的沥青用量可比石油沥青用量增加15%～20%。
　　2.表中乳化用量按乳液沥青的蒸发残留物含量60%计算,如沥青含量不同应予折减。
　　3.在高寒地区及干旱、风沙大的地区,可超出高限5%～10%。

沥青表面处治可采用道路石油沥青、煤沥青或乳化沥青铺筑,沥青用量按表 3-2-3-6 选用,沥青标号应按表 3-2-3-1 选用。当采用煤沥青时,应将表 3-2-3-6 中的沥青用量相应增加15%～20%,沥青标号应符合表 3-2-3-1 的要求。当采用乳化沥青时,乳液用量根据表 3-2-3-6 所列的乳液用量并按其中的沥青含量进行折算。乳化沥青的类型及标号应按表 3-2-3-7 选用。

道路用乳化石油沥青质量要求　　　　　　表 3-2-3-7

项目	种类	PC-1 / PA-1	PC-2 / PA-2	PC-3 / PA-3	BC-1 / BA-1	BC-2 / BA-2	BC-3 / BA-3
筛上剩余量,不大于(%)		0.3					
电荷		阳离子带正电(+)、阴离子带负电(-)					
破乳速度试验		快裂	慢裂	快裂	中或慢裂		慢裂
黏度	沥青标准黏度计 $C_{25,3}(s)$	12～25	8～20		12～100		40～100
	恩格拉度 E_{25}	3～15	1～6		3～40		15～40
蒸发残留物含量,不小于(%)		60	50		55		60
蒸发残留物性质	针入度(100g,25℃,5s)(0.1mm)	80～200	80～300	60～160	60～200	60～300	80～200
	残留延度比(25℃),不小于(%)	80					
	溶解度(三氯乙烯),不小于(%)	97.5					

续上表

项目 \ 种类	PC-1 PA-1	PC-2 PA-2	PC-3 PA-3	BC-1 BA-1	BC-2 BA-2	BC-3 BA-3
储存稳定性 5d,不大于(%)	5					
储存稳定性 1d,不大于(%)	1					
与矿料的黏附性,裹覆面积不小于	2/3					
粗粒式集料拌和试验	—	—	—	均匀	均匀	—
细料式集料拌和试验	—	—	—	—	—	均匀
水泥拌和试验,1.18mm 筛上剩余量不大于(%)	—	—	—	—	—	5
低温储存稳定度(-5℃)	无粗颗粒或结块					
用途	表面处治及贯入式洒布用	透层油用	黏层油用	拌制粗粒式沥青混合料	拌制中粒式及细粒式沥青混合料	拌制砂粒式沥青混合料及稀浆封层

注:1. 乳液黏度可选沥青标准黏度或恩格拉黏度计测定,$C_{25,3}$ 表示测试温度为 25℃、黏度计孔径为 3mm,$E25$ 表示在 25℃ 时测定。
2. 储存稳定性一般用 5d 的稳定性,如时间紧迫也可用 1d 的稳定性。
3. PC、PA、BC、BA 分别表示洒布型阳离子、洒布型阴离子、拌和型阳离子、拌和型阴离子乳化沥青。
4. 用于稀浆封层的阴离子乳化沥青 BA—3 型的蒸发残留含量可放宽至 55%。

二 沥青表面处治施工

层铺法沥青表面处治施工,一般采用"先油后料"法,即先洒布一层沥青,后铺撒一层矿料。以双层式沥青表面处治为例,其施工程序如下:备料→清理基层及放样→浇洒透层沥青→洒布第一次沥青→铺撒第一层矿料→碾压→洒布第二次沥青→铺撒第二层矿料→碾压→初期养护。

单层式和三层式沥青表面处治的施工程序与双层式相同,仅需相应地减少或增加一次洒布沥青、铺撒矿料和碾压工序。

双层式沥青表面处治层铺法施工工艺及技术要点如下:

1. 清理基层及喷洒透层油

在表面处治施工前,应将路面基层清扫干净,使基层的矿料大部分外露,并保持干燥。对有坑槽、不平整的路段应修补和整平,若基层整体强度不足,则应先予补强。最后在铺筑沥青表面处治时,应喷洒透层油。

2. 洒布第一层沥青

在透层沥青充分渗透或在已做透层或封层并已开放交通的基层表面清扫后,应按要求的数量洒布第一层沥青。

沥青要洒布均匀,不应有空白或积聚现象,以免日后产生松散或拥包和推挤等病害。采用汽车洒布机洒布沥青时,应根据单位面积的沥青用量选定洒布机排挡和油泵机挡。洒布汽车行驶的速度要均匀。若采用手摇洒布机洒布沥青,应根据施工气温和风向调节喷头离地面的高度和移动的速度,以保证沥青洒布均匀,并应按洒布面积来控制单位沥青用量。沥青的浇洒温度应根据施工气温及沥青标号选择,石油沥青的洒布温度宜为130~170℃,煤沥青的洒布温度宜为80~120℃,乳化沥青可在常温下洒布。当气温偏低,破乳及成型过慢时,可将乳液加温后洒布,但乳液温度不得超过60℃。沥青浇洒的长度应与集料撒布机的能力相配合,应避免沥青浇洒后等待较长时间才撒布集料。

3. 铺撒第一层集料

洒布沥青后应趁热迅速铺撒第一层集料,按规定用量一次撒足。集料要铺撒均匀,局部有缺料或过多处,应适当找补或扫除。集料不应有重叠或漏空现象。当使用乳化沥青时,集料撒布应在乳液破乳之前完成。

4. 碾压

铺撒矿料后随即用6~8t双轮压路机或轮胎压路机及时碾压。碾压应从一侧路缘压向路中心碾压。碾压时,每次轮迹重叠约30cm,碾压3~4遍。压路机行驶速度开始为2km/h,以后可适当提高。

5. 洒布第二层沥青

洒布第二次沥青与洒布第一层沥青的施工方法相同。

6. 铺撒第二层集料

铺撒第二层集料与铺撒第一层集料的施工方法相同。

7. 碾压

铺撒完第二层集料后,即可以采用8~10t压路机进行碾压,方法同上。

8. 初期养护

碾压结束后即可开放交通,但应禁止车辆快速行驶(不超过20km/h),要控制车辆行驶的路线,使路面全幅宽度获得均匀碾压,加速处治层反油稳定成型。对局部泛油、松散、麻面等现象,应及时修整处理。

第三节　沥青贯入式路面施工

一　沥青贯入式路面施工的一般要求

沥青贯入式路面具有较高的强度和稳定性,其强度的构成,主要依靠矿料的嵌挤作用和沥青材料的黏结力。沥青贯入式路面适用于三级及三级以下的公路、城市道路的次干道及支路。沥青贯入式层也可作为沥青混凝土路面的联结层。由于沥青贯入式路面是一种多孔隙结构,为了防止水的侵入和增强路面的水稳定性,其面层的最上层必须加铺封层。沥青贯入式路面宜在干燥和较热的季节施工,并宜在雨季及日最高温度低于15℃到来前半个月结束,使贯入式结构层通过开放交通碾压成型。

沥青贯入式路面是在初步碾压的矿料层上洒布沥青,再分层铺撒嵌缝料、洒布沥青和碾压,并借行车压实而成的。其厚度一般为4~8cm,但乳化沥青贯入式路面的厚度不宜超过5cm。当贯入式层上部加铺拌和的沥青混合料面层时,路面总厚度为7~10cm,其中拌和层的厚度宜为3~4cm。

沥青贯入式路面所用的集料应选择有棱角、嵌挤性好的坚硬石料,其规格和用量要求如表3-2-3-8所示。

表面加铺拌和层时沥青贯入式面层材料规格和用量　　　　　表3-2-3-8

沥青品种	石油沥青					
贯入层厚度(cm)	4		5		6	
规格和用量	规格	用量	规格	用量	规格	用量
封层料	S14	3~5	S14	3~5	S13(S14)	4~6
第三遍沥青		1.0~1.2		1.0~1.2		1.0~1.2
第二遍嵌缝料	S12	6~7	S11(S10)	10~12	S11(S10)	10~12
第二遍沥青		1.6~1.8		1.8~2.0		2.0~2.2
第一遍嵌缝料	S10(S9)	12~14	S8	16~18	S8(S6)	16~18
第一遍沥青		1.8~2.1		2.4~2.6		2.8~3.0
主层石料	S5	45~50	S4	55~60	S3(S2)	66~76
总沥青用量		4.4~5.1		5.2~5.8		5.8~6.4

沥青品种	石油沥青				乳化沥青			
厚度(cm)	7		8		4		5	
规格和用量	规格	用量	规格	用量	规格	用量	规格	用量
封层料	S13(S14)	4~6	S13(S14)	4~6	S13(S14)	4~6	(S14)	4~6
第五遍沥青								0.8~1.0
第四遍嵌缝料							S14	5~6
第四遍沥青					S14	0.8~1.0		1.2~1.4
第三遍嵌缝料						5~6	S12	7~9
第三遍沥青		1.0~1.2		1.0~1.2	S12	1.4~1.6		1.5~1.7
第二遍嵌缝料	S10(S11)	11~13	S10(S11)	11~13		7~8	S10	9~11
第二遍沥青		2.4~2.6		2.6~2.8	S9	1.6~1.8		1.6~1.8
第一遍嵌缝料		18~20	S6(S8)	20~22		12~14	S8	10~12
第一遍沥青	S6(S8)	3.3~3.5		4.0~4.2	S5	2.2~2.4		2.6~2.8
主层石料	S3	80~90	S1(S2)	95~100		40~45	S4	50~55
总沥青用量		6.7~7.3		7.6~8.2		6.0~6.8		7.4~8.5

注:1.用量单位:集料 $m^3/1000\ m^2$;沥青及沥青乳液:kg/m^2。
　　2.煤沥青贯入式的沥青用量可比石油沥青用量增加15%~20%。
　　3.表中乳化用量是指乳液的用量,并适用于乳液浓度约为60%的情况,如浓度不同,用量应予换算。
　　4.在高寒地区及干旱风沙大的地区,可超出高限,再增加5%~10%。

二、沥青贯入式路面施工

沥青贯入式面层的施工程序如下:整修和清扫基层→浇洒透层或黏层沥青→铺撒主层集料→第一次碾压→洒布第一次沥青→铺撒第一次嵌缝料→第二次碾压→洒布第二次沥青→铺撒第二层嵌缝料→第三次碾压→洒布第三次沥青→铺撒封层料→最后碾压→初期养护。沥青贯入式路面施工要求与沥青表面处治基本相同,除注意施工各工序紧密衔接不要脱节之外,还应根据碾压机具,洒布沥青设备和数量来安排每一作业段的长度,力求当天施工的路段当天完成,以免因沥青冷却而不能裹覆矿料,并产生尘土污染矿料等不良后果。沥

青贯入式面层施工工艺及技术要点如下:

1. 整修和清扫基层

在表面处治施工前,应将路面基层清扫干净,使基层的矿料大部分外露,并保持干燥。对有坑槽、不平整的路段应选修补和整平。当采用乳化沥青贯入式路面必须先浇洒透层或黏层沥青。沥青贯入式路面厚度小于5cm时,也应浇洒透层或黏层沥青。

2. 铺撒主层集料

采用碎石摊铺机、平地机或人工摊铺主层集料。应避免集料颗粒大小不均,松铺系数约为1.25~1.3,应经试铺实测确定。铺撒集料的同时,检查路拱和平整度,并严禁车辆在铺好的集料层上通行。

3. 碾压主层集料

主层集料铺撒后,应采用6~8t的轻型钢筒式压路机自路侧向路中心碾压,压路机行驶速度开始为2km/h,每次轮迹重叠约30cm,碾压一遍后检查路拱及纵向坡度,如不符合要求时,应调整找平后再碾压。然后用重型的钢轮压路机碾压,每次轮迹重叠约1/2左右,宜碾压4~6遍,直至主层集料嵌挤稳定,无显著轮迹为止。

4. 洒布第一次沥青

主层集料碾压完成后,应立即洒布第一次沥青,浇洒方法与沥青表面处治层的施工相同。浇洒时沥青的温度应根据沥青的标号、施工环境及气温状况确定。当采用乳化沥青时,为避免乳液下渗太多,可在主层集料压实稳定后,先铺撒一部分嵌缝料,再浇洒主层沥青。

5. 铺撒第一次嵌缝料

主层沥青浇洒后,应立即用集料撒布机或人工铺撒第一次嵌缝料。撒布应均匀,不足之处应应调整找平。当采用乳化沥青时,石料的撒布必须在乳液破乳前完成。

6. 碾压嵌缝料

铺撒嵌缝料后,应立即采用8~12t钢筒式压路机碾压嵌缝料,每次轮迹重叠约1/2左右,宜碾压4~6遍,直至稳定为止。碾压时应随压随扫,使嵌缝料均匀。当气温较高使碾压过程中发生较大推移现象时,应立即停止碾压,待气温稍低时再继续碾压。

7. 洒布第二次沥青、嵌缝料、碾压及洒布第三次沥青

按上述方法洒布第二次沥青、铺撒第二次嵌缝料,然后碾压,再洒布第三次沥青。

8. 铺撒封层料

按上述铺撒嵌缝料的方法铺撒封层料。

9. 最后碾压

用6~8t压路机做最后碾压,宜碾压2~4遍,然后开放交通并进行交通管制,尽可能地使路面全宽受到汽车行驶的均匀碾压。

10. 初期养护

沥青贯入式路面的初期养护与沥青表面处治基本相同。

在沥青贯入式路面施工中,适度的碾压在贯入式路面施工中极为重要。碾压不足会影响矿料嵌挤稳定,且易使沥青流失,形成层次,上、下部沥青分布不均。但过度的碾压,矿料易于压碎、破坏嵌锁原则,造成空隙减少,沥青难以下渗,形成泛油。因此,应根据矿料的等级、沥青材料的标号、施工气温等因素来确定各次碾压所使用的压路机重量和碾压遍数。

第四节 热拌沥青混合料路面施工

热拌沥青混合料适用于各种等级道路的沥青面层。高速公路、一级公路和城市快速路、主干路的沥青面层的上面层、中面层及下面层应用沥青混凝土混合料铺筑,沥青碎石混合料仅适用于过渡层及整平层。其他等级道路的沥青面层的上面层宜采用沥青混凝土混合料铺筑。热拌沥青混合料材料种类应根据具体条件和技术规范合理选用。应满足耐久性、抗车辙、抗裂、抗水损害、抗滑等多方面要求,同时还需考虑施工机械、工程造价等实际情况。

沥青混凝土混合料面层宜采用双层或三层式结构,其中应有一层及一层以上是Ⅰ型密级配沥青混凝土混合料。当各层均采用开级配沥青混合料时,沥青面层下必须做下封层。

厂拌法沥青路面包括沥青混凝土、沥青碎(砾)石等,施工过程可分为沥青混合料的拌制与运输及现场铺筑两个阶段。

一 沥青混合料的拌制与运输

在工厂拌制混合料所用的固定式拌和设备有间歇式(图 3-2-3-1)和连续式(图 3-2-3-2)两种。前者系在每盘拌和时计量混合料各种材料的重量,而后者则在计量各种材料之后连续不断地送进拌和器中拌和。

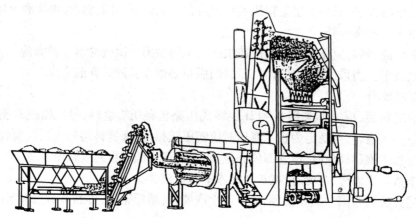

图 3-2-3-1 间歇式拌和机

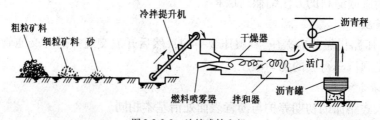

图 3-2-3-2 连续式拌和机

为保证沥青混合料的质量更稳定,沥青用量更准确,高速公路和一级公路的沥青混凝土宜采用间歇式拌和机拌和。

用固定式拌和机拌制沥青混合料的工艺流程如图 3-2-3-3 所示。

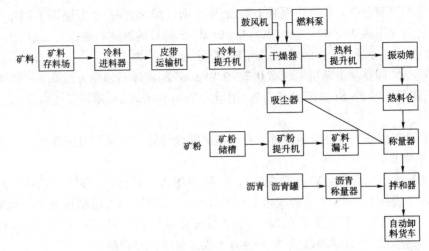

图 3-2-3-3　用固定式拌和机拌制沥青混合料的工艺流程

在拌制沥青混合料之前,应根据确定的配合比进行试拌。试拌时对所用的各种矿料及沥青应严格计量。通过试拌和抽样检验确定每盘热拌的配合比及其总重量(对间歇式拌和机)或各种矿料进料口开启的大小及沥青和矿料进料的速度(对连续式拌和机)、适宜的沥青用量、拌和时间、矿料和沥青加热温度以及沥青混合料出厂的温度。对试拌的沥青混合料进行试验之后,即可选定施工的配合比。

为使沥青混合料拌和均匀,在拌制时,需要控制矿料和沥青的加热温度与拌和温度。经过拌和后的混合料应均匀一致,无细料和粗料分离及花白、结成团块的现象。

厂拌沥青混合料通常用自动倾卸汽车运往铺筑现场,必须根据运送的距离和道路交通状况来组织运输。混合料运输所需的车辆数可按下式计算:

$$需要车辆数 = 1 + \frac{t_1 + t_2 + t_3}{T} + \alpha$$

式中:T——一车沥青混合料所需的拌和与装车时间,min;

t_1——运到铺筑现场所需的时间,min;

t_2——由铺筑现场返回拌和厂所需的时间,min;

t_3——在现场卸料和其他等待时间,min;

α——备用的车辆数(运输车辆发生故障及其他用途时使用)。

二　沥青混合料的现场铺筑

热拌法沥青混合料路面的铺筑工序如下:

1. 基层准备和放样

面层铺筑前,应对基层或旧路面的厚度、密实度、平整度、路拱等进行检查。基层或旧路面若有坎坷不平、松散、坑槽等,必须在面层铺筑之前整修完毕,并应清扫干净。为使面层与基层黏结好,在面层铺筑前 4~8h,在粒料类的基层洒布透层沥青。透层沥青用油 AL(M)1、AL(M)2 或油 AL(S)-1、AL(S)-2 标号的液体石油沥青,或用 T-1 标号的煤沥青。透层沥青的洒布量:液体石油沥青为 0.8~1.0kg/m²;煤沥青为 1.0~1.2kg/m²。

若基层为旧沥青路面或水泥混凝土路面,则在面层铺筑之前,在旧路面上洒布一层黏层沥青。黏层沥青用油 AL(M)-3、AL(M)-4、AL(M)-5 标号的液体石油沥青,或用 T-4、T-5 标号的软煤沥青。黏层沥青的洒布量:液体石油沥青为 0.4~0.6kg/m²;煤沥青为 0.5~0.8kg/m²。即在灰土基层上洒布 0.7~0.9kg/m² 的液体石油沥青或 0.8~1.0kg/m² 的煤沥青后,随即撒铺 3~8mm 颗粒的石屑,用量为 5m³/1000m²,并用轻型压路机压实。

2. 摊铺

沥青混合料可用人工或机械摊铺。高等级公路沥青路面应采用机械摊铺。

1)人工摊铺

将汽车运来的沥青混合料先卸在铁板上,随即用人工铲运,以扣铲方式均匀摊铺在路上。摊铺时不得扬铲远甩,以免造成粗细粒料分离,一边摊铺一边用刮板刮平。刮平时做到轻重一致,往返刮 2~3 次达到平整即可,防止反复多刮使粗粒料刮出表面。摊铺过程中要随时检查摊铺厚度、平整度和路拱,如发现有不妥之处应及时修整。

沥青混合料摊铺厚度为沥青路面设计厚度乘以压实系数。压实系数随混合料的种类和施工方法而异,用工人摊铺时,沥青混凝土混合料为 1.25~1.50,沥青碎石为 1.20~1.45。

沥青混合料的摊铺顺序,应从进料方向由远而近逐步后退进行。应尽可能在全幅路面上摊铺,以避免产生纵向接缝。如路面较宽不能全幅摊铺,可按车道宽度分成两幅或数幅分别摊铺,但接缝必须平行路中心线,纵缝搭接要密切,以免产生凹槽。操作过程应满足施工规范的要求。

沥青混合料的摊铺温度应符合表 3-2-3-9 的规定。

热拌沥青混合料的施工温度 表 3-2-3-9

施工工序		石油沥青标号			
		50	70	90	110
沥青加热温度(℃)		160~170	155~165	150~160	145~155
矿料温度(℃)	间歇式拌和机	集料加热温度比沥青温度高 10~30			
	连续式拌和机	矿料加热温度比沥青温度高 5~10			
沥青混合料出料温度(℃)		150~170	145~165	140~160	135~155
混合料储料仓储存温度(℃)		储料过程中温度降低不超过 10			
混合料废弃温度,高于(℃)		200	195	190	185
运输到现场温度,不低于(℃)		150	145	140	135
混合料摊铺温度,不低于(℃)	正常施工	140	135	130	125
	低温施工	60	150	140	135
开始碾压的混合料内部温度,不低于(℃)	正常施工	135	130	125	120
	低温施工	150	145	135	130
碾压终了的表面温度,不低于(℃)	钢轮压路机	80	70	65	60
	轮胎压路机	85	80	75	70
	振动压路机	75	70	60	55
开放交通温度的路表温度,不高于(℃)		50	50	50	45

注:1. 沥青混合料的施工温度采用具有金属探测针的插入式数显温度计测量,表面温度可采用表面接触式温度计测定。当采用红外线温度计测量时,应进行标定。
2. 本表未列入 130 号、160 号及 30 号沥青的施工温度,其施工温度由实验确定。

2)机械摊铺

沥青混合料摊铺机有履带式和轮胎式两种。二者的构造和技术性能大致相同。沥青摊铺机的主要组成部分为料斗、链式传送器、螺旋摊铺器、振捣板、摊平板、行驶部分和发动机等(图3-2-3-4)。

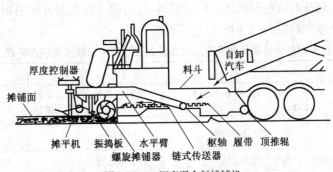

图3-2-3-4 沥青混合料摊铺机

沥青混合料摊铺机摊铺的过程中,自动倾卸汽车将沥青混合料卸到摊铺机料斗后,经链式传送器将混合料往后传到螺旋摊铺器,随着摊铺机向前行驶,螺旋摊铺器即在摊铺带宽度上均匀地摊铺混合料,随后由振捣板捣实,并由摊平板整平。摊铺机的摊铺工艺过程如图3-2-3-5所示。

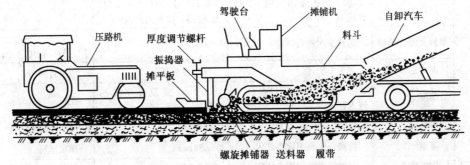

图3-2-3-5 沥青混合料摊铺机操作示意图

3. 碾压

沥青混合料摊铺平整之后,应趁热及时进行碾压。碾压的温度应符合表3-2-3-9 的规定。压实后的沥青混合料应符合压实度及平整度的要求,沥青混合料的分层压实厚度不宜大于10cm,沥青稳定碎石层的压实厚度不宜大于12cm。

摊铺好的沥青混合料要及时碾压。沥青混合料碾压过程分为初压、复压和终压3个阶段,各个阶段的碾压速度需符合表3-2-3-10 的要求。

压路机碾压速度(单位:km/h) 表3-2-3-10

压路机类型	初 压		复 压		终 压	
	适宜	最大	适宜	最大	适宜	最大
钢筒式压路机	2~3	4	3~5	6	3~6	6
轮胎压路机	2~3	4	3~5	6	4~6	8
振动压路机	2~3(静压或振动)	3(静压或振动)	3~4.5(振动)	5(振动)	3~6(静压)	6(静压)

初压应在紧跟在摊铺机后碾压,通常选用双轮 6~15t 钢筒式压路机(振动压路机关闭振动)静压 1~2 遍。碾压的速度参照表 3-2-3-11 中推荐的方式进行。碾压时应将压路机的驱动轮面向摊铺机,从外侧向中心碾压,在超高路段则由低向高碾压,在坡道上应将驱动轮从低处向高处碾压。相邻碾压带重叠宽度为 1/3~1/2 轮宽,压完全幅为 1 遍。压路机在起动、停止时必须减速缓慢进行,碾压时应将驱动轮面向摊铺机碾压,碾压路线和方向不得突然改变。初压结束时,应检查平整度和路拱,必要时予以适当修整。

沥青表面处治路面及沥青贯入式路面施工过程中工程质量控制标准 表 3-2-3-11

路面类型	项 目	检查频度及单点检验评价方法	质量要求或允许偏差	试 验 方 法
沥青表面处治路面	外观	随时,以连续 10 尺的平均值评定	集料嵌挤密实,沥青撒布均匀,无花白料,接头无油包	目测
	集料及沥青用量	每日 1 次逐日评定	±10%	每日施工长度的实际用量与计划用量比较
	沥青洒布温度	每车 1 次评定	符合规范要求	温度计测量
	厚度	不少于每 2000m² 检查 1 点,逐点评定	-5mm	挖坑
	平整度	随时	10mm	用 3m 直尺检测
	宽度	检测每个断面逐个评定	±30mm	用直尺
	横坡度	检测每个断面逐个评定	±0.5%	横断面仪或水准仪
沥青贯入式路面	外观	随时,以连续 10 尺的平均值评定	集料密实,沥青撒布均匀,无花白料,接头无油包	目测
	集料及沥青用量	每日 1 次逐日评定	±10%	每日施工长度的实际用量与计划用量比较
	沥青洒布温度	每车 1 次评定	符合规范要求	温度计测量
	厚度	不少于每 2000m² 检查 1 点,逐点评定	-5mm 或设计厚度的 -8%	挖坑
	平整度	随时	8mm	用 3m 直尺检测
	宽度	检测每个断面逐个评定	±30mm	用尺量
	横坡度	检测每个断面逐个评定	±0.5%	横断面仪或水准仪

复压紧跟在初压后进行,且不得随意停顿。对于密级配沥青混合料宜优先采用重型的轮胎压路机进行搓揉碾压,以增加密水性,其总质量不宜小于 25t,每个轮胎的压力不小于 15kN,冷态时轮胎充气压力不小于 0.55MPa,轮胎发热后不小于 0.6MPa,且各个轮胎气压基本相同。复压的碾压遍数由试压确定,且不宜少于 4~6 遍。碾压至要求的密实度,且无显著的轮迹为止。对于以粗集料为主的较大粒径混合料,尤其是大粒径沥青稳定碎石基层,优先采用振动压路机复压,振动频率宜为 35~50Hz,振幅宜为 0.3~0.8mm,相邻碾压带重叠宽度为 10~20cm。当采用三轮钢筒式压路机时,总质量不宜小于 12t,相邻碾压带宜重叠后轮的 1/2 宽度,并不少于 20cm。

终压应紧接在复压后进行。终压时可选用双轮钢筒式压路机或关闭振动的振动压路机碾压,一般不宜少于 2 遍,碾压至无明显轮迹为止。

由于轮胎式压路机能调整轮胎的内压,可以得到所需的接触地面压力,使骨料相互嵌挤咬合,易于获得均一密实度,而且密实度可以提高 2%~3%。所以轮胎式压路机最适宜用于复压阶段的碾压。

热拌沥青混合料的压实机械应符合下列规定：
(1)双轮钢筒式压路机为 6~8t。
(2)三轮钢筒式压路机为 8~12t 或 12~15t。
(3)轮胎压路机为 12~20t 或 20~25t。

4. 接缝施工

沥青路面的各种施工缝(包括纵缝、横缝、新旧路面的接缝等)处，往往由于压实不足，容易产生台阶、裂缝、松散等病害，影响路面的平整度和耐久性，施工时必须十分注意。

1)纵缝施工

对当日先后修筑的两个车道，摊铺宽度应与已铺车道重叠 3~5cm，所摊铺的混合料应高出相邻已压实的路面，以便压实到相同的厚度。对于不在同一天铺筑的相邻车道，或与旧沥青路面连接的纵缝，在摊铺新料之前，应对原路面边缘加以修理，要求边缘凿齐，塌落松动部分应刨除，露出坚硬的边缘。缝边应保持垂直，并需在涂刷一薄层黏层沥青之后方可摊铺新料。

纵缝应在摊铺之后立即碾压，压路机应大部分在已铺好的路面上，仅有 10~15cm 的宽度压在新铺的车道上，然后逐渐移动跨过纵缝。

2)横缝施工

横缝应与路中线垂直。接缝时先沿已刨齐的缝边用热沥青混合料覆盖，以便预热，覆盖厚度约为 15cm。在接缝处沥青混合料变软之后，将所覆盖的混合料清除，换用新的热混合料摊铺。随即用热夯沿接缝边缘夯捣，并将接缝的热料铲平，然后趁热用压路机沿接缝边缘碾压密实。

双层式沥青路面上下层的接缝应相互错开 20~30cm，做成台阶式衔接。

第五节 沥青类路面施工质量控制及检查验收

沥青路面的施工质量必须达到设计和规范的要求。施工过程中应进行全面质量管理，建立健全行之有效的质量保证体系。实行严格的目标管理、工序管理及岗位质量责任制度，对各施工阶段的工程质量进行检查、控制、评定，从制度上确保沥青路面的施工质量。沥青路面施工质量控制的内容包括各类材料的质量检验、铺筑试验路、施工过程的质量控制及工序间的检查验收。

1. 材料质量检验

沥青路面施工前应按规定对原材料的质量进行检验。在施工过程中逐班抽样检查时，对于沥青材料可根据实际情况只做针入度、软点、延度的试验，检测粗集料的抗压强度、磨耗率、磨光值、压碎值、级配等指标和细集料的级配组成、含水率、含土量等指标。对于矿粉，应检验其相对密度和含水率并进行筛分。材料的质量以同一料源、同一次购入并运至生产现场为一"批"进行检验。材料质量检查的内容和标准应符合上述有关的技术要求。

2. 施工过程中的质量管理与控制

在沥青路面施工过程中，施工单位应随时对施工质量进行抽检，工序间实行交接验收，前一工序质量符合要求方可进入下一工序的施工。施工过程中工程质量检查的内容、频度及质量标准应符合表 3-2-3-11 及表 3-2-3-12 的要求。

热拌沥青混合料路面施工过程中工程质量控制标准　　　表 3-2-3-12

项　目		检查频率	质量要求或允许偏差		试　验　方　法
			高速公路及一级公路	其他等级公路	
外观		随时	表面平整密实，不得有明显轮迹、裂缝、推挤、油钉、油包等缺陷，且无明显离析		目测
接缝		随时	紧密、平整、顺直、无跳车		目测
		逐条缝检测评定	3mm	5mm	用 3m 直尺检测
施工温度	摊铺温度	不少于 1 次/车	符合规范要求		温度计测量
	碾压温度	随时	符合规范要求		插入式温度计测量
厚度	每一层次	随时，厚度 50mm 以下 厚度 50mm 以上	设计值的 5% 设计值的 8%	设计值的 8% 设计值的 10%	施工时插入法量松铺厚度及压实厚度
	每一层次	1 个台班区段平均值厚度 50mm 以下 厚度 50mm 以上	-3mm -5mm		总量检查
	总厚度	每 2000m² 单点评定	设计值的 -5%	设计值的 -8%	钻芯法
	上面层	每 2000m² 单点评定	设计值的 -10%	设计值的 -10%	钻芯法
压实度		每 2000m² 检查一组，逐个试件评定并计算平均值	试验室标准密度的 97%（98%） 最大理论密度的 93%（94%） 试验段密度的 99%（99%）		现场钻孔或挖坑
平整度（最大间隙）	上面层	随时，接缝处单杆评定	3mm	5mm	3m 直尺
	中下上面层	随时，接缝处单杆评定	5mm	7mm	3m 直尺
平整度（标准差）	上面层	连续测定	1.2mm	2.5mm	连续平整度仪
	中面层	连续测定	1.5mm	2.8mm	
	下面层	连续测定	1.8mm	3.0mm	
	基层	连续测定	2.4mm	3.5mm	
宽度	有侧石	检测每个断面	±20mm	±20mm	用尺量
	无侧石	检测每个断面	不小于设计宽度	不小于设计宽度	
纵断面高程		检测每个断面	±10mm	±15mm	横断面仪或水准仪
横坡度		检测每个断面	±0.3%	±0.5%	
沥青层层面上的渗水系数不大于		每 1km 不少于 5 点，每点 3 处取平均值	300mL/min（普通密级配沥青混合料） 200mL/min（SMA 混合料）		沥青路面渗水仪

3. 竣工验收阶段的路面强度检测

交工验收时需在路表面检测路表弯沉值，因半刚性基层的强度、刚度与龄期有关，设计厚度计算时采用了标准龄期的材料模量值。若在施工过程中须检测各结构层的弯沉值时，应根据检测时半刚性基层、底基层的实际龄期所对应的材料模量值、施工厚度来计算各结构层的表面弯沉，以此作为检测各结构层的标准弯沉值，要求实测的弯沉值小于等于弯沉标准值。

4. 竣工验收阶段的工程质量检查

沥青路面施工完毕，施工单位应将全线以 1～3km 为一个评定单位，以表 3-2-3-13 中规定的检查内容、频度及标准选点进行检测。根据检测得到的数据,计算平均值、标准差及偏差系数,向主管部门提供全线检测结果及施工报告,申请交工验收。施工质量监理单位在检查工程质量时,应随机抽取检查段,总长度不应少于施工里程的30%,且不少于3个检查段。路面弯沉测定应在基层的设计龄期或第二年的不利季节进行。

公路热拌沥青混凝土路面交工检查与验收质量标准　　　　　　表3-2-3-13

检查项目		检查频度(每一幅车行道)	质量要求或允许偏差		试验方法
			高速公路及一级公路	其他等级公路	
外观		随时	表面平整密实,不得有明显轮迹、裂缝、推挤、油钉、油包等缺陷,且无明显离析		目测
面层总厚度	代表值	每1km测5点	设计值的-5%	设计值的-8%	钻孔
	极限值	每1km测5点	设计值的-10%	设计值的-15%	
上面层厚度	代表值	每1km测5点	设计值的-10%	—	
	极限值	每1km测5点	设计值的-20%	—	
压实度	代表值	每1km测5点	试验室标准密度的96%(SMA98%) 最大理论密度的92%(SMA 94%) 试验段密度的98%(SMA 99%)		钻孔取样法
	极限值	每1km测5点	比代表值放宽1%(每km)或2%(全部)		钻孔取样法
路表平整度	标准差	全线连续	1.2mm	2.5 mm	连续平整度仪
	IRI	全线连续	2.0mm/km	4.2 mm/km	车载激光断面仪
	最大间隙	每1km测10处,各连续10尺	—	5mm	用3m直尺检测
路表渗水系数,不大于		每1km不少于5点,每点3处取平均值评定	300mL/min (普通沥青路面) 200mL/min(SMA路面)		沥青路面渗水仪
宽度	有侧石	每1km测20个断面	±20 mm	±30 mm	用尺量
	无侧石	每1km测20个断面	不小于设计宽度	不小于设计宽度	用尺量
纵断面高程		每1km测20个断面	±15mm	±20mm	水准仪
中线偏位		每1km测20个断面	±20mm	±30mm	
横坡度		每1km测20个断面	±0.3%	±0.5%	
弯沉	回弹弯沉	全线每20m测1点	符合设计对交工验收的要求	符合设计对交工验收的要求	贝克曼梁
	总弯沉	全线每5m测1点	符合设计对交工验收的要求	—	自动弯沉仪
构造深度		每1km测5点	符合设计对交工验收的要求	—	砂铺法
摩擦系数摆值		每1km测5点	符合设计对交工验收的要求	—	摆式仪
横向力系数μ		全线连续	符合设计对交工验收的要求	—	横向摩擦系数测定车

注:高速公路及一级公路面层除验收总厚度外,尚需验收上面层厚度。

5. 工程施工总结

根据现行规范规定,路面工程完工之后,施工企业应根据国家竣工文件编制的规定,提交施工总结报告及施工管理与质量检查报告等。

施工总结报告应包括工程概况(包括设计及变更情况)、工程基础资料、材料、施工组织、机械及人员配备、施工方法、施工进度、试验研究、工程质量评价、工程决算、工程使用服务计划等。

施工管理与质量检查报告应包括施工管理体制、质量保证体系、施工质量目标、试验段铺筑报告、施工前及施工中材料质量检查结果(测试报告)、施工过程中工程质量检查结果(测试报告)、工程交工验收质量自检结果(测试报告)、工程质量评价,以及原始记录、相册、录像等各种附件。

本 章 小 结

(1)铺筑沥青类路面的常用材料有沥青、粗集料、细集料和填料等。沥青路面所采用的石油沥青、煤沥青、液体石油沥青、沥青乳液等沥青材料的强度等级,应根据公路等级、气候条件、交通条件、路面类型及在结构层中的层位和受力特点,结合当地的使用经验,经技术经济论证后确定。沥青路面所用的粗集料应选用坚硬、耐磨、抗冲击性好的碎石、筛选砾石、破碎砾石、矿渣等,细集料应选用洁净、干燥、无风化、无杂质,并有适当的颗粒组成的天然砂、机制砂及石屑。沥青混合料的填料必须采用石灰石等碱性石料经磨细得到的矿粉,其质量应符合技术要求。

(2)沥青混凝土、热拌沥青碎石、沥青玛蹄脂碎石、乳化沥青碎石混合料、沥青贯入式、沥青表面处治等各种沥青面层,适用的公路等级是不相同的,而且不同类型的沥青面层有不同的施工方法。因此,施工时必须要严格按照公路沥青路面施工技术规范的要求,按正确的工艺、方法,科学地组织施工。

(3)滑模施工是一种采用滑模摊铺机摊铺水泥混凝土路面的机械化施工工艺方式,其特征是不架设边缘固定模板,因此其自动化程度高,不但提高摊铺质量和施工效率,还可以节省工程投资。因此,滑模摊铺施工要特别注意滑模摊铺机施工主要机械和机具配置、基准线的设置、搅拌楼生产混凝土的控制技术要求以及滑模摊铺水泥混凝土路面施工要点。

(4)沥青类路面施工质量控制及检查验收的基本内容包括各类材料的质量检验、施工过程中的质量管理与控制和竣工验收阶段的工程质量检查验收等环节,是保证施工质量达到设计规范要求的关键。因此,施工过程中应进行全面质量管理,实行严格的目标管理、工序管理及岗位质量责任制度,对各施工阶段的工程质量进行检查、控制、评定,以确保沥青路面的施工质量。

思考题与习题

1. 沥青混合料的原材料有哪些?选择填料时应注意什么?
2. 沥青表面处治面层施工工艺及注意事项有哪些?
3. 沥青贯入式面层施工工艺及注意事项有哪些?

4. 沥青贯入式面层与沥青表面处治的特点、具体应用以及施工工艺流程有什么不同？
5. 沥青混合料在运输的过程中应注意的主要问题是什么？
6. 简述沥青混凝土路面的施工工艺流程。
7. 沥青混凝土路面施工时，碾压分几个阶段？各阶段的作用是什么？
8. 对于沥青路面的各种施工缝，在施工时要注意哪些方面？
9. 沥青路面施工过程中工程质量控制标准是什么？

第四章 水泥混凝土路面施工

> **教学要求**
>
> 1. 描述水泥混凝土路面所用材料及要求，会选择符合施工要求的原材料。
> 2. 能正确选择水泥混凝土路面的施工方法，知道小型机具、三辊轴、轨道摊铺、滑模摊铺机施工技术，会进行水泥混凝土路面的质量检查评定方法及内容。
> 3. 会合理选择水泥混凝土路面施工相关的施工设备、并能确定施工设备数量；熟悉混凝土搅拌及运输要点。
> 4. 知道水泥混凝土路面的施工质量检测项目与检测方法。
> 5. 知道在水泥混凝土路面施工中合理采取施工安全措施和环境保护措施。

第一节 水泥混凝土路面所用材料要求

水泥混凝土的基本组成材料有水泥、水、粗集料、细集料、外加剂和矿物掺和料等 6 种。水泥混凝土质量的好坏，除了配合比和搅拌质量外，与原材料的质量和技术指标有很大关系，因此施工前和施工中，严格科学地选择或生产高质量的原材料，是铺筑优质水泥混凝土路面的前提。

一、水泥混凝土路面使用的水泥

1. 水泥品种的选择

水泥是混凝土的胶结材料，混凝土所用水泥的好坏直接影响混凝土路面抗折强度、疲劳强度、体积稳定性和耐久性等关键物理力学性质，并非任何水泥都可用于铺筑水泥混凝土路面，选用水泥时，要根据不同的路面等级和交通量要求，选择不同的水泥。一般情况下，特重、重交通路面宜采用旋窑道路硅酸盐水泥，也可采用旋窑硅酸盐水泥或普通硅酸盐水泥；中、轻交通的路面可采用矿渣硅酸盐水泥；低温天气施工或有快通要求的路段可采用 R 型水泥，其他情况宜采用普通型水泥。

2. 水泥的强度等级

一般情况下，为防止温度裂缝，应选用普通水泥，各级交通路面在选用水泥时，无论强度等级多少，均应以其实测抗折强度为标准来选择和使用，水泥实测抗折强度越高，对保障混凝土路面抗折强度越有利,具体选用时,水泥的抗压强度和抗折强度不得低于表 3-2-4-1 规定。

各交通等级路面水泥各龄期的实测抗折强度、抗压强度　　　表 3-2-4-1

交 通 等 级	特重交通超重载*		特重交通		重 交 通		中、轻交通	
水泥混凝土的弯拉强度标准值(MPa)	5.5		5.0		5.0		4.5、4.0	
龄期(d)	3	28	3	28	3	28	3	28
抗压强度(MPa)≥	23.0	52.5	20.0	47.5	16.0	42.5	11.0	32.5
抗折强度(MPa)≥	5.0	8.0	4.5	7.5	4.0	7.0	3.5	6.5

注:*特重交通超重载水泥混凝土路面设计为 5.5MPa 弯拉强度时采用,譬如运煤专线公路、矿区公路、施工专用公路等。

选用水泥时,还应通过混凝土配合比试验,根据其配制弯拉强度、耐久性和工作性优选适宜的水泥品种、强度等级。

3. 水泥的化学成分和物理指标

水泥的矿物组成主要有硅酸三钙、硅酸二钙、铝酸三钙和铁铝酸钙以及其他成分,不同的水泥所含这些化学成分的含量各不相同,并且其物理性能也不同,在选择水泥时,水泥的化学成分和物理指标应符合《公路水泥混凝土路面施工技术细则》(JTG/T F30—2014)的有关规定。

在选择水泥时,除满足上述要求外,还应通过配合比试验,根据其弯拉强度、耐久性和工作性,选择适宜的水泥品种和强度等级,并且水泥一旦选定,不得随意更改,不同品种、牌号、生产厂家、强度等级的水泥,严禁混装和掺和。

采用机械化施工时,应优先选用散装水泥,散装水泥的夏季出厂温度,南方不宜高于 65℃,北方不宜高于 55℃。混凝土搅拌时的水泥温度:南方不高于 60℃,北方不高于 50℃,且不宜低于 10℃。

二 水泥混凝土路面使用的粗集料

粗集料是指混凝土中粒径大于 5mm 的碎石、砾石和碎砾石。

1. 粗集料的最大粒径与级配范围

卵石最大粒径不宜大于 19.0mm,碎卵石最大粒径不宜大于 26.5mm,碎石最大粒径不宜大于 31.5mm。在相同水泥用量与水灰比条件下,最大粒径增加使路面混凝土抗压强度增大,但减小最大粒径有利于提高路面混凝土的弯拉强度。大粒径的集料振捣下沉缓慢,直接影响路面的平整度。

用于路面和桥面混凝土的粗集料不得使用不分级的统料,应采用 2~4 个粒级的集料进行掺配,并应符合表 3-2-4-2 合成级配的要求,且碎卵石或碎石中粒径小于 75μm 的石粉含量不宜大于 1%。

粗集料级配范围 表3-2-4-2

类型	粒径\配级	方孔筛筛孔尺寸(mm) 累计筛余(以质量计)(%)							
		2.36	4.75	9.50	16.0	19.0	26.5	31.5	37.5
合成级配	4.75~16	95~100	85~100	40~60	0~10				
	4.75~19	95~100	85~95	60~75	30~45	0~5	0		
	4.75~26.5	95~100	90~100	70~90	50~70	25~40	0~5	0	
	4.75~31.5	95~100	90~100	75~90	60~75	40~60	20~35	0~5	0
粒级	4.75~9.5	95~100	80~100	0~15	0				
	9.5~16		95~100	80~100	0~15	0			
	9.5~19		95~100	85~100	40~60	0~15	0		
	16~26.5			95~100	55~70	25~40	0~10	0	
	16~31.5			95~100	85~100	55~70	25~40	0~10	0

2. 粗集料的技术要求

粗集料应使用质地坚硬、耐久、洁净的碎石、碎卵石和卵石,以抵抗冻融和风化作用。应选用表面粗糙、多棱角、粒状接近正方体、针片状颗粒含量较少的粗集料,否则将显著降低水泥混凝土抗折强度,同时影响其和易性。

为保证混凝土的强度及耐久性,要严格限制粗集料的含泥量、泥块含量及有害杂质含量。此外还应注意"碱集料反应",防止在集料表面形成碱硅酸凝胶体,因其吸水膨胀,易造成混凝土结构破坏。

粗集料的压碎值、坚固性、针片状颗粒含量、含泥量、岩石抗压强度、碱集料反应等物理力学指标应符合《公路水泥混凝土路面施工技术细则》(JTG/T F30—2014)的有关规定。

三 水泥混凝土路面使用的细集料

混凝土的细集料是指粒径小于5mm的天然砂、机制砂或混合砂。

1. 细集料技术指标

细集料应采用质地坚硬、耐久、洁净的天然砂、机制砂或混合砂。细集料的氯化物、坚固性、含泥量、亚甲蓝MB值等技术指标应符合《公路水泥混凝土路面施工技术细则》(JTG/T F30—2014)的有关规定。

2. 细集料的级配范围与细度模数

细集料的级配应符合表3-2-4-3的规定。

路面和桥面用天然砂宜为中砂,也可使用细度模数在2.0~3.5之间的砂。同一配合比用砂的细度模数变化范围不应超过0.3,否则,应分别堆放,并应调整配合比中的含砂率。

细集料级配范围　　　　　　　表 3-2-4-3

砂 分 级	方筛孔尺寸(mm)					
	0.15	0.30	0.60	1.18	2.36	4.75
	累计筛余(以质量计)(%)					
粗砂	90~100	80~95	71~85	35~65	5~35	0~10
中砂	90~100	70~92	41~70	10~50	0~25	0~10
细砂	90~100	55~85	16~40	0~25	0~15	0~10

四 水泥混凝土路面使用的水

饮用水可直接作为混凝土搅拌、养护用水。如果对水质有疑问时,检验其硫酸盐含量(SO_4^{2-}<0.0027mg/mm³),含盐量(≤0.005mg/mm³),PH值(≥4)及是否含油污、泥和其他有害杂质,检验合格方可使用。

五 水泥混凝土路面使用的外加剂

混凝土外加剂是在拌和混凝土时掺入,用以改善混凝土性质的物质,在混凝土修路面修筑中,常用外加剂主要有:减水剂或塑化剂、缓凝剂或速凝剂、早强剂以及引气剂等。

在有抗冰(盐)冻要求地区,各等级路面、桥面、路缘石、路肩及贫混凝土基层必须使用引气剂;在无抗冰(盐)冻要求地区,二级及二级以上公路路面混凝土中应使用引气剂。高温施工宜使用引气缓凝(保塑)(高效)减水剂,低温施工宜使用引气早强(高效)减水剂,以满足施工规范规定的最大单位用水量要求。

处在海水、海风、氯离子、硫酸根离子环境的或冬季洒除冰盐的路面或桥面钢筋混凝土、钢纤维混凝土中宜掺阻锈剂。

外加剂的产品质量应符合《公路水泥混凝土路面施工技术细则》(JTG/T F30—2014)的有关规定,在使用外加剂时,应注意掺入外加剂会改变混凝土制备工艺,使用时要特别小心。

六 水泥混凝土路面使用的钢筋

混凝土路面、桥面和搭板所用钢筋网、传力杆、拉杆等钢筋应符合国家有关标准的技术要求。钢筋应顺直,不得有裂纹、断伤、刻痕、表面油污和锈蚀。传力杆钢筋加工应锯断,不得挤压切断,断口应垂直、光圆,用砂轮打磨掉毛刺,并加工成2~3mm的圆倒角。

七 接缝材料

1. 胀缝材料

胀缝板、胀缝橡胶填缝条的技术要求应符合《公路水泥混凝土路面施工技术细则》(JTG/T F30—2014)的有关规定。高速公路、一级公路宜采用塑胶、橡胶泡沫板或沥青纤维板,其他公路可采用橡胶泡沫板、沥青纤维板、杉木板、杨木板、松木板等各种胀缝板。

2. 缩缝填缝材料

填缝材料技术指标应符合《公路水泥混凝土路面施工技术细则》(JTG/T F30—2014)的

有关规定。

常温施工式填缝料主要有聚(氨)酯、硅树脂类,氯丁橡胶、沥青橡胶类等。加热施工式填缝料主要有沥青玛蹄脂类、聚氯乙烯胶泥类、改性沥青类等。高速公路、一级公路应优选使用树脂类、橡胶类或改性沥青类填缝材料,并宜在填缝料中加入耐老化剂。

3. 缩缝背衬垫条

填缝时应使用背衬垫条控制填缝形状系数。背衬垫条应具有良好的弹性、柔韧性、不吸水、耐酸碱腐蚀和高温不软化等性能。背衬垫条材料有聚氨酯、橡胶或微孔泡沫塑料等,其形状应为圆柱形,直径应比接缝宽度大 2~5mm。

第二节 水泥混凝土拌和物的搅拌与运输

一 水泥混凝土路面的施工方式的选择

根据公路等级的不同,按表3-2-4-4选择水泥混凝土路面的施工方式。

水泥混凝土路面施工方式的选择表　　　　表3-2-4-4

施工方式	高速公路	一级公路	二级公路	三级公路	四级公路
滑模摊铺机	√	√	√	▲	○
轨道摊铺机	▲	√	√	√	○
三辊轴机组	○	▲	√	√	√
小型机具	×	○	▲	√	√
碾压混凝土机械	×	○	√	√	▲

注:1. 符号含义:√应使用;▲有条件使用;○不宜使用;×不得使用。
　　2. 碾压混凝土亦可用于高速公路、一级公路复合式路面的下面层和贫混凝土(透水)基层。

二 水泥混凝土路面施工流程

水泥混凝土路面施工流程主要包括安装模板、接缝与安设钢筋、混凝土的拌和与运输、混凝土的摊铺与振捣、抹面和拆模、养生与填缝。其中,接缝包括纵缝与横缝,横缝又包括胀缝、缩缝与工作缝。水泥混凝土路面施工流程根据施工方式的不同而不同。水泥混凝土路面滑模摊铺机施工工艺流程如图 3-2-4-1 所示,轨道摊铺机施工、三辊轴机组施工、小型机具施工的工艺流程详见《公路水泥混凝土路面施工技术细则》(JTG/T F30—2014)。

三 水泥混凝土拌和物的搅拌

1. 搅拌设备

1)搅拌场拌和能力配置

采用滑模、轨道、碾压、三辊轴机组摊铺时,搅拌场配置的混凝土总拌和生产能力可按式(3-2-4-1)计算,并按总拌和能力确定搅拌楼数量和型号。

$$M = 60\mu \cdot b \cdot h \cdot V_t \qquad (3\text{-}2\text{-}4\text{-}1)$$

式中：M——搅拌楼总拌和能力，m^3/h；

b——摊铺宽度，m；

V_t——摊铺速度，m/min，($\geqslant 1m/min$)；

h——面板厚度，m；

μ——搅拌楼可靠性系数，取 1.2~1.5，根据下述具体情况确定：搅拌楼可靠性高，μ 可取较小值；反之，μ 取较大值；拌和钢纤维混凝土时，μ 应取较大值；坍落度要求较低者，μ 应取较大值。

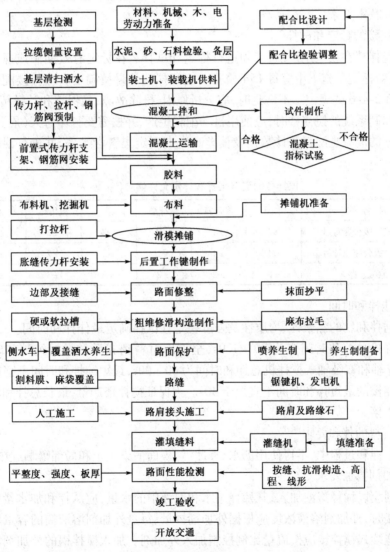

图 3-2-4-1　水泥混凝土路面滑模摊铺机施工工艺流程图

2）搅拌楼最小生产容量要求

搅拌楼最小生产容量应满足表 3-2-4-5 的规定。一般可配备 2~3 台搅拌楼，最多不宜超过 4 台，搅拌楼的规格和品牌尽可能统一。

混凝土路面不同摊铺方式的搅拌楼最小配置容量(单位:m³/h)　　表 3-2-4-5

摊铺宽度＼摊铺方式	滑模摊铺	轨道摊铺	碾压混凝土	三辊轴摊铺	小型机具
单车道(3.75~4.5m)	≥100	≥75	≥75	≥50	≥25
双车道(7.5~9m)	≥200	≥150	≥150	≥100	≥50
整幅宽(≥12.5m)	≥300	≥200	≥200	—	—

3)搅拌楼选择

间歇搅拌楼搅拌精确度高于连续搅拌楼,弃料少,宜优先选配间歇搅拌楼。

2．拌和技术要求

1)搅拌楼的标定和试拌

每台搅拌楼在投入生产前,必须进行标定和试拌。在标定有效期满或搅拌楼搬迁安装后,均应重新标定。施工中应每 15d 校验一次搅拌楼计量精确度。搅拌楼配料计量偏差不得超过表 3-2-4-6 的规定。不满足时,应分析原因,排除故障,确保拌和计量精确度。采用计算机自动控制系统的搅拌楼时,应使用自动配料生产,并按需要打印每天(周、旬、月)对应路面摊铺桩号的混凝土配料统计数据及偏差。定期测定集料含水率,并进行混凝土的配合比调整。

搅拌楼的混凝土拌和计量允许偏差(单位:%)　　表 3-2-4-6

材料名称	水泥	掺合料	钢纤维	砂	粗集料	水	外加剂
高速公路、一级公路每盘	±1	±1	±2	±2	±2	±1	±1
高速公路、一级公路累计每车	±1	±1	±1	±2	±2	±1	±1
其他公路	±2	±2	±2	±3	±3	±2	±2

2)最佳拌和时间

应根据拌和物的黏聚性、均质性及强度稳定性试拌确定最佳拌和时间。一般情况下,单立轴式搅拌机总拌和时间宜为 80~120s,全部原材料到齐后的最短纯拌和时间不宜短于 40s;行星立轴和双卧轴式搅拌机总拌和时间为 60~90s,最短纯拌和时间不宜短于 35s;连续双卧轴搅拌楼的最短拌和时间不宜短于 40s。为保证搅拌楼产量,最长总拌和时间不应超过高限值的 2 倍。

3)砂石料的拌和要求

混凝土拌和过程中,不得使用沥水、夹冰雪、表面沾染尘土和局部曝晒过热的砂石料。

4)外加剂掺加要求

外加剂应以稀释溶液加入,其稀释用水和原液中的水量,应从加水量中扣除。使用间歇搅拌楼时,外加剂溶液浓度应根据外加剂掺量、每盘外加剂溶液筒的容量和水泥用量计算得出。连续式搅拌楼应按流量比例控制加入外加剂。加入搅拌锅的外加剂溶液应充分溶解,并搅拌均匀。有沉淀的外加剂溶液,应每天清除一次稀释池中的沉淀物。

5)引气混凝土拌和要求

拌和引气混凝土时,搅拌楼一次拌和量不应大于其额定拌和量的 90%。纯拌和时间应控制在含气量最大或较大时。

6) 粉煤灰等掺和料掺加要求

粉煤灰或其他掺和料应采用与水泥相同的输送、计量方式加入。粉煤灰混凝土的纯拌和时间应比不掺的延长 10～15s。当同时掺用引气剂时,宜通过试验适当增大引气剂掺量,以达到规定含气量。

3. 拌和料质量检验项目和频率

混凝土搅拌过程中,拌和物质量检验与控制应符合表 3-2-4-7 的规定。

混凝土拌和物的质量检验项目和频率　　　　　表 3-2-4-7

检查项目	检查频度	
	高速公路、一级公路	其他公路
水灰比及稳定性	每 5000m³ 抽检 1 次,有变化随时测	每 5000m³ 抽检 1 次,有变化随时测
坍落度及其均匀性	每工班测 3 次,有变化随时测	每工班测 3 次,有变化随时测
坍落度损失率	开工、气温较高和有变化随时测	开工、气温较高和有变化随时测
振动黏度系数	试拌、原材料和配合比有变化时测	试拌、原材料和配合比有变化时测
钢纤维体积率	每工班测 2 次,有变化随时测	每工班测 1 次,有变化随时测
含气量	每工班测 2 次,有抗冻要求不少于 3 次	每工班测 1 次,有抗冻要求不少于 3 次
泌水率	局部大面积出现泌水现象时必测	局部大面积出现泌水现象时必测
视密度	每工班测 2 次	每工班测 1 次
碾压混凝土压实度	每工班测 2～3 次	每工班测 2 次
透水(贫)混凝土孔隙率	每 200 延米测一次,密实(贫)混凝土测视密度、压实度	每 200 延米测一次,密实(贫)混凝土测视密度、压实度
温度、凝结时间	冬、夏季施工,气温最高、最低时,每工班至少测 1～2 次	冬、夏季施工,气温最高、最低时,每工班至少测 1 次
水化发热量	面层或贫混凝土基层出现裂缝时必测	面层或贫混凝土基层出现裂缝时必测
离析	随时观察,出现离析应采取适当均化措施	随时观察
VC 值及稳定性	每工班测 3 次,有变化随时测	每工班测 2 次,有变化随时测
松铺系数	试铺时多次测定,确定后施工每工班 2 次	试铺时多次测定,确定后施工每工班 1 次

低温或高温天气施工时,拌和物出料温度宜控制在 10～35℃。若拌和物视密度误差大于 2%,应及时调整砂石料用量。拌和物应均匀一致,有生料、干料、离析或外加剂、粉煤灰成团现象的非均质拌和物严禁用于路面摊铺。一台搅拌楼的每盘之间,各搅拌楼之间,拌和物的坍落度最大允许偏差为 ±10mm。拌和坍落度应为最适宜摊铺的坍落度值与当时气温下运输坍落度损失值两者之和。

四 水泥混凝土拌和物的运输

混凝土运输车辆可选配车况优良、载质量为 5～20t 的自卸车。自卸车后挡板应关闭紧密,运输时不漏浆撒料,车箱板应平整光滑,其最大运距不应超过 20km。远距离运输或摊铺钢筋混凝土路面及桥面时,宜选配混凝土罐车。

应根据施工进度、运量、运距及路况,选配车型和车辆总数。总运力应比总拌和能力略有富余,确保新拌混凝土在规定时间内运到摊铺现场。机械摊铺系统配套的运输车辆数量可按式(3-2-4-2)计算:

$$N = 2n\left(1 + \frac{s\rho_c m}{v_q g_q}\right) \tag{3-2-4-2}$$

式中:N——汽车辆数,辆;

n——相同产量搅拌楼台数;

s——单程运输距离,km;

ρ_c——混凝土密度,t/m³;

m——一台搅拌楼每小时生产能力,m³/h;

v_q——车辆的平均运输速度,km/h;

g_q——汽车载重能力,t/辆。

第三节 水泥混凝土路面面层施工

一 滑模机械铺筑施工

1. 机械配备

高速公路、一级公路施工,宜选配能一次摊铺 2~3 个车道宽度(7.5~12.5m)的滑模摊铺机,二级及二级以下公路路面的最小摊铺宽度不得小于单车道设计宽度。硬路肩的摊铺宜选配中、小型多功能滑模摊铺机,并宜连体一次摊铺路缘石。滑模摊铺机可按表3-2-4-8 的基本技术参数选择。

滑模摊铺机的基本技术参数表 表3-2-4-8

项 目	发动机功率(kW)	摊铺宽度(m)	摊铺厚度(mm)	摊铺速度(m/min)	空驶速度(m/min)	行走速度(m/min)	履带数(个)	整机自重(t)
三车道滑模摊铺机	200~300	12.5~16.0	0~500	0~3	0~5	0~15	4	57~135
双车道滑模摊铺机	150~200	3.6~9.7	0~500	0~3	0~5	0~18	2~4	22~50
多功能单车道滑模摊铺机	70~150	2.5~6.0	0~400 护栏高度 800~1900	0~3	0~9	0~15	2,3,4	12~27
路缘石滑模摊铺机	≤80	<2.5	<450	0~5	0~9	0~10	2,3	≤10

滑模摊铺路面时,可配备1台挖掘机或装载机辅助布料。采用前置钢筋支架法设置缩缝传力杆的路面、钢筋混凝土路面、桥面和桥头搭板时,应选配下列适宜的布料机械:侧向上料的布料机;侧向上料的供料机;带侧向上料机构的滑模摊铺机;挖掘机加料斗侧向供料;吊车加短便桥钢凳,车辆直接卸料;吊车加料斗起吊布料。

可采用拉毛养生机或人工软拉槽制作抗滑沟槽。工程规模大、日摊铺进度快时,宜采用拉毛养生机。高速公路、一级公路宜采用刻槽机进行硬刻槽,其刻槽作业宽度不宜小于500mm,所配备的硬刻槽机数量及刻槽能力应与滑模摊铺进度相匹配。

滑模摊铺混凝土路面的切缝,可使用软锯缝机、支架式硬锯缝机和普通锯缝机。配备的锯缝机数量及切缝能力应与滑模摊铺进度相适应。

滑模摊铺系统机械配套宜符合表3-2-4-9的要求。

滑模摊铺机施工主要机械和机具配套表 表3-2-4-9

工作内容	主要施工机械设备	
	名 称	机型及规格
钢筋加工	钢筋锯断机、折弯机、电焊机	根据需要定规格和数量
测量基准线	水准仪、经纬仪、全站仪*	根据需要定规格和数量
	基准线、线桩及紧线器	300个桩、5个紧线器、3000m基准线
搅拌	强制式搅拌楼	≥50(m³/h),数量由计算确定
	装载机	2~3m³
	发电机	≥120kW
	供水泵和蓄水池	≥250m³
运输	运输车*	4~6m³ 数量由匹配计算确定
	自卸车	4~24m³ 数量由匹配计算确定
摊铺	布料机*,挖掘机,吊车等布料设备	根据需要定规格和数量
	滑模摊铺机1台	技术参数见表3-2-4-8
	手持振捣棒、整平梁、模板	根据人工施工接头需要定
抗滑	拉毛养生机*1台	与滑模摊铺机同宽
	人工拉毛齿耙、工作桥	根据需要定规格和数量
	硬刻槽机*刻槽宽度≥500mm,功率≥7.5kW	数量与摊铺进度匹配
切缝	软锯缝机	根据需要定规格和数量
	常规锯缝机或支架锯缝机	根据需要定规格和数量
	移动发电机	12~60kW,数量由施工需要定
磨平	水磨石磨机	需要处理欠平整部位时
灌缝	灌缝机或插胶条工具	根据需要定规格和数量
养生	压力式喷洒机或喷雾器	根据需要定规格和数量
	工地运输车	4~6t,按需要定数量
	洒水车	4.5~8t,按需要定数量

注:*指可按装备、投资、施工方式等不同要求选配。

2. 基准线设置

滑模摊铺混凝土路面的施工应设置基准线。基准线采用拉线的设置方法。基准线设置形式有单向坡双线式、单向坡单线式和双向坡双线式三种。基准线应满足下列要求:

(1)基准线宽度:除应保证摊铺宽度外,还应满足两侧650~1000mm横向支距的要求。

(2)基准线桩纵向间距:直线段不应大于10m,竖、平曲线路段视曲线半径大小应加密布置,最小为2.5m。

(3)线桩固定时,基层顶面到夹线臂的高度宜为450~750mm。基准线桩夹线臂夹口到桩的水平距离宜为300mm。基准线桩应钉牢固。

(4)单根基准线的最大长度不宜大于450m。

(5)基准线拉力不应小于1000N。

(6)基准线的设置精确度应符合表3-2-4-10的规定。

基准线设置精确度要求　　　　表3-2-4-10

项目	中线平面偏位(mm)	路面宽度偏差(mm)	面板厚度(mm)		纵断高程偏差(mm)	横坡偏差(%)	连接纵缝高差(mm)
			代表值	极值			
规定值	≤10	≤+15	≥-3	≥-8	±5	±0.10	±1.5

注:在基准线上单车道一个横断面测3点、双车道测5点测定板厚,其平均值为该断面平均板厚。断面平均板厚不应薄于其代表值,极小值不应薄于极值。每200m测10个断面,其均值为该路段平均板厚,路段平均板厚不应小于设计板厚。不满足上述要求,不得摊铺面板。

基准线设置后,严禁扰动、碰撞和振动。一旦碰撞变位,应立即重新测量纠正。多风季节施工,应缩小基准线桩间距。

3. 摊铺准备

所有施工设备和机具均应处于良好状态,并全部就位。

基层、封层表面准备:基层、封层表面及履带行走部位应清扫干净。摊铺面板位置应洒水湿润,但不得积水。

横向连接摊铺准备:横向连接摊铺时,前次摊铺路面纵缝的溜肩胀宽部位应切割顺直。侧边拉杆应校正扳直,缺少的拉杆应钻孔锚固植入。纵向施工缝的上半部缝壁应涂沥青。

4. 布料

滑模摊铺机前的正常料位高度应在螺旋布料器叶片最高点以下,亦不得缺料。卸料、布料应与摊铺速度相协调。

做好松铺系数控制,当坍落度在10~50mm之间时,布料松铺系数宜控制在1.08~1.15之间。布料机与滑模摊铺机的施工距离宜控制在5~10m。

摊铺钢筋混凝土路面、桥面或搭板时,严禁任何机械开上钢筋网。

5. 滑模摊铺机的施工参数设定及校准

振捣棒位置设定:振捣棒下缘位置应在挤压板最低点以上,振捣棒的横向间距不宜大于450mm,均匀排列;两侧最边缘振捣棒与摊铺边沿距离不宜大于250mm。

挤压底板前倾角宜设置为3°左右。提浆夯板位置宜在挤压底板前缘以下5~10mm之间,两边缘超铺高程根据拌和物稠度宜在3~8mm间调整。搓平梁前沿宜调整到与挤压板后沿高程相同,搓平梁的后沿比挤压底板后沿低1~2mm,并与路面高程相同。

如果滑模摊铺机首次摊铺路面,应挂线对其铺筑位置、几何参数和机架水平度进行调整和校准,正确无误后,方可开始摊铺。在开始摊铺的5m内,应在铺筑行进中对摊铺出的路面高程、边缘厚度、中线、横坡度等参数进行复核测量。所摊铺的路面精确度应控制在表3-2-4-10的规定值范围内。

6. 铺筑作业技术要领

操作滑模摊铺机应缓慢、匀速、连续不间断地作业。严禁料多追赶，然后随意停机等待，间歇摊铺。摊铺速度应根据拌和物稠度、供料多少和设备性能控制在 0.5~2.0m/min 之间，一般宜控制在 1m/min 左右。拌和物稠度发生变化时，应先调振捣频率，后改变摊铺速度。

应随时调整松方高度板控制进料位置，开始时宜略设高些，以保证进料。正常摊铺时应保持振捣仓内料位高于振捣棒 100mm 左右，料位高低上下波动宜控制在 ±30mm 之内。

在正常摊铺时，振捣频率可在 6000~11000r/min 之间调整，宜采用 9000r/min 左右。应防止混凝土过振、欠振或漏振。应根据混凝土的稠度大小，随时调整摊铺的振捣频率或速度。摊铺机起步时，应先开启振捣棒振捣 2~3min，再缓慢平稳推进。摊铺机脱离混凝土后，应立即关闭振捣棒组。

在纵坡上施工时，滑模摊铺机满负荷时可铺筑的路面最大纵坡为：上坡 5%，下坡 6%。上坡时，挤压底板前仰角宜适当调小，并适当调轻抹平板压力；下坡时，前仰角宜适当调大，并适当调大抹平板压力。当摊铺机板底不小于 3/4 长度接触路表面时抹平板压力适宜。在弯道上施工时，滑模摊铺机施工的最小弯道半径不应小于 50m，最大超高横坡不宜大于 7%。

在单车道摊铺时，应视路面设计要求配置一侧或双侧打纵缝拉杆的机械装置。2 个以上车道摊铺时，除侧向打拉杆的装置外，还应在假纵缝位置配置拉杆自动插入装置。

在抹面与表面砂浆厚度时，软拉抗滑构造表面砂浆层厚度宜控制在 4mm 左右，硬刻槽路面的砂浆表层厚度宜控制在 2~3mm。养护 5~7d 后，方允许摊铺相邻车道。

7. 摊铺中问题处置

（1）在摊铺过程中，应经常检查振捣棒的工作情况和位置。当路面出现麻面或拉裂现象时，必须停机检查或更换振捣棒。摊铺后，路面上出现发亮的砂浆条带时，必须调高振捣棒位置，使其底缘在挤压底板的后缘高度以上。

（2）在摊铺宽度大于 7.5m 时，若左右两侧拌和物稠度不一致，摊铺速度应按偏干一侧设置，并应将偏稀一侧的振捣棒频率迅速调小。

（3）路面一旦出现横向拉裂现象，应从如下几方面进行检查处理：

①拌和物局部或整体过于干硬、离析、集料粒径过大时，不适宜滑模摊铺。在该部位摊铺速度过快，振捣频率不够，混凝土未振动液化而拉裂时，应降低摊铺速度、提高振捣频率。

②应检查挤压底板的位置和前仰角设置是否变化，前倒角时必定拉裂，前仰角过大，也可能拉裂，应在行进中调整前 2 个水平传感器，即改变挤压底板为适宜的前仰角以消除拉裂现象。

③拌和物较干硬或等料停机时间较长，起步摊铺速度过快，也可能拉裂路面。停机等待时间不得超过当时气温下混凝土初凝时间的 4/5 时，超过此时间，应将滑模摊铺机迅速开出摊铺工作面，并做施工缝。

8. 滑模摊铺结束后的工作

滑模摊铺结束后，必须及时清洗滑模摊铺机，进行当日保养等，并宜在第二天硬切横向施工缝，也可当天软切施工横缝。

应丢弃端部的混凝土和摊铺机振动仓内遗留下的纯砂浆，两侧模板应向内各收进 20~40mm，收口长度宜比滑模摊铺机侧模板略长。施工缝部位应设置传力杆，并应满足路面平整度、高程、横坡和板长要求。

二 模板架设与拆除

公路混凝土路面板、桥面板和加铺层的施工模板应采用刚度足够的槽钢、轨模或钢制边侧模板,不应使用木模板、塑料模板等其他易变形的模板。

1. 模板安装

(1)支模前在基层上应进行模板安装及摊铺位置的测量放样,每20m应设中心桩,每100m宜布设临时水准点,并核对路面高程、面板分块、胀缝和构造物位置。测量放样的质量要求和允许偏差应符合相应规范的规定。

(2)纵横曲线路段应采用短模板,每块模板中点应安装在曲线切点上。

(3)轨道摊铺应采用长度为3m的专用钢制轨模,轨模底面宽度宜为高度的80%,轨道用螺栓、垫片固定在模板支座上,模板应使用钢钎与基层固定。轨道顶面应高于模板20~40mm,轨道中心至模板内侧边缘距离宜为125mm。

(4)模板应安装稳固、顺直、平整,无扭曲,相邻模板连接应紧密平顺,不得有底部漏浆、前后错茬、高低错台等现象。模板应能承受摊铺、振实、整平设备的负载,并在其行进、冲击和振动时不发生位移。严禁在基层上挖槽,嵌入安装模板。

(5)模板安装检验合格后,与混凝土拌和物接触的表面应涂脱模剂或隔离剂,接头应粘贴胶带或塑料薄膜等密封。

模板安装完毕,测量人员应使用与设计板厚相同的测板作全断面检验,其安装精确度应符合模板安装精确度的要求。

2. 模板拆除及矫正

当混凝土抗压强度不小于8.0MPa时方可拆模。当缺乏强度实测数据时,边侧模板的允许最早拆模时间宜符合表3-2-4-11的规定。达不到要求,不能拆除端模时,可空出一块面板,重新起头摊铺,空出的面板待两端均可拆模后再补做。

混凝土路面板的允许最早拆模时间(单位:h)　　　　表3-2-4-11

昼夜平均气温(℃)	-5	0	5	10	15	20	25	≥30
硅酸盐水泥、R型水泥	240	120	60	36	34	28	24	18
道路、普通硅酸盐水泥	360	168	72	48	36	30	24	18
矿渣硅酸盐水泥	—	—	120	60	50	45	36	24

注:允许最早拆侧模时间从混凝土面板精整成形后开始计算。

在拆模时,不得损坏板边、板角和传力杆、拉杆周围的混凝土,也不得造成传力杆和拉杆松动或变形。模板拆卸宜使用专用拔楔工具,严禁使用大锤强烈拆卸模板。拆下的模板应将黏附的砂浆清除干净,并按规定矫正变形或局部损坏。

三 三辊轴机组铺筑施工

1. 设备选择

三辊轴整平机的主要技术参数应符合表3-2-4-12的规定。板厚200mm以上宜采用直径 168mm 的辊轴,桥面铺装或厚度较小的路面可采用直径为 219mm 的辊轴。轴长宜比路面宽度长出 600~1200mm。振动轴的转速不宜大于 380r/min。

三辊轴整平机的主要技术参数　　　　表 3-2-4-12

型号	轴直径 (mm)	轴速 (r/min)	轴长 (m)	轴质量 (kg/m)	行走机构质量(kg)	行走速度 (m/min)	整平轴距 (mm)	振动功率 (kW)	驱动功率 (kW)
5001	168	300	1.8~9	65±0.5	340	13.5	504	7.5	6
6001	219	300	5.1~12	77±0.7	568	13.5	657	17	9

在采用三辊轴机组铺筑混凝土面板时,必须同时配备一台安装插入式振捣棒组的"排式振捣机",振捣棒的直径宜为 50~100mm,间距不应大于其有效作用半径的 1.5 倍,并不大于 500mm。插入式振捣棒组的振动频率可在 50~200Hz 之间选择,当面板厚度较大和坍落度较低时,宜使用 100Hz 以上的高频振捣棒。

当桥面铺装厚度小于 150mm 时,可采用"振捣梁"。振捣频率宜为 50~100Hz,振捣加速度宜为(4~5)g(g 为重力加速度)。当一次摊铺双车道路面时应配备"纵缝拉杆插入机",并配有插入深度控制和拉杆间距调整装置。

2. 三辊轴机组铺筑作业要求

(1)布料前应将基层清扫干净,并洒水润湿。

(2)三辊轴机组铺筑作业时,应有专人指挥车辆均匀卸料,且布料应与摊铺速度相适应。当拌和物的坍落度为 10~40mm 时,松铺系数为 1.12~1.25,坍落度大时取低值,坍落度小时取高值。超高路段,横坡高侧取高值,横坡低侧取低值。

(3)当混凝土拌和物布料长度大于 10m 时,才可开始振捣作业。密排振捣棒组间歇插入振实时,每次移动距离不宜超过振捣棒有效作用半径的 1.5 倍,并不得大于 500mm,振捣时间宜为 15~30s。排式振捣机连续拖行振实时,作业速度宜控制在 4m/min 以内,同时应匀速缓慢、连续不间断地振捣行进,其作业速度以拌和物表面不露粗集料,液化表面不再冒气泡并泛出水泥浆为准。

(4)安装纵缝拉杆。面板振实后,应立即安装纵缝拉杆。

(5)在三辊轴整平机作业时,三辊轴整平机按作业单元分段整平,作业单元长度宜为 20~30m,振捣机振实与三辊轴整平两道工序之间的时间间隔不宜超过 15min;三辊轴滚压振实料位高差宜高于模板顶面 5~20mm,过高时应铲除,过低应及时补料;三辊轴整平机在一个作业单元长度内,应采用前进振动、后退静滚方式作业,宜分别作业 2~3 遍;应有专人处理轴前料位的高低情况,过高时应辅以人工铲除,轴下有间隙时,应使用混凝土找补。

(6)滚压完成后,将振动辊轴抬离模板,用整平轴前后静滚整平,直到平整度符合要求,表面砂浆厚度均匀为止。

(7)在精平饰面时,应采用 3~5m 刮尺,在纵、横两个方向进行精平饰面,每个方向不少于两遍。也可采用旋转抹面机密实精平饰面两遍。刮尺、刮板、抹面机、抹刀饰面的最迟时间不得迟于规定的铺筑完毕允许的最长时间。

四、轨道摊铺机铺筑施工

1. 机械选型

轨道摊铺机的选型应根据路面车道数或设计宽度按表3-2-4-13的技术参数选择。最小摊铺宽度不得小于单车道3.75m。轨道摊铺机按布料方式不同,可选用刮板式、箱式和螺旋式布料机械。

轨道摊铺机的基本技术参数表　　　　　　　　　　　　　　表3-2-4-13

项 目	发动机功率 (kW)	最大摊铺宽度 (m)	摊铺厚度 (mm)	摊铺速度 (m/min)	整机质量 (t)
三车道轨道摊铺机	33~45	11.75~18.3	250~600	1~3	13~38
双车道轨道摊铺机	15~33	7.5~9.0	250~600	1~3	7~13
单车道轨道摊铺机	8~22	3.5~4.5	250~450	1~4	≤7

2. 轨道摊铺机铺筑作业要求

1) 布料

布料前应将基层清扫干净,并洒水润湿处理。在使用轨道摊铺机前部配备的螺旋布料器布料时,料堆不得过高过大,应保持在面板以上100mm左右,亦不得缺料。在轨道摊铺时,适宜坍落度按振捣密实情况宜控制在20~40mm之间。对不同坍落度的松铺系数 K 可参考表3-2-4-14确定,并按此计算出松铺高度。

松铺系数 K 与坍落度 S_L 的关系　　　　　　　　　　　　　表3-2-4-14

坍落度 S_L (mm)	5	10	20	30	40	50	60
松铺系数 K	1.30	1.25	1.22	1.19	1.17	1.15	1.12

在钢筋混凝土路面施工时,宜选用(两台)箱型轨道摊铺机分两层两次布料,可在第一层布料完成后,将钢筋网片安装好,再进行表面第二层布料,然后一次振实;也可两次布料两次振实,中间安装钢筋网。采用双层两遍摊铺钢筋混凝土路面时,下部混凝土的布料与摊铺长度应根据钢筋网片长度和第一层混凝土凝结情况而定,且不宜超过20m。

2) 振实作业

轨道摊铺机作业时的振捣方式有斜插连续拖行及间歇垂直插入两种。当面板厚度超过150mm、坍落度小于30mm时,必须插入振捣;连续拖行振捣时,宜将作业速度控制在0.5~1.0m/min之间,并随着坍落度的大小而增减。间歇振捣时,当一处混凝土振捣密实后,将振捣棒组缓慢拔出,再移动到下一处振实,移动距离不宜大于500mm。

3) 整平饰面

振实作业完成后,利用轨道摊铺机上配备纵向或斜向抹平板进行整平饰面。在使用纵向抹平板随轨道摊铺机作业时,可左右贴表面滑动并完成表面修整;在使用斜向修整抹平板作业时,抹平板沿斜向左右滑动,同时随机身行进,完成表面修整。

4) 精平饰面

在完成表面修整后,应采用3~5m刮尺,在纵、横两个方向进行精平饰面,每个方向不少于两遍。也可采用旋转抹面机密实精平饰面两遍。刮尺、刮板、抹面机、抹刀饰面的最迟时间不得迟于规定的铺筑完毕允许的最长时间。

五 小型机具铺筑施工

1. 小型机具配备要求

采用的小型机具性能应稳定可靠，操作简易，维修方便，机具配备应与工程规模、施工进度相适应。选配的成套机械、机具应符合表 3-2-4-15 的要求。

小型机具施工配套机械、机具配置　　　　表 3-2-4-15

工作内容	主要施工机械机具	
	机械机具名称、规格	数量、生产能力
钢筋加工	钢筋锯断机、折弯机、电焊机	根据需要定规格和数量
测量	水准仪、经纬仪	根据需要定规格和数量
架设模板	与路面厚度等高的 3m 长槽钢模板、固定钢钎	数量不少于 3d 摊铺用量
搅拌	强制式搅拌楼，单车道 ≥25（m^3/h），双车道 ≥50（m^3/h）	总搅拌产生能力及搅拌楼数量,根据施工规模和进度由计算确定
	装载机	2~3m^3
	发电机	≥120kW
	供水泵和蓄水池	单车道 ≥100m^3，双车道 ≥200m^3
运输	5~10t 自卸车	数量由匹配计算确定
振实	手持振捣棒，功率 ≥1.1kW	每 2m 宽路面不少于 1 根
	平板振动器，功率 ≥2.2kW	每车道路面不少于 1 个
	振捣整平梁，刚度足够，2 个振动器功率 ≥1.1kW	每车道路面不少于 1 个振动器 每车道路面不少于 1 根振动梁
	现场发电机功率 ≥30kW	不少于 2 台
提浆整平	提浆滚杠直径 15~20mm，表面光滑无缝钢管，壁厚 ≥3mm	长度适应铺筑宽度，一次摊铺单车道路面 1 根，双车道路面 2 根
	叶片式或圆盘式抹面机	每车道路面不少于 1 台
	3m 刮尺	每车道路面不少于 2 根
	手工抹刀	每米宽路面不少于 1 把
真空脱水	真空脱水机有效抽速 ≥15L/s	每车道路面不少于 1 台
	真空吸垫尺寸不小于 1 块板	每台吸水机应配 3 块吸垫
抗滑构造	工作桥	不少于 3 个
	人工拉毛齿耙、压槽器	根据需要定数量
切缝	软锯缝机	根据需要定数量
	手推锯缝机	根据进度定数量
磨平	水磨石磨机	需要处理欠平整部位时
灌缝	灌缝机具	根据需要定规格和数量
养生	洒水车 4.5~8.0t	按需要定数量
	压力式喷洒机或喷雾器	根据需要定规格和数量
	工地运输车 4~6t	按需要定数量

2. 摊铺

混凝土拌和料摊铺前,应对模板的位置及支撑稳固情况,传力杆、拉杆的安设等进行全面检查。修复破损基层,并洒水润湿。用厚度标尺板全面检测,板厚与设计值相符时,方可开始摊铺。

人工摊铺时,混凝土拌和料的坍落度应控制在 5~20mm 之间,松铺系数宜控制在 1.10~1.25 之间,混凝土拌和料偏干时,取较高值,反之,取较低值。

3. 振实

混凝土拌和料的振实是摊铺中的关键工序,将直接影响混凝土路面的成型质量,必须要高度重视。

在采用插入式振捣棒振实时,每车道路面应使用 2 根振捣棒,组成横向振捣棒组,沿横断面连续振捣密实,并应注意路面板底、内部和边角处不得欠振或漏振,同时应避免碰撞模板、钢筋、传力杆和拉杆。振捣时,应辅以人工补料,应随时辅以人工补料并检查振实效果、模板、拉杆、传力杆和钢筋网的移位、变形、松动、漏浆等情况,并及时纠正。

在采用振动板振实时,应在振捣棒已完成振实的部位上进行,一般用振动板纵横交错两遍全面提浆振实,对缺料的部位,应辅以人工补料找平。

在采用振动梁振实时,振动梁应垂直路面中线沿纵向拖行,往返 2~3 遍,使表面泛浆均匀平整。在振动梁拖振整平过程中,缺料处应使用混凝土拌和物填补,不得用纯砂浆填补,料多的部位应铲除。

4. 整平饰面

振动梁振实后,应拖动滚杠往返 2~3 遍提浆整平。第一遍应短距离缓慢推滚或拖滚,以后应较长距离匀速拖滚,并将水泥浆始终赶在滚杠前方,同时将多余水泥浆铲除。拖滚后的表面宜采用 3m 刮尺,纵横各 1 遍整平饰面,或采用叶片式或圆盘式抹面机往返 2~3 遍压实整平饰面。

5. 精平饰面

在抹面机完成作业后,应进行清边整缝,清除黏浆,修补缺边、掉角。应使用抹刀将抹面机留下的痕迹抹平,当烈日曝晒或风大时,应加快表面的修整速度,或在防雨篷遮阴下进行。精平饰面后的面板表面应无抹面印痕,致密均匀,无露骨,平整度应达到规定要求。

6. 真空脱水

小型机具施工三、四级公路混凝土路面时,应优先采用在拌和物中掺外加剂,无掺外加剂条件时,应使用真空脱水工艺,该工艺适用于面板厚度不大于 240mm 的混凝土面板施工。

使用真空脱水工艺时,混凝土拌和料的最大单位用水量可比不采用外加剂时增大 3~12kg/m³。拌和料适宜坍落度:高温天 30~50mm,低温天 20~30mm。

最短脱水时间不宜短于表 3-2-4-16 的规定。当脱水达到规定时间和脱水量要求后(双控),应先将吸垫四周微微掀起 10~20mm,继续抽吸 15s,以便吸尽作业表面和吸管中的余水。

最短脱水时间(单位:min)　　　　　　　表 3-2-4-16

面板厚度 h (mm)	昼夜平均气温 T(℃)					
	3~5	6~10	11~15	16~19	10~25	>25
18	26	24	22	20	18	17
22	30	28	26	24	22	21
24	35	32	30	27	25	24

真空脱水后,应采用振动梁、滚杠或叶片、圆盘式抹面机重新压实精平 1~2 遍。真空脱水整平后的路面,应采用硬刻槽方式制作抗滑构造。真空脱水混凝土路面切缝时间可比规定时间适当提前。

第四节　水泥混凝土面层接缝、抗滑构造的施工

一　接缝施工

1. 纵缝施工

(1)采用滑模施工时,纵向施工缝的中间拉杆可用摊铺机自动拉杆装置插入,侧向拉杆可使用边缘装置插入。采用固定模板施工方式时,应在振实过程中,从侧模预留孔中插入拉杆。

(2)纵向缩缝纵向缩缝可在摊铺过程中以专用的拉杆插入装置插入拉杆,并用切缝法施工假纵缝。插入的侧向拉杆应牢固,不得松动、碰撞或拔出。若发现拉杆松脱或漏插,应在相邻路面摊铺前,钻孔重新置入。置入拉杆前,在钻好的孔中填入锚固剂,然后插入拉杆,以保证锚固牢固。当发现拉杆可能被拔出时,宜进行拉杆拔出力(握裹力)检验。

(3)钢筋混凝土路面、桥面和搭板的纵缝拉杆可由横向钢筋延伸穿过接缝代替。钢纤维混凝土路面切开的假纵缝可不设拉杆,纵向施工缝应设拉杆。

2. 横缝施工

1)横向缩缝

在中、轻交通的混凝土路面上,横向缩缝可采用不设传力杆假缝型,如图 3-2-4-2a)所示。

在特重和重交通公路、收费广场、邻近胀缝或路面自由端的 3 条缩缝应采用假缝加传力杆型。缩缝传力杆的施工方法可采用前置钢筋支架法或传力杆插入装置(DBI)法,支架法的构造见图 3-2-4-2b)。钢筋支架应具有足够的刚度,传力杆应准确定位,摊铺之前应在基层表面放样,并用钢钎锚固,宜使用手持振捣棒振实传力杆高度以下的混凝土,然后机械摊铺。传力杆无防黏涂层一侧应焊接,有涂料一侧应绑扎。用 DBI 法置入传力杆时,应在路侧缩缝切割位置作标记,保证切缝位于传力杆中部。

钢筋支架应具有足够的刚度,传力杆应准确定位,摊铺之前应在基层表面放样,并用钢钎锚固,宜使用手持振捣棒振实传力杆高度以下的混凝土,然后机械摊铺。传力杆无防黏涂层一侧应焊接,有涂料一侧应绑扎。

2)胀缝施工

普通混凝土路面的胀缝应设置胀缝补强钢筋支架、胀缝板和传力杆,胀缝构造如图

3-1-5-4。钢筋混凝土和钢纤维混凝土路面可不设钢筋支架。胀缝板应与路中心线垂直,缝壁垂直,缝隙宽度一致,缝中完全不连浆。

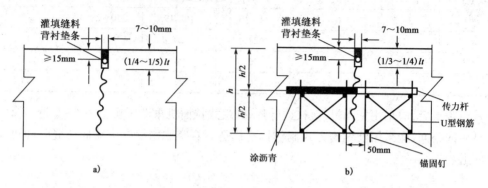

图 3-2-4-2 横向缩缝构造示意图

胀缝应采用前置钢筋支架法施工,也可预留一块面板,高温时再铺封。前置法施工,应预先加工、安装和固定胀缝钢筋支架,并在使用手持振捣棒振实胀缝板两侧的混凝土后再摊铺。宜在混凝土未硬化时,剔除胀缝板上部的混凝土,嵌入(20~25)mm×20mm 的木条,直到填缝时剔除木条,再填入胀缝多孔橡胶条或填缝。胀缝板应连续贯通整个路面板宽度。

3) 横向施工缝

每天摊铺结束或摊铺中断时间超过 30min 时,混凝土已经初凝、中断或结束摊铺,应使用端头钢模板设横向施工缝。其位置宜与胀缝或缩缝重合,确有困难不能重合时,施工缝应采用设螺纹传力杆的企口缝形式。这样做的目的是在横向施工缝中不仅保证优良的荷载传递,而且可以拉成整体板。这种板中施工缝也会由于面板混凝土干缩形成微细裂缝,所以也需要切缝和灌缝。横向施工缝应与路中心线垂直。

3. 切缝施工

贫混凝土基层、各种混凝土面层、加铺层、桥面和搭板的纵、横向缩缝均应采用切缝法施工。横向缩缝的切缝方式有全部硬切缝、软硬结合切缝和全部软切缝三种,切缝方式的选用,应由施工期间该地区路面摊铺完毕到切缝时的昼夜温差确定。

切缝作业应符合下列规定:

1) 横向缩缝切缝

横向缩缝的切缝方式有全部硬切缝、软硬结合切缝和全部软切缝三种,切缝方式的选用,应由施工期间该地区路面摊铺完毕到切缝时的昼夜温差确定,宜参照表 3-2-4-17 选用。

根据施工气温所推荐的切缝方式　　　　表 3-2-4-17

昼夜温差①(℃)	切 缝 方 式	缩 缝 切 深
<10	硬切缝,最长时间不得超过 24h	硬切缝 1/4~1/5 板厚
10~15	软硬结合切缝,每隔 1~2 条提前软切缝,其余用硬切缝补切	软切深度不应小于 60mm;不足者应硬切补深到 1/3 板厚,已断开的缝不补切
>15	宜全部软切缝,抗压强度约为 1~1.5MPa,人可行走。软切缝不宜超过 6h	软切缝深大于等于≥60mm,未断开的接缝,应硬切补深到不小于 1/4 板厚

注:①注意降雨后刮风引起路面温度骤降,面板温差在表中规定范围内,应按表中方法,提早切缝。

2)纵向缩缝切缝

在纵向带拉杆假缩缝及横向带传力杆缩缝的切缝时,应采用滑模摊铺机或三辊轴机组一次摊铺两个车道不小于 7.5m 的路面,由于假纵缝和传力杆缩缝切缝深度过浅和切缝时间太迟,引起了一些拉杆和传力杆端部的纵向开裂现象,因此规定有传力杆缩缝的切缝深度应为 1/3~1/4 板厚,最浅不得小于 70mm;无传力杆缩缝的切缝深度应为 1/4~1/5 板厚,最浅不得小于 60mm。最迟切缝时间不宜超过 24h。

3)切缝宽度

缩缝切缝宽度宜控制在 4~6mm,锯片厚度不宜小于 4mm,切缝时锯片晃度不应大于 2mm。施工时可先用薄锯片锯切到要求深度,再使用 6~8mm 厚锯片或叠合锯片扩宽填缝槽,填缝槽深度宜为 25~30mm,宽度宜为 7~10mm。施工中应注意区分切缝、断开缝与填缝槽的宽度与深度,缩缝切缝、填缝(槽)、垫条细部尺寸如图 3-2-4-3 所示。

4.灌缝施工

混凝土板养生期满后,应及时灌缝。

1)灌缝技术要求

应先采用切缝机清除接缝中夹杂的砂石、凝结的泥浆等,再使用压力大于等于 0.5MPa 的压力水和压缩空气彻底清除接缝中的尘土及其他污染物,确保缝壁及内部清洁、干燥。缝壁检验以擦不出灰尘为灌缝标准。使用常温聚氨酚和硅树脂等填缝料时,应按规定比例将两组分材料按 1h 灌缝量混拌均匀后使用;使用加热填缝料时应将填缝料加热至规定温度。加热过程中应将填缝料融化,搅拌均匀,并保温使用。使用加热填缝料时应将填缝料加热至规定温度。加热过程中应将填缝料彻底融化,搅拌均匀,并保温使用。

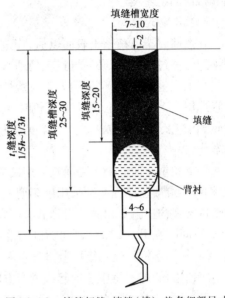

图 3-2-4-3 缩缝切缝、填缝(槽)、垫条细部尺寸
(尺寸单位:mm)

灌缝的形状系数(即灌缝槽的深宽比)宜控制在 2 左右,灌缝深度宜为 15~20mm,最浅不得小于 15mm,先挤压嵌入直径 9~12mm 多孔泡沫塑料背衬条,再灌缝。灌缝顶面热天应与板面齐平;冷天应填为凹液面,中心低于板面 1~2mm。填缝必须饱满、均匀、厚度一致并连续贯通,填缝料不得缺失、开裂和渗水。

常温施工式填缝料的养生期,低温天宜为 24h,高温天宜为 12h。加热施工式填缝料的养生期,低温天宜为 2h,高温天宜为 6h。在灌缝料养生期间应封闭交通,常温反应固化型及加热施工填缝料均需要封闭交通养生。

2)胀缝的填缝

路面胀缝和桥台隔离缝等应在填缝前凿去接缝板顶部嵌入的木条,涂黏结剂后,嵌入胀缝专用多孔橡胶条或灌进适宜的填缝料。当胀缝的宽度不一致或有啃边、掉角等现象时,必须采用灌缝,不得嵌缝,因为只要有一侧边角破损时是无法进行嵌缝的。桥面伸缩缝应按伸缩缝厂商提供的配套填缝材料(一般为特种橡胶带)和要求填缝。

二 抗滑构造施工

1. 抗滑构造技术要求

各交通等级混凝土面层交工时的表面抗滑技术要求应符合《公路工程质量检验评定标准 第一册 土建工程》(JTG F80/1—2004)的要求,构造深度应均匀,耐磨抗冻,不影响路面和桥面的平整度。

2. 抗滑构造施工

在摊铺完毕或精整平表面以后,应进行拉毛处理。采用人工修整表面时,宜使用木抹。用钢抹修整过的光面,必须再拉毛处理,以恢复细观抗滑构造。

当工程量较小时,可使用人工拉塑性槽施工。当日施工进度超过500m时,抗滑沟槽制作宜选用拉毛机械施工,没有拉毛机时,可采用人工拉槽方式。在混凝土表面泌水完毕后20~30min内应及时进行拉槽。拉槽深度应为2~4mm,槽宽3~5mm,槽间距为15~25mm,槽深基本均匀。

特重和重交通混凝土路面宜采用硬刻槽,对使用圆盘、叶片式抹面机整平后的混凝土路面、钢纤维混凝土路面必须采用硬刻槽方式制作抗滑沟槽。可采用等间距刻槽,其几何尺寸与软拉宏观构造施工相同。为降低噪声宜采用非等间距刻槽,尺寸宜为:槽深3~5mm,槽宽3mm,槽间距在12~24mm之间随机调整。路面结冰地区,硬刻槽的形状宜使用上宽6mm下窄3mm的梯形槽。硬刻槽机重量宜重不宜轻,一次刻槽最小宽度不应小于500mm,硬刻槽时不应掉边角,亦不得中途抬起或改变方向,并保证硬刻槽到面板边缘。抗压强度达到40%后可开始硬刻槽,并宜在两周内完成。硬刻槽后应随即将路面冲洗干净,并恢复路面的养生。

3. 抗滑构造恢复

新建路面或旧路面抗滑构造不满足要求时,可使用磨平后,再采用硬刻槽或喷砂打毛等方法加以恢复。

三 混凝土路面养生

混凝土路面铺筑完成或软作抗滑构造完毕后应立即开始养生。确保混凝土表面始终处于潮湿状态。机械摊铺的各种混凝土路面、桥面及搭板宜采用喷洒养生剂同时保湿覆盖的方式养生。在雨天或养生用水充足的情况下,也可采用覆盖保湿膜、土工毡、土工布、麻袋、草袋、草帘等洒水湿养生方式,不宜使用围水养生方式。

混凝土路面采用喷洒养生剂养生时,喷洒应均匀,喷洒时间宜在表面混凝土泌水完毕后进行。

养生时间应根据混凝土弯拉强度增长情况而定,不宜小于设计弯拉强度的80%,应特别注重前7d的保湿(温)养生。一般养生天数宜为14~21d,高温天不宜少于14d,低温天不宜少于21d。掺粉煤灰的混凝土路面,最短养生时间不宜少于28d,低温天应适当延长。

混凝土面板养生初期,严禁人、畜、车辆通行,在达到设计强度40%后,行人方可通行。在路面养生期间,平交道口应搭建临时便桥。面板达到设计弯拉强度后,方可开放交通。

第五节　水泥混凝土面层施工质量检查与验收

一　施工中的质量控制

施工质量的控制、管理与检查应贯穿整个施工过程,应对每个施工环节严格把关,对出现的问题,立即进行纠正直至停工整顿。

施工全过程的质量动态检测、控制和管理内容应包括施工准备、铺筑试验路段和施工过程中的各项技术指标的检验,出现施工技术问题的报告、论证和解决等。

施工单位应随时对施工质量进行自检。混凝土路面铺筑过程中的自检项目和频率按表3-2-4-18 的规定进行,铺筑质量要求见表3-2-4-19。当施工、监理、监督人员发现异常情况时,应加大检测频率,找出原因,及时处理。

混凝土路面的检验项目、方法和频率　　　表3-2-4-18

项次	检查项目	检验方法和频率	
		高速公路、一级公路	其他公路
1	弯拉强度	每班留2~4组试件,日进度<500m 取2 组;≥500m 取 3 组;≥1000m 取 4 组,测f_{cs}、f_{min}、C_V	每班留1~3组试件,日进度<500m 取1 组;≥500m 取 2 组;≥1000m 取 3 组,测f_{cs}、f_{min}、C_V
	钻芯劈裂强度	每车道每 3km 钻取 1 个芯样,硬路肩为1 个车道,测f_{cs}、f_{min}、C_V,板厚h	每车道每 3km 钻取 1 个芯样,硬路肩为1 个车道,测f_{cs}、f_{min}、C_V,板厚h
2	板厚度	路面摊铺宽度内每100m 左右各测2 处,连接摊铺每 100m 单边 1 处,参考芯样	路面摊铺宽度内每100m 左右各测1 处,连接摊铺每 100m 单边 1 处,参考芯样
3	3m 直尺平整度	每半幅车道 100m 测 2 处 10 尺	每半幅车道 100m 测 2 处 10 尺
	动态平整度	所有车道连续检测	所有车道连续检测
4	抗滑构造深度	铺砂法:每幅 200m 测 2 处	铺砂法:每幅 200m 测 1 处
5	相邻板高差	尺测:每 200m 测纵横缝 2 条,每条测3 处	尺测:每 200m 测纵横缝 2 条,每条测2 处
6	连接摊铺纵缝高差	尺测:每 200m 纵向工作缝,每条测3 处,每处间隔 2m 3 尺,共 9 尺	尺测:每 200m 纵向工作缝,每条测2 处,每处间隔 2m 3 尺,共 6 尺
7	接缝顺直度	20m 拉线测:每 200m 测 6 条	20m 拉线测:每 200m 测 4 条
8	中线平面偏位	经纬仪:每 200m 测 6 点	经纬仪:每 200m 测 4 点
9	路面宽度	尺测:每 200m 测 6 处	尺测:每 200m 测 4 处
10	纵断高程	水准仪:每 200m 测 6 点	水准仪:每 200m 测 4 点
11	横坡度	水准仪:每 200m 测 6 个断面	水准仪:每 200m 测 4 个断面
12	断板率	数断板面板块占总块数比例	数断板面板块占总块数比例
13	脱皮裂纹露石缺边掉角	量实际面积,并计算与总面积比	量实际面积,并计算与总面积比

续上表

项次	检查项目	检验方法和频率	
		高速公路、一级公路	其他公路
14	路缘石、约束基石的顺直度和高度	20m拉线测:每200m测4处	20m拉线测:每200m测2处
15	填缝料、接缝砂的灌缝饱满度	尺测:每200m接缝测6处	尺测:每200m接缝测4处
16	切缝深度	尺测:每200m测6处	尺测:每200m测4处
17	胀缝表面缺陷	每条观察填缝及啃边断角	每条观察填缝及啃边断角
18	胀缝板连浆	每条胀缝板安装时测量	每条胀缝板安装时测量
	胀缝板倾斜	尺测:每块胀缝板每条两侧	尺测:每块胀缝板每条两侧
	胀缝板弯曲和位移	尺测:每块胀缝板每条测3处	尺测:每块胀缝板每条测3处
19	传力杆偏斜	钢筋保护层仪:每车道设4根	钢筋保护层仪:每车道3根

注:路面钻芯劈裂强度应换算为实际面板弯拉强度进行质量评定。

各级公路混凝土路面铺筑质量要求

表3-2-4-19

项次	检查项目		允许值	
			高速公路、一级公路	其他公路
1	弯拉强度①(MPa)		100%符合《公路工程质量检验评定标准 第一册 土建工程》(JTG F80/1—2004)附录C的规定	
2	板厚度(mm)		代表值≥-5;极值≥-10,C_V值符合设计规定	
3	平整度	σ(mm)	≤1.2	≤2.0
		IRI(m/km)	≤2.0	≤3.2
		3m直尺最大间隙Δh(mm)	≤3(合格率应≥90%)	≤5(合格率应≥90%)
4	抗滑构造深度(mm)	一般路段	0.70~1.10	0.50~1.00
		特殊路段②	0.80~1.20	0.60~1.10
5	相邻板高差(mm)		≤2	≤3
6	连接摊铺纵缝高差(mm)		平均值≤3;极值≤5	平均值≤5;极值≤7
7	接缝顺直度(mm)		≤10	
8	中线平面偏位(mm)		≤20	
9	路面宽度(mm)		≤±20	
10	纵断高程(mm)		±10	±15
11	横坡度(%)		±0.15	±0.25
12	断板率(%)		≤0.2	≤4
13	脱皮裂纹露石缺边掉角(%)		≤0.2	≤3
14	路缘石、约束基石的顺直度和高度(mm)		≤20	≤20
15	填缝料、接缝砂的灌缝饱满度(mm)		≤2	≤3

续上表

项次	检查项目	允许值	
		高速公路、一级公路	其他公路
16	切缝深度(mm)	≥50	≥50
17	胀缝表面缺陷	不应有	不宜有
18	胀缝板连浆(mm)	≤20	≤20
	胀缝板倾斜(mm)	≤20	≤25
	胀缝板弯曲和位移(mm)	≤10	≤15
19	传力杆偏斜(mm)	≤10	≤13

注：①路面钻芯劈裂强度应换算为实际面板弯拉强度进行质量评定。
②特殊路段指高速公路、一级公路的立交、平交、变速车道等处；其他公路的急弯、陡坡、交叉口或集镇附近。

二 水泥混凝土面层交工验收阶段质量检验

施工单位的质检结果应按表3-2-4-19的规定，以1km为单位进行整理。混凝土路面完工后，施工单位应提交全线检测结果、施工总结报告及全部原始记录等齐全资料，以《公路工程质量检验评定标准 第一册 土建工程》(JTG F80/1—2004)为依据，申请交工验收。

1. 基本要求

(1)基层质量必须符合规定要求，并应进行弯沉测定，验算的基层整体模量应满足设计要求。

(2)水泥强度、物理性能和化学成分应符合国家标准及有关规范的规定。

(3)粗细集料、水、外掺剂及接缝填缝料应符合设计和施工规范要求。

(4)施工配合比应根据现场测定水泥的实际强度进行计算，并经试验，选择采用最佳配合比。

(5)接缝的位置、规格、尺寸及传力杆、拉力杆的设置应符合设计要求。

(6)路面拉毛或机具压槽等抗滑措施，其构造深度应符合施工规范要求。

(7)面层与其他构造物相接应平顺，检查井井盖顶面高程应高于周边路面1~3mm。雨水口高程按设计比路面低5~8mm，路面边缘无积水现象。

(8)混凝土路面铺筑后按施工规范要求养生。

2. 实测项目

水泥混凝土面层交工验收阶段的检查项目、检查频度、质量要求或允许偏差等见表3-2-4-20。

3. 外观鉴定

(1)混凝土板的断裂块数，高速公路和一级公路不得超过评定路段混凝土板总块数的0.2%，其他公路不得超过0.4%。不符合要求时每超过0.1%减2分。对于断裂板应采取适当措施予以处理。

(2)混凝土板表面的脱皮、印痕、裂纹和缺边掉角等病害现象，对于高速公路和一级公路，有上述缺陷的面积不得超过受检面积的0.2%，其他公路不得超过0.3%。不符合要求时每超过0.1%减2分。对于连续配筋的混凝土路面和钢筋混凝土路面，因干缩、温缩产生的裂缝,可不减分。

(3)路面侧石应直顺、曲线圆滑,越位20mm以上者,每处减1~2分。

(4)接缝填筑饱满密实,不污染路面。不符合要求时,累计长度每100m减2分。

(5)胀缝有明显缺陷时,每条减1~2分。

水泥混凝土面层实测项目　　　　　　表3-2-4-20

项次	检查项目		规定值或允许偏差		检查方法和频率	权值
			高速公路、一级公路	其他公路		
1	弯拉强度(MPa)		在合格标准之内		按《公路工程质量检验评定标准　第一册　土建工程》(JTG F80/1—2004)附录C检查(或见任务9的项目2:水泥混凝土弯拉强度测试与评定)	3
2	板厚度(mm)	代表值	−5		按《公路工程质量检验评定标准　第一册　土建工程》(JTG F80/1—2004)附录H检查,每200m每车道2处	3
		合格值	−10			
3	平整度	σ(mm)	1.2	2.0	平整度仪:全线每车道连续检测,每100m计算σ、IRI	2
		IRI(m/km)	2.0	3.2		
		最大间隙h(mm)	—	5	3m直尺:半幅车道板带每200m测2处×10尺	
4	抗滑构造深度(mm)		一般路段不小于0.7不大于1.1;特殊路段不小于0.8且不大于1.2	一般路段不小于0.5且不大于1.0;特殊路段不小于0.6且不大于1.1	铺砂法:每200m测1处	2
5	相邻板高差(mm)		2	3	抽量:每条胀缝测1点;每200m抽纵、横缝各测2条,每条测2点	2
6	纵、横缝顺直度(mm)		10		纵缝20m拉线,每200m测4处;横缝沿板宽拉线,每200m测4条	1
7	中线平面偏位(mm)		20		经纬仪:每200m测4点	1
8	路面宽度(mm)		±20		抽量:每200m测4处	1
9	纵断高程(mm)		±10	±15	水准仪:每200m测4断面	1
10	横坡(%)		±0.15	±0.25	水准仪:每200m测4断面	1

注:表中σ为平整度仪测定的标准差;IRI为国际平整度指数;h为3m直尺与面层的最大间隙。

第六节　安全生产及施工环保

在施工中应树立安全第一的思想,增强员工的环保意识,建立健全安全生产和环保制度,是保证施工质量和施工进度的必要条件。应根据机械化施工的特点,做好安全生产工作。施工前,施工单位应对员工进行安全生产教育,树立安全第一的思想,落实安全生产责任制度。

在路面施工期间,要加强施工环保方面的教育,增强环保意识,采取必要的环保措施,并加强施工场地环境卫生管理、监督和检查,以尽量减少公路建设所带来的环境污染,造福于人类。

一 安全生产

1. 施工安全

施工过程中,应制订搅拌楼、发电(机)站、运输车、滑模摊铺机、轨道摊铺机、沥青摊铺机、三辊轴机组等大型机械设备及其辅助机械(具)的安全操作规程,并在施工中严格执行。

(1)在搅拌楼的拌和锅内清理黏结混凝土时,无电视监控的搅拌楼必须有两人以上方可进行,一人清理,一人值守操作台。有电视监控的搅拌楼,必须打开电视监控系统,关闭主电机电源,并在主开关上挂警示红牌。搅拌楼机械上料时,在铲斗及拉铲活动范围内,人员不得逗留和通过。

(2)运输车辆应鸣笛倒退,并有人指挥和查看车后。

(3)施工中布料机、滑模摊铺机、轨道摊铺机、沥青摊铺机、三辊轴机组、拉毛养生机等机械设备严禁非操作人员登机。夜间施工,在布料机、摊铺机、拉毛养生机上均应有照明设备和明显的示警标志。

(4)施工中严禁所有机械设备的机手擅离操作台,严禁用手或工具触碰正在运转的机件。

2. 交通安全

(1)施工现场必须做好交通安全工作。交通繁忙的路口应设立标志,并有专人指挥。夜间施工,路口、模板及基准线桩附近应设置警示灯或反光标志,并由专人管理灯光照明。

(2)摊铺机械停放在通车道路上,周围必须设置明显的安全标志,正对行车方向应提前200m引导车辆转向,夜间应以红灯示警。

(3)施工机电设备应有专人负责保养、维修和看管,施工现场的电机、电线、电缆应尽量放置在无车辆、人、畜同行部位,确保用电安全。

(4)现场操作人员必须按规定佩戴防护用具。使用有毒、易燃的燃料、填缝料、外加剂、水泥或粉煤灰时,其防毒、防火、防尘等应按有关规定严格执行。

(5)所有施工机械、电力、燃料、动力等的操作部位,严禁吸烟和有任何明火。摊铺机、搅拌楼、储油站、发电站、配电站等重要设备上应配备消防设施,确保防火安全。

(6)停工或夜间必须有专人值班保卫,严防原材料、机械、机具及零件等失窃。

二 施工环境保护

(1)在搅拌场、生活区、路面施工段应经常清理环境卫生,排除积水,并及时整治运输道路和停车场地,做到文明施工。

(2)污染物处理排放应符合下列规定:搅拌楼、运输车辆和摊铺机的清洗污水不得随处排放；每台搅拌楼宜设置清洗污水的沉淀池或净化设备，车辆应在有污水沉淀或净化设备的清洗场进行清洗。废弃的水泥混凝土、基层残渣和所有机械设备的修理残渣和油污等废弃物应分类集中堆放或掩埋。

3. 搅拌场原材料和施工现场临时堆放的材料均应分类、有序堆放。施工现场的钢筋、工具、机械设备等应摆放整齐

本章小结

（1）水泥混凝土主要由水泥、水、粗集料、细集料、外加剂和矿物掺和料等材料组成。水泥混凝土质量的好坏，除了配合比和搅拌质量外，与原材料的质量和技术指标也有很大关系，严格科学地选择或生产高质量的原材料，是铺筑优质水泥混凝土路面的前提。

（2）水泥混凝土的施工技术直接影响路面质量，路面机械化施工，不仅可提高施工速度和施工质量，而且还可降低工程造价。目前，常见的施工方式有：滑模摊铺机施工水泥混凝土路面、轨道摊铺机施工水泥混凝土路面、三辊轴机组施工水泥混凝土路面、小型机具施工水泥混凝土路面。

（3）本章对水泥混凝土路面滑模摊铺施工工艺流程、机械配备和放线、混凝土搅拌、运输以及滑模摊铺和质量控制做了较为详细的描述，这些都是经国内外滑模摊铺施工实践总结出来的经验。

（4）滑模施工是一种采用滑模摊铺机摊铺水泥混凝土路面的机械化施工工艺方式，其特征是不架设边缘固定模板，因此其自动化程度高，不但提高了摊铺质量和施工效率，节省工程投资，还提升了公路行业技术水平。

（5）在实际施工中，一定要坚持质量第一的思想，按照选料精良的原则选取原材料，根据工程实际情况，选择合理的施工方法，要尽可能选用机械化施工，严格控制工程施工质量。

（6）水泥混凝土路面在行车荷载和自然因素作用下，可因混凝土面板、接缝和基层、土基的缺陷产生各种类型的破坏，但一旦开始损坏，则会迅速发展。因此，必须经常养护，尽早发现病害，及时处理，使路面经常保持完好状态。

（7）应重视施工安全措施和环保措施。

思考题与习题

（1）水泥混凝土路面配合比设计时，如何选用水泥的品种及水泥强度等级？

（2）如何控制水泥混凝土拌和物的拌和质量？

（3）水泥混凝土路面的施工方式有哪些？如何进行选择？请叙述各施工方式的施工流程图。

（4）水泥混凝土的搅拌及运输要注意什么问题？水泥混凝土是否有允许最长施工时间的规定？

（5）水泥混凝土路面摊铺前，基层如何处理？

（6）插入式振捣棒、平板振捣器、排式振捣机、振动梁、滚杠、三辊轴、3m刮尺、抹面机如何搭配工作？如何控制施工质量？

(7) 水泥混凝土路面有哪些接缝？如何掌握切缝时间及切缝方式？
(8) 滑模摊铺的基准线设置有何技术要求？简述滑模摊铺水泥混凝土路面施工要点。
(9) 熟悉水泥混凝土路面小型机具摊铺施工方案。
(10) 熟悉水泥混凝土路面三辊轴施工方案。
(11) 水泥混凝土路面的实测项目有哪些？哪些应是关键实测项目？
(12) 如何施工水泥混凝土路面的抗滑构造？
(13) 水泥混凝土路面施工主要从几个方面进行质量控制？
(14) 能采取合理的施工安全措施与环境保护措施。

参 考 文 献

[1] 邓学钧.路基路面工程[M].北京:人民交通出版社,2000.
[2] 张雨化.道路勘测设计[M].北京:人民交通出版社,1997.
[3] 俞高明.公路工程[M].北京:人民交通出版社,2005.
[4] 金仲秋、夏连学.公路设计技术[M].北京:人民交通出版社,2007.
[5] 方守恩.高速公路[M].北京:人民交通出版社,2002.
[6] 黄晓民,张晓冰,高英.公路工程检测手册[M].北京:人民交通出版社,2004.
[7] 邓学钧,黄卫,黄晓明.路面结构计算和设计电算方法[M].南京:东南大学出版社,1997.
[8] 中华人民共和国行业标准.JTG B01—2014 公路工程技术标准[S].北京:人民交通出版社,2014.
[9] 中华人民共和国行业标准.JTG F80/1—2004 公路工程质量检验评定标准 第一册 土建工程[S].北京:人民交通出版社,2004.
[10] 中华人民共和国行业标准.JTG D20—2006 公路路线设计规范[S].北京:人民交通出版社,2006.
[11] 中华人民共和国行业标准.JTG D30—2015 公路路基设计规范[S].北京:人民交通出版社,2015.
[12] 中华人民共和国行业标准.JTG D50—2006 公路沥青路面设计规范[S].北京:人民交通出版社,2006.
[13] 中华人民共和国行业标准.JTG D40—2011 公路水泥混凝土路面设计规范[S].北京:人民交通出版社,2011.
[14] 中华人民共和国行业标准.JTG F10—2006 公路路基施工技术规范[S].北京:人民交通出版社,2006.
[15] 中华人民共和国行业标准.JTJ 034—2000 公路路面基层施工技术规范[S].北京:人民交通出版社,2000.
[16] 中华人民共和国行业标准.JTG F40—2004 公路沥青路面施工技术规范[S].北京:人民交通出版社,2004.
[17] 中华人民共和国行业标准.JTG E40—2007 公路土工试验规程[S].北京:人民交通出版社,2007.
[18] 中华人民共和国行业标准.JTG/T D33—2012 公路排水设计规范[S].北京:人民交通出版社,2012.
[19] 中华人民共和国行业标准.JTG E60—2008 公路路基路面现场测试规程[S].北京:人民交通出版社,2008.
[20] 中华人民共和国行业标准.JTJ 073.2—2001 公路沥青路面养护技术规范[S].北京:人民交通出版社,2001.
[21] 中华人民共和国行业标准.JTG E51—2009 公路工程无机结合料稳定材料试验规程[S].北京:人民交通出版社,2009.